PUBLIC ADMINISTRATION
行政學

第 2 版

黃朝盟・黃東益・郭昱瑩 著

東華書局

國家圖書館出版品預行編目資料

```
行政學 / 黃朝盟, 黃東益, 郭昱瑩著. -- 2 版. -- 臺
  北市 : 臺灣東華書局股份有限公司, 2024.08
  400 面 ； 19x26 公分.
  ISBN 978-626-7554-00-5（平裝）
  1. CST: 行政學
572                                    113011200
```

行政學

著　　者	黃朝盟　黃東益　郭昱瑩
執行編輯	余欣怡
發 行 人	蔡彥卿
出 版 者	臺灣東華書局股份有限公司
地　　址	臺北市重慶南路一段一四七號四樓
電　　話	(02) 2311-4027
傳　　眞	(02) 2311-6615
劃撥帳號	00064813
網　　址	www.tunghua.com.tw
讀者服務	service@tunghua.com.tw
出版日期	2024 年 8 月 2 版 1 刷
	2025 年 8 月 2 版 2 刷

ISBN　978-626-7554-00-5

版權所有 · 翻印必究

作者簡介

黃朝盟
美國佛羅里達州立大學公共行政學博士
現任國立臺北大學公共行政暨政策學系教授

黃東益
美國德州大學奧斯汀校區政府學系博士
現任國立政治大學公共行政學系教授

郭昱瑩
美國紐約州州立大學奧本尼校區公共行政與政策學博士
現任國立臺灣大學政治學系教授

再版序

　　行政學的知識對於公務人員、政府機關，乃至一般人都有很大的影響。二十一世紀中，人類政治、經濟與社會的環境日益嚴峻，任何國家想要成功因應接踵而來的挑戰，高效能的公共行政都是不可或缺的。換言之，雖然一般社會大眾很少會注意政府的行政面向，但若不致力於強化行政組織的運作，而一味地想要提升政府在經濟發展、犯罪防治、財政管理、教育改革、環境保護、衛生醫療，或甚至是國際關係的政績，實無異是緣木求魚。

　　我們著手撰寫這本書，就是希望本書能契合現代複雜的公共行政實務，同時可以讓初入門或其他領域的讀者感覺行政學是平易近人的，並將自己的所學結合行政知識與技能。然而在另一方面，行政學的知識是源自長時間的歷史與社會發展，並與多門相關學科產生跨領域的交互影響而形成的。因此，本書要忠實地呈現公共行政的原貌，就不能不將政府組織與公共方案的動態置於更寬闊的政治、經濟，以及社會的脈絡來討論。

　　為此，我們選擇以行政管理的四大功能——規劃、組織、領導，以及控制——做為本書的基本架構。這四種功能涵蓋了大多數公共行政者的日常職責，讓我們得以將複雜的公共行政描繪出具體的輪廓。此外，對組織管理稍有經驗，或具備管理知識的學生應對這些功能耳熟能詳，本書將行政學以此架構呈現，相信能降低初學者接觸公共行政理論的心理門檻。

　　再者，公共行政有別於一般管理之處，在於政府組織所處的政治環境複雜，以及必須協調互相衝突的多元社會價值。所以為了幫助讀者實際體會公部門的特性，本書盡量引用實際案例，佐以相關的圖、表來輔助解釋。此外，在各章的最後一節，特別討論相關主題的政治環境，並描述價值衝突的現實狀況。

　　此次的改版，修改的章節內容簡述如下：

第一章「公共行政的世界」：整合公共行政與公共管理者的價值為「效率」、「效能」、「回應」以及「公平」。

第三章「公共行政的政治環境」：更新總統選舉及立法院結構的政治發展。

第四章「規劃」：修改不同層次之規劃定義與內涵；將「平衡計分卡」之介紹與說明

統一整合至第十四章「行政控制」說明。

第五章「治理與決策」：章名更改，增加協力治理的內容，考量協力治理會牽涉到群體決策，同時精練群體決策的論述。

第五章「治理與決策」與第六章「公共政策」：兩章的個案更改：考量2050淨零排放政策為國內重大政策，也為全球趨勢，增補其內容，以為理論應用與個案鑽研之所需。

第七章「預算與財務管理」：更新我國歲出政事別與累積債務等預算資訊。

第九章「人力資源管理」：章名更改，以符合實務發展趨勢，強調政府部門人力資源管理之精神。章內相關人事資料統計表更新。

第十章「從電子化政府到智慧政府」：章名更改，為增加政府推動數位轉型、數位治理與智慧政府的內容，以及以人工智慧為主的新科技在公部門的應用、風險和治理議題。

第十一章「領導效能」：第二節領導理論的演化，在新的領導途徑部分，新增包容性領導、參與型領導和危機領導三個新的類型。本章個案更改為「COVID-19疫情期間的政府領導力探索」，考量COVID-19疫情對各級政府領導力和國家危機管理能力的挑戰，因此納入作為重要的理論與個案教材。

第十二章「激勵」：針對政府部門中的激勵挑戰深入比較其他部門之狀況，並提供實務建議。

第十五章「行政倫理」：本章個案更改為「防疫作戰期間的倫理挑戰」，COVID-19大流行期間，各國皆面對諸多倫理爭議，行政備受挑戰，且疫情仍持續威脅世界，故對此個案及其理論的細思深究實有必要。

各章的「本章習題」：考題更新，增列近年國家考試考題。

我們相信，公共行政者未來在國家發展中，會扮演愈來愈重要的角色。社會上難以解決的公共問題將需要專業、具同理心，以及富有使命感的公共行政者來處理，而這正是我們撰寫本書的目的，盼能對培養優秀的公共行政者盡一份心力。

黃朝盟　黃東益　郭昱瑩

2024年7月

簡明目次

第一篇｜公共行政的環境

第一章　公共行政的世界　1

第二章　公共行政學的發展　21

第三章　公共行政的政治環境　43

第二篇｜規劃

第四章　規劃　67

第五章　治理與決策　89

第六章　公共政策　109

第七章　預算與財務管理　131

第三篇｜組織

第八章　組織設計與結構　159

第九章　人力資源管理　181

第十章　從電子化政府到智慧政府　207

第四篇｜領導

第十一章　領導效能　237

第十二章　激勵　269

第十三章　行政溝通　295

第五篇｜控制

第十四章　行政控制　317

第十五章　行政倫理　343

目次

第一章　公共行政的世界

第一節　公共行政的定位 2
第二節　公共行政的功能 4
第三節　公共行政追求的價值及其衝突 7
第四節　驅動政府部門變革的六大趨勢 10
Case 1：免費午餐？ 15
本章習題 17

第二章　公共行政學的發展

第一節　美國公共行政學科的發展 22
第二節　美國公共行政學界對我國公共行政學領域發展的影響 32
第三節　我國公共行政學的發展 34
第四節　我國公共行政學科未來的挑戰 38
本章習題 40

第三章　公共行政的政治環境

第一節　不同政治體制如何影響公共行政 44
第二節　政黨、選舉與政務官對公共行政的影響 48
第三節　國會、利益團體對公共行政的影響 53
第四節　民意與輿論對公共行政的影響 56

第五節　公共行政面對的法律環境 58

第六節　價值討論 60

Case 3：政策之路多波折 60

本章習題 62

第四章　規劃

第一節　規劃的意義 68

第二節　組織規劃概念的演進 72

第三節　規劃的價值衝突 84

Case 4：勞動部的目標管理 85

本章習題 86

第五章　治理與決策

第一節　協力治理 89

第二節　決策制定 92

第三節　審議民主 98

第四節　價值討論：效率、效能、公平、回應 102

Case 5：2050 淨零排放工作圈 103

本章習題 105

第六章　公共政策

第一節　問題界定與議程設定 109

第二節　政策規劃 110

第三節　政策合法化 114

第四節　政策執行 117

第五節　政策評估 121

第六節　價值討論：效率、效能、公平、回應 125

Case 6：2050 淨零排放政策過程 126

本章習題 128

第七章　預算與財務管理

第一節　財務行政 131

第二節　政府預算制度沿革 133

第三節　我國政府預算過程 140

第四節　價值討論：效率、效能、公平、回應 150

Case 7：國內生產毛額 152

本章習題 154

第八章　組織設計與結構

第一節　理性化的官僚組織 160

第二節　組織的配置 161

第三節　組織設計 162

第四節　公共組織設計的價值衝突 173

Case 8：服從上級命令？ 176

本章習題 177

第九章　人力資源管理

第一節　人事行政的組織定位 182

第二節　職位分類制度 184

第三節　職務分析與設計 187

第四節　人力獲取 191

第五節　訓練與發展 195

第六節　績效評估 (考績) 196

第七節　人事行政的價值衝突與法律規範 199

Case 9：收件匣演練 202

本章習題 204

第十章　從電子化政府到智慧政府

第一節　行政資訊系統管理 209

第二節　電子化政府 211

第三節　電子治理 217

第四節　電子治理面臨的重要課題 220

第五節　數位轉型與智慧政府 224

第六節　價值討論 230

Case 10：朝向開放、智慧與創新的未來 231

本章習題 232

第十一章　領導效能

第一節　何謂領導？ 238

第二節　領導理論的演化 241

第三節　如何當個成功的公部門領導者 258

Case 11：COVID-19 疫情期間的政府領導力探索 261

本章習題 263

第十二章　激勵

第一節　內容的觀點 271

第二節　過程的觀點 278

第三節　增強的觀點 283

第四節　政府部門中的激勵挑戰 288

Case 12：文官的士氣 289

本章習題 291

第十三章　行政溝通

第一節　溝通的過程 296

第二節　人際溝通 298

第三節　組織溝通 302

第四節　危機溝通 307

第五節　行政溝通與價值衝突 310

Case 13：非我族類，不歡迎？ 311

本章習題 314

第十四章　行政控制

第一節　績效管理 318

第二節　審計 323

第三節　平衡計分卡 329

第四節　價值討論：效率、效能、公平、回應 337

Case 14：退撫基金 338

本章習題 339

第十五章　行政倫理

第一節　行政倫理的內涵與發展 344

第二節　行政倫理的價值衝突與倫理困境 348

第三節　行政倫理確保機制與規範 350

第四節　臺灣行政倫理的核心議題 355

第五節　價值討論 359

Case 15：防疫作戰期間的倫理挑戰 359

本章習題 361

選擇題習題答案 369

參考文獻 371

圖片來源 377

索引 379

第一章
公共行政的世界

「公共行政」其實是個多面向交互作用的系統。單純用任何一個角度來解釋，都不免落入「瞎子摸象」的狀況。

　　行政學從十九世紀晚期興起，是一門分析公共行政運作的社會科學。從民主國家憲法的設計來看，公共行政就是國家意向的執行。更明確地說，公共行政就是指管理政府的人 (通常是非民選的常務公務人員) 利用政策與方案，體現民主憲政的精神，以及現實政治運作的結果。

　　民主政治及政府的運作極其複雜，涵蓋多個有形及無形的面向，因此各行政學教科書往往根據作者重視的面向，採用不同的角度來描述公共行政。這些重要的面向包括：

1. **公共行政在國家政治中的定位以及所處的關係網絡**。民主國家中的公共行政與政治體系不可分割，卻又被期許應該在現實環境下中立運作。
2. **公共組織的管理**。政府機關是由許多現代組織管理不可或缺的功能所組成，包括規劃、組織、領導與控制。公共政策或方案的推動也都有賴這些功能的發揮。
3. **公共行政的多元價值**。公共行政很重要的特性就是必須同時擁抱許多複雜且經常相互衝突的價值，例如，在追求效率的同時必須顧及弱勢者的權益。
4. **依法行政的運作**。公共行政被視為依法行政的體系，也就是應用與執行相關的法律、行政命令、上級的人事與財務等政策，甚至相關的憲法判例等。

以上不同面向的觀察都只描寫了公共行政的部分實況，真正的「公共行政」其實是由這些不同的面向交織而成，並且相互作用的動態平衡系統。單純用任何一個角度來解釋，都很可能會落入寓言故事中「瞎子摸象」的狀況，也就是只看見局部而解釋全貌的過度簡化。在試圖剖析公共行政的世界時，我們可以把公共行政的架構視為大象的骨架，把行政運作的功能視為大象的行為，把法律制度視為大象的維生功能系統，而把公共行政的多元價值視為大象的思想或靈魂。當這些元素都同時正常運作時，其實展現出來的就是活生生的公共行政了。

第一節　公共行政的定位

從一開始，公共行政在國家與社會中的定位就一直備受爭議。在現代民主國家憲法的設計中，公共行政應該獨立於政治運作之外，不受政黨政治的影響而展現中立能力；然而，公共行政同時存在於所有的行政、立法，以及司法機關之中，與這些主要的憲法分支權力交互運作。不僅如此，公共行政的運作甚至跨越政府部門的範圍，在市場經濟中扮演重要的角色。

一、公共行政在憲法中的地位：五權分立的哪一權？

現代民主國家憲法分權的設計，使得公共行政的系統至少有三個「老闆」。大多數的人都知道總統、市長等行政首長就是法定直接控制公共行政系

統的人，不過實際上立法部門對於公共行政的控制權也是不遑多讓。立法部門不但可以審核行政機關的預算，還可以創造或廢除機關、修改行政體系的架構與運作程序、增加或刪減人事，甚至可以制定行政法規來規範行政機關的決策程序、公開程度，以及允許民眾參與的方式或頻率等。

　　司法對於公共行政的運作同樣有相當大的影響力。民主社會中，人民的基本權利，包括平等權、生存權、工作權及財產權等都受到憲法的保障。這些權利往往會受到政府的各種政策與行政管理所影響。當這些權利發生爭議時，司法不可避免地就必須干預公共行政的運作。例如，當公務人員在行使職權的過程中侵害了人民的正當權益，法院可經由判決，要求行政機關改正、賠償，甚至要求當事的機關或公務人員必須擔負財務或**刑事責任**。此外，法院還可以直接監督公共行政的不當之處，並要求行政機關針對違反人民法定權利之處進行改善。從過去各國的案例來看，臺灣與國外的法院都曾直接下令要求行政機關、學校、監獄，或精神病院等機構進行各種軟硬體 (例如改善無障礙設施) 的大幅翻修，以符合憲法[1]保障的基本人權。雖然有些行政機關認為司法機關不瞭解行政現實，所以會對司法的介入採取拖延戰術，但長期來看，行政機關違憲或違法的命令到最後都會被廢除或是修正。

> **刑事責任**
>
> 舉例而言，2014 年桃園市警察局葉姓員警追捕企圖開車逃逸的通緝犯，過程中朝該嫌犯的腿部開三槍制止，不料導致其大動脈出血過多傷重不治。最高法院最後認定葉姓員警執法過當，依業務過失致死罪判葉姓員警六個月徒刑。此外，法院甚至可以直接監督公共行政的不當之處，並以司法的手段要求改善。(資料來源：取自：http://www.appledaily.com.tw/real-timenews/article/new/20151228/762624/)

二、公共行政與市場的關係

　　許多人以為公共行政等於是政府機關的運作。實際上，這是一種錯覺。從完整的意義來說，公共行政的發揮是為了追求國家社會所需要的公共利益，因而運用政府部門、營利企業、合作性社團，以及非營利組織等各自的特性，來提供必要的法規、財貨與服務，而以上這些都屬於公共行政的範圍。[2]

　　大體上，私人企業處於自由競爭的市場環境之中，必須以具競爭力的價格來提供顧客所需的產品或服務，才可能獲得組織持續生存所需要的資源；政府機關則經由爭取或編列預算的過程獲得資源，不必面對自由市場的競爭，也不

必受限於供需的經濟原則來決定產品或服務的價格。政府的主要收入來自於稅收，只有少部分的公共服務是依賴使用者付費來支持。即使在對使用者收費時，政府部門的收費服務也經常是獨家經營，而且大多必須用固定價格來滿足所有標的對象的需求。舉例來說，在離島或高山上的居民，其所支付的水電費與人口密集的市鎮居民都無甚差別，也因為政府機關對於成本效益較不敏感，所以才能提供私人企業不願意提供的服務。

三、公共政策中的主導地位

表面上，選舉產生的行政首長、民意代表，以及政治任命的高層官員具有合法權力來決定公共政策的主要內容，而由行政部門來實施，因此有所謂「**政治、行政二分**」[3]的說法。然而，要達成政府的使命，各行政機關以及其中的行政人員不可避免地也必須積極參與特定公共政策的決策過程。更明確地說，行政者必須確認社會的問題或需求，進而參與形塑、分析、評估及修改相關公共政策。甚且，行政者在執行政策的過程中，因為法規的模糊性及資源的有限，所以被賦予一定的自由裁量空間去選擇服務對象的優先順序、執法的嚴寬，以及對個案事實的認定等，這些都會進一步定義公共政策與政府服務的實質內涵。

> **政治、行政二分**
>
> 「政治、行政二分」的說法目前尚未追溯到某個特定的創始人，但一般而言美國前總統威爾遜(Woodrow Wilson)的著作〈行政的研究〉(The Study of Administration)被認為是最早正式提出此概念的論文。

第二節　公共行政的功能

知名的美國公共行政學教授賽耶 (Wallace Sayre) 曾說過，任何組織都必須盡可能提升效率與效能，因此公部門與私人企業的管理「在所有不重要的面向上，大多是相同的。」[4] 在此所謂的重要差異面向是指組織的目標與價值，而彼此相同的部分就是組織管理的各種功能，包括規劃、組織、領導與控制 (如圖 1-1 所示)。

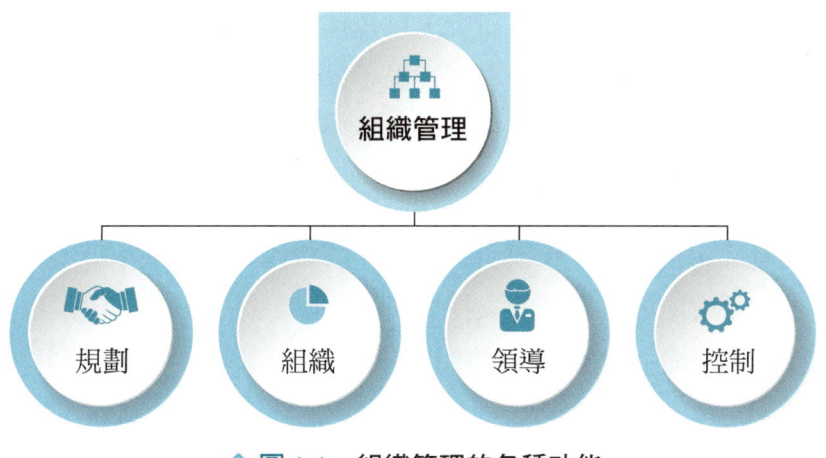

◈ 圖 1-1　組織管理的各種功能

一、規劃

　　就是預擬目標、訂定策略，進而籌劃所需要的資源，並發展出有系統的計畫來達成目標。在政府部門或非營利組織中，每一位行政者都必須分析本身所處的環境，釐清及規劃自身單位的目標，並找到足夠的資源，進而擬定政策或方案來達成這些目標。例如，一所大學存在的目的就是為了教育學生，所以大學的行政主管必須規劃達成這個目標的方法，包括學校想要發展的特色是什麼？應該要提供哪些學位 (學士、碩士、博士、進修證明……)？各科系要僱用的師資專長如何？學校可以從哪些管道獲得所需要的資源？收費政策要怎麼訂定才合理？學校要吸收何種特質的學生？什麼樣的建築及設備才能滿足優質大學教育的需求？以上這類問題的決定就是規劃的功能。

二、組織

　　行政者必須進行的「組織」活動包括組織中各種工作的設計與分工，亦即 (1) 設計並分配必要的工作任務；(2) 根據工作任務的特性分門別類組成各種工作單位；然後 (3) 為各單位取得適當的人才，以統整可用的資源、單位與制度來達成組織的目標。

　　舉例來說，一般大學都必須處理的教務、學生事務、總務等日常工作，校長必須決定分別由哪些部門負責，各自具備何種資格的人才，以及用什麼樣的層級或聯繫的方式來協調進度。行政主管還必須決定要設立的學院及科系。不

同類別的教師各自有哪些教學、研究，以及輔導學生的義務？各學系的行政工作是否由系主任控制？哪些事務必須透過委員會的民主程序才能決定？學系之上的院長有哪些人事與財務的權限？院長對副校長及校長負什麼樣的責任？

此外，學校還必須有計畫性地協調外在重要的利害關係人與利害關係團體，例如教育部、相關的學校與研究機構、民意代表，以及本身所處的社區團體等，才能從環境中取得必要的支持與資源。以上這些事情的決策以及實際運作就是所謂的「組織」功能。

三、領導

組織是由人所組成的，領導的功能主要是安排與協調組織工作中相關的人員，並進行有效的溝通，使參與其中的人都能以最佳的狀態來達成任務的要求。領導的能力是做為高效能行政主管的必備條件之一。領導效能的展現可提升管理工作中所有其他的功能，包括計畫、組織，以及控制。

更具體地說，一個稱職的行政主管首先應該釐清組織願景，以及各單位與個人的工作目標，使得組織中的人員都能清楚自己的方向。公務人員必須經常在資源不足或價值衝突的情境下執行政策或行使行政裁量，領導的主要功能之一就是在這種情況下引領人員去「做對的事，而不只是把事情做對。」其次，行政主管必須建立並善用各種誘因機制，激勵優良的表現。大多數的政府部門組織不像私人企業可提供多樣化的財務誘因或彈性的陞遷管道，再加上一般組織中講究齊頭式平等的官僚文化，更使得主管難以有效激勵下屬人員。我們可以說，比起企業的經理人，政府部門的行政主管更有必要瞭解激勵人心的理論與方法，也更須費心設計與善用各種物質面與精神面的獎懲機制，才能促使人員持續提升自己的績效，以克服接踵而來的挑戰。

最後，為了獲取創新與品質方面的競爭優勢，現代組織中管理階層早已大量採用多元化的團隊模式來運作。相反地，政府部門中公務人員的進用陞遷卻仍多只考慮到個人之間的公平性，少有團隊導向的組織制度或工作設計。現代政府部門的行政者必須學習團隊建立的技巧，並建立團隊導向的誘因，才能更有效凝聚人員的向心力，形成高效能的工作單位。

四、控制

　　有了完整的策略計畫、健全的組織架構，以及優良的領導效能，仍無法保證公共行政者達到冀望的目標。行政控制的目的在於監測執行進度或方案結果，並進行必要的調整，以確保事情依照預定的方式發展。行政者應該經常質疑與回答自己幾個重要的問題：「我們應該要達成的目標有哪些？事情有依照預定的期程或成本在進行嗎？執行獲致的結果，跟原來預想的是一致的嗎？我們應該要針對哪些單位做預算或人力的調整？」以大學的例子來看，行政主管必須關心：學校的排名進步還是退步了？各系近年的報到率是否有下滑的現象？如果是，是因為經濟景氣與就業市場的影響？還是學校教學內容的問題？要如何讓學校的招生方式更有效果？因應招生的議題，哪些單位的預算需要調整？總歸而言，預算、審計、上級對下級的日常監督、管理資訊系統、政策／方案評估、人員獎懲機制等都是行政者常用的控制方法與工具。

　　行政者依賴這四種功能來完成本身的使命，其日常運作當然不是剛好切割成各四分之一，規劃、組織、領導及控制也並非如此依序進行。身為現代的行政者，尤其是擔任主管的人，幾乎每日都離不開執行以上這四種功能，以及運用功能之間的交互作用來完成行政的工作。

第三節　公共行政追求的價值及其衝突

　　由於社會的多元化及政府運作的複雜性，公共行政常常必須處理不同價值衝突的問題。「價值」是指存在於機關文化或個人內心的恆久信念。當公共行政者在判斷什麼樣的目標，或什麼樣的手段才是「好的」的時候，就是在斟酌不同的價值。總的來說，政府機關最常考量的重要價值包括「效率」、「效能」、「公平」，以及「回應」(如圖 1-2 所示)。

　　「效率」指的是產出與投入的比率。投入愈少、產出愈高，便愈有效率。「效率」價值的追求，對於以營利為核心目標的私人企業來說，是理所當然的，但從公共行政發展的歷史來看，效率也一直是政府追求的主要價值之一。最早政府對「效率」的注重是建立在科學管理的基礎，亦即透過建立標準作業流程、科學化挑選、訓練員工等方式，追求產出與投入比率的最大化。除了科學

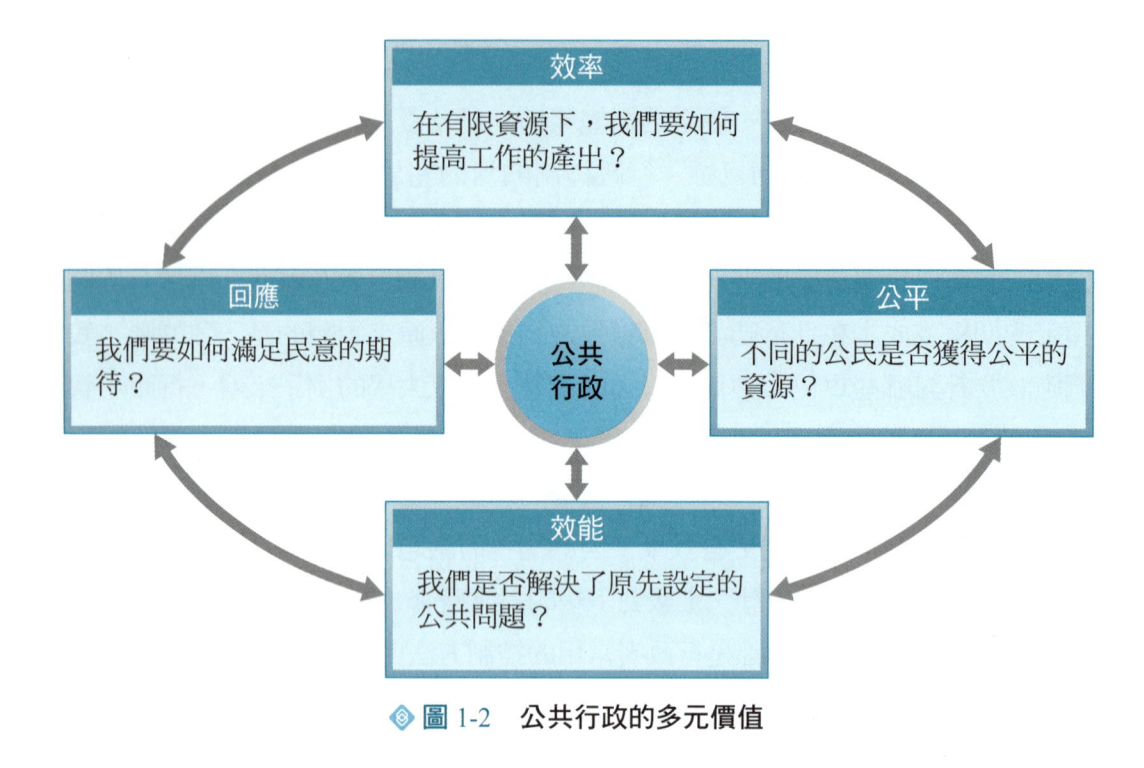

```
                    ┌─────────────────┐
                    │      效率        │
                    │ 在有限資源下，我們要如何 │
                    │ 提高工作的產出？   │
                    └─────────────────┘
   ┌──────────┐          ↕          ┌──────────┐
   │   回應    │       ┌─────┐      │   公平    │
   │我們要如何滿足民意的期│ ←→│ 公共 │←→ │不同的公民是否獲得公平的│
   │待？       │       │ 行政 │      │資源？    │
   └──────────┘       └─────┘      └──────────┘
                          ↕
                    ┌─────────────────┐
                    │      效能        │
                    │我們是否解決了原先設定的│
                    │公共問題？         │
                    └─────────────────┘
```

◎ 圖 1-2　公共行政的多元價值

管理，公共行政也透過專業分工及指揮統一等「行政原則」來提升政府效率。1990 年代「新公共管理」的興起，更再次強調政府應向私部門學習，找尋達成目標之最有效率的方法。近年來，我國政府引進資訊通信科技進行流程簡化、行政院組織進行整併，以及考績制度淘汰不適任人員等，都是基於效率價值的追求所進行的改革。

「效能」指的是投入資源所產生的影響，亦即解決預定的問題或達到原先設定目標的程度。效率是著重「手段」的選擇，效能是強調「目標」的達成。「效率」的觀點重視的是投入到產出的過程，是對於直接產出的衡量，較偏重量化的面向。相對而言，「效能」價值可從質化面向補充「效率」觀點的不足。透過對是否有效達成目標的瞭解，針對結果進行衡量，才能追求做對的事情，而不只是把事情做對。公部門應重視「效能」的價值，才能得知公共服務對公民所造成的影響，進而有效回應公民之需求。舉例而言，我國警察機關為防制毒品而推動「加強查緝製造、運輸、販賣毒品犯罪工作執行計畫」，近年來皆成功破獲數萬件的毒品犯罪，可說是相當有效率的計畫。然而，104 年與105 年在臺灣查獲的未成年者施用毒品人數卻是逐年上升到歷史新高，首次使用毒品的平均年齡更降至 12.5 歲。[5] 從減低毒品對無知少年危害的政策目標來

看，防制毒品的效能實在堪憂。

同樣地，公共行政領域開始重視「公平」價值，也可以說是對「效率」價值的反省。「公平」指的是提供每位公民平等的公共服務，讓不同公民都可以獲得公平的對待。民主體制中的「依法行政」基本上就是要落實公平的原則。公共行政如果一味追求提升效率，有時不免忽略政府應保障的多元公共價值，包括弱勢族群的權益、偏遠地區的生活品質、正當法律程序、公共諮商等難以量化的面向。我國有許多公共政策是落實公平價值的做法，例如，九年國民義務教育提供國民平等的就學機會、原住民及身障生特考則提供弱勢族群的就業保障等。

公共行政領域早期因為只強調政府的運作應有效率與效能，因此滋生許多不公平或不正義的現象，「新公共行政」的思潮也應運而生，要求政府積極改革，體察公民需求，以提供公平的公共服務。公共政策領域因此也開始研究公共資源在不同薪資、種族、性別等面向上之分配問題。「新公共管理」的興起雖然重新燃起公共行政領域對「效率」價值的重視，但也引起更多聲音要求政府重視「公平」的價值。批評者認為，「新公共管理」未考量公私部門的差異，忽略了公民參與之重要性，並且過於強調政治、行政二分的理念，忽視了在民主體制下，深入瞭解公民所冀望的目標。

除了以上三個公共行政最為關注的價值，隨著民主化的興起，「回應」也成為公共行政者在決策過程中需要考量的價值。「回應」是指政府的決策應該反映民意或輿情。更具體而言，也就是政府部門推動的公共政策必須反映大眾或政策相關利害關係人的偏好。在代議制度之下，議會是民意表達的一個核心管道。除此之外，大眾傳播所展現出來的輿論，也是政府必須回應的對象。由於資訊通信科技的發達及社群媒體的普及，如何將網路輿情納入決策的參考也是政府必須重視的。

隨著民主的不斷發展，回應的價值愈受重視，有時候甚至凌駕以上其他的三個價值。舉例來說，從提升產業發展的效能價值而言，開放外籍專業人才來臺就業，在相當程度上有可能解決我國人口出生率低，以及人才大量流失導致產業無法升級的問題。然而，政府必須回應國內媒體的輿論及部分特定意識型態人士的強力反對，所以遲遲無法推動這樣的政策。另一個明顯的例子是，多

年前政府為了回應民眾「打倒升學主義、減輕升學壓力」的訴求，陸續把當時的師專升格為師院，也准許私立專科學校升格為學院或大學，同時還籌辦新的公立大學。這種只追求回應價值的做法，導致今日各界莫不憂慮我國高等教育的品質及未來的發展。

雖然「回應」的價值似乎愈來愈重要，「公平」價值也促成公共行政領域對於「效率」價值的反思，但政府運作不可能只用其中某一種價值做為至高無上的唯一考量。不論是「效率」、「效能」、「公平」或「回應」，都是民主政府在運作的過程中必須兼顧的價值。換言之，政府如果想要有效回應不同民眾的需求，就必須要把這些價值都納入考量。在政府運作的過程中，公共行政者如何在這四個不同的價值中求得平衡，不顧此失彼，讓社會的福利最大化，將會是公共行政最核心及持久的議題與挑戰。

第四節　驅動政府部門變革的六大趨勢

二十一世紀以來，公共行政也跟企業或其他社會組織一樣，受到許多劇烈環境變化的挑戰，這些挑戰包括：

- **財政緊迫**：世界各國政府預算赤字普遍嚴重，導致國債也日益升高。舉例而言，美國在 2008 年 9 月，國債首次超過 10 兆美元，這個數字到了 2011 年上升到接近 15 兆美元，使得標準普爾 (Standard & Poor's) 甚至降低了美國政府的主權信用評級，引發全球金融業的劇烈波動；臺灣的財政情況也不樂觀。截至 2015 年 4 月底，中央政府合計長期及短期債務已達 5 兆 6,334 億元，平均每個國民已負擔債務 24 萬元。

> **美國政府財政緊迫**
>
> 2008 年 9 月 30 日，美國國債首次超過 10 兆美元，除以美國人口即人均 32,895 美元。若計及 Medicare (公帑資助的長者和殘疾人士醫療福利)、Medicaid (公帑資助的貧窮人士醫療福利)、社會保障等福利項目，其負債達 59.1 兆美元。2011 年 8 月 5 日，評級機構標準普爾將美國主權信用評級從 AAA 下調至 AA+。2015 年 6 月 30 日，美國政府國債再度上升，達到 18.15 兆美元。

- **人民期待日益升高**：現代的人民期待政府能夠不分時間、地點，提供即時且不間斷的公共服務。公共行政必須同時提升效率、效能、回應性、課責性，以及透明度，才可能滿足這樣幾近不可能的任務。

- **科技、創新日新月異**：網路科技高速遞增的連結能力與普及性，尤其是行動科技的發展，使得全球各地的人都致力於創新生活、學習、進行商業活動，甚至參與公共議題的方式。相對於這種進步的快速步伐，傳統政府管理講求的安全與穩定就顯得力不從心。

放眼未來，各先進國家的政府部門已陸續出現許多改革性的做法，其中並可看出一些共同的趨勢。2013 年時，美國 IBM 公司的政府事務中心 (Center for the Business of Government) 發表了一篇政府部門未來發展的體檢報告，就列出這些正在驅動公部門變革的六大趨勢 (如表 1-1 所示)：

1. **結合績效資訊與行動決策**：在建立績效管理制度的風潮之後，新時代的政府部門管理更必須從績效的衡量，進化到將績效的資訊納入行動的決策中。1990 年代以來，為回應民意的要求與外在環境的挑戰，世界各先進國家莫不致力於政府績效評估制度的改革，我國行政院也於 1998 年起仿效英、美等國，推動中央行政機關的績效管理制度，名為「中程施政計畫制度」，要求行政機關的預算編列須與自身的中長期績效目標相結合；各機關並須定期衡量與報告績效目標達成的狀況，做為立法部門及其他利害關係人評估其表現的基礎。約 20 年後的今日，政府績效管理的新焦點提升到如何有效地將績效資訊輸入於即時的 (跨) 機關決策與管理過程當中，以強化公共行政者達成策略目標的能力。績效管理改革的另一個重要趨勢在於將公共組織的文化轉化為追求績效與成果，並誘導各機關建立以資料證據

表 1-1　**公部門變革的六大趨勢**

01	將績效資訊輸入行動決策之中
02	風險管理成為行政管理的必要元素
03	創新文化的必要性
04	使命導向的組織設計
05	倍速效率的要求
06	領導效能更顯重要

為基礎的管理途徑，促進有限資源的最佳化運用。

2. **風險管理成為公共行政的必要元素**：今日各級政府部門共同面對的複雜挑戰是前所未有的，這使得風險管理在公部門中的重要性日益凸顯。現代社會中，公共行政者經常要應付的風險包括：網路攻擊造成的國家安全風險、天然災害導致的經濟風險、全球化增加的疾病與食品安全風險、預算與方案的執行風險、民眾隱私資料外洩的風險等。我們可以說，行政者對於潛在風險的預期與評估，以及採取對應行動的管理能力，將是未來驅動變革及成功管理公共政策的關鍵能力。

   傳統行政機關的文化與組織機制在面對風險議題時，往往僅能一味地採取躲避風險的保守措施來因應，如此當然也同時犧牲了創新與發展的機會。未來的高效能行政者必須採取的是積極風險管理的模式，也就是知覺各種風險存在的可能，並針對風險的可能影響進行有效的橫向溝通與策略設計，進而以更具彈性與韌性的政策管理作為來達到最正面的結果。

3. **創新文化的重要**：無庸置疑，世界各國的現代公民都希望政府更鼓勵人民的參與、讓公共資訊更公開透明，並具備更高的效率與效能；然而，多數人卻也希望政府做到這些期待的同時，人民須負擔的代價(如繳稅)愈低愈好。要提供這樣的公共服務，行政者別無選擇地必須經由創新來改變許多在公部門中既有的假設與運作方式。

   二十一世紀的我們皆親眼目睹科技讓許多創新成為可能，但只靠科技是無法達成公共服務的實質創新的。有價值的創新是仰賴各階層的領導者瞭解科技，並加以應用來驅動計畫性變革的執行力。為此，新時代的行政主管不僅須致力於短期即時的科技發明，更要追求持續性的轉化更新。更具體地說，領導者最終須釋放出組織中每個人的專業知識與創新能力，使每位組織成員都肩負起創新的責任，如此創新才能真正成為公部門的文化與運作方式，進而不斷孕育出有價值且有持續力的公共服務創新。

4. **使命導向的組織設計**：行政機關的管理及公共政策的執行都必須依賴許多支援性的功能系統(或稱幕僚單位)才能有效運作。這些功能，包括人事、財務、採購、資訊科技等，皆各自基於不同領域的專業思考與規範，一方面提供專業服務與政策建議給機關內部(如人力進用或財務規劃)，另一方面也確保機關符合相關法規的要求。雖然這些功能不可或缺，但長期

以來，幕僚單位過度專注於內部功能的運作，往往自外於行政機關的使命或對外的公共服務。更嚴重的是，各幕僚單位之間欠缺協調與整合，各行其是，使得許多業務部門的主管都感覺到機關的幕僚單位對於組織任務使命的達成不但沒有明顯的助益，反而成為必須無奈面對，並耗費許多寶貴時間與資源去設法突破的障礙。

　　幕僚單位各自具備許多組織達成使命所需的專業、預算、法規授權，以及網絡關係，但這些功能一定要有更佳的整合與改造才能發揮產生整體的效益。許多先進國家中的行政部門已經開始衡量幕僚單位對組織達成使命的幫助程度，並經由組織架構的調整 (例如，仿照私部門企業設置人資長、財務長、資訊長等角色)，強化這些單位的使命及各功能之間的整合。

5. **倍速效率的要求**：當今政府部門遭遇的財務資源窘況，從公部門財政赤字的長期趨勢來看，很可能會日益嚴重。為了降低公共組織的成本，二十一世紀的行政者必須重新思考對外提供公共服務及對內建置行政功能的途徑。最基本的原則是行政組織間必須相互學習，並設法自優良的企業與非政府組織中移植更有效率的經驗與做法到公部門。這些提升資源運用效率的途徑可從幾個地方著手：

(1) **科技**——行政主管應致力於整合資訊系統的基礎建設，利用雲端行動科技，簡化及加速行政運作，讓行政者可以把注意力從應付日常的事務性細節轉移至提供顧客服務的策略。舉例而言，政府部門可增加民眾自行操作的電腦互動式公共服務，或提供網路資訊平台讓有意提供服務的機關或業者自由創新服務。近年內政部推動「地理資訊圖資雲 (TGOS) 建置計畫」，[6] 就是將原本分散於各政府單位的地理資訊圖資彙整與處理後，發布各種共用性的應用程式介面 (API)。其他政府或企業單位只需要撰寫幾行程式，引用此共享的服務就可以發展出服務對象所需的線上地圖服務。至於 TGOS 如何蒐集與維護資料？在哪裡執行程式？用什麼程式語言？共享服務的使用者完全不需要費心或負擔成本。

(2) **流程**——優化組織流程不僅可精簡公文處理程序與公共服務的必要成本，更能促進較佳的資源配置與管理效率。除了分析、設計組織內的工作流程，以便削減營運成本，加速顧客服務外，優化流程的目標也應該用更高的標準，基於使用者的需求，重新思考如何設計公共服務的運作

方式。舉例而言，各縣市都有許多類似的便民服務，包括城市的金融服務卡 (如悠遊卡)、公用交通工具 (如 YouBike)、1999 市民熱線服務等，若能應用跨組織共享服務的概念，將以上的公共服務跨縣市配置與管理，將可減少不同機關對同一件事的重複投資，更可能大幅提升這些服務提供給民眾的效益。

(3) **組織**——因應現代的科技與工作流程的觀念更新，理想的組織模式也應該隨之改變。公共行政的組織概念深受韋伯 (Max Weber，詳見本書第二章) 官僚主義的影響，政府部門也一直慣用科層型的功能式組織，使得跨功能的協調合作成為政府部門最大的弱點。專業的行政主管應該汲取私部門的組織經驗，引進現代企業中行之有年的專案管理模式，或甚至包括虛擬團隊的組織模式，讓相關人員得以有效地進行合作與創新，而不受個人的實體所在地點，或僵化的官僚體制的限制。

(4) **數據**——現代的行政者需要擁有一套敏感度高的數據決策框架，幫助組織進行更準確的判斷，尤其必須能夠讓規劃與執行過程的決策誤差得到適時修正。更具體地說，公共組織應該從服務策略的角度，蒐集並分析組織提供公共服務的模式，以修改或刪除浪費時間與經費的程序。此外，數據分析也可以用在評估不同的行政管理措施，藉此找出最具成本效益的選項。

6. **領導效能更顯重要**：今日社會上許多重大且棘手的公共管理議題，包括人口高齡化、少子化、經濟成長萎縮、貧富差距、世代間不平等、環境變遷等，都直接挑戰著公部門治理的核心機制，以及政府整體的領導效能。從歷史上得到的教訓來看，這些議題也往往讓社會大眾對於傳統行政機關的型態、組織架構、運作方式，甚至機關的領導者，產生嚴重的質疑。成功的公共組織領導者必須超越前人既定的行事標準與制度性環境，致力於跨越組織界線的合縱連橫，才能有效地針對個別的議題，量身建立出多層次的組織與人際網絡來有效因應。

Case 1：免費午餐？

個案研究

以下的場景是關於公務員與和生意人之間的關係。腳本的內容都是虛構且經過設計的。本個案的命題是政、商網絡，以及直接成本和隱性成本之間的關係。

人物：王曉明／市政府的總務處處長
　　　李家成／「華彩紙業」董事長

場景：五星級四季酒店柏麗廳的週三午餐時間。李家成是一位回臺灣投資的澳洲華僑。經由他所屬扶輪社好友的居中牽線下，李家成認識了王曉明，並進而約好今天在四季酒店共進午餐。

李：我真高興你接受了我的午餐邀請。你知道在一個陌生地方創業有多不容易。我太太和我在澳洲都定居20年了，這次她還真的有點不適應搬回來臺灣。

王：那你們為什麼還是決定回來臺灣投資呢？

李：我真的很喜歡這兒。王處長，臺灣人的創新、進取的態度，還有政府機關服務的效率，以及企業投資的環境都是世界一流的。我覺得回臺灣是一個明智的決定。

王：李董，貴公司叫做「華彩紙業」，主要有哪些業務？

李：我們的業務就是紙，紙就是我們的全部。我們公司幾乎什麼紙都有生產，從粉彩衛生紙、報章雜誌用紙，到各種影印紙……今天還是不要談工作了，我比較好奇這裡的人平常都做什麼娛樂消遣呢？

王：本市的休閒活動很豐富，我個人最喜歡的是海釣！這真是一種很令人忘我的享受。週末有空時，我經常跟一些好朋友租船出港到大約15海里的外海去釣魚，那裡的魚又多又大。不過你要記得，魚上鉤時，千萬不能拉得太快。上週六我的手臂就拉魚拉得差點脫臼，我們總共抓到十幾隻午魚和嘉鱲魚！另外還有運動方面，臺灣有很多不錯的職業棒球隊，我個人也是球迷。

李：聽起來很不錯耶。你講到海釣，我正想要買一艘大約40英尺的遊艇，我很有興趣知道你講的漁場在哪裡。(準備買單)「服務員，買單！」(對著王曉明)「讓我買單吧！我這張是最頂級的黑卡，在這裡不管消費什麼都有百分之五的優惠。」「今天真的很高興跟你聊得這麼投緣。曉明，感謝你對海釣的提議，這剛好給我一個必須要買下那艘船的好理由。」

兩週後的上班時間(王曉明處長的辦公室電話響了)

李：曉明嗎？好久不見，我是李家成。猜猜我做了什麼？我買下上次跟你講的那艘40英尺的遊艇了！這真是一艘氣派的船喔！雙柴油機，油電混和機型，所有的選配都一應俱全，總之整個就是很過癮。你什麼時候放假，帶我去上次你提到的漁場釣魚？

王：嗯，最近我的行程真的很緊，讓我看看我的行事曆。哦！我下下週六應該有空。如何？

李：下下週六很好，你不用帶任何東西，我這裡有釣竿、冰桶、工具等什麼都有。早上六點半我去接你如何？

王：這樣喔……好吧！到時候見。

一個月後 (王曉明處長辦公室的電話又響了)

李：嗨，曉明，最近好不好呀？上次那個海釣之旅很棒吧？都要感謝你的帶路，那個漁場實在太讚了，我到現在還可以感覺到拉上那幾隻大魚的爽度，實在回味無窮。對了，這週五晚上職棒的比賽，我剛好有一些包廂貴賓區的票用不完，而且我人就在你們辦公室附近，不知道你那邊有沒有人用得到這些票？

王：週五晚上？那天剛好是決賽耶！主投還是我最愛的黃小盟。您如果真用不到那些票的話，我想我應該可以找到人幫忙善用的。

兩週後 (王曉明處長辦公室的電話又響了)

李：嗨！哥們。剛剛到市政府的採購部門拜訪，得知你們體育局即將採購 5,000 箱世界大學運動會要用的雷射影印紙。不知市府是否可以考慮採用我們的優良產品？我們的產品保證是不輸給其他廠商的。華彩的紙雖然不是特別有名的品牌，但價格很公道，東西的效果也好。我的意思是說，曉明，我並不是想跟你要求任何特別的好處，而是如果市政府購買了我們紙張，等於就是在幫老百姓省錢呀，不買我們的很可惜。

王：……

問題討論

1. 在以上的情節中，王曉明有做了什麼不應該的事情嗎？李家成呢？
2. 王曉明可以打電話給體育局，告訴他們不妨考慮一下華彩紙業公司的產品嗎？
3. 王曉明應該怎麼做才是最符合公共利益的做法？
4. 如果你是王曉明，應該如何劃分公、私領域的交往與互動？
5. 這世界上會有免費的午餐嗎？

本章習題

申論題

1. 美國行政學者賽耶 (Wallace Sayre) 曾說過，為了提升組織的效率與效能，公部門與私人企業的管理「在所有不重要的面向上，大多是相同的。」請問以上所謂相同的部分是指那些功能？公共行政又有那些與企業管理不同的重要面向？
(111 年高考三等)

2. 行政機關推動「績效管理」(performance management) 必然會帶來正面效益嗎？如何確保績效管理的正面效益大於負面成本？請闡述之。　(110 年高考三級)

3. 在行政學理論發展中，有關「新公共管理」與「新公共行政」的主要主張為何？並說明其異同？
(108 年高考一級暨二級)

4. 論者指出，行政學研究的核心課題在「政治」與「行政」價值的分合上。試就「政治」與「行政」之分立與整合，探究「政治」與「行政」分合演進的重要學理，以及產生的影響各為何？
(108 年高考一級暨二級)

5. 何謂「行政權力」(administrative power)？其與行政國之學理意涵關係為何？行政機關或行政人員為何具有行政權力或政策影響力，其權力來源或促成因素為何？
(105 年高考一級暨二級)

6. 論者指出公共行政的涵義，得從政治、管理、法律、公共性四個面向加以界說，試闡釋之。
(105 年原住民特考)

7. 「公共管理」(public management) 的特性為何？您認為將私部門的管理方式全然引用到公部門是否真能改善公部門長期以來所面臨的僵化、無效率問題？請說明之。
(104 年簡任升官等)

8. 學者指出公共行政與企業管理之所以有所差異，其原因來自於公共行政特有的「公共性」，請舉例說明何謂公共性？其次，請比較說明公共行政與企業管理二者之差異。
(103 年原住民特考)

9. 請從「公共行政」與「企業管理」的比較觀點，討論公共組織的組織目標、結構設計、決策運作環境與績效管理等特性。　(103 年身心障礙特考三等)

選擇題

1. 公私部門組織有其異同，有關二者異同之敘述，下列何者錯誤？
    (A) 二者皆有必須遵循的法規
    (B) 二者的主要經費來源相同

(C) 政府組織比企業組織面對更強大的公共監督
(D) 政府組織比企業組織面對更多的分權制衡 (113 年初等考)

2. 質疑傳統行政學的理性效率管理模式，而要求應對社會上的弱勢族群實踐公道正義的，是下列那一個？
   (A) 公共選擇理論　　　　　　(B) 新公共行政
   (C) 新公共管理　　　　　　　(D) 新制度理論 (113 年初等考)

3. 對於「行政」意涵不同切入觀點之敘述，下列何者正確？
   (A) 政治的觀點認為「行政」探討行政院之作為即可
   (B) 管理的觀點關注於探討有效處理公務之方法和技術
   (C) 公共政策的觀點不探討政府選擇不作為之事項
   (D) 公共性的觀點主要源自於新公共管理論述之啟發 (113 年關務特考三等)

4. 羅聖朋和克拉夫丘克 (D. H. Rosenbloom & R. S. Kravchuk) 認為文官為主權受託者，下列何者不屬於主權受託者應有的作為？
   (A) 文官負責公共政策的制定與執行
   (B) 文官應動員政治支持為其政策倡議及辯護
   (C) 文官的決策應能符合商業團體的主要價值
   (D) 文官需具備旺盛的企圖心和長遠的眼光，以肆應未來的變遷
   (113 年關務特考三等)

5. 政府再造經常要求引進企業管理的精神，下列何者不是企業管理的主要精神？
   (A) 運用科學方法　　　　　　(B) 提高行政效率
   (C) 追求公共利益　　　　　　(D) 回應顧客需求 (113 年關務特考三等)

6. 有關公部門和私部門管理的不同之處，下列敘述何者錯誤？
   (A) 不同的環境背景造成不同的權力結構
   (B) 私部門適用更高密度的法律管制
   (C) 公部門的目標往往比私人企業更為多元與棘手
   (D) 公部門比私部門更重視社會基本價值的維持 (112 年地特三等)

7. 有關行政之敘述，下列何者錯誤？
   (A) 行政專指行政部門所管轄的事務
   (B) 行政與政治很難嚴格劃分
   (C) 從管理的觀點，行政是一種管理技術
   (D) 從公共政策的觀點，行政與公共政策不可分割 (111 年地特三等)

8. 下列何者不是針對新公共管理的批判？
   (A) 公共管理應是一種典範而非研究途徑
   (B) 市場的功能被過度膨脹
   (C) 過度強調顧客導向，在民粹主義的政治生態中，容易導致選票導向
   (D) 新公共管理所提倡的「小而能」政府，並非放諸四海皆適用的原則

   (111 年地特四等)

9. 下列何者非屬美國「新公共行政」倡議的主要理念？
   (A) 民主參與　　　　　　(B) 社會正義
   (C) 公共利益　　　　　　(D) 價值中立　　　　　(104 年普考)

10. 下列何者不是政治與行政分立論的主張？
    (A) 行政學可以成為獨立於政治學之外的一門學科
    (B) 行政科學應該價值中立
    (C) 行政人員應該政治中立
    (D) 行政部門不受立法部門的制衡

    (104 年普考)

11. 新公共行政雖源自於 1970 年代，到現在對行政實務與學術仍有重要的啟發，其因在於該學說強調行政人員最應積極扮演下列何種角色？
    (A) 傳統價值的維護者　　(B) 行政的工具性價值
    (C) 社會穩定的力量　　　(D) 社會改革的力量　　(104 年普考)

12. 依據瓦爾多 (D. Waldo) 和羅勝朋 (D. Rosenbloom) 的觀點，何者屬於「行政國」的成長原因？
    (A) 民主進步　　　　　　(B) 價值轉變
    (C) 法學教育　　　　　　(D) 經濟平穩　　　　　(104 年地特四等)

13. 公部門經常援引私部門的管理方式，以提升其效率，但效果不彰。在此前提下，下列敘述何者錯誤？
    (A) 管理者忽略公部門與私部門本質的差異性
    (B) 公部門的手段目標關係複雜
    (C) 公部門組織文化保守，抗拒變革
    (D) 對公共利益的著眼點不同，公部門注重微觀，私部門強調宏觀

    (103 年地特三等)

註

1. 林俞君 (2009)。**自由的行政裁量與受限的法拘束力—大法官會議解釋的個案分析**。國立政治大學公共行政研究所碩士論文,臺北。
2. Mintzberg, H. (1996). Managing Government, Governing Management. *Harvard Business Review*, May-June, 75-83.
3. Wilson, W. (1887). The Study of Administration. *Political Science Quarterly, 2*(2), 197-222.
4. Allison, G. T. (1992). "Public and Private Management: Are They Fundamentally Alike in All Unimportant Respects?" in SHAFRITZ, G. M. and HYDE, A. C. eds. *Classics of Public Administration, Belmont* (pp. 457-474). CA: Wordsworth.
5. 內政部警政署,警政統計通報,取自:https://www.npa.gov.tw/NPAGip/wSite/lp?ctNode=12594&mp=1
6. 內政部圖資雲建置計畫,取自:https://tgos.nat.gov.tw/TGOS/Web/News/TGOS_News.aspx

第二章
公共行政學的發展

美國在獨立建國一百多年後,總統威爾遜 (Woodrow Wilson) 才以一篇歷史性的演說〈行政的研究〉主張公共行政應該成為一個獨立的學術領域。

　　一般人談到政府與文官體系往往會先想到中國歷代或歐亞大陸,與帝王一起構成完整國家政權的朝廷和百官。然而,現代的公共行政概念其實從創始至今卻只有一百多年的歷史,隨著美國的社會發展與國際環境的需要逐漸展開。我國公共行政主要的文獻、學位的設計,以及學科內容的發展,也深受美國相關領域所影響,在二十世紀中期之後才日益受到重視。

第一節　美國公共行政學科的發展

公共行政是從幾個矛盾的歷史傳統中孕育出來的。美國從建國開始的兩百年內因為厭惡獨裁統治而刻意忽視公共行政，到了二十世紀早期才草創現代化的行政組織。回顧公共行政學界的歷史，一百多年來各時期的公共行政理論多為了回應當時政府治理的實務發展需求。因此，唯有以美國政府行政體制發展的歷史當作背景，我們才能清楚瞭解公共行政的核心思想與典範變遷 (如圖 2-1 所示)。[1]

美國因為是從大英帝國的暴政中獨立出來的國家，因此在建國之初，建國的領導者們普遍對政府部門與官僚體制充滿了不信任，這可從《美國憲法》中的許多條文描述國會參、眾兩院的組成，但卻通篇未提及行政組織或公共行政 (也見不到「組織」、「預算」、「管理」、「公共服務」或「文官體系」等字眼) 得知。[2] 美國的開國元勳中唯一提到良善行政的人是漢彌爾頓 (Alexander Hamilton) (如圖 2-2 所示)，[3] 其他人提到政府時則大多是譴責當時英國王室的官僚作風及威權行政的失誤。由於這種對政府運作的不信任，美國遲至獨立建國一百多年後，才有領導者正式表達對行政的重視。1887 年，威爾遜總統以一篇歷史性的演說〈行政的研究〉闡明公共行政與政治本質的不同，並主張公共行政應該成為一個獨立的學術領域。

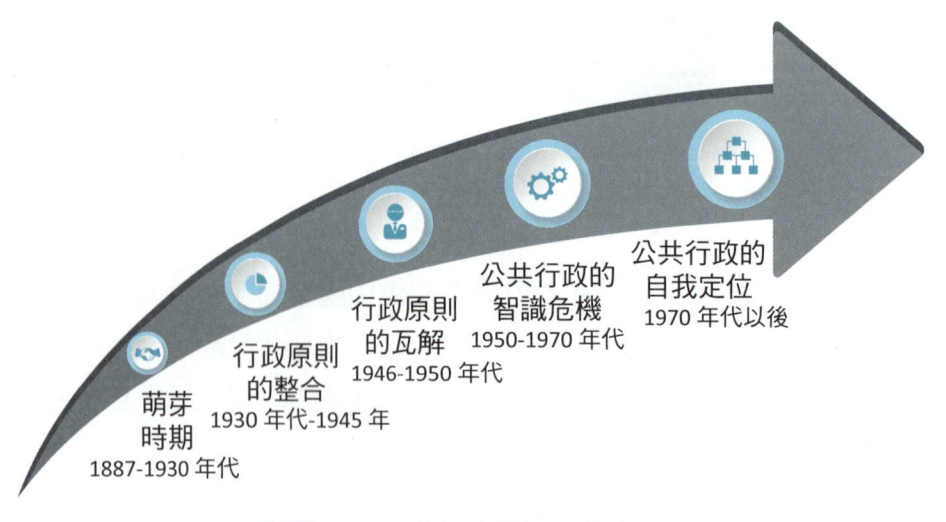

◈ 圖 2-1　公共行政思想的演變過程

萌芽時期　1887-1930 年代
行政原則的整合　1930 年代-1945 年
行政原則的瓦解　1946-1950 年代
公共行政的智識危機　1950-1970 年代
公共行政的自我定位　1970 年代以後

◈ 圖 2-2　美國聯邦政府財政部的漢彌爾頓雕像。漢彌爾頓是美國開國第一任財政部長

一、第一階段：公共行政的萌芽 (1887-1930 年代)

十九世紀末至二十世紀初期，美國從依賴農業自給自足且少有外在威脅的穩定環境逐漸朝向都市化與科技化發展。在此同時，國家的私部門經濟蓬勃成長，但國家安全也漸漸面臨各種重大挑戰，使得有識之士察覺到政府行政效能的重要性。這種重視政府效能的意識促成 1920-1930 年代中期政府行政體系的快速擴充，以及公共行政的教育與研究日益受到重視。舉例而言，1924 年雪城大學 (Syracuse University) 創立全美第一個公共行政學系；懷特 (Leonard D. White) 在 1926 年出版第一本行政學的書籍──《公共行政之介紹》(*Introduction to Public Administration*)。

萌芽時期的主流公共行政學說包含以下幾個重要的特色：

(一) 政治、行政二分

美國在建國之初，政府的運作基本上就是政治的運作，政府職位與各種資源的分贓制度盛行。1900 年，古德諾 (Frank J. Goodnow) 發表《政治與行政》(*Politics and Administration*) 一書，首先主張「政治」是國家意志的表現，「行政」是國家意志的執行，以區分政治、行政兩者的差異。這種政治、行政二分

> **現代管理理論之父——費堯**
>
> 費堯 (Henri Fayol, 1841-1925 年) 是行政管理學派的代表性學者，他認為管理是一個經由專家指揮監督的過程 (Administration as a Process)，透過行政者由上而下的領導控制，才可發揮工作效率，因此，他提出「十四項管理原則」：專業分工、權責相當、工作紀律、指揮統一、目標一致、組織利益至上、合理報酬、集權化、層級節制、秩序、平等、人事穩定、主動積極，以及團隊精神。

> **科學管理之父——泰勒**
>
> 泰勒 (Frederick W. Taylor, 1856-1915 年) 是科學管理理論的創始者，一直致力於運用科學管理技術追求工作的唯一最佳方法 (One Best Way)，希望透過科學方法找到每一項工作的標準作業程序，以利工作效率之提升。他在 1911 年出版《科學管理的原則》(Principles of Scientific Management) 一書中提出四項主張：(1) 對於每項工作要素皆應發展一套科學，取代原有之經驗法則；(2) 對於員工甄選應採科學方法，並進行必要訓練；(3) 應與員工合作，以確保科學管理原則之實踐；(4) 行政者與員工應落實分工原則，各盡其責。
>
> 雖然反對者認為泰勒的做法有將員工視為機器的疑慮，但不可否認的是，泰勒將科學知識運用於管理工作，並有效提升工作產量，對於管理學之發展確實有相當的貢獻。

的觀念，為當時的政府運作重新注入專業性及中立性的價值，這對後來行政學說的發展影響重大，例如促使文官系統、職位分類，以及政府預算等理性的行政制度得以發展，同時也為公共行政找到了一個獨立於黨派政治及政治學之外的獨特位置。

(二) 行政科學化

十九世紀晚期至二十世紀初，許多偉大的發明家——如發明直流電與留聲機的愛迪生 (Thomas Edison)、福特汽車創辦人亨利‧福特 (Henry Ford) 等——與重大的科學發明橫空出世，這對於政府的行政與政策也產生多方面的影響。首先，現代化的專利規範及產業規劃等公共政策變得愈來愈重要，使得公共行政的角色不可或缺。其次，科學化快速成為普世的價值，早期的行政學者因此開始追求公共行政學術的科學化，並像探討物理學的法則一般致力於找尋行政的普世原則，例如法國古典管理學家**費堯**就在這個時期提出著名的行政十四項管理原則。

當時的政府改革者不約而同地把重點放在行政者的專業知識與行政能力上。推動公部門改革的領袖們認為具備專業能力與倫理的公共行政者，加上結構良好的行政組織，將是解決二十世紀多數工業化都市問題的最佳處方。這樣的樂觀期待促使公共行政趨向理性、量化、客觀等科學化的特徵發展，並輔助公共行政成為一個獨立於政治學之外，而以經濟與效率為基礎的專業學術領域。

(三) 經濟與效率

強調經濟與效率的「科學管理」運動也是早期影響公共行政思想的重要元素。科學管理運動的靈魂人物是美國賓州鋼鐵公司的一位主管**泰勒** (Frederick W. Taylor)，他主張行政者應該基於實驗，以標準化與客觀分析的方式研究出最有效率及效能的**唯一最佳方法** (One Best Way) 來教導工作人員，取代個人非正式的或碰運氣式的工作方式，也讓所有的工作者都得到最大的利益回報。這樣的思想與前述的「政治、行政二分」，以及科學化的思潮彼此呼應，很快地就獲得許多公民改革團體及當時政府領導階層的認同。到了 1920 年代，經濟與效率的價值已經深植公共行政理論的核心。有識之士認為，僅僅像十九世紀的政治改革者所主張的選出「**良善之人**」(Men of Goodness) 來領導是無法有效改進政府表現的，政府需要的是創造一個以經濟及效率表現為基礎的系統，因為「良善之人」會隨選舉更替。何況，選舉是否真能產生良善的領導者？這始終是一個很大的疑問。

(四) 上下階層

除了經濟與效率，產業界的組織模式也成為當時公共行政改革的重要參考。1890-1920 年代，抱持「**進步主義**」(Progressivism) 的政治中間派致力於改革美國的政府制度，而績效優良的企業就成為最好的比較與模仿對象，其中最明顯的跡象就是改革者幾乎都一面倒地主張採用類似企業的管理架構，來改革當時腐敗的角頭政治。改革者主張政府應該像企業一樣由一個 CEO 執行長 (如總統、州長或市長) 來領導，也像企業執行長一樣任命一個小組做為核心幕僚，並且用集權的方式與清楚的命令指揮體系，由上而下地進行資源分配與協調，而不是選擇如古希臘或文藝復興時期的義大利城邦制度那樣的分權式治理架構。

二、第二階段：行政原則的整合 (1930 年代-1945 年)

二次大戰前的萌芽期中，公共行政學說在全美各地實行與演進，終於在 1930 年代逐漸匯集成公共行政思想的整合性共識——POSDCORB。這個時期因為公共行政學說的能見度及重要性都達到前所未有的高峰，因此也被稱為「公共行政的黃金年代」。[4]

POSDCORB 一字最先出現在 1937 年古立克 (Luther Gulick) 與尤偉克 (Lyndall Urwick) 合力編輯的《行政科學論文集》(*Papers on the Science of Administration*) 中。古立克在文中將行政主管的功能明列為七件事，而 POSDCORB 就是這七件事英文首字母的縮寫 (如表 2-1 所示)。簡單地說，POSDCORB 的核心理念是主張在政府體系中強化行政管理的功能。古立克認為，要提升美國的國力，聯邦政府應該設立總統行政辦公室，並建立隸屬政府最高層指揮的全國化集權的行政體系，如此才能發揮最大的政府效率與效能。

大約在古立克撰寫 POSDCORB 的同一時期，美國總統羅斯福 (Franklin Roosevelt) 任命了一個專責研究行政部門改革的委員會——「總統行政管理委員會」，或稱「布朗婁委員會」(Brownlow Committee)，主要成員之一就是古立克。這個委員會雖以主席布朗婁命名，但委員會的想法與實際上的作為大多是反映古立克的思想。「布朗婁委員會」主張總統的角色應該是行政部門的執行長，而其日常的功能是執行 POSDCORB；此外，總統的幕僚辦公室應該有更大的規模，其管理權力與資源也應該大幅提升。

POSDCORB 可說是 1789 年喬治·華盛頓 (George Washington) 當選第一任美國總統之後，第一個促成美國政界重新思考總統角色與職權的重要概念。不過，布朗婁委員會的相關建議與立法草案送進國會後，馬上就被批評為「獨裁者法案」而遭受強大的阻力，直到今日仍只有少數條文獲得立法通過。

表 2-1　POSDCORB 的各行政功能詳細解說

規劃 Planning	訂定任務的架構，並設計達成組織目標的具體方法
組織 Organizing	建立正式的權威結構，並根據組織目標安排、界定與協調工作部門
人事 Staffing	進用與訓練人力，並且維持良好的工作環境
指揮 Directing	進行決策、命令指派、教導下屬，並擔負組織領導的角色
協調 COordinating	組織不同部分的相互連結
報告 Reporting	經由紀錄、研究與調查，使自己、下屬與上級都能夠隨時獲取充分的工作相關資訊
預算 Budgeting	財務計畫、會計作業與內部控制

三、第三階段：行政原則的瓦解 (1946 年-1950 年代)

美國從新政時期開始，社會與產業經濟蓬勃發展，政府提供的公共方案 (如圖 2-3) 急速增加；世界大戰之後，美國更擔負起世界警察的角色。以上各種新情勢使得 POSDCORB 顯得過於簡化，許多新的分析方法與理論架構也開始在各大學與研究機構中萌芽，逐漸發展出研究公共行政的替代途徑。

首先，賽門 (Herbert Simon) 基於個人的博士論文在 1947 年出版的名著──《行政行為》(*Administrative Behavior*) 是對 POSDCORB 最知名及最有力的批判。他認為公共行政應該基於「邏輯實證論」發展知識，意指公共行政研究者應將重心放在可被實際驗證的「事實」問題，而非聚焦在行政管理原則的規範性「價值」問題上。更進一步地說，公共行政應該用實證的研究方法建立理論模型，並致力於成為獨立的學術領域，而非朝向實務性質的應用科學發展。賽門一方面對單純應用性質的 POSDCORB 原則予以譏諷，另一方面將抽象的科學研究方法論帶入公共行政的學術領域之中。他認為組織是用來提升集體理性的工具，公共行政應該把行政者的決策行為做為實證研究的焦點，以幫助組織產生效率化的決策。

其次，瓦爾多 (Dwight Waldo) 的《行政國》(*Administrative State*) 一書分析長達三千年的政治歷史與哲學，發現 POSDCORB 不能被視為放諸四海皆準的行政原則，而是帶有特定政治價值偏好的管理哲學 (亦即對於集權的統治方式，以及清晰的命令指揮體系的偏好)。瓦爾多的問題是，為何這樣的價值就是正確

圖 2-3　1930 年代海報，宣傳羅斯福新政的新社會安全方案提供給單親媽媽與小孩的社會福利

的?《行政國》揭露 POSDCORB 的價值前提,提倡更客觀的觀察角度,使得當時的公共行政學者察覺到,原來的所謂整合性的原則其實只是選擇之一,因而否定了行政原則的共識。

第三個對 POSDCORB 的著名批判來自於實務界的艾波比 (Paul Appleby),他曾經當過記者,後來在羅斯福主政時長期擔任行政首長,最後成為雪城大學公共行政學院院長。艾波比曾出版數本個人對於行政機關的觀察記錄與心得,其中《政策與行政》(Policy and Administration) 一書更闡明行政者不但無法從政治中抽離,反而是處於政治活動的中心。行政的本質就是政策內容或執行方法的選擇,而這些選擇都離不開政治價值的運作。換言之,行政並沒有唯一最佳的原則,而是必須視情況選擇可行的方法。

四、第四階段:公共行政的智識危機時期 (1950-1970 年代)

1940 年代晚期之後,學界不再把 POSDCORB 原則視為至高無上的典範。雖然在政府部門及大學的公共行政教育中仍可以見到一些 POSDCORB 的蹤跡,但公共行政的學術思想的確開始發生**奧斯壯**所稱的智識危機 (Intellectual Crisis),[5] 或瓦爾多所謂的身分危機 (Identity Crisis)。更明確地說,就是公共行政為了因應大環境的需要而引用多種學科的典範、理論模型與分析方法,使得整個領域的理論豐富度大增,但是公共行政領域卻也因此失去獨特的自我整體方向,甚至連本身應該涵蓋的範圍都難以界定。

> **奧斯壯**
>
> 奧斯壯 (Vincent Ostrom, 1919-2012) 是美國著名政治經濟學家,美國公共選擇學派的創始人之一。他觀察到威爾遜以來的公共行政傳統有逐漸瓦解的現象。階層式的控制及集權化的課責並無法適當達到民主國家的職責;取而代之的,包括公民在政府決策過程中的參與,更多元的,且由下而上的政策過程才是社會福利及政治穩定的關鍵。

首先,從威爾遜倡導公共行政的研究以來,政治學就一直是影響公共行政研究最重要的學科。威爾遜、懷特,以及古立克等二次大戰前公共行政學界的領導人物也同時是政治學界的代表人物。二次大戰後,政治科學朝專業化蓬勃發展,並積極運用實證的研究途徑來分析行政過程。部分政治科學家不僅從政治權力的角度研究行政,也關注高層行政人員在各種政策領域中制定、形塑與執行公共政策的角色與責任。許多政治學學者認為,公共行政的研究完全可歸入為政治科

學的次領域。亨利 (Nicholas L. Henry) 甚至將 1950-1970 年代稱為「公共行政即為政治科學」的時期，也說明了當時學界的部分事實。

其次，公共行政與企業管理，從科學管理理論發展之初就一直存在著緊密的關係，企業管理重視的「效率」、「經濟」、「效能」等概念也始終是公共行政關注的重要價值。即使在 1950 年代以後，POSDCORB 等管理原則的重要性逐漸褪色，公共行政仍然持續與企業管理的研究攜手並進。舉例來說，賽門的決策方法論及電腦科技方面的研究，在 1950 年代後對企業管理與公共行政兩個領域都產生了重大的影響；另外，管理學大師彼得‧杜拉克 (Peter Drucker) 的「高效能主管」(Effective Executive) 的概念也同時影響企業與政府部門的運作。

其三，社會學對於公共行政的影響也不容小覷。社會學對於人類行為與社會變遷的研究提供了觀察與分析公共行政現象的新角度，其中最重要的就是德國社會學家韋伯的官僚理論模型於此時期開始在美國受到廣泛的關注，「官僚」的概念也成為研究行政體系的核心元素。除了官僚模型，社會學領域還發展出更精緻、複雜的系統理論模型。[6] 公共行政學者用這些新模型來研究或解釋公共組織的結構與行為，因而豐富了公共行政學界的文獻。直至今日，組織理論仍然是美國與臺灣的多數公共行政學系的核心課程之一，其中大多數的內容其實是來自社會學領域的研究。

第四個影響公共行政的學科是社會心理學。二次大戰前，哈佛大學教授梅堯 (Elton Mayo) 等人原本基於科學管理的原則，在美國加州霍桑市 (Hawthorne) 的西方電力公司進行一系列的工人生產力的研究，卻意外發現人的心理需求及非正式團體的影響力往往大於科學管理的假設，也促使許多學者開始探討非正式團體與人的心理需求。阿吉理斯 (Chris Argyris) 的雙圈學習理論、赫茲伯格 (Frederick Herzberg) 的兩因理論、麥克利蘭 (David McClelland) 的習得需求理論，以及麥格瑞高 (Douglas McGregor) 的 Y 理論等都是這段時期的研究成果，後來也都對公部門的人事行政、領導效能，以及人員激勵等議題影響深遠。

此外，公共行政領域也被注入歷史學的元素。歷史學一向崇尚個案研究的途徑。二次大戰後，多所知名學府 (如哈佛大學) 開始應用個案研究的方法為政府訓練各領域的專業人才，公共行政系所也受到影響。直至今日，哈佛大學出

版的公共政策個案仍受到許多國內外公共行政學系的廣泛應用。最後，公共行政領域中有關預算制度與財務行政的研究與教學內容，大多是直接或間接傳承自經濟學領域的研究。

五、第五階段：公共行政的自我定位 (1970 年代以後)

美國在 1960 年代面對了越戰、種族衝突，以及民主化浪潮興起，導致政府的規模日益擴大，但政治威權卻日漸縮小；公共利益的觀念日益受到重視，但民眾對政府的信任卻不如從前。這樣的發展對政府管理及運作機制造成重大挑戰，公共行政研究之重要性因此與日俱增，間接加速公共行政從政治學及管理學領域中分離。1970 年美國成立「公共行政及公共事務系所聯合會」(National Association of Schools of Public Affairs and Administration, NASPAA) 的原因，主要就是公共行政學界的領導者企圖透過相關院校之聯盟，共同提升公共行政的研究焦點與教學質量，以有別於其他相關學科領域的努力。

(一) 新公共行政 (New Public Administration)

1968 年，瓦爾多等有識之士深感過去單純從管理或政治的觀點出發，已無法順利解決公共行政的實務問題，因此號召 33 位年輕世代的公共行政學者於明諾布魯克 (Minnowbrook) 舉辦第一次「新公共行政會議」。該次會議的論文集在 1971 年集結出版，名為《趨向新公共行政》(*Toward a New Public Administration: the Minnowbrook Perspective*)，全書聚焦於公共行政的價值、倫理、社會平等性，以及政府與服務對象的關係等規範性理論的建構。其後，第二次 (1988 年) 與第三次 (2008 年) 新公共行政會議召開，主旨都在重建公共服務，並致力於重建公眾對於政府與官僚的信任。更明確地說，「新公共行政」的主要論點，是強調公共行政的「公共性」，認為行政人員必須主動捍衛公共價值，同時應落實公民參與，確保公共利益的實踐。

(二) 新公共管理 (New Public Management)

1980 年代晚期到 1990 年代，由於民間與政治人物普遍不滿公部門的表現，公共行政的管理途徑重新受到重視，學者稱之為「新公共管理」運動。「新公共管理」是以提升公共組織的效率為目的，鼓勵政府機關師法企業的運作，

其不僅是一派重要的公共行政學說，也因為受到美國柯林頓政府的正式採納[7]而成為世界性的政府再造運動。奧斯本 (David Osborne) 與蓋伯樂 (Ted Gaebler) 在 1992 年出版之《再造政府》(*Reinventing Government*) 一書，被視為引發新公共管理運動的主要代表作，其所揭示的「企業型政府」十項原則如下：

1. **催化型的政府**：政府應如公共政策的催化劑，而不必實際擔任執行的角色。
2. **社區型的政府**：提供資源讓各社區自行解決問題，而不總是由政府提供必要的服務。
3. **競爭型的政府**：減少獨占，鼓勵競爭。
4. **使命驅動的政府**：建立以使命驅動，而非官僚規則驅動的政府。
5. **結果導向的政府**：以公共經費資助產出的成果，而不只是補助花費的成本。
6. **顧客導向的政府**：滿足顧客而非滿足官僚。
7. **企業精神的政府**：思考獲利而非只是支出的政府。
8. **預期性的政府**：重視預防勝於事後收拾殘局。
9. **分權化的政府**：從階層控制轉為參與及團隊運作。
10. **市場導向的政府**：運用市場機制解決公共問題。

二十一世紀後，加速進展的全球化現象又促使公共行政學界引進「治理」的概念。治理的模式強調行政受外在環境的影響，以及政府與不同各部門及與民間團體的協力關係。公共行政不再單純以「管理」或「政治」為主軸，而是從輔助公民參與的角度探討政府的角色。

從以上的歷史回顧可知，極其多元的理論背景與價值典範 (如圖 2-4 所示) 已經同時成為公共行政最明顯的優勢與限制。[8] 一方面，學習公共行政必須廣泛地汲取不同學科的相關觀點，使得公共行政的知識更豐富，也更具深度；另一方面，公共行政知識的多樣性也使得何謂公共行政顯得頗為模糊，許多人甚至以為公共行政只是類似通識教育的學科，而不認可其專業性。隨著民主體制發展及社經情勢變遷，公共行政須面對複雜環境系絡與多元行動者的相互關係，其整體學科的範圍與未來的發展仍有待後世持續探討與界定。

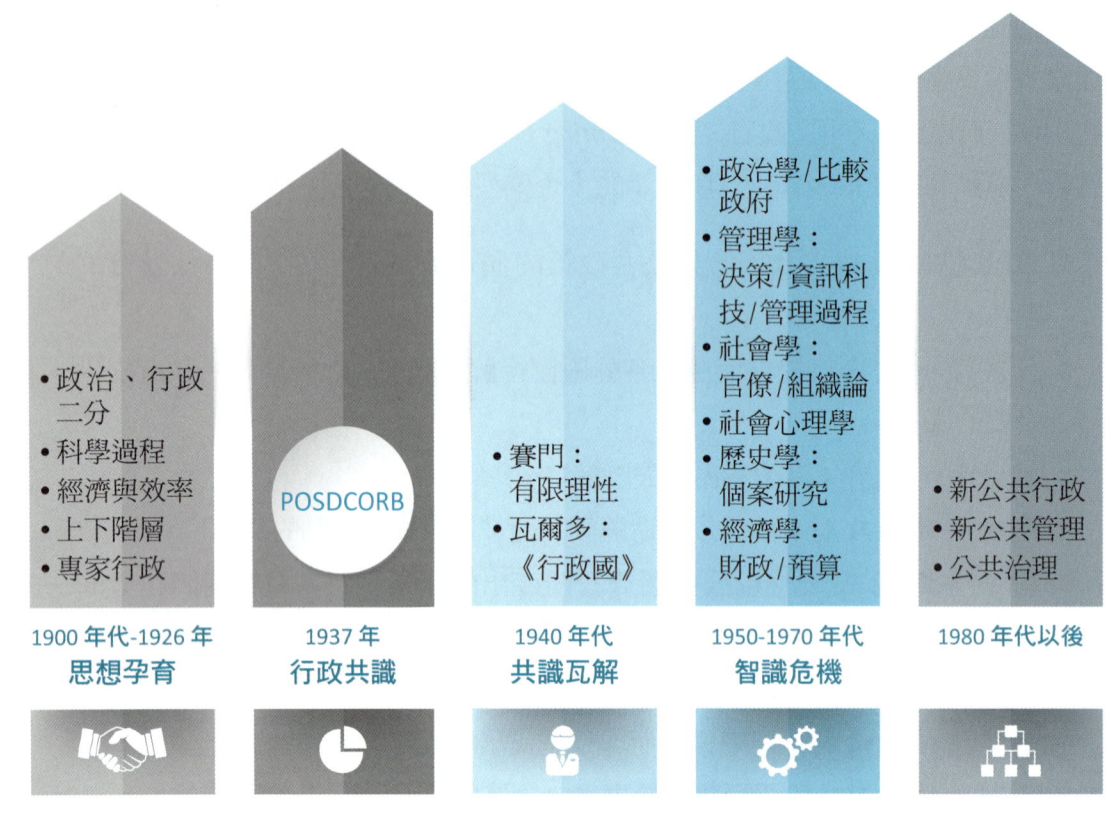

1900年代-1926年	1937年	1940年代	1950-1970年代	1980年代以後
• 政治、行政二分 • 科學過程 • 經濟與效率 • 上下階層 • 專家行政	POSDCORB	• 賽門：有限理性 • 瓦爾多：《行政國》	• 政治學/比較政府 • 管理學：決策/資訊科技/管理過程 • 社會學：官僚/組織論 • 社會心理學 • 歷史學：個案研究 • 經濟學：財政/預算	• 新公共行政 • 新公共管理 • 公共治理
思想孕育	行政共識	共識瓦解	智識危機	

圖 2-4　行政學內涵的演進

第二節　美國公共行政學界對我國公共行政學領域發展的影響

相對於美國公共行政學科從 1887 年開始發展，我國公共行政學的發展則至 1960 年代才開始。從人才培育、大學相關系所的成立與課程、學會的成立與運作，以及研究議題等，我國公共行政學界都受到美國公共行政深刻的影響。

回顧我國公共行政的發展過程，早期學者專家多赴美國取得公共行政相關學位，例如我國第一本行政學作者張金鑑是自美國史丹佛大學畢業，而對於此學科領域同樣影響頗大的張潤書是從美國俄亥俄州立大學畢業等。即使到近十幾年來公共行政科系蓬勃發展，國立大學及部分著名私立大學相關系所的師資也都是由留美的博士學位的老師為主。以國內政治大學公共行政學系而言，在 2024 年的 14 位專任教師中，有 11 位是從美國取得博士學位。在美國取得博士學位的老師，不斷引進西方的教材、思潮，以及公共行政實務，也建立緊密的

學術網絡。

除了師資的培育，我國第一個公務人員專業訓練機構亦是在美方的協助下成立，1960 年美國密西根大學公共行政學系與政治大學合作共同推動設立「公共行政及企業管理教育中心」，做為政府機關訓練公務人員及企業訓練在職人員的訓練中心，其後臺灣第一個公共行政科系亦在政治大學成立；另外，屬於公共行政學界的專業協會「台灣公共行政與公共事務系所聯合會」(Taiwan Association for Schools of Public Administration and Affairs, TASPAA) 於 2003 年成立，也是參考「美國公共行政及公共事務系所聯合會」(NASPAA) 做法來推動。該聯合會每年舉辦的學術研討會為公共行政學界的盛事，也是公共行政領域師生交流的重要平台。目前國內學者參加相關領域的國際學術研討會，多數仍以在美國舉辦的美國公共行政學會年會 (American Society for Public Administration) 為主，而學者出版的期刊論文，除了臺灣的期刊外，仍以在美國出版的居多。

在實務的部分，由於政府遷臺後，我國與美國關係密切，因此，在政府政策推動等實務領域上，亦受到美方影響，如「總統府臨時行政改革委員會」(王雲五委員會) 的成立，便是師法美國胡佛委員會 (Hoover Commission) 的運作而創立。而臺灣近年來中央政府所設立的獨立機關也仿效美國的做法。另外，許多政府的管理思維及技術亦仿自美國，例如人力資源管理實務中對於婦女及弱勢族群的積極進用制度，電子化政府中的資訊公開及開放資料、績效管理的技術等皆可看到美國政府所推動各項計畫的影子。

國際上公共行政的發展，美國可算是發展較早之國家，因此，我國參考美國之經驗及做法並不難想見。而隨著各國公共行政日漸發展，在 1960 年代之後，我國公共行政領域學者專家也陸續開始赴美國以外之國家留學，如英國、德國、法國、日本等國家；且隨著比較行政研究之發展，也開始了多元國家公共行政的比較分析。雖然美國對於我國公共行政發展有最主要的影響力，但隨著時間演進，我國公共行政也開始汲取其他國家之相關研究成果及實務經驗，使我國公共行政領域之發展更為成熟。另外除了參考他國做法外，我國公共行政領域也日漸重視臺灣之本土特色，考量臺灣系絡環境逐步深化公共行政之發展，使臺灣公共行政之理論與實務更緊密連結。整體而言，在公共行政未來的

研究、教學，以及實務等方面如何含納更多美國以外國家的內涵，並發展本土的教學研究及最佳實務，仍是未來學界及實務界的挑戰。

第三節　我國公共行政學的發展[9]

如前所述，我國公共行政學界受到美國影響頗鉅，與美國類似，我國公共行政學界的發展初期，也受到從威權走向民主政治發展脈絡 (如美國早期的分贓制) 及政治學 (政治、行政二分爭議) 領域的影響。隨著相關專業人才及學術研究的累積，以及相關系所的擴展，公共行政仍難擺脫政治發展實務的影響，行政學與政治學領域之間的關係仍難以釐清。本節從相關系所的設置、相關學術著作，以及研究主題呈現臺灣公共行政學界的發展面貌。

一、系所的開設

有關公共行政領域相關系所的開設，1949 年國民政府遷臺後，省立中興大學法商學院 (國立中興大學法商學院前身) 於 1955 年成立「行政學系」；1963 年國立政治大學成立公共行政學系，從政治學系公共行政組中獨立，並在 1964 年成立碩士班，成為我國第一個設置公共行政專業系所的大學。1960 年代之後，因為許多赴海外留學的公共行政領域學者陸續學成歸國，促使公私立大學紛紛設立公共行政專業系所。如中國文化大學於 1963 年成立行政管理學系夜間部；淡江大學於 1964 年成立公共行政學系夜間部，並分別於 1989 年與 1997 年成立日間部；東海大學於 1986 年成立公共行政學系 (現更名為行政管理暨政策學系) 等，公共行政學術研究及人才培育漸漸蓬勃發展。

1989 年國立政治大學公共行政學系正式成立博士班，為我國第一個公共行政博士班，代表我國公共行政領域又有更進一步之發展。1989 年國立臺北大學公共行政暨政策學系 (1994 年)、國立中山大學公共事務管

理研究所 (1998 年) 等學校也陸續增設博士班。除此之外，在 2000 年前後，許多公私立大學亦陸續成立相關科系，直至 2010 年代，公共行政相關系所已超越早期公共行政系所附著的政治系所。另為提升政府管理效能，因應實務需求，國立政治大學社會科學院、國立中山大學公共事務管理研究所 (1999 年)、國立臺北大學公共行政暨政策學系 (2000 年)，以及其他公私立學校亦開始設立碩士在職專班，以提供公共行政者進修管道，表 2-2 彙整臺灣公共行政相關系所成立時間。

二、學術研究出版

而在行政學專書部分，開啟我國行政學先河的張金鑑，於美國史丹佛大學政治系取得學士及碩士學位後，在 1935 年出版《行政學之理論與實際》一書，為我國行政學第一本學術性著作。張金鑑並於 1956 年及 1960 年，陸續出版《行政學》、《人事行政原理與技術》等相關著作。其後，張潤書在 1973 年出版的《行政學》，延續其父親張金鑑相關研究，為臺灣公共行政早期重要的教科書。而除了基礎之行政學專書外，相關學者專家也陸續出版組織管理、公共政策等不同專書，持續深化公共行政領域研究之深度及廣度，如彭文賢在 1983 年出版《組織原理》；吳定在 1984 年出版《組織發展理論與技術》；朱志宏在 1979 年出版《公共政策概論》；林水波、張世賢在 1984 年出版《公共政策》等。

公共行政學界早期的著作，配合我國高普考制度及考試制度的建置，主要以專書及教科書為主。到了 1990 年代後，臺灣在國際學術評比的影響下，對於學術研究品質建立了**臺灣社會科學引文索引** (Taiwan Social Science Citation Index, TSSCI)，加上在美國使用已久的**社會科學引文索引** (Social Science Citation Index, SSCI)，期刊是否發表在這些收錄期刊，成為學界評估研究計畫及教師與研究人員升等的重要參考，影響公共行政學者個人發展甚鉅。使得公共行政學者開始將精力投注在期刊論文的投稿與發表，較少投入教科書的撰寫。如此雖然對於公共行政教科書之精進有限，但也因此累積了許多本土研究，提供未來教科書撰寫的素材。

表 2-2　臺灣公共行政與公共事務相關系所成立時間

學校	系所	大學	碩士	碩士專班	博士
1. 臺灣大學	政治學系	1947	1957	2001	1976
2. 臺北大學	公共行政暨政策學系	1949	1977	2000	1994
3. 國防大學	政治學系	1951	1968		
4. 東吳大學	政治學系	1954	1991	—	1998
5. 中央警察大學	行政警察學系/警察政策研究所	1957	1970	—	2006
6. 政治大學	公共行政學系	1963	1964	—	1989
7. 淡江大學	公共行政學系	1963	1999	2003	—
8. 中國文化大學	行政管理學系	1963	—		
9. 東海大學	行政管理暨政策學系	1977	1986		
10. 東海大學	公共事務碩士在職專班	—	—	1999	
11. 元智大學	社會暨政策科學學系	1989	2003	2003	
12. 中央警察大學	行政管理學系	1991	2000		
13. 空中大學	公共行政學系	1993	—		
14. 世新大學	行政管理學系	1994	2000	2001	2005
15. 中華大學	行政管理學系	1996	1999	—	
16. 暨南國際大學	公共行政與政策學系	1997	1996	2003	2006
17. 中正大學	政治學系	1998	1993	2000	2002
18. 南華大學	國際事務與企業學系/公共政策研究碩士班	1998			
19. 義守大學	公共政策與管理學系	2000	2007	—	—
20. 成功大學	政治學系	2001	1993	2004	2004
21. 中山大學	政治經濟學系	2001			
22. 佛光大學	公共事務學系	2002	2001	2002	
23. 開南大學	公共事務管理學系	2002	2003	2004	
24. 銘傳大學	公共事務學系	2003	2001	1999	
25. 臺北市立大學	社會暨公共事務學系	2006	2014	2009	
26. 臺南大學	行政管理學系	2006	2006	—	
27. 彰化師範大學	公共事務與公民教育學系/公共事務暨地方治理碩士在職專班	2008	2003	2007	
28. 中山大學	公共事務管理研究所	—	1992		1998
29. 中央大學	法律與政府研究所		1996	1999	
30. 臺東大學	公共與文化事務學系	2011	2007	2002	—
31. 中央大學	客家語文暨社會科學學系/客家政治經濟碩士班	2013	2004	—	
32. 東華大學	公共行政學系	2013	1999		
33. 中興大學	國家政策與公共事務研究所	—	2001	1999	—
34. 逢甲大學	公共政策研究所		2006	2006	
35. 臺灣大學	公共事務研究所		2011	2011	
36. 環球科技大學	公共事務管理研究所		2014	2012	

註：本表按大學部設立順序排列。

資料來源：臺灣公共行政與公共事務系所聯合會 http://taspaa.org/membership01.html; Yu-Ying Kuo, "Taiwan Policy Analysis Education: A Comparative Perspective" in Kuo, Yu-Ying (ed.). 2015. *Policy Analysis in Taiwan*. Bristol, UK: The Policy Press.

三、行政實務及研究議題

在公共行政實務方面，行政改革一直是不同政府時期著力的焦點。各時期的政府考量實際施政需要，主要以設置委員會的方式試圖推動行政改革，如在1955 年成立「行政院暨所屬機關組織權責研討委員會」，1994 年成立「黃季陸委員會」，負責研討行政院及其所屬機關權責與行政效率等問題，並提出「中央行政改革建議案」，為政府遷臺後首次由行政院主導行政革新之報告；1958年總統府臨時行政改革委員會亦提出多項行政改革建議。行政院在 1966 年成立「行政改革研究會」，依據行政三聯制原理 (計畫、執行、考核) 來推動行政革新，並於 1969 年轉型為「行政院研究發展考核委員會」，該委員會後於 1987年完成組織法立法，正式成為行政院的常設機關，為負責政策研究規劃及施政考核之主責機關。2008 年行政院成立行政院組織改造推動小組，推動行政院組織改造，規劃將行政院 37 個 2 級機關裁併成 29 個，以利政府運作效能之提升，該改造計畫在 2017 年已完成部分，然有些部會的改造仍未完成。在這個組織改造之下，研考會也與經建會整併為國家發展委員會 (簡稱國發會)，國發會除了原有經濟建設委員會 (簡稱經建會) 的功能，也持續負責研究考核發展等行政改革的工作。

公共行政學科的發展一直與臺灣公共行政實務有緊密關係，如前所述，著作方面，在 1990 年以前，公共行政學者主要投注在教科書的撰寫，或針對當時實務議題的研究，專業期刊並不普遍；在 1990 年代之後，如政治大學《公共行政學報》、臺北大學《行政暨政策學報》，先後被收錄到 TSSCI 之中。根據孫同文及林毓雯[10] 針對以上兩個 TSSCI 期刊及《中國行政》、《中國行政評論》，以及《空大行政學報》等五個期刊的研究，從 1990 年到 2010 年這五個期刊所發表的 1,090 篇文章中，比例占最多的前三大議題分別為「政策理論與觀念」(16.4%)、「公共組織管理」(14.7%) 與「新公共管理」(13.8%)。進一步比較 1990 年之後的 10 年及 2000 年之後 10 年的兩個時期，在其 13 個公共行政的研究類別中，「政府資訊管理的相關研究」及「府際關係」兩個類型的論文數量有顯著增加，可見其相關議題研究的重要性。

第四節　我國公共行政學科未來的挑戰

展望未來，我國公共行政於理論與實務面向皆將持續深化，但隨著全球化、少子化及網際網路的興起，公共行政學科及實務界勢必面對更多的挑戰。就筆者在學界所觀察，未來在教學、研究，以及實務的部分將面臨以下的多重挑戰：

一、在教學部分的趨勢

1. **重要性被研究取代**：隨著各大學逐漸重視教師的研究，並以研究的表現做為評估教師表現的主要依據，教師在教學方面的投入相對減少。

2. **教科書脫離國內實務**：研究發表為了符合美國社會科學引文索引 (SSCI) 或臺灣社會科學引文索引 (TSSCI) 等國內外收錄期刊引文系統的要求，教師投其所好，然大多迎合美國學術議題的口味，忽略了國內的議題，教科書知識內容的更新也因而相對緩慢，國內實務的發展及問題解決的需求也未受重視。加上國內現有教科書的內容大多以美國的脈絡為主，使得公共行政學科的教學嚴重脫離國內實務。

3. **教學受公職考試影響**：公共行政教育的主要宗旨在為國家培育專業的行政管理人才，但我國政府對於行政人員的考選並未將畢業系所或相關訓練/課程納入應考資格之內，而都是以共同的筆試科目做為篩選人才的機制。長年以來國家考試偏重記憶能力，與傳統聯考相似，考題著重書面知識的複製，而非行政管理的專業或邏輯分析的能力。大學中公共行政的教學與研究必然會受到公職考試方式的左右，未來公共行政教學與研究的發展，不可避免地必須觸及實務上的改革議題，此點有賴未來公共行政領域中從事教育的相關系所，以及學術與實務界中的領導者凝聚共識。

二、在研究方面的現象

1. **方法逐漸受重視**：公共行政學者的研究成果應是教學素材的主要來源，也是解決實際行政問題的基礎。如前所述，在 1990 年代，學者逐漸重視實證研究及研究方法，彌補早期學者重視論述但忽略證據的不足。

2. 評比機制導致研究議題細瑣：國內外對於引文系統的建立及期刊評比制度的健全，並與學者的聘任、升等、績效考評，以及研究資源的連結，公共行政學者為了追求發表期刊、論文，在重視方法的同時，往往忽略了公共行政核心的議題及實務的需求，使得學者的研究逐漸細瑣而碎裂，無法解決國內面對的實務問題。如其他社會科學領域一般，公共行政也面臨國際化與本土化的兩難困境。

三、在與實務連結部分，國內公共行政實務近幾年來面臨的挑戰

1. 缺乏全球化視野人才：全球化的趨勢，造成全球人才的流動、環保議題的興起、區域經濟的威脅等，但公部門具有國際視野及國際事務處理能力的人才相對缺乏。

2. 公部門能量未能趕上科技發展：網際網路和資訊通信科技的普及與快速進展，使得行政必須顧及實、虛兩個面向，但公部門的能量仍相對落後。

3. 兩岸關係對行政部門造成挑戰：臺灣與中國兩岸關係的演變，交流密切，隨之而來的觀光、商業、學術交流衍生了許多的議題，這些議題的解決除了有待公部門能量的提升，學界也應調快步伐，提供知識基礎，協助政府提升能量，並有效去解決這些問題。

以上這三個問題環環相扣，學界面對全球化、少子化，以及兩岸交流及網際網路發展快速的衝擊，不同系所應該透過不同平台加強溝通，形成共識，並化為具體行動，在教學、研究，以及實務三方面，互相搭配，兼顧國際化及本土化，深化議題研究與政府議題的連結，並與時俱進，做為政府施政的後盾，以提升政府服務品質。

本章習題

申論題

1. 在公共服務的供給和輸送上，政府與非營利組織各有其優劣，試論述此兩大部門在公共治理運作上具有何種競爭與合作的關係？ (112 年地特三等)

2. 有關行政官僚專業責任的探討，學者的論點迭有變更而不同於傳統公共行政；請分別敘述新公共行政 (New Public Administration) 與黑堡宣言 (Blacksburg Manifesto) 的觀點為何？ (112 年高考三等)

3. 「由政府到治理」(from government to governance) 乃是現今公共行政的重要發展趨勢。請說明此一現象之主要意涵與其對我國政府運作的實際影響。
(104 年少將轉任)

4. 近年來，治理 (governance) 典範對於公共行政產生深刻的影響。請舉例具體說明，治理典範對於公部門的財務行政和人事行政產生那些重要的影響？
(104 年高考二級)

5. 1968 年在公共行政學者瓦爾多 (Dwight Waldo) 資助下，多位公共行政學者於美國紐約州的雪城大學召開研討會，討論公共行政面臨的問題與發展方向，由於所提觀點有別於傳統公共行政，一般稱為新公共行政，請說明新公共行政主要論點。
(104 年薦任升官等)

選擇題

1. 關於黑堡宣言 (Blacksburg Manifesto) 的敘述，下列何者正確？
   (A) 與「新公共管理」支持者論點相近
   (B) 其論點可用以彌補新公共服務理論的不足
   (C) 學者賽蒙 (H. Simon) 是倡導黑堡宣言的創始者
   (D) 認為文官應具備批判性意識，且扮演睿智的少數 (112 年地特三等)

2. 「新公共管理」的改革主張與下列何種學科的知識體系最為接近？
   (A) 政治學　　　　　　　(B) 社會學
   (C) 經濟學　　　　　　　(D) 哲學 (112 年地特三等)

3. 關於新公共服務概念的論述，下列何者正確？
   (A) 仿效企業服務顧客之精神
   (B) 政府最重要的角色是划槳
   (C) 新公共行政是其理論基礎之一

(D) 重視生產效率
(112 年公務、關務人員升官等)

4. 新公共管理強調政府應以企業為師,將企業經營管理的精神引進政府部門,但政府運作與企業經營管理有其差異,兩者主要不同之處為何?
   (A) 遵守法律規範
   (B) 財務收入來源
   (C) 採行分層負責
   (D) 重視專業分工
   (112 年公務、關務人員升官等)

5. 新公共服務 (New Public Service) 重新闡述服務、共享、信任合作、公共利益等理念,並對新公共管理及傳統公共行政有所批判。下列何者不是新公共服務的重要理論基礎?
   (A) 組織人文主義 (organizational humanism)
   (B) 委託—代理人理論 (principal-agent theory)
   (C) 民主的公民資格理論 (theory of democratic citizenship)
   (D) 社群與公民社會模型 (model of community and civil society)　(112 年高考三等)

6. 那一位學者強調科學管理的精義是促使組織成員進行一項完全的心智革命 (a complete mental revolution)?
   (A) 費堯 (Henri Fayol)
   (B) 泰勒 (Frederick Winslow Taylor)
   (C) 傅麗德 (Mary Parker Follett)
   (D) 梅堯 (George Elton Mayo)　(104 年高考三級)

7. 下列對於行為科學涵義的敘述,何者錯誤?
   (A) 以科學方法研究人類行為
   (B) 主張對價值進行科學研究
   (C) 強調多學科性 (multi-disciplinary) 的合作
   (D) 以自然科學的研究方法研究社會現象與事實
   (104 年地特四等)

8. 下列四種政策模式中,新公共管理學派偏好以那一種模式來解決政策問題?
   (A) 行政管制
   (B) 政府自行生產製造
   (C) 向民間購買
   (D) 向民眾進行道德呼籲　(103 年高考三級)

9. 「公共行政應可成為憲政秩序下治理過程的正當參與者」,此一敘述係以下何者之重要主張?
   (A) 新公共服務
   (B) 黑堡宣言
   (C) 新公共管理
   (D) 霍桑研究　(103 年普考)

10. 以下那位學者有美國「行政學之父」的雅稱?
    (A) 古德諾 (F. J. Goodnow)
    (B) 韋伯 (M. Weber)
    (C) 瓦爾多 (D. Waldo)
    (D) 費堯 (H. Fayol)　(改寫自:103 年普考)

11. 二十世紀初的行政學研究，主要受下列何種思潮運動的影響甚深？
    (A) 新公共行政運動　　　(B) 公共管理運動
    (C) 人群關係運動　　　　(D) 科學管理運動　　　　　　　　（103 年普考）

12. 有關賽蒙 (H. A. Simon) 提出行政諺語的寓意，下列敘述何者錯誤？
    (A) 行政學沒有所謂的原理原則
    (B) 任何一個行政原則都可以找到另外一項與之相衝突的行政原則
    (C) 行政學的發展應朝向以社會心理學為基礎的應用行政科學
    (D) 嚴重衝擊原先經由建立行政原則而成為一門行政科學的思維　（103 年地特三等）

註

[1] Stillman, R. J. (1990, c1991). *Preface to Public Administration: A Search for Themes and Direction*. N. Y.: St. Martin's Press.

[2] 美國在臺協會，「美利堅合眾國憲法」網站，取自：https://www.ait.org.tw/zh/us-constitution.html

[3] Hamilton, A. (1788). The Mode of Electing the President From the New York Packet. *The Federalist Papers:* No. 68.

[4] Pugh, D. (1988). *Looking Back, Moving Forward: A Half-Century Celebration of Public Administration and ASPA*. Washington, D. C.: American Society for Public Administration.

[5] Ostron, V. (1973). *The Intellectual Crisis in American Public Administration*. University of Alabama Press.

[6] Selznick, P. (1948). Foundations of the Theory of Organization. *American Sociological Review, 13*(1), 25-35.

[7] In the U. S. NPM approach was adopted by Vice president al gore's national Performance review (NPR). Its 1993 Report, from red tape to results: Creating a government that works Better & costs less, explicitly sought a New customer service contract with The people, a new guarantee of effective, efficient and responsive government.

[8] Denhardt, R. B. (1990). Public Administration Theory: the State of the Discipline. In Lynn N. B., & Wildavsky, A. (eds), *Public Administration: the State of the Discipline*. Chatham, N. J.: Chatham House Publishers.

[9] 有關我國公共行政的發展部分內容，係整理自行政院組織改造檔案展網站相關資料 (取自：http://atc.archives.gov.tw/govreform/main.html)。

[10] Sun, M. T., & Lin, J. Y. (2013). Public Administration Research in Taiwan: a Content Analysis of Journal Articles (1990-2010). *The American Journal of Public Administration, 44*(2), 187-202.

第三章
公共行政的政治環境

鑲嵌在民主政治中的公共行政。

　　公共行政的核心在於政府部門的運作及管理,然而,政府的運作及管理並非處於真空環境,而是在民主體制下,受到整體政治制度設計及政治環境等影響,因此,對公共行政者而言,要讓政府「動」起來其實相當不容易,除了基本行政管理的專業以外,與環境互動的政治管理的能力更是不可或缺的要素。任何公共政策的投入及產出過程,都必須以整體民主體制的遊戲規則為基礎,考量政治環境中不同角色的影響力,才有可能落實各項政策推動。為了瞭解公共行政與民主體制的關聯性,本章將先從政治體制出發,討論不同政治體制對公共行政的可能影響,再以整體背景脈絡為基礎,進而探究政治環境中主要參

與者，包含政黨、政務官、民意代表、利益團體及民意等，如何運用各種機制或多元途徑影響公共行政，並面對多元角色可能產生的利益衝突，再回到整體法律環境的層次，才能對公共行政有更完整的瞭解。

第一節　不同政治體制如何影響公共行政[1]

一般而言，政治體制可簡單區分為「內閣制」、「總統制」及「半總統制」，不同體制的設計理念及利弊得失向來是政治學界高度關注的議題，對公共行政領域來說，由於政治制度攸關行政—政治間的互動模式，因此，有必要從其對於行政運作影響的角度來瞭解。

一、內閣制

以「內閣制」來說，因為這樣的制度設計是以「行政、立法權合一」為核心價值，國會議員是由民眾選舉產生，並由國會的多數黨來組成內閣，負責行政，並向國會負責。在多黨競爭的態勢下，如果最大黨沒有獲得國會過半數的席位，其中兩個或是多個政黨可透過政治協商，形成多數聯盟，組成聯合內閣(又稱聯合政府)，例如英國、德國、法國、日本都曾經出現過。閣揆通常是國會多數黨黨魁，因此行政和立法的領袖通常具相當的重疊性，如英國內閣首相是由國會 (如圖 3-1) 最大黨的領袖擔任，而且內閣的閣員也多是由國會議員出任，這讓內閣制在行政運作方面有以下優點：

圖 3-1　雄偉的英國國會建築

1. 由國會多數黨的領袖組閣，任命閣員，閣員多為同黨國會議員，可讓行政、立法間的互動關係較佳，容易溝通合作，政府的運作效率因而較高，責任歸屬也較為明確。
2. 對公共行政運作的實務而言，由執政黨領軍的行政部門所要推動的政策，較容易獲得國會支持，通過預算或立法，較不易受到立法部門在野黨的反對聲浪影響，進而利於各項政策的有效落實。
3. 行政、立法間人員互通性高，國會議員可以累積執政經驗，有助於其行政專業能力的培養，因此，對行政部門而言，多數黨對政府實務並不陌生，組閣後可以其過去的專業經驗推動相關政策；對立法部門而言，也因其對政府實務的瞭解，便可用專業的角度來監督行政部門的各項作為。

內閣制雖有上述優點，但也有以下缺點：

1. 在內閣制下，閣揆並無任期保障，而是有賴國會多數的支持，如果發生倒閣事件，可能會衍生閣揆更替、政策中斷等問題，政策的不確定性較高。
2. 內閣的組成往往是政黨間協商的結果，面對內閣的更迭，民眾可能對執政者甚為陌生，要落實課責較不容易。
3. 由於行政權與立法權力融合，國會對內閣的監督效果有限，缺乏制衡力量的結果，便較有可能出現政府濫權的疑慮。

二、總統制

在「總統制」下，是以「行政、立法分立」為核心價值，如美國，總統和國會都是由民眾選舉產生，行政權歸於總統，負責實際政務，立法權歸於國會，所以政府的運作可以透過權力制衡，有效防堵弊病產生。行政部門高級官員由總統任命，向總統負責，不得兼任國會議員。對公共行政運作的實務而言，總統制的優點包括：

1. 政府部門政策的推動，會受到立法部門的有效監督，較利於落實對人民權利的保障。
2. 總統總攬行政權，事權集中，責任明確；相對地，有助於國會監督與選民加以課責。

3. 國會與總統的法定任期皆固定，政治較穩定，有利於長期的政策推動。
4. 行政與立法人事不重疊，有利於行政專才的培養與任職。

然而總統制這種政府體制，在公共行政運作上也有以下主要缺點：

1. 公共行政者必須審慎面對立法部門的干預可能產生政治僵局，以及因選舉任期限制可能導致只追求短期利益的政策等問題。尤其當總統和國會多數黨分屬不同政黨，而出現「**分立政府**」的情形時，行政與立法如果不能協調，非常可能出現行政、立法相互阻擋彼此想推動的政策方案的情況，在沒有倒閣機制的設計下，便會大大地降低政府的施政效率。
2. 總統制的選舉制度是屬於「贏者全拿」的零和賽局，為求勝選，很容易促使不同政黨間的對立激化，如果經過政黨輪替，往往會選擇與前朝不同的政策方向，對於政策延續性較為不利。
3. 由於取得政權的政黨，必須具備相當民意基礎，因此，具備群眾魅力條件往往比具備執政經驗更加重要，加上勝選者為求能在特定任期內展現績效，以獲取民眾的持續支持，也就不利於站在專業立場推動的長遠政策。

> **分立政府與一致政府**
>
> 以行政首長與立法部門多數席次所屬的政黨來觀察府會結構型態，如果行政部門與立法部門分別由不同政黨所掌握，稱之為「分立政府」(Divided Government)；如果行政部門與立法部門皆由同一政黨所掌控，則稱之為「一致政府」(Unified Government)。
> 分立政府是行政首長無法同時擁有立法部門的多數議席，在總統制與雙首長制/半總統制的體制下，行政首長和國會議員分別由選民投票產生，才可能出現分立政府，採行內閣制的國家不會出現。在一院制 (Unicameralism) 體制下，分立政府乃是議會占有多數席的政黨和行政部門所屬政黨的不同；在兩院制 (Bicameralism) 體制下，國會由兩個獨立運作的議院組成，只要其中一院掌握多數議席的政黨不同於行政首長的所屬政黨，即可稱為分立政府。

三、半總統制

「半總統制」是希望可以融合內閣制與總統制的優點，同時除去兩種制度的缺點，其制度設計有許多不同的類型。簡單來說，通常會包含由民選產生且擁有相當權力的總統、民選的國會、對國會負責的閣揆及內閣，因此，行政與

立法間兼具分立與融合的特性。閣揆由總統直接任命，在行政權方面，法國由閣揆負責一般行政及內政教育經濟等日常事務，我國的行政院則為國家最高行政機關。

相較於較具施政效率的內閣制和以防止政府濫權為理念的總統制，成功的半總統制有兩大特點：

1. 在半總統制的體制設計下，與總統制相同，總統和國會皆由民選產生，可發揮權力制衡效果，但為了避免可能的政治僵局，同時採取內閣制中倒閣與解散國會的機制設計，能夠更有彈性化解分立政府的行政權與立法權之間的衝突與僵局。
2. 因總統有任期保障，可減少內閣制中內閣更迭的不穩定問題。

然而，兼具總統制與內閣制精神，以及行政權二元分化的半總統制有以下缺點：

1. 從半總統制的體制特點來看，總統擁有閣揆的任命權，內閣又須對國會負責，當總統與國會多數分屬不同政黨時，到底應由誰來組閣成為一項難解的課題。
2. 行政權分屬總統與閣揆，兩者之間的權力分際問題，是影響政府運作的重要因素；內閣施政是否要對總統負責，或是只向國會負責，影響行政部門運作成效的責任與課責的實施。

臺灣一般被認為偏屬半總統制，因為總統及立法委員皆由民選產生，但行政院又必須向立法院負責，且立法院擁有倒閣權，因此，各項政策措施的推動，必須呼應總統、行政院長施政理念，同時也必須爭取立法院的支持，對行政者而言，都是相當艱鉅的挑戰。

臺灣在 2000 年以前，都是由國民黨執政，在 2000 年、2008 年、2016 年則經歷三次政黨輪替。除了民進黨籍的陳水扁總統任命的首位行政院長曾屬國民黨籍的唐飛以外，總統與行政院長大多都屬於同一政黨或是同一政黨傾向者，例如民進黨籍的蔡英文總統任命的首位行政院長為無黨籍的林全。2000 年民進黨首次執政時，並未同時取得國會多數的優勢，所以當總統任命同一陣營為行政院長時，便會出現「少數政府」的情形。然而，由於在我國的憲政制度中，

立法院倒閣後，總統有權解散立法院，所以立法院很少採取倒閣的方式來影響政府運作，大多透過立法權、預算權、質詢權等權力來進行干涉。且值得注意的是，即使沒有倒閣，臺灣的內閣也常有更迭頻繁的現象，而這樣的現象通常都是受到總統意志的影響，當民眾對政府決策表現高度不滿時，總統可能會選擇撤換行政院長或各部會首長，來擔負政治責任。此外，雖然總統與行政院長大多屬同一政黨或是同一政黨傾向者，但仍須面對總統與行政院長立場不同的問題，如總統陳水扁與行政院長謝長廷在兩岸政策上，便存有立場差異；總統馬英九與行政院長陳冲在油電費率、證所稅等政策議題上也出現步調不一的情形；蔡英文總統執政期間蘇貞昌擔任行政院院長達四年，強勢主導行政資源。對常任文官來說，要如何同時兼顧總統、行政院院長、立法院的指示，以及要如何確保政策延續性，都有著相當的困難度和挑戰性。

2024年總統大選結果，由民進黨連續三屆執政，政策得以延續，但是在立法院中執政黨的立委席次未過半，在野黨占多數，形成分立政府局勢，朝小野大情況下，施政面臨制衡的挑戰。

第二節　政黨、選舉與政務官對公共行政的影響

在代議民主體制之下，為了確保政府的運行真的「以民為主」，常任的行政者必須聽從代替民眾發聲的「政治老闆—政務官」的指揮，而這些政治老闆的產生則與政黨、選舉制度緊密相關。政黨必須爭取選舉的勝利獲得執政的權力，透過政務官的指派引導政府的施政方向；未能勝選的政黨，則會扮演在野監督的角色，制衡執政黨的力量。因此，攸關執政大權的選舉制度，對於公共行政也有相當影響。

政黨是民主體制下相當重要的角色，因為要落實「以民為主」，必須透過政黨的中介功能。不同政黨會有不同的政策理念和意識型態，如圖3-2必須透過爭取選票和爭取官職，讓其政策理念和意識型態可以轉化為政府的實際政策措施，而民眾可以運用選票，讓其所認同的政黨取得執政的權力，或是讓其所不認同的政黨失去執政的權力。因此，政黨政治的健全發展對政府部門的良善運作影響甚鉅。且在臺灣的實務運作中，擁有相當行政領導權的總統，通常也

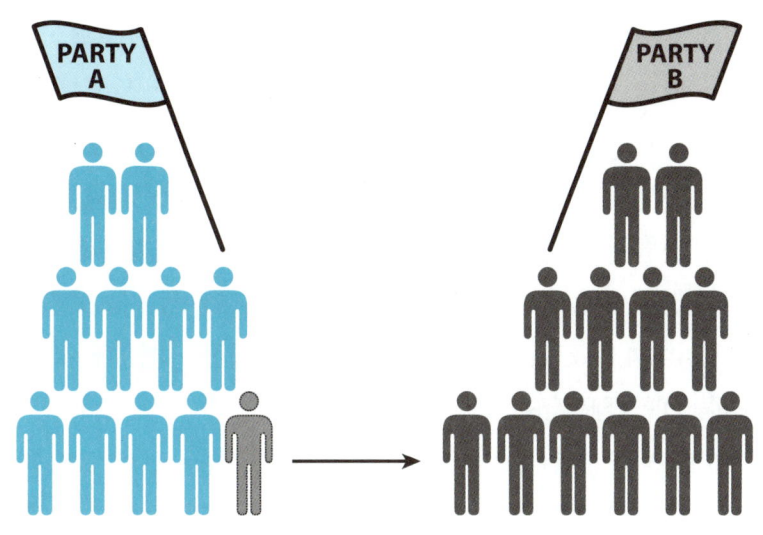

▲ 圖 3-2　政黨彼此競爭選票

會同時兼任執政黨的黨主席,所以政黨的政策理念和意識型態與政府整體實務運作息息相關。如在國民黨執政時期,重大的立法提案通常都先經過國民黨中常會,討論出政策方向後,再交由行政部門進一步研議後續推動細節;民進黨執政時期,通常會透過黨政協調平台的機制,讓行政部門、立法部門和政黨間,可先行取得政策方向的共識。[2]

一、選舉制度對政黨體系與政策的影響

政黨要發揮影響力的重要前提,便是透過選舉制度取得執政的權力,而有關選舉制度的討論,通常會以總統選舉及國會選舉為主。以臺灣的經驗來看,總統選舉採行相對多數制,立法委員選舉過去採行單記不可轉讓投票制,使得臺灣較偏向兩黨制。在 2004 年修憲案通過以後,立法委員選舉自 2008 年第 7 屆開始,已改採結合單一選區相對多數制與政黨比例代表制的並立式混合選舉制度,可以讓小黨有更多發展空間。

小黨影響力的發揮,可以從兩個面向來看:

1. **為選舉機制的設計**:在立法委員改採並立制的選舉制度以後,民眾擁有兩張選票,一張投「人」、一張投「黨」,為了讓自己的選票不會浪費,民眾通常會出現策略性的分裂投票行為,也就是第一票會投給非自己屬意政黨但當選機率較高的候選人,第二票才真正按照自己的偏好投給屬意的

政黨，因此，小黨不僅多了爭取選民「第二張」選票的機會，在「第一張」選票方面，也會因為一個選區只有一個勝選的機會，多了與大黨合作協調的空間，如 2016 年立法委員的選舉結果，民進黨在部分選區未提名候選人，讓時代力量得到了三個區域立委的席次。台灣民眾黨雖然無法獲得區域立委，但是靠不分區政黨票在 2020 年得到 5 席立委，在 2024 年得到 8 席立委，成為國會第三大黨，同時民進黨獲得 51 席，國民黨拿下 52 席加無黨籍 2 席共 54 席。新國會呈現三黨不過半局面，增加政黨之間為政策法案議題與強力監督政府的合作空間。

2. 立法院議事規則的設計：我國立法院黨團協商的制度，讓各黨團基於協商議案或解決爭議事項的需求，可以請求進行黨團協商，且黨團協商結論於院會宣讀後，須由 8 人以上之立法委員連署或附議，才可以提出異議進行表決，結論一旦經院會宣讀通過，或異議議決結果出爐，便不得再提出異議或反對，因此，小黨便可透過這個機制影響議案的議決結果。[3]

當選舉制度有利於兩黨制，兩大黨都有機會執政，為爭取選民支持，會傾向提出較趨於中間、較溫和的政策；當選舉制度讓小黨也可發揮影響力，公共行政的運作較能反映社會不同利益之意見。

二、政務官與事務官的互動對政府運作的影響

政黨透過選舉制度取得執政權力後，對常任文官最大的影響，便是政務官的更替，如何面對政務官與事務官之間微妙的互動關係，是常任文官必須面對的課題。政務官與事務官的區別，可從其任用方式及任期、所應負的責任來理解：

1. 在任用方式及任期方面：政務官是以政治條件進入政府，可能因具備總統或國會倚重或相當聲望等條件，而獲聘擔任政務官，因此任期也視其政治條件的持續與否，變動性較大，當國會不再支持、總統及民眾不再信任，便會遭到撤換；事務官是透過國家考試進入政府，需具備一定的專業知識，其任期是以永業化為原則，除法定原因外，否則無法任意撤換。[4]

2. 在所應負的責任方面：政務官與事務官兩者的任用基礎有所差異，因此兩者所應負的責任，也有所不同。以政治條件進入政府的政務官，其所擔

負的是政務領導和政策決定的政治責任，必須有效回應國會及民眾，並須一肩扛起政策成敗之責；以國家考試進入政府的事務官，其所擔負的是事務管理和政策執行的專業責任，必須恪守依法行政的標準，在一定的法制基礎上，按照政務官之指示規劃並執行相關政策。

根據彼得斯 (B. Guy Peters) 提出的五種模式來分析，政務官與事務官之間可能形成五種不同的互動關係：

1. **正式/法律模式**：政務官與事務官之間政治─行政分立。
2. **村落生活模式**：最高階的政務官和事務官形成具相同價值與目標的跨部門團體。
3. **功能模式**：政務官和事務官與社會行動家，在相同的政策或議題領域連結，如「鐵三角」或政府次系統。
4. **敵對模式**：政務官與事務官在政策領域彼此對立，競爭對政策的主控權，彼此間難有共識，互不信任。
5. **行政模式**：事務官具專業知識並熟悉行政程序，實質上主導政策業務。[5]

有效治理的國家能夠維持政府的穩定運作與發展，政府穩定運作的基礎建立在政務官與事務官相互分工合作。然而，兩者因所擔負的責任與義務不同，對於政府運作及管理的看法及態度也因而有所差異，這些差異很可能就成為衝突的來源，尤其在政黨輪替的時候，兩者產生衝突的可能性更是會大幅提高：

1. **從政務官的角度來看**：政務官是受政治任命，通常具備較廣泛的管理經驗，但會隨政黨的輪替異動，任期並不固定，在政治責任的擔子下，通常須在一定時間內展現政策成效，且對政務官而言，可能認為久任的事務官往往會侷限於「前朝」的「舊」政策，無法以積極創新的心態跟上「新」政府的角度。
2. **從事務官角度而言**：事務官受永業體制的保障，對於政府的實務運作較為瞭解，具備一定的專業程度，但也可能因而較為保守、較難接受政策變革，且對事務官而言，可能認為陌生的新老闆不熟悉政府的實務運作，對於新政策的方向指示也不夠明確，而且可能很快又會離開。

當政務官與事務官兩者之間相互不信任,結果可能是事務官未能有效執行政務官的指示,讓各項政策措施無法落實,同時會對政府組織整體士氣產生負面影響,不利於政府的穩定運作。[6]

要讓政府發揮應有的功能,政務官與事務官必須同心協力,擁有「雄心壯志」但卻不一定熟知政府運作實務的政務官,必須倚賴累積長期經驗而擁有「專業能力」的事務官,才能讓施政目標得以落實。因此,兩者應努力的方向為:

1. 政務官摒除對事務官的刻板印象,積極尋求事務官的支持。
2. 事務官必須培養兩者的合作默契,主動瞭解政務官的目標、所面對的問題與壓力,讓政務官瞭解可以達成的結果,並透過定期報告讓政務官掌握必要資訊,採行政務官偏好的運作方式,讓政務官親自參與所欲推動的政策方案,以及與政務官及其幕僚保持良好的互動關係等。

無論是運用什麼方式,都應營造政務官與事務官互相信任、互相支持的氛圍,化解政務官所負的政治責任與事務官所負的專業責任間,存在的矛盾與衝突,從同理的角度相互理解,消除彼此的敵對心態,以利彼此的相互合作,讓政府可以有效運作,對民眾負起應負的責任。[7]

臺灣在 2000 年、2008 年及 2016 年已歷經三次的政黨輪替,每一次的政黨輪替都代表著民眾對政府新的期待,為了回應民眾的高度期待,新的執政黨通常會希望在短期內就交出漂亮的成績單,因此,如何兼顧政策延續性和創新性,及考量長遠發展而避免短視近利,都是當權者必須深思的課題。政策的失敗可能導致政務官必須下臺以示負責,然而,政務官每一次更替的結果,就是事務官必須重新與新的政治老闆進行磨合,對於政府施政穩定的影響,也是值得討論及思考的問題。

回顧過去政黨輪替經驗可發現,由於我國一直以來都是國民黨與民進黨的藍、綠兩大陣營對抗為主,所以每遇政黨輪替的時候,便會發現「新政府」與「舊官僚」間彼此不信任的情況。人事的調整確實是政府改革的重要策略之一,然而,如果人事的調整被認為是植基於「剷除非我族類」的黨派色彩,政務官認為自己與事務官並非站在同一陣線上,只會大大削弱政府的整體士氣,想要展現良好的施政績效,恐怕比登天還難。民進黨執政後,擴增官派要職讓

多位政治幕僚進入政府機關，蔡英文政府原擬進一步修法擴大政務職至中央三級機關首長，遭質疑破壞文官中立體制，因此並未通過立法。

第三節　國會、利益團體對公共行政的影響

在民主體制下，政治體制的設計賦予了政府統治權力的正當性基礎，而在政策推行的過程中，也必須經由政策合法化的過程，使各項政策方案取得合法地位，因此，政策方案是否能順利合法化的政治可行性問題，顯得相當重要。在政策合法化的過程中，不同的參與者會運用不同的政治性活動，設法讓其所偏好的政策方案取得合法性地位，或者讓其所不喜好的政策方案無法取得合法性地位。在這樣的政治角力過程中，行政部門必須瞭解參與者有誰、不同參與者的動機、目的、所擁有的資源和可能採行的政治策略等，以思索如何讓符合公共利益的政策方案，可以獲得合法性地位而順利推動。[8]

行政部門可以採行的政治策略，通常包含下列三種：

1. **合作策略**：當行政部門與不同的政治參與者間，存在可以共存的目標時，便透過說服、討價還價、聯盟等方式，找到雙方皆可接受的方式。
2. **競爭策略**：當行政部門與不同政治參與者間，存在相互競爭的關係時，便需透過主動倡議、吸納等方式，來達成所欲的目標。
3. **衝突策略**：當行政部門與不同的政治參與者間，無法尋求共存的目標而產生衝突的情況，則必須以專業知能為力量，爭取所欲的目標。[9]

行政部門決定採行何種政治策略的前提，須先確定在政策方案推行的過程中，到底存在哪些不同的政治參與者，才能進一步分析各參與者的目標，進而決定合適的應對策略。而「國會」和「利益團體」皆是政策推行過程中重要的政治參與者。

一、國會

國會在政策推動的過程中，扮演相當重要的角色，行政部門所提出的政策方案，通常必須經過立法機關同意的合法化過程；也就是說，行政部門必須爭取國會的支持，以使相關政策方案獲得正當性基礎。「國會」對於公共行政的

影響，可以透過許多不同的途徑影響政策推動，包含：

1. 政策議程設定的權力。
2. 要求政府資訊公開的權力。
3. 通過日出立法或日落立法。
4. 監督權。[10]

不過，國會對於公共行政所能造成的影響力，在不同憲政設計下也會有所不同。在內閣制下，內閣是由國會多數黨組成，所以決策的權力其實是由內閣掌握，國會對於內閣的提案大多會給予支持，其所發揮的影響力較為有限；而在總統制下，權力分立的制度設計讓總統和國會分別擁有行政權與立法權，國會掌握的制衡權力，對公共行政的影響便較為明顯，尤其在總統和國會分屬不同政黨的「分立政府」時期，就很可能因為兩者間的相互競爭，造成政治僵局的問題。然而，也有研究認為，雖然在分立政府時期，不同政黨有不同立場，但因兩者皆須分別對自己的選民負責，因此在政府決策上，會選擇互相妥協，避免造成僵局。[11]

在臺灣的運作實務上，2000年5月到2008年5月出現分立政府，民進黨掌握總統職位，但沒有掌握立法院多數席次，2024年的選舉結果，再度形成分立政府局勢。盛杏湲曾以第四屆立法院為例(1999年2月到2002年1月)，比較1999年到2000年國民黨同時掌有行政權和立法權的一致政府時期，與2000年到2002年民進黨掌有行政權、國民黨掌有立法權的分立政府時期，是否會對立法提案產生影響。結果發現，在一致政府時期，相較於分立政府時期，行政院提案通過的比例較高、通過所需的時間較短，顯現當行政權、立法權分屬不同政黨時，確實會對行政運作產生一定的影響。[12] 雖然一些研究認為分立政府較易引發政策僵局，甚至被拿來做為政府運作效率低落、管理不善的託辭，但也有論點認為能夠讓立法與行政部門產生制衡，符合多數選民的期望，未必不利政策制定與執行成效。而且行政部門與立法部門分屬不同政黨情況下，政策過程必須透過政黨協商，如此可以擴大決策機制，讓不同政黨代表的民意有機會表達，不同利益相互調和，促使爭議法案通過。[13]

而如以臺灣立法院的職權來觀察，立法院除了可透過立法權影響公共政

策外,也可以運用質詢權、調查權、**不信任案提出權**、總統彈劾案及罷免案提出權、申請大法官釋憲權、公民投票提案權等各種權力,對政府運作產生關鍵性的影響:

> **不信任案提出權**
>
> 立法院對行政院院長之不信任案,或稱倒閣案。我國《憲法增修條文》第 3 條第二項第三款規定:立法院得經全體立法委員三分之一以上連署,對行政院院長提出不信任案。不信任案提出七十二小時後,應於四十八小時內以記名投票表決之。如經全體立法委員二分之一以上贊成,行政院院長應於十日內提出辭職,並得同時呈請總統解散立法院;不信任案如未獲通過,一年內不得對同一行政院院長再提不信任案。

1. **預算審議與監督**:行政院在會計年度開始的四個月前,必須將下個年度的總預算案提送立法院審議,中央政府的總預算必須經立法院審議通過,完成立法程序並由總統公布後,即為法定預算,政府才可據以用於各項政策的推行上。另外,審計長也必須向立法院提出總決算的審核報告,也就是說,立法院對於政府運作的重要基礎——經費有實質的審議權,行政院欲落實相關政策,勢必須獲得立法院的支持,否則便會面臨巧婦難為無米之炊的困境。

2. **人事同意權**:立法院對於重要人事的任命,也有相當的影響力。司法院院長與副院長、大法官、考試院院長與副院長、考試委員、監察院院長與副院長、監察委員、審計長、最高法院檢察署檢察總長的任命,在總統提名後,皆須經過立法院的同意才可以任命;國家通訊傳播委員會委員的任命,在行政院長提名後,也必須經過立法院的同意才可以任命。這些人事的安排,都是領導政府整體運作的重要角色,藉此,擁有同意權的立法院,便可藉以發揮相當的影響力。[14]

面對立法院對行政運作可能採取的制衡,為順利推動各項施政,行政部門必須與立法部門間保持良好互動,透過府會聯絡人的角色,做為行政部門與立法部門間溝通的橋梁,經由相互協調讓政策得以落實。

二、利益團體

除了國會以外,在民主社會中,各種有組織的團體也會運用不同資源向政府爭取其利益,即所謂的「利益團體」。「利益團體」是一群基於共同價值或

圖 3-3 鐵三角

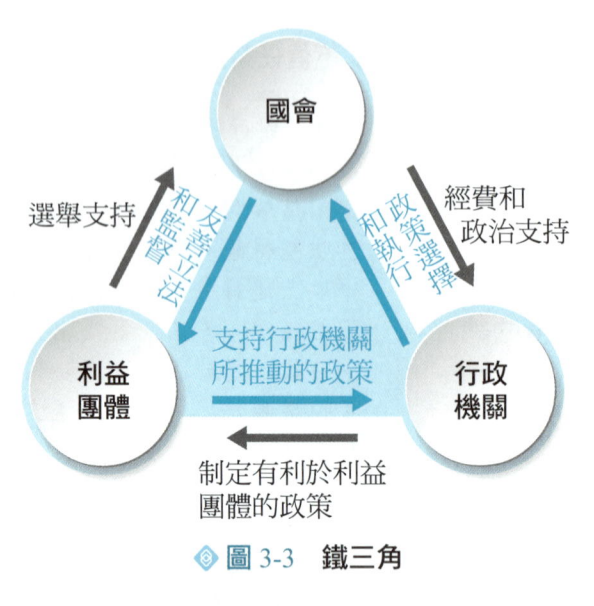

（圖內容：國會、利益團體、行政機關三者關係。國會→利益團體：友善立法和監督；利益團體→國會：選舉支持；國會→行政機關：經費和政治支持；行政機關→國會：政策選擇和執行；行政機關→利益團體：制定有利於利益團體的政策；利益團體→行政機關：支持行政機關所推動的政策）

利益而自發性形成的組織，雖然不具政府權威，但由於其擁有選票、政治獻金、治理菁英的影響力等資源，因此，在政策運作過程中，通常可以運用各種手段，對政府造成政治影響力和壓力，扮演促使政府重新檢視民眾的需要、提出其他的替選方案、監督政府的決策等重要角色，形成羅威 (Theodore Lowi) 所謂的「**鐵三角**」(Iron Triangle)(如圖 3-3 所示)，也就是強調政府部門、國會委員會與利益團體三者間的相互關係，會對公共政策的產出造成相當的影響力。然而，由於並非所有的人都有資源可以組成利益團體發聲，因此，行政部門在回應利益團體訴求時，必須正視可能造成不平等或公共利益遭犧牲的現象。往往以私益為導向的鐵三角，對於公共利益的破壞，便是行政部門須加以解決的問題。[15]

第四節　民意與輿論對公共行政的影響

資訊不對稱

在市場交易或合約安排中，一方擁有的決策所需資訊，比另一方更多或更重要。例如，賣家通常比買家對於產品的品質與成本資訊更瞭解。資訊的取得往往需要成本，資訊不對稱會導致欺騙性和不公平的行為。擁有資訊優勢的一方，為了保護自我利益或價值，可能隱藏產品的特性或交易者行為，容易產生「逆向選擇」或「道德危機」的問題，讓市場無法達到效率，造成「市場失靈」。

「民意與輿論」是行政部門必須重視的重要角色，由於在代議民主體制的設計下，民眾的聲音主要是透過代議者來表達，受限於**資訊不對稱**等因素，可能須主動瞭解民意，並適度運用直接民主的途徑，以利推動更符合民眾所需、更切合公共利益的政策。

行政部門瞭解民意的方式有很多種，一方面，在現行法制基礎下，選舉投票、公民投票等 (如圖 3-4)，都是民眾表達意見的正式途徑；另一方面，行政部門也可以主動出擊，如運用民意調查，包含面訪、電話調

查、網路調查、大數據分析等各種方式，都可以在一定時間內，瞭解民眾對於特定公共議題的意見。[16] 然而，由於各種調查方式在抽樣設計及問題設計等不同面向，都存在一定的侷限性，如抽樣的方式是否可以讓被訪問的對象具備一定的代表性，確實可以反映出整體民意？以及問卷的設計方式是否可以測得受訪者的真實態度，而非被誤導的結果？這些都是行政部門在解讀各種調查的結果時，必須注意的限制，避免過度詮釋或錯誤解讀。

圖 3-4　選舉投票也是民意表達的管道

隨著民主社會的發展，民意的表達不僅應重「量」更應該重「質」，二十世紀末開始興起的**審議民主** (Deliberative Democracy) 理念，便是強調公民意見品質的提升，以公開性、課責性、平等性、互惠性原則為基礎，讓民眾在知情的情況下，透過相互辯證的審議過程來形成政策共識，提供決策者參考，以彌補代議體制的不足。[17]

此外，民意的表達也可透過媒體傳播來呈現，尤其隨著資訊通信科技的發展，大眾傳播媒體傳遞訊息的方式日漸多元，媒體傳播已從傳統報章雜誌、電視廣播等途徑，發展出網路、手機 APP 等多元工具，讓資訊可以大量、快速傳遞。傳統媒體持續存在，新媒體的重要性日漸增加，民眾傳遞訊息、表達意見的方式愈來愈簡便，在蒐集、瞭解民意時，如何同時顧及訊息正確性及意見深度等，則是公共行政者須加以考量的。例如 2014 年的太陽花學運，由學生和民間團體共同發起占領立法院的行動，占領期間使用網路新科技，結合社群媒體平台進行直播，向全世界放送即時資訊，以及和網友互動，快速群眾動員，開創新的公民行動模式。看見新科技的影響力後，各級政府開始引進科技界人士推動公共服務，強化網路傳播和線上參與，使得科技對政策的影響力變高。民進黨在野時與社運界向來關係良好，執政後吸納許多人士至公部門服務，卻因此弱化監督力道，與民意漸行漸遠。

面對愈來愈多的民眾會選擇在網路領域中進行公共議題的討論，如

Facebook、PTT 等，以及國發會設立的「公共政策網路參與平臺 (簡稱 JOIN 平臺)」，都提供民眾表達及交換意見的便利途徑，須運用適當的技術來處理民眾在網路上反映的「大量」意見，因此，行政部門必須能夠應用巨量資料探勘等網路輿情分析方式，瞭解民眾看法進而適度納入公共政策中，以確實回應民眾需求。

不過，在瞭解及參考、採納民意的同時，行政部門也必須面對民意與「專業」、「效率」間的潛在衝突：

1. 民眾反映的意見不見得與行政部門所認知的專業相符，如何在兩者間取得平衡便成為行政部門須解決的難題。
2. 瞭解民意並不是免費的，必須投入相當時間、經費才可以獲取，如何在適當的時間點投入資源進行民意調查，而不影響政策的推動時程、政府運作效率，也必須深入思考。

第五節　公共行政面對的法律環境

在民主體制下，行政者面對複雜的政治環境，須考量多元利益衝突的問題，如何在這種高難度的挑戰下，秉持專業維護公共利益，則須仰賴法律環境的支持。為期行政者能夠落實專業責任，可透過司法機制來加以監督。司法機制的運作，可以確保行政者落實行政責任，監督行政者的作為是否具回應性及公正性，並確保其依法行政，監督行政者是否遵守法制規範，避免濫權的問題產生。[18]

以臺灣實務而言，司法院、監察院及考試院都可以發揮監督行政部門的制衡功能：

1. **司法院的監督功能**：司法院掌有憲法及法令的解釋權和審判權等權力，可確保行政部門的運作符合法制的規範。
2. **監察院的監督功能**：監察院掌有調查權，可以向行政部門調閱其所發布的命令和相關文件，當發現行政部門的工作或設施需要改善，或是公務人員有違法或失職的情形時，便可進一步行使糾正權、糾舉權或彈劾權。且監察院同時掌有審計權，可以監督預算的執行、核定收支命令、審核財務

收支、審定決算、稽察財物及財政上之不法或不忠於職務之行為、考核財務效能和核定財務責任等，也可以發揮督導行政部門財務運作的功能。

3. **考試院的監督功能**：考試院掌理考試、公務人員之銓敘、保障、撫卹、退休及公務人員任免、考績、級俸、陞遷、褒獎等相關法制事項，也擁有督導行政部門落實行政中立與倫理價值的權力。[19]

從司法院、監察院、考試院的角色與功能設計來看，都有助於確保政府的運作具備合法性的基礎。不過前面提到的監督功能，較偏向「事後」導正性質，即通常是在行政者已有違法失職的行為後要求改善，屬消極面向，若要從積極面向切入，則應回到法律環境的建置基礎，即合法標準的建立。行政部門應該符合什麼樣的法制要求，通常須先建立相關的規範準則，透過標準作業程序的確立，讓民眾可預先知道行政部門會採取的相關作為，以落實對民眾權利的保障，並透過正當法律程序的履行，以確保民眾法律權利不被侵害。[20] 而這些課題便是行政法領域長期關注的重點。

所謂「行政法」，簡單地說，就是以「行政權」為規範對象的公法規範和原則。行政法最重要的三種法源基礎，包含：

1. **憲法**：由制憲機關制定，規範國體、政體、人民基本權利義務和國家基本組織的根本大法。
2. **法律**：由立法院通過、總統公布的法規，包括「法」、「律」、「條例」、「通則」。
3. **行政命令**：即行政機關訂定的一般性、抽象性規範，包括行政機關基於法律授權，對多數不特定人就一般事項所訂對外發生法律效果的「法規命令」，以及依其權限或職權，對機關內部制度及運作所訂對內產生效力的「行政規則」。[21]

這些法源基礎，都是行政部門推動政策措施的重要依據。然而，在落實「依法行政」的同時，也要避免流於僵化而缺乏彈性的問題，如為了「合法」而錯把法規這項「工具」當成「目的」，反而忽略民眾需求及公共利益的核心價值，這樣本末倒置的現象並不是大家所樂見。因此，行政部門在執法的同時，應秉持同理心，從民眾角度保持執法彈性，並適時進行法規的調整，才可以讓政府的運作和管理更符合民主的精神。

第六節　價值討論

政治環境對政府的運作及管理既帶來正面的影響，也帶來負面的影響。行政部門在公共服務的過程展現行政管理的專業之外，也應具備與環境互動的政治管理能力，考量政治環境中不同角色的影響力，與不同利害關係人建立夥伴關係，為民主體制中的公民創造公共價值。

環繞在行政部門外部民主體系的各項環境要素，著重不同的價值。政黨及其獲取政權後所運作的政府，不管內閣制、總統制或半總統制，都希望在其執政期間能「回應」最新的民意，在短期內有「效率」的政策產出，以維護其政權。同樣地，利益團體、媒體及公共輿論也反映出即時的民意。但身為有良知的行政者，除了考量這些價值外，更應重視國家長期利益的「效能」價值與「公平」的價值，以免少數利益團體及民意扭曲國家資源的分配，並且獲得廣大民眾的信任和支持。

Case 3：政策之路多波折

自決定興建核四後，多年來不斷面對當地的居民抗議，以及環保團體帶領發起的反核運動。1985 年臺美關係生變，執政黨以環保安全疑慮凍結核四預算。行政院長指示「在民眾疑慮未澄清前，核四計畫不急於動工」，核四計畫暫緩實施。

1987 年立法院凍結核四預算，並要求核四廠之恢復興建須經立法院預算委員會審查通過後方得動支。這段期間反核運動持續陳情抗議、進行反核遊行。1992 年總統指示批准，1994 年立院通過核四 8 年預算新臺幣 1,125 億元，1999 年原子能委員會核發核四建廠執照。

2000 年 1 月立法院臨時會以 134 票贊成、70 票反對，通過核四立即復工續建決議案。3 月民進黨籍總統候選人當選，他的政見包括反對核四和停止核能之使用，10 月行政院長宣布停建核四，但國民黨占多數的立法院隨即展開罷免臺灣新領導人與彈劾行政院院長的倒閣行動，並提出釋憲。

釋憲後，2001 年行政院長張俊雄宣布核四復工續建，計畫完成日期延至 2011 年，並將成立非核家園宣導委員會。2002 年，總統將非核家園定入《環境基本法》，成立非核家園推動委員會，並邀請環保界人士加入，試圖推行體制內的社會宣傳。

2008 年政黨輪替，國民黨籍總統上任後，2009 年 4 月民進黨發表聲明，譴責政府堅持擴張核電，推翻「非核家園」的全民共識。2011 年福島核災，臺灣反核再起。3 月在民進黨立委的要求下，立法院社會福利及衛生環境委員會通過臨時提案，要求施工中的核四廠馬上暫時停工；6 月立法院通過核四 140 億元預

算；11月總統公布能源政策，宣示在確保不限電、維持合理電價、達成國際減碳承諾三原則下，既有核一、二、三廠不延役，核四廠必須確保安全才進行商轉。

2013年行政院長宣布核四是否續建將由公民投票決定。民間的反核、廢核行動仍然不斷。2014年臺灣環保聯盟向中選會提交12萬份核四公投第一階段連署書，但公審會否決核四公投案。12月經濟部召開全國能源會議，廢核團體提完整能源政策。

2014年總統與國民黨黨團做成「核四一號機不施工、只安檢，安檢後封存；核四二號機全部停工」決議。2015年3月近百個民間團體組成「全國廢核行動平台」，以「告別核電，能源新願」為主題，於臺北、臺南、高雄發起大遊行，並提出「核電廠不得延役、核四封存、檢討核廢政策」等三點訴求。原子能委員會審查通過台電的核四封存計畫，7月起核四封存三年。立法院亦通過《非核家園推動法草案》。

2016年總統大選，實現臺灣選舉史上第三次政黨輪替，民進黨再次成為執政黨。新任總統上臺全力朝「非核家園」目標前進。2017年1月立法院三讀通過《電業法》，明定2025年所有核電機組要如期退役，新政府表示不許已停機的核一廠一號機、核二廠二號機重啟。

新任的經濟部長指示推動新能源政策，啟動能源轉型與電業改革，帶動自主綠能產業發展。2017年起政府推動包括綠能建設在內的「前瞻基礎建設計畫」。

2018年11月24日全國性公投通過廢除《電業法》第95條第1項「核能發電設備應於中華民國一百十四年以前，全部停止運轉」之條文。2020年總統大選，發電配比、以核養綠、核電廠延役、核四重啟等議題成為候選人攻防議題。面對氣候變遷的威脅，全球超過百個國家提出「2050淨零排放」的宣示與行動。2021年蔡英文總統宣示臺灣2050淨零轉型目標，2022年政府相繼提出淨零排放的路徑、目標及戰略，以減煤、增氣、展綠、非核之潔淨能源發展推動能源轉型。隨著核一廠、核二廠停機，2023年臺灣核能發電量占比減少至6.3%，再生能源略升至8.9%。

第28屆聯合國氣候變遷大會(COP28)在2023年年底舉行，峰會決議表明各國在2030年前將再生能源裝置增加3倍，而美、英、法、日、韓等逾20個國家共同簽署宣言，支持2050全球核能容量成長3倍，以達成淨零碳排目標。2024年總統大選，能源政策、淨零減碳、COP28、歐盟課碳稅、是否重啟核能再度成為熱門話題。選舉結果，拋出「緊急時啟用停運核能機組」的民進黨總統參選人賴清德當選，經濟部長回應表示要考量法制面以及與社會溝通，民進黨則強調非核立場未改變。

問題討論

1. 在這個案例中，能源政策的發展受到哪些公共行政環境因素的影響？政治環境有哪些改變？對政策的影響是什麼？
2. 從政治環境來看，為什麼政黨輪替影響能源政策的發展？政黨輪替對政策的影響可能有哪些利弊？
3. 事務官在能源政策不同時期，可能面臨哪些挑戰？如果新的政務官對部門的業務不熟悉，可能帶給事務官哪些困擾？面對這樣的情況你會怎麼做？你對政務官有哪些建議？
4. 地方政府面對中央能源轉型政策和地方民意，是否可能遇到不一致或衝突？就你所知有哪些具體事件？地方官員可以採取哪些措施處理這些問題？

本章習題

申論題

1. 請論述當代政府應如何提升政府的能力,以滿足人民的需求,強化公權力的根基? (113 年關務特考三等)

2. 當代公私部門的界限逐漸模糊,公私協力成為相當普遍的治理模式,請探討公私協力對於公部門的影響,以及對於私部門 (包括企業、公民團體與社區) 的影響。 (111 年高考三等)

3. 請試述政治人物 (議員或政務官) 與行政人員 (即常任文官) 在政策和行政管理領域上,可能處於那些類型的角色責任或分工關係? (108 年高考三級)

4. 民主國家的行政部門主要由常任文官 (事務官) 與政治性任命人員 (政務官) 等兩大類官員所組成,兩者的協力與否影響政府的治理效能,政務官與事務官的衝突在臺灣的行政史上屢見不鮮。試各以我國現行「行政院所屬部會」及「直轄市之一」為例,各舉出下列二個「職位名稱」:政務官首長直接隸屬政務官首長之事務官。說明政務官與事務官衝突的來源。 (103 年特考)

5. 簡述政府體制中,內閣制、總統制及半總統制下的「行政—立法」關係有何不同。不同的制度對公共行政的實務運作而言,各自的優缺點為何?

6. 試說明政黨輪替對政務官和事務官的互動可能造成哪些影響?兩者之間如何建立互信的夥伴關係以維持政府穩定運作?

7. 民主政治下的民意 (Public Opinion) 有何特徵?如何運用傳統管道與資通訊科技瞭解及回應民意? (改寫自:90 年高考三級)

選擇題

1. 審議式民主主張公共政策的審議過程必須符合的基本原則中,下列何者不屬之?
   (A) 公開性 (publicity)　　(B) 競爭性 (competition)
   (C) 課責性 (accountability)　　(D) 平等性 (equity)　　(113 年關務特考三等)

2. 近年來社會企業 (Social Enterprise) 的風潮蓬勃發展,有關社會企業內涵的敘述,下列何者錯誤?
   (A) 係指透過商業模式來解決社會或環境問題
   (B) 亦被稱為「營利驅動」的組織
   (C) 除了一般營利事業公司外,也可以非營利組織的型態存在
   (D) 喜憨兒烘焙事業是臺灣社會企業之重要典範　　(112 年地特三等)

3. 根據羅伊 (T. Lowi, 亦譯為羅威) 政治鐵三角理論，下列何者非屬鐵三角聯盟的成員？
   (A) 特殊利益團體　　　　(B) 司法體系
   (C) 行政官僚體系　　　　(D) 國會常設委員會　　　　　　　　　(111 年普考)

4. 依公務人員行政中立法規定，長官不得要求公務人員從事行政中立法所禁止之行為，當長官違反前述規定時，公務人員得：
   (A) 要求長官命令用書面為之
   (B) 向組織再上一級機關的政風單位舉報
   (C) 向監察院檢舉
   (D) 向行政院人事行政總處告發　　　　　　　　　　　　　　　　(110 年普考)

5. 有關政策形成過程中政治鐵三角理論之敘述，下列何者錯誤？
   (A) 國會議員與利益團體之間的共生關係
   (B) 利益團體與行政機關之間的共生關係
   (C) 得力於美國國會議員彼此互惠的特質
   (D) 抗衡公益團體扮演主導角色　　　　　　　　　　　　　　　　(108 年普考)

6. 民主國家國會對公共行政的影響，下列敘述何者錯誤？
   (A) 設定政策議程　　　　(B) 要求政府資訊公開
   (C) 任免事務官　　　　　(D) 監督　　　　　　　　　　　　　(107 年普考)

7. 從中央與地方政府權力劃分而言，可以將府際關係分為三種類型，下列何者非屬之？
   (A) 單一制　　　　　　　(B) 雙元制
   (C) 邦聯制　　　　　　　(D) 聯邦制　　　　　　　　　　　　(107 年普考)

8. 因為時間有限，監督者只能採取固定的模式來做監督，一旦出現監督者無法監控的範圍時，公務員就有機可乘。此在描述國會對行政活動何種監督的困境？
   (A) 專職地位的優越性　　(B) 人事制度的保護
   (C) 機關結構與功能的分裂　(D) 整合的問題　　　　　　　　　(105 年地特四等)

9. 美國所謂的鐵三角 (iron triangle) 現象，是指那三者所形成的關係網絡？
   (A) 行政部門、國會委員會、司法部門
   (B) 事務官、國會委員會、資本家
   (C) 政務官、事務官、利益團體
   (D) 行政部門、國會委員會、利益團體　　　　　　　　　　　　(105 年高考三級)

10. 政務官與事務官最大的差異在於政務官需要負下列那種責任？
    (A) 行政責任　　　　　　　　(B) 法律責任
    (C) 政治責任　　　　　　　　(D) 管理責任　　　　　　(105 年地特四等)

11. 行政權與立法權的關係有多種不同型態，但主要的型態不包括下列那種？
    (A) 總統制　　　　　　　　　(B) 君主立憲制
    (C) 內閣制　　　　　　　　　(D) 混合制　　　　　　　(103 年高考三級)

12. 關於監察院職權之敘述，下列何者錯誤？
    (A) 監察院可以向行政部門調閱其所發布命令和相關文件
    (B) 監察院的職權有糾舉權、彈劾權、覆議權
    (C) 監察院為行使審計權，設審計部
    (D) 中央政府總決算由行政院提出，送監察院審核

13. 國會影響公共政策推動的途徑，不包含下列哪一項：
    (A) 政策議程設定　　　　　　(B) 要求政府資訊公開
    (C) 預算審議與監督　　　　　(D) 罷免行政院長

註

[1] 廖達琪 (2010)。國會議員生涯類型變遷與民主體制的取向分析—以台灣第二到第七屆立法院為例。**東吳政治學報**，**28**(2)，49-96。

蘇子喬 (2013)。兼容並蓄或拼裝上路？—從內閣制與總統制優劣辯論檢視半總統制的利弊。**臺灣民主季刊**，**10**(4)，1-48。

[2] 邱訪義、李誌偉 (2016)。影響行政部門提案三讀通過之制度性因素—總統、官僚、與政黨。**臺灣民主季刊**，**13**(1)，39-84。

盛杏湲 (2008)。政黨的國會領導與凝聚力：2000 年政黨輪替前後的觀察。**臺灣民主季刊**，**5**(4)，1-46。

劉書彬 (2012)。從史托姆競爭性政黨行為理論探究梅克爾大聯合政府時期聯邦朝野政黨關係。**東吳政治學報**，**30**(4)，51-119。

[3] 黃德福、廖益興 (2009)。我國立法委員為何選擇並立式混合選舉制度？2004 年選舉制度改革之觀察。**政治學報**，**47**，1-27。

蕭怡靖、黃紀 (2010)。單一選區兩票制下的一致與分裂投票：2008 年立法委員選舉的探討。**臺灣民主季刊**，**7**(3)，1-43。

蘇子喬、王業立 (2014)。國會與總統選舉制度對半總統制憲政運作的影響—台灣與法國的比較。**政治科學論叢**，**62**，35-78。

[4] 丘昌泰 (2013)。**公共政策：基礎篇** (第五版)。高雄：巨流圖書股份有限公司。

[5] Peters, G. B. (1987). Politicians and Bureaucrats in the Politics of Policy Making. in Lane, Jan-Erik (ed.). *Bureaucracy and Public Choice* (pp. 256-282). London: Sage Publications.

[6] 黃東益、陳敦源 (2012)。**陌生的政務領導者—台灣的政務官及民主治理的藝術**。行政院國家科學委員會專題研究計畫成果報告 (編號：NSC 97-2410-H-004-093-SS3)，未出版。

[7] Starling, G. (2008). *Managing the Public Sector* (8th ed.). CA: Thomson Wadsworth.

[8] 吳定 (2008)。**公共政策**。臺北：五南圖書出版股份有限公司。

[9] Starling, G. (2008). *Managing the Public Sector* (8th ed.). CA: Thomson Wadsworth.

[10] 丘昌泰 (2013)。**公共政策：基礎篇** (第五版)。高雄：巨流圖書股份有限公司。
Starling, G. (2008). *Managing the Public Sector* (8th ed.). CA: Thomson Wadsworth.

[11] 盛杏湲 (2003)。立法機關與行政機關在立法過程中的影響力：一致政府與分立政府的比較。**台灣政治學刊**，**7**(2)，51-105。

[12] 盛杏湲 (2003)。立法機關與行政機關在立法過程中的影響力：一致政府與分立政府的比較。**台灣政治學刊**，**7**(2)，51-105。

[13] 吳重禮 (2020)。制度選擇與政府型態的反思—切中要點或是言過其實？**臺灣民主季刊**，**17**(4)，145-54。

[14] 廖達琪、陳月卿、李承訓 (2013)。半總統制下的國會監督—從法制面比較臺灣與法國國會的監督能量。**問題與研究**，**52**(2)，51-97。
立法院全球資訊網，取自：http://www.ly.gov.tw/innerIndex.action

[15] 吳定 (2008)。**公共政策**。臺北：五南圖書出版股份有限公司。
丘昌泰 (2013)。**公共政策：基礎篇** (第五版)。高雄：巨流圖書股份有限公司。

[16] 丘昌泰 (2013)。**公共政策：基礎篇** (第五版)。高雄：巨流圖書股份有限公司。

[17] 吳定 (2008)。**公共政策**。臺北：五南圖書出版股份有限公司。
丘昌泰 (2013)。**公共政策：基礎篇** (第五版)。高雄：巨流圖書股份有限公司。

[18] Starling, G. (2008). *Managing the Public Sector* (8th ed.). CA: Thomson Wadsworth.

[19] 司法院網站，取自：http://www.judicial.gov.tw/、監察院網站，取自：http://www.cy.gov.tw/mp.asp?mp=1、考試院網站，取自：http://www.exam.gov.tw/welcome.html

[20] Starling, G. (2008). *Managing the Public Sector* (8th ed.). CA: Thomson Wadsworth.

[21] 李建良、陳愛娥、陳春生、林三欽、林合民、黃啟禎 (2004)。**行政法入門** (第二版)。臺北：元照出版有限公司。

第四章
規劃

愛麗絲:「我應該選哪一條路走?」
柴郡貓:「喔?那得看你是想要到哪裡去。」
愛麗絲:「但是我也不知道去哪裡好!」
柴郡貓:「喔?那你選哪一條路走就沒什麼差別了!」
——卡羅 (Lewis Carroll)
《愛麗絲夢遊仙境》,1865

　　組織存在的原因是為了達成特定的目標,因此人類從古老的社會時期就已經開始進行某種程度的規劃。今日的政府機關或企業組織更要學會如何適應不斷變化的環境以保持競爭力,因此規劃的工作更形重要。在公共行政的實務方面,我們不時會聽到一些公共建設因為規劃不當而失敗的新聞,這種事件對民眾的信心往往會造成負面的影響。舉例來說,臺灣屏東恆春機場 (如圖 4-1) 斥資逾新臺幣 6 億元興建完成,但 2004 年啟用後,就因為恆春半島 10 月到隔年 4 月落山風盛行而經常無法正常起降。主管機關雖曾思考開闢第二跑道改善,但後來受限於當地地形而難以實現。到了 2016 年,該機場一整年載客量僅 700

◎ 圖 4-1　恆春航空站五里亭機場

人左右，每年虧損新臺幣 6,000 萬元以上，最後淪為俗稱的「蚊子館」。[1] 蚊子館失敗的原因大多是錯估自然環境的影響、使用者的需求或後續的維運成本等，而這些都是在政策規劃階段就應該考慮的因素。可惜的是，政府部門中許多的行政主管大多日復一日地忙於事後的危機處理，反而不夠認真看待事前規劃的工作。

第一節　規劃的意義

組織規劃是科學與藝術兼具的管理功能，世界上並沒有一種最佳的制定計畫的方法可適用於不同的組織。基本上，規劃的定義就是一種預期性的決策，也就是「在需要採取行動之前，決定所要採取的行動」，[2] 這些行動包括建立目標、配置組織擁有的資源，以及回應外部的競爭與挑戰。

知名的行政管理學者費堯 (Henri Fayol) 一百多年前就指出，**行政管理的首要功能**就是預測與規劃，因為規劃的目的是組織在採取行動前建立活動的藍圖，使得相關人員的想法與行動得以協調，這樣才能趨向同樣的目標前進。一般來說，正式組織中的計畫與相應的目標可概分為以下四個層次 (如圖 4-2

> **行政管理的首要功能**
>
> 費堯在 1908 年發表《論一般管理上的原則》，舉出管理的五大功能：
> 1. 規劃 (to plan)。
> 2. 組織 (to organize)。
> 3. 指揮 (to command)。
> 4. 協調 (to coordinate)。
> 5. 控制 (to control)。

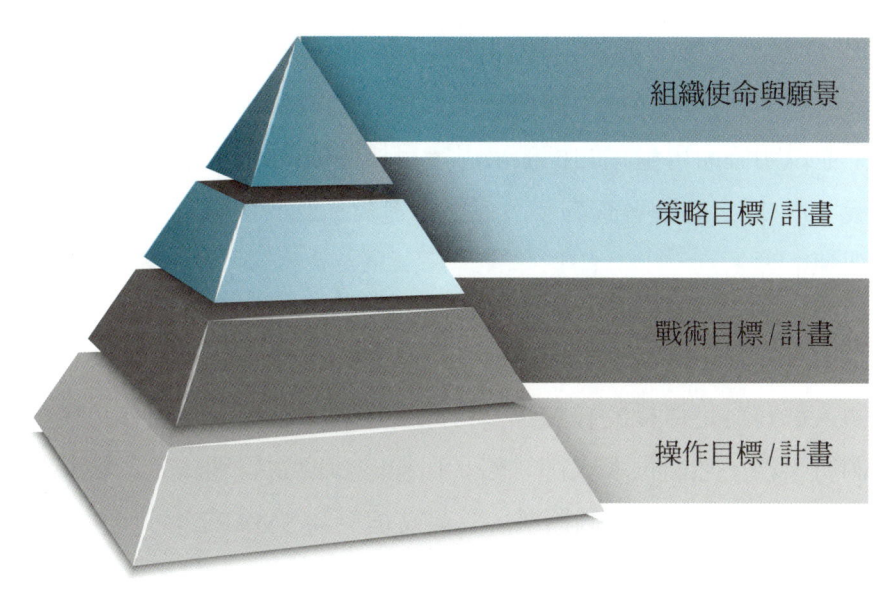

◆ 圖 4-2　組織規劃與目標的階層

所示)，每一個階層目標的達成，都是為了支持上一層目標的實現：

1. **組織使命與願景**：使命是組織存在的根本目的，包括組織重視的價值與主要的功能。此外，組織的使命通常會界定本身服務的對象，以及執行服務的適當方法，例如，臺北市捷運公司的使命陳述就有這些元素：

   「臺北捷運以提供旅客『安全、可靠、親切的高品質運輸服務』為使命，並以『顧客至上，品質第一』為經營理念……結合其他運輸工具，推廣大眾運輸服務，達成完整的交通運輸網。」

2. **策略目標/計畫**：策略目標是針對組織整體的，而非特定部門的中長期(通常為 3 年到 5 年) 目標，也就是組織整體在可預期的未來想獲得的成果。相對而言，策略計畫就是組織達成策略目標的行動步驟與資源配置的藍圖。同樣以臺北捷運公司為例，其所訂的策略目標包括提升股東權益報酬率、提升服務滿意度、拓展對外發展業務，以及結合社區參與等。

3. **戰術目標/計畫**：戰術 (Tactical) 一詞來自於軍事用語，此種目標是指組織中各主要分部或功能的預期成果，通常由中階層的主管負責，用以在組織達成整體目標的過程中引導次級單位的行動。例如，「捷運行動廣告商業收入每年成長 20%」，或「提高員工生產力至 310 萬元/人以上」等皆屬於捷運公司的戰術目標。

4. **操作目標／計畫**：操作目標為個人、團體或部門日常負責的目標，可用以支持戰術目標的達成；操作計畫明確訂出組織較低階層者負責的工作成果，並以明確而可量化的指標來界定目標達成的進度，例如，「48 小時內回覆 90% 以上的顧客查詢」，或「新進員工應於任職一個月內完成服務禮儀訓練」等。

訂定目標的原則

每個人都有訂定目標的經驗，對行政管理者來說，訂定目標更是一件稀鬆平常的例行事務。然而很多人卻忽略了目標的良窳對管理績效影響甚鉅，真正良好的目標應該符合以下五個標準，其英文縮寫為 SMART：[3]

(一) 簡單明確的 (Simple and Specific)

良好的目標應該是簡單、易懂且具有明確性，讓人從文字上就能很快理解所要達成的確切成果。以下是行政部門中常見的明確性目標與過於籠統的目標。

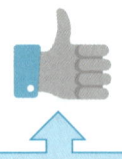

簡單明確的目標
- 降低行政院所屬機關的人事成本
- 提高我國完成雙主修或輔系的大學畢業生比例
- 提高學生對學校行政單位的服務滿意度

籠統的目標
- 行政院組織改造將讓政府變得「精簡、彈性、有效能」
- 培育大學生兼具跨界專業核心能力
- 尊重學生需求，提升服務品質

(二) 可衡量 (Measurable)

無法衡量的目標不會是人們重視的目標。良好的目標必須清楚且可量化計算，如此才能凝聚眾人的努力，並在工作過程中做必要的調整。

可衡量
- 降低青少年吸毒者比例 30%
- 破獲毒品偷渡案件數提升 20%
- 托福 TOEFL 考試成績達 100 分以上者提升 20%
- 具有第二外國語言，聽說讀寫流利的學生比例提高 10%

難以計算
- 總統期許在治安政策上把反毒做為首要目標
- 提升學生的國際能力

(三) 可達成 (Achievable)

良好的目標是執行者應該負責，且有資源可以影響的。目標不該是高層主管單方面訂定的理想，而必須是參酌法規及執行者的環境而設定的。因此，也有人將**可達成** (Achievable) 解釋為被執行者**接受** (Accepted) 的標準。

可努力達成
- 使我國國民所得成長率維持在亞洲平均值之上
- 提升臺灣平等參與國際組織數
- 提升人民生活滿意度

不切實際
- 讓國民財富翻倍成長
- 使臺灣的國際地位有如東方的瑞士

(四) 相關性 (Relevant)

良好的目標應該要與組織的使命或長期性的目的有關聯。某項政策或服務產生的具體可量化的結果，未必有助於組織整體使命或策略目標的達成。因此，訂定目標時很重要的一點是必須區分**成果** (Outcome) 導向與**輸出** (Output) 導向的目標，而成果導向的目標才是具有相關性的目標。

輸出導向 (不一定相關)
- 維持交通號誌運作正常率達 99%
- 增加留校晚自習的班級比例達 80%

成果導向 (相關)
- 減少重大車禍案件 10%
- 平均提升學測成績總分達 20 分

(五) 時間限制 (Time-Based)

最後，良好的目標必須附上確切的預定進度或完成的時間，這些預訂的時間方便協調相關人員的運作步調，也提供外界利害關係人預期驗收成果的時間表。

時間限制模糊
- 努力使本校將來能進入國內頂尖大學的行列
- 將把腳踏車失竊率降低 30% 以上

時間限制清楚
- 三年內通過教育部的評鑑，將本校正式列入國內的頂尖大學名冊
- 一年內降低腳踏車失竊率 30%

第二節　組織規劃概念的演進

組織規劃的核心精神在於配置內部資源，同時回應外部環境。隨著時代的轉變，組織的人員、結構，以及環境複雜程度日益提高，組織規劃的內涵也經過持續的補充與進化。大體而言，組織規劃的概念已經歷過以下幾個階段的演進：[4]

1. 預算與財務控制。
2. 長程規劃。

3. 產品/部門策略規劃。
4. 企業/組織策略規劃。
5. 策略管理。

以上每一個階段皆是為了回應不同規劃程度的需要而發展出來。任何組織都應該配合組織內、外環境的特性而設計相應的規劃功能。不同組織的需求差異很大，因此雖然規劃的概念已經演進至「策略管理」的階段，但直到今日仍有許多組織甚至仍然停留在最前期的「預算與財務控制」規劃階段。

一、階段一：預算與財務控制

預算與財務控制是最基本的組織決策與規劃系統。簡單地說，預算就是組織財務收入與支出的預測。典型的組織預算是以單一年度的收支預測為原則，內容涵蓋各種與組織主要業務發展有關的事項，包括人事、總務、研發、業務成本等經費支出，以及各種營收預估。表 4-1 是某國內大學年度預算的範例。

財務控制則是相對於預算的編列，是組織用以控制財務資源之運用，以達成一定效率與效能的結構化過程。財務控制系統通常是針對預先選定的少數關鍵財務指標 (如營業收入、稅前損益、每股盈餘等) 而建立定期的財務報表，目的是幫助管理階層監測組織主要業務的表現。在政府部門中，決算及審計則是主要的財務控制工具，表 4-2 為決算範例。

預算與財務是組織的命脈，也是最能直接影響大多數行政者行為的管理觀念。不過，這種基於短期財務表現的管理方式也很容易導致組織的管理近視 (Myopia)，[5] 也就是專注於短期的利益，而忽略長期的機會或威脅。從一家公司的財務報表也許可以看出是否達成該年度預定的財務目標，但領導階層卻很容易忽略組織可能付出的長期代價。這些代價可能包括減少研發的費用，或降低產品的品質等。

此外，對一個大型組織而言，一個單位優良的財務表現，往往是因犧牲其他單位或層級的長遠利益而來。舉例來說，在大都會中若調漲公車票價自然會提高相關單位的財務表現，但同時很多乘客也可能會改以騎機車或開車的方式通勤 (如圖 4-3)，使得該城市及鄰近縣市的交通成本提高。

此外，對於追求「公共利益」的政府或非營利組織而言，短期的財務表現

表 4-1　大學年度收支預算範例　　　　　單位：新臺幣千元

前年度決算數	科目	本年度預算數			
		政府補助及學雜費等收入	五項自籌收入	合計	
金額		金額	金額	金額	%
1,437,231	業務收入	839,859	619,390	1,459,249	100
596,488	教學收入	0	606,820	606,820	41.58
456,264	學雜費收入	0	468,364	468,364	32.09
140,323	建教合作收入	0	139,000	139,000	9.52
22,220	推廣教育收入	0	22,381	22,381	1.53
78,570	其他補助收入	84,000	0	84,000	5.75
1,551,917	業務成本與費用	1,003,011	599,048	1,602,059	109.78
1,220,301	教學成本	804,010	460,058	1,264,068	86.62
138,450	建教合作成本	0	129,743	129,743	8.89
17,776	推廣教育成本	0	17,240	17,240	1.18
52,900	其他業務成本	0	55,588	55,588	3.8
52,900	學生公費及獎勵金	0	55,588	55,588	3.8
267,393	管理及總務費用	199,001	71,886	270,887	18.56
−114,686	業務賸餘(短絀-)	−163,152	20,342	−142,810	−9.78
91,652	業務外收入	0	103,739	103,739	7.1
46,594	業務外費用	20,187	26,375	46,562	3.19

往往並非有意義的政策指引。舉例來說，若一個縣市今年徵得的稅費比往年增加很多，我們並無法確定該縣市今年的施政成果就一定特別優良，也無法判斷人民是否滿意。

表 4-2　大學校務基金年度決算範例　　單位：新臺幣元

科目	××年度決算數	
	金額	占總資產%
資產	6,491,851,393.29	100.00
流動資產	873,925,053.00	13.46
應收款項	1,004,139.00	0.02
預付款項	41,136,724.00	0.63
長期投資、應收款、貸墊款及準備金	15,974,092.00	0.25
固定資產	463,157,806.00	7.13
無形資產	259,510.00	0.00
其他資產	5,138,534,932.29	79.15
資產合計	6,491,851,393.29	100.00
負債	5,470,963,273.29	84.27
流動負債	280,990,210.00	4.33
應付款項	227,141,137.00	3.50
預收款項	53,849,073.00	0.83
其他負債	5,189,973,063.29	79.95
應付退休及離職金	10,612,399.00	0.16
淨值	1,020,888,120.00	15.73
基金	880,969,583.00	13.57
公積	23,870,490.00	0.37
累積餘絀 (-)	116,048,047.00	1.79
負債與淨值合計	6,491,851,393.29	100.00

　　後續許多國家的規劃制度開始朝向多年期，且融合組織管理目標而發展的模式。本書第七章所介紹美國 1960 年代的「計畫—方案—預算系統」(PPBS)、1970 年代的零基預算 (ZBB)，以及 1980 年代的目標管理 (MBO)，主要目的都是在引導公共組織擺脫短線或漸進式的思考，開始學習基於政策目標對財務資源進行相應的規劃。柯林頓政府推動的政府績效與成果法案 (Government Performance and Results Act, GPRA) 更進一步要求政府機關基於 5 年為期的策略

◎ 圖 4-3　大眾交通工具的票價會影響機車族的選擇，進而影響交通壅塞的程度

計畫來編列預算，並以績效評估報告補充傳統的財務控制。以上這些制度的改革都是為了彌補傳統的政府預算與財務控制的不足。

二、階段二：長程規劃

有鑑於單一年度計畫的限制，各種大型組織，包括企業及政府部門都從 1950 年代開始採用較長期的規劃制度，並制定多年期的目標、方案以及預算。例如，我國行政院各機關的「中長程個案計畫」，主要就是讓負責不同政策領域的機關可針對無法立刻解決的社會發展、公共建設，或科技發展等議題確保投入較長期的預算與相關資源 (如圖 4-4 所示)。

長程規劃的做法是，先針對環境的中長期趨勢做出適當的預測，而後根據預測的結果建立接下來幾年的目標，以引導人員的行動及資源的配置。舉例而言，企業最主要的目標之一是公司未來幾年的銷售業績。當未來幾年的業績訂定之後，相關的生產、行銷、人事，以及其他的功能便能有共同的規劃基礎，得以預先準備後來的需求與工作計畫。

同樣地，對公共組織而言，政府機關在進行中長程計畫的工作時，最重要的就是要推估未來 4 年到 5 年內機關收支的狀況，而後再根據所預測的數字規劃後續的經費使用計畫。最後，行政者必須將這些推估及預測的數字整合在一起，建立完整的財務管理計畫。

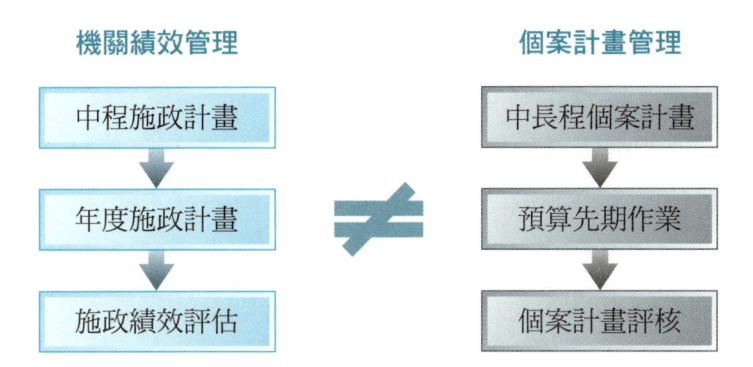

```
機關績效管理              個案計畫管理
┌──────────┐            ┌──────────┐
│中程施政計畫│            │中長程個案計畫│
└────┬─────┘            └────┬─────┘
     ↓         ≠              ↓
┌──────────┐            ┌──────────┐
│年度施政計畫│            │預算先期作業│
└────┬─────┘            └────┬─────┘
     ↓                        ↓
┌──────────┐            ┌──────────┐
│施政績效評估│            │個案計畫評核│
└──────────┘            └──────────┘
```

資料來源：https://ws.ndc.gov.tw/Download.ashx?u=LzAwMS9hZG1pbmlzdHJhdG9yLzEwL3JlbGZpbGUvNTY4OS8zMDY3OS8zMzQyYWUyZS05MWNjLTQ3YjgtOWM3OS0xNjJlYzM5MGZlNWUucGRm&n=6ZmE5Lu2Ny0y77ya5YCL5qGI6KiI55Wr55m76YyE57O757Wx5pWZ6IKy6KiT57e0LnBkZg%3D%3D&icon=..pdf

◈ 圖 4-4　中長程個案計畫之定位

　　長程規劃的觀念在二次大戰之後廣受企業與公共組織的接受，主要是因為此時代具有穩定成長的社經特徵，包括高經濟成長率、人口逐年持續成長，市場也大多為壟斷或寡占市場的特殊經濟條件。長程規劃中所做的財務預測，在相當程度上是基於前幾年的數字與經驗，所以很適合這樣的規劃角度。當以上這些特徵不變時，長程規劃就能準確預測未來的狀況並預做準備。相反地，當環境變動太大時，行政者就會發現其預測的財務表現往往與事實不符，其優勢因此也隨著環境變化加劇而鈍化。

　　古希臘哲學家赫拉克利特 (Heraclitus) 有句名言：「你不可能踏進同樣的河水裡兩次。」意思是說今天並不一定由過去所造成，未來也不會是由今天所複製。進入激烈競爭時代的管理者發現預測未來 (尤其是長期的未來) 是一件不可能的任務，因此只好開始尋找更好的規劃概念。

三、階段三：產品/部門策略規劃

　　「策略」的概念是從 1960 年代開始進入美國企業管理的領域。由於各種商品市場需求的成長率開始趨緩，幾乎各行各業中的競爭都達到前所未有的激烈狀況。在高度競爭的環境中為求生存，企業必須進行多角化經營或併購，以進入本身欠缺經驗的領域。組織管理的焦點很自然地也從單純追求達成生產目標，轉移至市場區隔化的行銷策略。

所謂的「策略規劃」，依其思考的範圍不同，又可分為事業策略規劃、企業/組織策略規劃，以及策略管理三種模式。[6] 第一種模式顧名思義是以組織的主要事業部門(如電子產品部、嬰幼兒用品部等)或策略焦點(如品質、效率或創新等)為單位。實際的做法是先定義出該事業的基本使命，然後根據此事業體所在之特定市場進行內、外環境的分析，進而根據環境的需求形成事業策略。訂定策略之後，相關單位的行政者便可設計細部的行動計畫，並規劃資源及未來持續監測的績效指標。

(一) 投資組合分析──「BCG 矩陣」

事業策略規劃的途徑中，最具代表性的規劃模式是**投資組合** (Business Portfolio) 的分析方法。簡單地說，投資組合分析就是將組織的不同事業，根據其本身與他人相較的競爭地位，以及該產品的市場發展性兩個面向進行分析，進而思考對組織最有利的競爭策略。1960 年代波士頓顧問公司 (Boston Consulting Group, BCG) 所提出的 **BCG 矩陣** (BCG Matrix)，是促使當時的規劃領域重視此類途徑的先驅，其特點是利用一個簡明的架構，根據各產品或服務的成長性與市場占有率，將一個組織用投資組合的方式來呈現。換言之，組織被視為由多個獨立事業組合而成的綜合體，每一個事業都可被獨立看待，並由管理者思考對組織整體而言的最佳對策。此外，組織的經營高層可以直接觀察到各產品對組織整體績效的個別貢獻及產品之間的互補作用，因而可有效地審議各事業的未來策略如增加/減少投資，或出清、停損等。

如圖 4-5 所示，BCG 矩陣中的每一個圖形代表一個產品或服務，而其大小則與其產生的營收成比例。矩陣的縱軸是產品的市場成長率，而橫軸則顯示相對市場占有率，兩軸切分出四個象限：明星、金牛、問號，以及小狗。

- **明星** (Stars) 左上角的區塊是處於高成長市場且市場占有率高的事業。這類事業因為在市場上的成功地位而為組織帶來可觀的營收，但同時也必須繼續投資，才能維持在高成長市場中的領導地位。當市場轉趨成熟時，明星事業就有可能變成組織的金牛。

- **金牛** (Cash Cows) 是指擁有高市場占有率，但處於穩定市場的產品或服務，是組織產生最多獲利的來源，並可支持明星或問題事業所需的資源。

BCG 矩陣

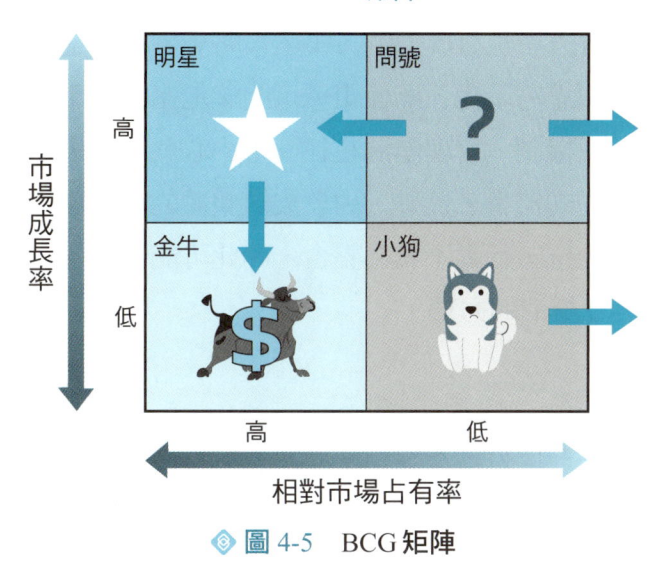

圖 4-5　BCG 矩陣

- **問號** (Question Marks) 是處在高成長的市場中,但尚未獲得成功打入市場的產品或服務。這類事業有潛力變成明星,但需要組織大量的投資。如時間長久都未能成為市場領導者,問號就會變成最麻煩的「小狗」了。因此,組織應審慎挑選有潛力的「問號」而加強投資,同時考慮退出虛耗資源的問號市場。
- **小狗** (Dogs) 這類事業因為市場占有率低,且未來成長可能性也低,是四個象限中最弱勢的,大多是組織的錢坑,應及早思考轉型或回收這類事業的投資。

(二) 公部門的應用——「政策投資計畫」分析

　　政府機關的行政主管也可以將各種公共方案視為私人企業的投資組合,而進行上述的矩陣式分析。舉例而言,美國費城 (Philadelphia) 市政府就曾邀集 750 位包括政府部門、企業界,以及非營利組織的專業人士,一起針對該城市的未來發展進行大規模的政策投資計畫分析。在該分析當中,參與規劃的人依據「與環境趨勢的契合度」及「對費城整體目標的幫助程度」兩大面向 (各涵蓋數個政治、經濟與社會性指標),針對 56 個政策項目進行評量與分類,這些成果後來成為市政府與議會選擇費城發展項目的重要參考依據。[7]

　　總之,投資組合途徑的分析對於組織資源的分配決策的確有相當的助益,

也促使行政者開始正視策略分析的重要性，進而加速正式的策略規劃制度形成。然而，這種分析方法也有其限制。事業策略規劃模式是以組織中個別事業體及其各自的市場為思考基礎。即使組織可明確地劃分為不同的事業體，但由於缺乏整合性的思考機制，管理階層往往一不小心就會錯失跨事業單位的資源分享或解決創新問題的機會。此外，由於欠缺整體的組織願景，各事業單位都會想要提升自己的地位，行動不容易整合，如此可能使得各自的努力反而形成多頭馬車，甚至相互抵消的力量。

四、階段四：企業/組織策略規劃

隨著社會與經濟環境日益全球化與複雜化，行政管理者也開始注意到組織進行策略規劃的必要。企業/組織策略規劃是現代策略管理模式的前身。此種策略規劃的模式是以全公司或整個機關(而非產品或部門)為規劃單位，用一套系統化的程序，將組織整體的目標、策略、資源，以及各部門的功能連結起來，使得這些決定組織前途的重要變數都能明確化，並且受到組織持續地監測與管理。[8] 比較起前述之部門策略規劃模式，組織策略規劃模式的層次較高(涵蓋整個組織)，對於組織資源或責任的分配也可能橫跨不同的個別事業項目。此外，組織策略規劃模式更講究具體、細部的行動計畫，以整體的組織願景領導不同層次的策略規劃、執行與監督。

此種規劃制度之所以必要，是因為要將組織的重要產品(服務)業務完全劃分給某個部門或單位有其困難度。許多產品往往牽涉好幾個不同的單位，因此組織必須建立跨功能的全組織規劃架構。然而在另一方面，組織也不可能用整體層級的規劃來指揮所有的部門，而必須保持各部門對於自身功能的專精程度，所以組織策略規劃並不是單純由上而下，或由下而上的規劃制度。相反地，這是亟需全體成員充分參與的複雜系統，主要效果在於刺激組織成員承諾感及參與的意願，並做為各單位進行團隊合作的溝通機制。

企業/組織策略規劃的流程中，最高層級的主管人員扮演核心的角色，幾乎在策略規劃的每一個主要階段都是主導者。相對而言，在產品/部門策略規劃的過程中，最高管理階層的主要角色在於評估各產品部門的建議、分配財務資源，以及彙整組織的預算。

(一) 組織策略規劃的優點

比起早期的部門策略規劃,組織策略規劃有幾個主要的優點:

第一個優點是統一組織的長期大方向。這種規劃系統是以設定組織的願景出發,隨後再訂定每一個事業體的使命,以及各功能單位的任務。這樣的過程使得所有的重要行政者都必須參與在特定的程序中,以達到組織共同目標。

其次,這種規劃系統有助於跨功能的協調。在組織策略規劃的過程中,各行政功能中不同階層的工作安排被整合成一個有組織性的規劃系統。不論是資源分享或是責任歸屬等棘手的議題,都會被正式納入管理階層的考慮。

組織策略規劃的第三個優點是促使行政者進行長遠的思考。行政機關的行政者總是忙著進行昨日未竟之事,以致於無法從事明日所需要的規劃。[9] 組織策略規劃系統在組織日常的運作之外,將各部門的行政主管納入討論組織願景及服務創意的過程,使得參與者有機會跳出日常的工作之外,從組織整體的角度來思考中長期的策略。

最後,此種規劃過程成為組織進行策略教育的最佳工具,充實各階層管理者對於組織目標及組織各主要業務的認識,並讓他們實地參與將策略轉化為行動方案,進而把組織目標轉化為實際成果的過程。換言之,進行策略規劃的目的看似在完成一份組織計畫書,但實際上是透過各種溝通的努力、人際的互動與協商,使得行政者學習到組織績效的關鍵因素,以及體會到要達成建設性結果所需付出的個人努力等,才是策略規劃對組織最大的貢獻。

(二) 組織策略規劃的限制

另一方面,由於組織策略規劃是涵蓋全組織的複雜規劃制度,許多機關因此成立專門的計畫單位來負責,其他業務部門很自然地將策略規劃的工作視為他人的工作,忽略了首長及業務部門的行政者才是策略規劃的主要參與者。在政府部門中,許多機關進行幾年的策略規劃,唯一的成果卻僅是一本本乏人問津的計畫書。

不可否認的,外界環境的變化多數時候不會配合組織預定的策略規劃日程而發生,因此在正式的組織規劃程序之外,高層行政者必須更靈活地思考與應

變，日久反而忽略了正式的組織策略。更明確地說，高層領導的即興或應變式的決策往往日漸變成組織中主要的行動指引，而組織正式的策略規劃系統則成為徒具形式的例行工作。

五、階段五：策略管理

1980 年代以後，「策略管理」一詞開始被普遍應用。策略管理不只是更精緻的策略規劃，而是策略導向的組織管理制度。策略規劃的焦點在於制定最佳的策略決策，而策略管理則是把焦點放在如何達成冀望的組織成果。換言之，策略管理也等於策略規劃加上資源管理，以及控制與評估的管理行動：[10]

- **策略規劃**：決定正確的方向，提升組織的效能，亦即**做對的事情**。
- **資源管理**：發揮人力、財務、資訊等資源的效率，亦即**把事情做對**。
- **控制與評估**：確保成果的達成，並課予適當的**責任**。

換言之，策略管理的精神是要決定組織未來的方向 (策略規劃)，並計畫誰來執行什麼工作，以及進行工作的方法 (資源管理)。此外，行政者也應該在過程中持續監測並改進相關的活動與運作方法，以達成最後的目標 (控制與評估)。如圖 4-6 所示，策略管理在人性因素的強調及管理功能的整合兩個面向

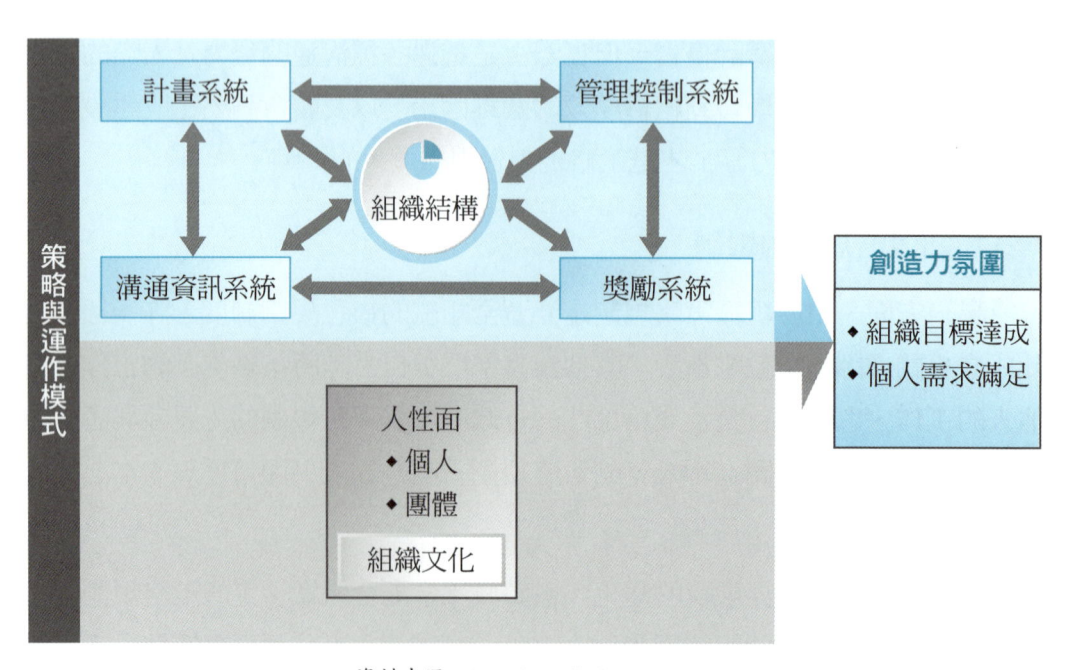

資料來源：Hax & Majluf (1984), 74.

◆ 圖 4-6　**策略管理之整合架構概念圖**

上，尤其有別於較早的各種規劃與管理模式：

(一) 人性因素：組織人員與團體的角色

不同於過去的模式偏重規劃的制度設計，在策略管理的概念中，組織中的個人及團體被視為組織形成策略與執行策略的核心要素，內、外部利害關係人的概念也變成策略思考的核心，管理組織文化及人性的因素開始被視為策略行政者的核心議題。

策略管理的理念汲取組織行為領域中有關領導、激勵、承諾感、非正式組織，以及組織文化等，強調組織領導階層對於組織社會心理層面的投資與影響。幾乎所有的策略管理著作都強調足以引發所屬人員共鳴的「策略願景」，用以聚焦組織人員努力的方向。在策略願景的概念中，最重要的不是願景本身的內容，而是持續分享而創造出對於組織策略產生所有權感受的過程。組織願景的形塑過程可以為組織帶來以下的好處：(1) 提供組織內、外部利害關係人共同可預見的組織未來；(2) 建立各單位清晰的方向感；(3) 激發行動力；(4) 使參與的人員產生對工作的承諾感；以及 (5) 引導前瞻、理想化的自我形象。[11]

策略管理另一個重點在於對策略執行過程的強調。策略管理成功的先決條件之一是各階層行政者的心態。行政者必須相信策略性的管理方法有助於達成工作目標，並採用相關的組織變革，這樣的管理途徑才可能成功。因此，策略管理學者多建議將人力資源管理及團隊建立列為現代策略管理重要的工作項目。

(二) 各管理功能與組織文化的整合

策略管理比先前階段的各種組織規劃概念都更重視組織各管理功能之間的整合，其中整合的工作又包括組織功能的整合及組織文化的整合。首先，策略管理的終極目的在於，發展出足以在組織各階層及各功能中，連結組織策略階層與運作階層的管理模式。因此，如圖 4-6 所示，策略管理模式強調規劃、管理控制、溝通、激勵與獎懲等次級系統，以及與組織架構之間的整合性，提供統一的指引並強化所需的價值、信念與行動。

除了強調整合不同的人與單位之外，策略管理模式更重視整合組織的文化。組織文化是人員執行各種組織功能的共同社會環境，其提供成員對於組織

使命、操作目標、工作方法、績效標準等組織運作的基本假設。換言之，組織文化左右決策者對於不同策略的開放接受度，也影響對於相關訊息的過濾程度，更往往決定組織評斷人員成敗的標準。因此，在引進策略管理的制度之前，行政者應該對組織的環境、使命、外在的規範，以及歷史發展過程進行深入的瞭解，探討這些變數過去如何改變，未來又可能如何變化。總之，組織中的人與文化對於策略管理的成敗具有決定性的影響，行政者必須將其納入考慮，不可將人員的承諾或文化的轉變視為理所當然。

第三節　規劃的價值衝突

組織規劃的概念是由簡單而複雜，由短期而長期，從只注重程序到講究文化整合。對公共行政的領域而言，從 1980 年代至今可以說是一個全球化的「反省」與「再造」相互激烈衝擊的時代。公共行政學者與實務行政者一方面提倡公共服務的基本精神，另一方面則不斷地自其他領域引進新的管理途徑，策略規劃就是在此種思想背景中開始於公共組織中發展，並以極驚人的速度擴展到各級政府與非營利組織。

值得注意的是，任何組織的規劃與管理系統都是組織中的人員為了因應環境轉變而發展的因應機制。有效的組織規劃系統應是能匹配環境需求，並發揮組織內部能量與文化優勢的系統。由於不同的組織處於不同的環境，更有不同的能量與文化，因此並非所有的組織都適合最新的策略管理模式。大多數組織應該採用以上幾個模式的混合型態來進行組織的規劃，有些組織甚至到今日還是停留在早期的預算與控制的階段。

此外，行政機關的計畫基本上就是對公共資源的預期性分配，因此自然難以避免價值的衝突。首先，效能是公共組織規劃的首要價值。行政機關都是因為被賦予了法定使命而存在，因此對於未來資源運作或任務安排的規劃自然應該以達成這些使命為總體目標。其次，不同於企業組織，行政機關在追求使命的同時必須兼顧公平正義的原則，更具體地說就是將弱勢團體以及未來世代的利益都納入考慮，如此才能維護所有利害關係人的權益。第三個規劃的重要價值是政治回應性。民主國家的行政機關首長往往出自選舉或政治任命，因此在

進行公共資源的分配決定時,就不得不順應政治首長的意識型態與政治目標而規劃,這種考慮往往在一定程度上會影響政策的效能及公平性。

總而言之,政府部門的規劃是一個科學與藝術兼具的過程。行政者必須對公部門環境的特性建立足夠的認知,在應用各種規劃技術時保持目標導向的精神,並顧及相關價值的平衡,如此才能使組織的計畫成為輔助行政工作推展的有力工具。

Case 4：勞動部的目標管理
個案研究

基本使命 (Mission)——「保障勞工基本權力、提升勞工生活福祉、促進國民就業安全、及增進勞資和諧合作」

重大政策目的

1. 加強勞工工作安全,提高職災保險給付。
2. 提升原住民及婦女就業機會。
3. 建立完備之就業安全制度。
4. 建構合理可行的勞工退休制度。
5. 加強移工管理。
6. 有效解決勞資爭議。
7. 強化勞動法制,落實保障勞工權益。

問題討論

1. 討論各「目的」的意義。
2. 認定服務對象與相關團體。
3. 針對每一個目的 (Goal) 列出可幫助達成該目的之明確量化目標 (Objectives)。
4. 找出評估每一個目標的資料來源與衡量的方法。

本章習題

選擇題

1. 下列何種組織發展的策略與方法，強調讓參與訓練的人員在一種漫無結構的小團體情境裡，彼此交互影響中學習，以達成行為改變的目的？
   (A) 管理格道訓練　　　　　(B) 工作豐富化
   (C) 敏感性訓練　　　　　　(D) 組織協調會議　　　　(112 年地特四等)

2. 一般認為，一張好的策略地圖要能清楚說明策略之因果關係。請問上述提到的「策略地圖」多運用在策略管理的那個步驟？
   (A) 策略規劃　　　　　　　(B) 策略執行
   (C) 策略評估　　　　　　　(D) 策略回饋　　　　　　(104 年高考三級)

3. 管理者進行有意識的政策選擇、發展能力、詮釋環境，以集中組織的努力，俾達成既定的目標，最適合以下列何項稱之？
   (A) 政策規劃　　　　　　　(B) 策略管理
   (C) 知識管理　　　　　　　(D) 組織變革　　　　　　(104 年高考三級)

4. 下列何種策略規劃工具著重組織內部的優勢與劣勢，以及外部機會和威脅等相關資訊的分析研判？
   (A) 五力分析　　　　　　　(B) 策略地圖
   (C) 總體環境分析　　　　　(D) SWOT 分析　　　　　(104 年高考三級)

5. 下列何者不是建構策略管理的主要基礎？
   (A) 願景　　　　　　　　　(B) 使命
   (C) 預算　　　　　　　　　(D) 目標　　　　　　　　(104 年高考三級)

6. 下列關於公部門應用策略規劃理念的敘述，何者錯誤？
   (A) 公共價值為其重要元素
   (B) 清楚且可量化的績效目標為其必要基礎
   (C) 合法性為其基本要求
   (D) 需透明公開地被大眾檢視　　　　　　　　　　　(104 年高考三級)

7. 組織在執行策略時，需考量該策略是否能吸引並留住重要之利害關係人，主要是考量到何者？
   (A) 行政可行性　　　　　　(B) 方案效果
   (C) 公平性　　　　　　　　(D) 政治可行性　　　　　(103 年高考三級)

8. 應用「策略性介入」(或稱為整合性策略管理) 做為組織發展工具的主要重點為何？
   (A) 在於將組織的策略、結構與文化等組織因素能與內在環境相互配合
   (B) 在於將組織的策略、結構與文化等組織因素能與組織成員相互配合
   (C) 在於將組織的策略、結構與文化等組織因素能與領導者相互配合
   (D) 在於將組織的策略、結構與文化等組織因素能與外在環境相互配合

(103 年地特三等)

註

[1] 姚瑞中 (2010)。**海市蜃樓：台灣閒置公共設施抽樣調查**。臺北：田園城市。

[2] Ackoff, R. (1981). *Creating the Corporate Future*. N. Y.: John Wiley.

[3] Doran, G. T. (1981). There's a S.M.A.R.T. way to write management's goals and objectives. *Management Review* (AMA FORUM), *70*(11), 35-36.

[4] Gluck, F. W., Kaufman, S. P., & Walleck, A. S. (1982). The Four Phases of Strategic Management. *Journal of Business Strategy* (Winter 1982), 9-21.

[5] Steiner, G. A. (1979). *Strategic Planning: What Every Manager Must Know*. N. Y.: Free Press.

[6] Hax, A. C., & Majiuf, N. S. (1984). *Strategic Managemetn: an Integrative Perspective*. Englewood Cliffs, N. J.: Prentice Hall.

[7] Bryson, J. M., & Roering, W. D. (1987). Applying Private-Sector Strategic Planning in the Public Sector. *APA Journal, 53*(1), 9-22.

[8] Bryson, J. M. (2004). *Strategic Planning for Public and Nonprofit Organizations: A Guide to Strengthening and Sustaining Organizational Achievement* (3rd ed.). San Francisco, CA: Jossey-Bass.

[9] Bozeman, B., & Straussman, J. (1990). *Public Management Strategies* (p. 49). San Francisco, CA: Jossey-Bass.

[10] Steiss, A. W. (2003). *Strategic Management for Public and Nonprofit Organizations*. N. Y.: Marcel Dekker.

[11] Goodstein, L., Nolan, T., & Pfeiffer, J. W. (1993). *Applied Strategic Planning: How to Develop a Plan that Really Works*. N. Y.: McGraw-Hill.

第五章
治理與決策

如何協力？如何決策？審議民主可以輔助協力治理或決策制定嗎？

第一節　協力治理

傳統公共行政運作為官僚體制或層級節制層級模式，公共服務是由政府官僚組織內部直接提供，二十世紀後期，層級節制似已不再是滿意或唯一的公共問題解決途徑。自 1990 年代中期以來，由於政府財政資源日益嚴重短缺，公民參與的興起與民營化風潮的影響，研究者經常使用「新治理」(New Governance) 一詞，指涉「公私協力」(Public-Private Collaboration)、「間接政府」(Indirect Government)、「代理政府」(Proxy Government) 形式，大規模取代傳統層級運作模式[1]。

「協力」是藉由參與者之間的緊密互動、分享、建立信任、取得共識，進而解決過於複雜或單一組織無法獨自解決的問題[2]。而協力治理 (Collaborative

Governance) 強調的是一種多元行動者的緊密的互動關係，關係的建立以信任為基礎，注重彼此的資源共享、責任分擔、以達成共同目標，進而創造與建立社會資本、共識認知與資源共享[3]。

「協力治理」又可稱為「**協力夥伴**」(Collaborative Partnership) 或「公私協力」(Public-Private Partnership)，是一種治理改造工程，是近年來政府尋求提升治理能力、改善治理的思維。不同行動者間 (政府、營利部門與第三部門) 基於相互認同的目標，而形成的動態「互動」關係。這種互動關係主要是源自於具有互動互賴共同關係的一群人，基於共同利益、共同問題、共同需要而逐漸產生共同意識的凝結與集體行動。協力治理是由一個或多個政府機關及非國家利害關係人共同決策的過程，過程是具有正式、共識及共同審議等特徵。協力過程中如果各方利害關係人能有效促進「面對面對話」、「信任建立」、「參與者對互賴關係的承諾」、「共享理解」，以及「初期可感知到的合作利益」等五個因素之間的正向循環時，有助於產生滿足各方期待的良好成果[4]。

廣義的協力治理是一種公共政策決策制定與管理的過程與結構，以實踐公共目的為目標，透過不同領域的政府單位、不同層級的政府機關、企業與第三部門，以及公民場域的共同參與來達成。協力治理可視為一種「集體決策的方法」，包含府際治理、公私夥伴關係、跨域治理、公民參與等概念。整體而言，協力治理的概念具有以下幾點特性：(1) 涵蓋不同利害關係人反映多元利益；(2) 聚集不同利害關係人所形成的協力單位本身具有權威與自主性以做出決策；(3) 採取問題導向或是需求導向；以及 (4) 日漸強調學習與評估的重要性[5]。

協力治理強調「共同」的互動關係，其特質包括[6]：

1. **共同參與**：是一種高度異質、複雜的共同治理機制，代表社會的多元、動態與複雜性。具備整合性策略與集體目的，在於共同行為、共同過程、共同結構。

2. **共同出力**：協力治理基於互惠利益、有限參與者、共同關注的未來 (對未來存有戒懼) 等條件下，願意形塑具互惠基礎的自我規範制度。具備共享資訊、相互支持而不會折損相對自主，彼此認同接納。

3. **協調融合**：強調協力合作夥伴間需要經常檢視彼此的行動是否符合共同的利益與規範範疇，透過溝通與**內涵式** (Inclusive) 的治理關係情境者願意基

於共同治理目的而促成相互主觀瞭解與具備同理心。
4. **共同安排**：協力治理在結構面的治理關係涉及如何透過國家、市場及民間社會以創造更多機會去因應不同型態的互動與角色扮演。

協力治理優勢包含[7]：

1. **透過資源整合，使雙方互蒙其利**：此為公私部門協力最具價值的理由。公、私部門彼此透過資源的整合與共同的投入，提高資源的使用效率，如遇到彼此間利益之衝突而無法推行工作，就透過合理的「衝突求解」而得以協力合作。
2. **強化民主決策與民主參與的效果**：協力關係的建立，可集結公、私部門的專才或技術而形成協力組織或網絡，不但可以整合社會資源，也達到民主化決策與民間參與的成果；此協力關係的建立可由關係、網絡或契約來達成。
3. **改善傳統公共行政的缺失，有效解決社會問題**：透過公私部門協力關係的建立，可使傳統公共行政的諸多缺失，如膨脹的組織、繁複的行政程序等作風得到改善。取而代之的是將私部門企業型的公共管理納入行政體系，使公部門更具行政效率、市場性與企業機制，進而能有效反映和解決民眾需求。
4. **解決市場失靈的問題**：市場失靈是立基於競爭市場運作的問題，在真實世界中，經濟運作不可能完全符合競爭市場的假設，以致達成「柏瑞圖效率」(Pareto Efficiency)，故有市場失靈的現象。在某些必要的情況下，政府必須藉由公共政策介入市場之運作，以期達到「柏瑞圖效率改進」(Pareto Efficiency Improvement) 的境界。而透過公私部門合夥協力關係之運作，能將社會資源與國家資源予以重新配置或有效整合，以改善社會整體福利，並保障更多人的權益，將市場失靈的可能性降到最低。

然而，協力治理的也有其困境[8]：

1. **政府機構層級複雜，私部門有時難以配合**：公私協力關係的推動是為了有效率的整合社會資源，而社會資源的整合有賴公私部門資源充分的互動。然而，政府機關的龐大和層級複雜，同一任務往往由許多不同單位共

同負責，造成權責歸屬的模糊及不明確。私部門往往因為此種因素而無法在政府機構裡找到適合的專責機構一起共同協商，而制式的溝通方法 (即公文往返) 造成政策的延遲效果，使得許多時效性的決策最後便失去了意義。

2. **協力過程監督、審議太多，削弱競爭契機**：公私部門在協力過程中，要接受雙方的監督、審議。尤其是公部門議會審核合作方案的程序必須經三讀通過後，才能進入執行階段。然而，許多議案常常無法順利地排上議程，因此在推動協力關係時，若每一方案都須經過議會的通過，就容易因為時間的延誤而降低了企業商機。

3. **公私部門對公共事務認知差距**：公部門與私部門兩者對利益著眼點的不同，也會形成公私部門互動的障礙。不管是主張國家利益或人民利益優先，政府都是從總體層面來考量，追求全民利益是基本使命；而私部門則以本身的利益考量為重，追求利潤才能維持他們的日常運作，因此在公共事務管理的體認方面，公私部門在認知上有很大的不同。因此，如何做好政策溝通和政策倡導的工作，是縮短公私部門認知差距的辦法。

4. **公部門資訊具壟斷性，無法流通**：在公部門，資訊壟斷有公平性的考量；在私部門則是為了競爭的考量。為了達到公平性與競爭性的目的，公私部門的資訊往往無法開誠布公的相互交流達成協力關係。因此，如何將公私部門各自壟斷的資訊變成共同分享的資訊，是在推動公私協力關係時必須考量的重點。

5. **協力機構的承接能力問題**：政府思考要將某種業務交由民間辦理時，需先評估民間機構是否有能力提供的問題。由於部分協力或委託業務，過去多屬於由政府獨占經營或具有特殊性的事業，若民間機構沒有承接的能力，或是承接的結果比政府自己辦理還差的情形下，就沒有交由民間辦理的必要性。如果想要解決此問題，政府除應積極創造協力誘因外，還應培養私部門承接業務或協力經驗。

第二節　決策制定

決策是一套理性的、科學的、周延的決策方法，應用決策學處理決策問題，可視為「科學的神機妙算」，能提升決策的品質，減少錯誤的決策，化危機為

轉機。林基源 (1999) 認為決策學可歸納為「決策的一二三」：[9]

所謂「一」是一個目標：決策問題起源於決策者有達成某一特定目標之需要，而特定目標可能是單一的目標，也可能是由多項目標構成一總目標。

「二」是二項原則，要做好決策工作，應把握兩項重要原則：

第一，掌握問題：適時發掘問題，並掌握問題的癥結所在。
第二，解決問題：尋求最佳解決方案，並加以妥善執行。

「三」指三大步驟，決策過程包括三個主要步驟：

其一，發掘問題，並確定問題的癥結所在。
其二，尋求各種可行的解決方案，加以分析，並做明智的抉擇。
其三，妥善執行所抉擇的方案，並檢討執行的成果。

摩根 (Gareth Morgan, 2006)[10] 於《組織意象》(*Images of Organization*) 一書中，提及組織就像大腦，具有學習的功能，組織內的成員可以解構組織全體為專業分工，具有學習的能量，知道如何學習，如何適應變化，而組織中的各項決策影響人力、財力、物力、時間與空間等各種資源分配，如何讓個人與群體決策發揮效果，展現運籌帷幄的能量，是公共管理非常重要的一環。

公共行政者需要決策可能是因其個人面臨經濟或家庭需求而必須決定工作的取捨；也可能因情感因素，想幫助別人解決問題；組織內的事務不管是人事的陞遷、職務的分配或組織的變革也是促成決策者需要決策；再者，面對問題的複雜性或迫切需要將問題解決，乃至於大環境的變動，都需要決策者適時應變，尋求解決途徑。一般而言，公共行政者之所以有決策的必要，不外乎受下列因素影響：個人需求 (Personal Needs)、情感 (Emotional)、組織 (Organizational)、問題系絡 (Contextual)、迫切性 (Emergent)、經濟或環境的驅動力 (Economic/Environment) (Marakas, 1999)。

人類認知有其限制，學者賽門 (Herbert Simon)[11] 提出有限理性的概念，指出人類處理的資訊有限，且易於類比最近發生的經驗，或決策維持固定 (Anchoring) 於某種情境，由於決策通常是認知的過程，認知限制因而造成決策困難。此外，決策時常面臨結果的不確定性，對於風險或機率發生大小難以掌控，再加上若同時有多重的備選方案或要滿足多重的目標，往往都會增加決策

的複雜性與困難度。就決策者而言，個人的偏見 (Biases) 及直覺啟發 (Heuristics) 也會對決策有影響，學者特沃斯基 (Amos Tversky) 與克赫曼 (Daniel Kahneman) (1974) 歸納偏見及直覺啟發有四種常見的種類：

1. 可取得性 (Availability)：決策者預測事情發生的機率奠基於過去此事情發生的機率。
2. 調整與固定 (Adjustment and Anchoring)：決策者預測時會任意選擇一個起點，再依此起點上下調整，然而，人們的調整仍是有偏見的，傾向於靠近起點。
3. 代表性 (Representativeness)：決策者傾向因某些事情有特殊性質而將其歸屬於刻板印象中的團體或種類，也稱為幻覺的關聯 (Illusory Correlation)。
4. 誘因 (Motivation)：真實或感受到的誘因有時會導致決策者預測事情發生的機率並不確實反映決策者實際的想法，成為誘因引起的偏見。

依據個人理性程度，決策有以下類型：

一、理性決策模型

理性決策模型是決策者界定問題、設定目標、衡量備選方案，並依據重要價值，如效率、公平，再選擇適切方案。實務上，可採用成本效益分析、決策樹或賽局理論做為備選方案選擇的依據。

二、滿意決策模型

賽門認為理性決策模型所強調的完全理性不實際，立基於經濟人 (Economic Man) 前提，主張行政人 (Administrative Man) 與經濟人相同，理性自利，不過僅具有限理性，因為有太多心理與組織困難限制理性決策的做成，因而行政人充其量制定令人滿意或符合期望的政策，難以做成最佳方案的選擇。

三、漸進決策模型

漸進決策模式是由美國著名經濟學家、政策分析家林布隆 (Charles E. Lindblom)[12] 提出，政策制定根據過去的經驗，經過漸進變遷的過程，而獲得共同一致的政策。以現行的政策做為基本方案，在與其他新方案相互比較後，制

定出對現行政策修改、增加的新政策。漸進決策模型認為公共政策為過去政府活動的持續，只是做了某些漸進的修改而已。根據林布隆的看法，決策者並未定期評估現存與備選方案，他們未能全盤探討社會的目標，也未依據成本效益分析，對每一政策方案予以評估；有時也無法取得所有相關的資料做成抉擇。

漸進主義者對理性決策途徑的批評聚焦於決策者的能力、決策中心時常沒有特定的、一致同意的價值做為評估備選方案的準繩，結果的資訊充其量只是部分的，決策者沒有經費，也沒有時間去蒐集理性模型所需要的資訊。同時，並非面對有限的結果，而是開放的變數系統，一個無法探究所有結果的世界，理性模型因此被認為是不實際且不受歡迎的。漸進決策模型尋求讓決策的策略適於決策者的理解能力，並減少資訊蒐集和計算的範圍與經費，林布隆歸納此方法有六個主要的需求：

1. 決策者只專注與現存政策有漸進差別的備選方案，而非試圖全面調查和評估備選方案。
2. 只有少數備選方案會納入考慮。
3. 每一個備選方案只有有限、「重要」的結果會被評估。
4. 決策者面對的問題不斷地被重新定義，漸進途徑允許結果與過程間的持續調整，使問題更能夠掌握。
5. 沒有一個確定或「正確」的解決方式，而是對於議題進行持續分析。
6. 漸進決策可以解讀成矯正的策略，是與現實社會的不完美妥協。

漸進主義模型強調公共政策決策是一個政治過程，在這個過程中，決策者是在既定的制度系絡活動的自利行為者，最終做出的決策是政治上可行和最有可能實現的，而不是完全滿意的，也不是理性模型所認為的利益最大化的。

理性途徑也稱為「根」的途徑，而漸進途徑為「枝」的途徑，林布隆歸納其差異如下：

倘若「根」的途徑是決策者熟悉的且可理解的，就直接以其進行備選方案的比較；然而，視「根」的途徑為最適合解決問題的藍圖，實際上卻無法發揮作用，因此被迫使用連續有限比較的「枝」的途徑。

廣博理性理論（「根」的途徑）	連續有限比較（「枝」的途徑）
1A. 價值的釐清，或目標獨特且通常優先於備選方案的實證分析	1B. 價值目標挑選，和所需採取的行動的實證分析，並不是相互獨立，而是緊密糾纏的
2A. 政策形成透過手段—目的之分析方法：先把結果找出來，再尋找達成結果的方法	2B. 既然方法和目的並不是各自獨立，手段—目的分析方法往往是不適當或有限的
3A. 「好」的政策是指可以達成目標的最好方法	3B. 一個「好」的政策通常是政策目標獲得較多同意
4A. 分析是涵蓋性、全面性的；每一個重要且相關的變數都被考慮	4B. 分析是有限的： 1. 重要的結果可能被忽略 2. 重要的備選方案可能被忽略 3. 重要的價值可能被忽略
5A. 通常很仰賴理論	5B. 連續的比較大幅降低，甚至去除對理論的依賴

四、混合掃描模型

　　艾尊尼 (Amitai Etzioni)[13] 認為面臨決策情勢時，要先採取理性途徑的架構，區分基礎決策與漸進決策；接著，決策者依照其對目標的看法，找出主要備選方案，做成基礎決定，再依基礎決定內容做成漸進決定，使政策實際可行。基礎決策是透過行動者依據目標的理解而產生的主要備選方案；漸進決策則是在基礎決策的框架下完成的。因此，混合掃描減少了彼此之間的缺失，漸進途徑透過限制基礎決策中的細節，減少理性途徑不夠實際的部分，理性途徑也透過探索更長遠的備選方案來克服漸進途徑的保守傾向，結合在一起，實證的測試和比較的研究就可以凸顯第三種途徑，亦即混合掃描模型的功用。

　　除了前述個人決策，群體決策在組織決策過程也相當常見，群體決策顧名思義即為一群人共同決策，而群體決策的概念與技巧大約自 1970 年代以來就為管理學界所重視。群體決策可克服個人的認知限制 (Cognitive Constraints)，詹尼斯 (Irving Janis) 曾言，人的認知限制主要來自於個人的有限時間、個人資訊

◈ 圖 5-1　群體決策

搜尋的限制、複雜議題,以及相關知識的缺乏,因而,若能結合群體集思廣益的效果將可相當程度克服個人的認知限制,如圖 5-1 所示。

一般而言,常見的群體決策技術有:腦力激盪術、具名群體技術、德菲法、焦點群體等方法。[14]

(一) 腦力激盪術

腦力激盪術 (Brainstorming) 是先讓團體成員清楚瞭解問題,再讓每個人盡量發表各自的想法,於此時,不對其他人的任何意見提出批評,任何奇怪的建議都予以保留並紀錄所有意見。腦力激盪術的好處在於,一個人的想法常能激發不同層面的思考,可鼓勵成員提出不同意見,然而腦力激盪術僅為意見的提供與蒐集,不如下列的具名群體技術或德菲法可針對不同備選方案加以選擇。[15]

(二) 具名群體技術

具名群體技術 (Nominal Group Technique) 的步驟如下:[16]

1. 任何討論之前,每個成員針對問題以書面寫下各自的意見。
2. 每個成員輪流向大家報告自己的意見,並分別記錄在會議紀錄簿或黑板上,所有意見尚未記錄完畢之前,不允許任何討論。
3. 整個團體開始討論與評估各項意見。
4. 每個成員以獨立方式將各項意見排列順序,找出總排名最高者或表決得出最高者。

(三) 德菲法

德菲法 (Delphi Technique) 是由 RAND 公司為了管理「制定決策的專家群體」所開發完成的。德菲法的目標在於，消弭群體成員間在互動過程中可能產生的不愉快感覺。參與決策者不需面對面開會，每一位成員就有關的討論議題，提供個人已寫好的意見。其進行步驟為：

1. 利用仔細設計的問卷，要求成員針對問題，提供可能的解決方案。
2. 每個成員以不記名方式獨自完成第一次問卷調查。
3. 整理第一次問卷調查結果。
4. 每個成員收到一份調查結果影印本。
5. 閱讀調查結果之後，成員可能引發新的解答或改變原先的立場，要求成員再一次解答原先的問題。
6. 重複第 4、5 步驟，直到有共識性的看法。

(四) 焦點群體

焦點群體 (Focus Groups) 常用來分析及決定一般人的興趣、價值及嗜好，最常用於行銷方法的決定。通常焦點群體由與會成員自由討論某一項議題，觀察會議者多不參與討論，整個會議討論都加以錄音，觀察會議者再分析錄音帶並把意見帶給與會成員以做成最後決策。

群體決策可能會有團體偏移 (Groupshift) 及團體迷思 (Groupthink) 的問題，團體偏移是指群體決策常會較個人決策傾向更保守或更勇於冒險，團體迷思則是指群體決策時，群體有達成共識的壓力。

第三節　審議民主

審議民主 (Deliberative Democracy) 是在二十世紀末二十一世紀初所發展出來的一種思潮、民主模式、公民參與的實踐，就其運作而言，也是一種決策的過程。做為一種思潮，審議民主是在二十世紀末繼民主化的浪潮後，在政治學界研究議題的重大轉向 (Deliberative Turn)；[17] 做為一種民主模式，審議民主則是在代議民主及直接民主實施以後弊病叢生，為了修繕該制度缺失的一種嘗

試。而落實此種模式的是在政策過程中，民眾參與制度的設計，以及不同公民討論模式的執行，這些具審議精神的公民討論及決策模式則蘊含許多不同於傳統群體決策的特質。

就臺灣的經驗來看，學界在 2000 年前後引進審議民主的機制到臺灣，並針對政府面對的爭議性議題試行了許多不同的模式，包括公民會議、願景工作坊、法人論壇、審議式民調、青年國是會議、審議式辯論會、世界咖啡館等。近年來，由於網際網路的發達，審議民主的討論模式也融入虛擬空間，而有更多的創新。這些模式的試行以及其在不同部門的運用，使得審議民主在臺灣逐漸成為不同黨派所接受的一種決策模式。例如，2016 年不僅執政的民進黨將審議民主的精神融入到不同政策的規劃，國民黨前總統馬英九也主張以審議民主模式讓社會有更多時間的充分討論，以解決同性婚姻的爭議。

一、審議民主的原則

做為一種決策模式，審議民主的討論是希望在德國政治學者哈伯瑪斯 (Jürgen Habermas) 所建構的**理想言談情境** (Ideal Speech Situation) 下進行，而學者也提出實踐審議民主的各種原則。綜合而言，審議民主的討論及決策模式具有以下特點：[18]

1. **公平的參與**：讓受到決策影響的利害關係人都有平等的機會參與議題的討論，特別是針對無決策權的弱勢群體，如何降低參與門檻，提供平等的機會，讓他們能夠表達對於政策議題的看法。在歐美國家，許多公共議題的討論，以抽選的方式來邀請參與者，並提供必要的資源與協助，讓不同背景的民眾有參與的機會，即是公平的落實。

2. **知情的討論**：審議民主強調討論的品質，理性的對話。這些理想建立在參與者對議題的瞭解。因此主辦單位必須提供必要的資料與協助，並以淺顯易懂的常民語言或不同媒體，讓參與討論者能夠在審議前深刻認識到議題的背景、政策涉及到的技術、行政或價值爭議，以及不同政策選項的後果等，以進行知情與理性的對話。

3. **互惠的思考**：除了以上兩點原則，審議民主另一個重要的原則是強調參與者之間須考量到**互惠性** (Reciprocity)。經過對於議題的瞭解，參與者往往可以呈現自己的偏好。這些偏好因為參與者的成長背景、社會地位或利

益而有所差異或衝突,審議民主並非否認這些差異,而是希望參與者從瞭解及承認彼此的差異,能夠站在不同的立場去省思,並藉由自我反省而進行自我轉化 (Self-Transformation),也可能因此而化解衝突甚至達成共識。

4. **政策的連結**:透過不同的審議模式所形成的結論,有的可能以共識(差異)報告的方式呈現,有的則以統計數據來表示,針對不同結論形式,審議民主論者主張,將以上在理想言談情境討論的結果,與正式的決策進行連結。此種討論結果與政策連結的制度設計可以透過委託的方式、由委員會再加以審議、或由主管機關回應的方式落實。

二、審議民主的模式與執行概況

審議民主的倡導者列出了以上的理想與原則,做為集體討論的設計依據,以下為常見的審議民主模式及運用概況:[19]

1. **公民會議** (Consensus Conference):源自丹麥,逐漸推行至其他國家的民主參與模式。由主辦單位隨機抽選 12 到 18 位自願而不具專業知識的民眾,針對具有爭議性的政策議題,在主辦單位的協助下,事前閱讀相關資料並經過彼此討論後,設定議題領域中欲進一步探查的問題,並在公開的論壇中,針對這些問題詢問專家。最後,他們對於該議題的相關知識及不同觀點有一定的理解後,經過辯論後做成判斷,並將他們討論後的共識與歧異觀點,寫成正式報告,向社會大眾公布。從 1980 年代以來,公民會議逐漸由丹麥推行至其他 OECD 國家,鄰近的南韓與日本也曾運用該方法於不同議題上。我國也曾運用該方法在二代健保、代理孕母、科學園區,以及地方社區的議題。值得一提的是,新竹科學園區宜蘭基地原本規劃在宜蘭三星鄉設置科學園區,經過公民會議的討論後,行政院決定放棄原規劃。

2. **願景工作坊** (Scenario Workshop):源自北歐公民參與的傳統,主要是由主辦單位邀請與議題相關的公私部門利害關係人約 25 人到 30 人,以兩天的時間,針對事先發展出來的願景或腳本,經過參與者之間的互相激盪及討論,形成願景及其達到願景的行動方案。相對於公民會議及其他大型集會,願景工作坊的成本相對低廉,因此政府部門、企業,以及民間組織廣泛地運用願景工作坊以尋求問題的解決及行動方案。運用願景工作坊較著名的計畫如 1994 年歐洲委員會 (European Commission),為了建構一個更

有利於創新的社會環境所發起的歐洲覺醒願景工作坊 (European Awareness Scenario Workshop)。我國對於該方法的運用最早在 2008 年臺北縣政府時代，曾經針對中港大排的河廊空間規劃，邀請民眾進行願景工作坊，之後該機制也被運用在電子化政府議題的討論。

3. **公民陪審團** (Citizens Jury) 與**計畫小組** (Planning Cell)：公民陪審團名稱源於「陪審團審查制度」，該機制主要由美國的**傑弗遜研究中心** (Jefferson Center) 所研發，透過仿效法院陪審團聽審過程，邀請 20 到 30 位公民，聽取專家及不同利害關係人陳述意見，由陪審團員互相討論後，做成有關該政策爭議的判斷。自 1974 年以來，傑弗遜研究中心已運用公民陪審團的討論方式處理超過數十項大型的爭議，包含：國家健保醫療改革、預算編列的優先項目、環境議題與地方學校行政設備的需求。類似的公民參與機制由德國 Wuppertal 大學的 Peter Dienel 教授移植至德國，當地稱之為 "Planungszelle"，即所謂「計畫小組」(Planning Cell)。除了德國，類似的機制先後在英國、丹麥、西班牙、澳洲等國家執行多次。

4. **審議式民調** (The Deliberative Poll)：由費希金 (James Fishkin) 所發展，主要是要連結民主改革中「**平等**」(Equality) 及「**審議**」(Deliberation) 等難以相容的核心價值，並且嘗試克服一般民調所遭遇到「**理性無知**」(Rational Ignorance) 的問題，提供受訪者回答問題前，對於議題相關資訊及不同立場論述認真思索的機會。其操作的方式是邀請隨機抽樣產生的幾百位公民，針對特定議題進行相互討論與辯論。在討論進行之前，運用各種客觀平衡的方式瞭解該議題，並給予參與者詢問學者專家與政治人物的機會，期望激盪出參與者經過深思熟慮與相互辯論的判斷意見。此種融入現代民調科學精神的大規模審議，已在美國以外的世界各洲針對全國性及地方性議題實施數十次。1996 年，在美國的實驗花費高達 400 萬美元，足見其所受重視的程度。這些民調討論的議題包含地方性的議題，如電力生產及付費、教育、區域合作等問題，全國性的民調則應用與一般民眾觀念相關的健保、犯罪問題，以及較高層次的國家性問題，如憲政體制及外交政策。我國曾在 2002 年以該方法對二代健保議題進行實驗性的操作，後續在澎湖博弈議題的爭議，也依循該方法的精神進行公民討論。

從審議民主的概念發展以來，全球各地及我國已有許多實作的經驗，這些經驗透過學者的研究評估，呈現其效用及限制。就效用而言，審議民主讓參與者的偏好更具一致性及穩定性，在許多案例中，個人能夠跳脫私利的考量，納入更多公共利益的考量，並達到自我轉化的效果，成員因此建立共識，成功地解決了許多的政策爭議，並進而培養參與者的公民能力。雖有以上效用，但是在實際的實踐過程中，審議民主的落實，仍有許多需要克服的障礙。例如，在何種決策情境下須採取何種模式？在資源及時間限制下，如何達到以上的原則？不同背景參與者的能力如何在短時間強化以進行知情的討論？審議的結論如何融入代議制度的既定決策程序，而不損及代議制度的合法性？都是有待克服的議題。

第四節　價值討論：效率、效能、公平、回應

歷經總統大選後的臺灣，每每出現行政與立法部門溝通不良，甚而政策對立的現象產生，如年金改革、勞工一例一休、振興經濟發展等諸多議題。行政與立法機關劍拔弩張之勢，政策空轉更是凸顯決策品質之重要性及府會協調之必要性，因此，加強協力治理、提升決策品質與政府績效，實為行政與治理的重要工作。

為能有效解決問題，讓更多利害關係人參與決策，公開、知情且平等表達意見，群體決策或審議民主程序變得重要，協力治理的決策過程因較多人參與，讓各團體聲音「公平」表達，「回應」各利害團體的需求，決策取得共識，達成「效能」，但往往因為群體參與，耗時費力，而不得不犧牲「效率」。

Case 5：2050 淨零排放工作圈

2050 淨零排放路徑由五大工作圈執行：

1. 去碳能源工作圈 (經濟部)：鑑於全球淨零排放浪潮與歐盟碳邊境調整機制趨勢，淨零轉型已經不只是環保課題，更是攸關我國產業國際競爭力之經濟課題。經濟部積極面對來自國際社會的挑戰，尋找能源與產業淨零轉型方法，同時將創造提升產業競爭力與發展前瞻低碳新興產業的契機。

2. 產業及能源效率工作圈 (經濟部、內政部)：本工作圈依國家發展委員會民國 111 年 3 月 30 日公布「臺灣 2050 淨零排放路徑及策略總說明」進行推動。其中經濟部工業局為協助產業因應國際淨零排放趨勢或供應鏈要求，特建置「製造部門淨零專區」，其專區包含國內外新聞、近期活動、技術新知、負碳技術新知/資源下載、活動影片/教材、相關網站連結、諮詢問答集及線上諮詢等內容，並提供相關淨零訊息供業界及民眾參考應用。

    內政部主責「淨零建築」路徑藍圖規劃及推動，為使民眾瞭解淨零建築推動現況、未來規劃及相關活動資訊，建置淨零建築網頁專區，內容包括建築部門減碳的挑戰、淨零建築推動目標、淨零建築推動策略、加強社會對話、預期成果及淨零建築相關網站等內容，後續將持續配合推動進程滾動更新。

3. 綠運輸及運具電氣化工作圈 (交通部、經濟部)：綠運輸方面，除了在重要運輸走廊提供便捷軌道運輸服務外，亦透過補助計畫改善全國公路公共運輸環境與提升公車服務品質；此外，構建無縫串聯的自行車道，並擴增自行車停車空間，兼顧通學通勤、運動休閒及觀光。透過都市規劃與道路設計，妥善安排人車使用環境之區隔，營造友善人行環境。另鼓勵地方政府劃設低碳交通區，並推動智慧化運具共享，提供智慧交通資訊服務，減少民眾購買與自己擁有私人車輛的必要性。進一步透過都市規劃手段，讓城市生活機能設施，如文教、醫療、政府服務、運動休閒、公園綠地，均在公共運輸、自行車或步行可到達範圍，結合遠距教學與視訊會議等應用科技減少非必要之運輸活動，進而發展綠運輸生活型態。

    在運具電動化方面，為加速國內電動車產業發展與電動車之推廣，規劃「公共運輸」先行策略，透過補助計畫輔導地方政府與市區公車業者購置電動公車，另就車輛能耗標準、空污標準、碳排效能標準、安全審議規範，以及協助業者開發關鍵零組件與電動車製造在地化等，跨部會共同研議適合本土化電動車產業的發展及使用環境。此外，提出公寓大廈設置電動車充電樁的相關規劃，並在國道服務區、公有停車場及運輸節點，設置電動車充電樁，並促使電動車經銷商於維修體系據點增設特約充電區。

4. 負碳技術工作圈 (科技部、農業部)：農業部 (原農委會) 於民國 111 年 2 月 9 日舉辦「邁向農業淨零排放策略大會」，訂定「減量」、「增匯」、「循環」、「綠趨勢」

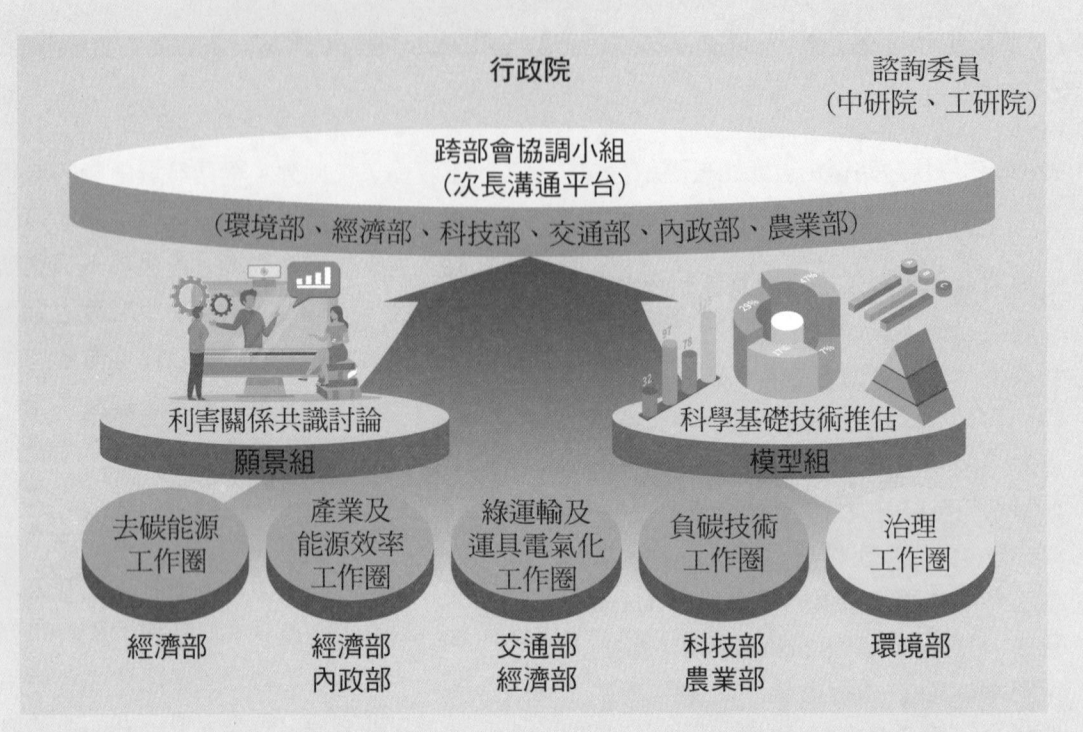

```
                                    行政院                諮詢委員
                                                        (中研院、工研院)
                              跨部會協調小組
                              (次長溝通平台)
                    (環境部、經濟部、科技部、交通部、內政部、農業部)

              利害關係共識討論              科學基礎技術推估
                  願景組                        模型組

    去碳能源      產業及        綠運輸及        負碳技術      治理
    工作圈      能源效率       運具電氣化        工作圈      工作圈
              工作圈         工作圈

     經濟部      經濟部         交通部          科技部       環境部
              內政部         經濟部          農業部
```

資料來源：國家發展委員會，https://ncsd.ndc.gov.tw/Fore/nsdn/about0/PromotionFramework

等四大主軸下之十九項策略、五十九項措施。作為後續推動之具體架構，業規劃對應重點工作項目落實推動。有關增匯主軸，以 2040 年達成自然碳匯 1,000 萬公噸 CO_2 為目標。

5. 治理工作圈 (環境部)：治理工作圈之工作重點主要聚焦在推動溫室氣體減量政策，以及增進綠色金融支持，就此，環境部 (原環保署) 建置氣候公民對話平台，呈現中央及地方政府推動溫室氣體減量策略及成效，並設立「溫管法修法專區」及「2050淨零排放專區」，提供溫室氣體減量及管理法修正草案、臺灣 2050 淨零排放路徑及策略總說明及簡報等資料，供各界參閱。

金管會為因應國際積極推動溫室氣體淨零排放趨勢，以及配合國家政策達成 2050 年淨零排放目標，將持續推動綠色金融，透過金融機構管理及運用資金的影響力，將資金導引到符合永續的企業或專案，促使企業重視永續議題。同時按照上市櫃公司永續發展路徑圖，以分階段之方式推動上市櫃公司完成溫室氣體盤查之資訊揭露，以促進金融業及產業與政府各相關單位共同合作，促成投資及產業追求綠色及永續發展之良性循環，並落實永續發展目標，協力推動達成國家淨零排放。

問題討論

1. 面對 2050 淨零排放政策，牽涉許多部會之工作圈，政府應該如何協力治理呢？
2. 審議民主程序決策是否可以派上用場呢？
3. 如何治理與決策較能有效率且回應利害關係人看法呢？

本章習題

申論題

1. 隨著資訊與通訊科技的日益發展，已經對公共治理與民主參與的模式產生深遠的影響。審議式民主，作為一種強調深度公民參與和持續對話的民主模式，在資通科技的支援下展現出新的實踐機會。請回答以下問題：
   (1) 請說明審議式民主的核心概念為何？
   (2) 在資通科技的輔助下，審議式民主如何得以更深入的實踐？請提供至少兩個可能的方法或應用。　　　　　　　　　　　(112 年公務、關務人員薦任升官等)

2. 有些學者們認為在實務上，以全面理性的方式來分析公共政策是不可能的，請列舉五項可能的原因或理由說明之。　　　　　　　　　　(112 年高考三級)

3. 政府在政策推行過程中，採以鼓勵機關成員參與決策，亦必須加強與民眾溝通，爰請分別論述政府重視參與管理之前提條件為何？並析論政府與民眾溝通的功用及具體作法又為何？　　　　　　　　　　(105 年高考一級暨二級)

4. 何謂「行政權力」(administrative power)？其與行政國之學理意涵關係為何？行政機關或行政人員為何具有行政權力或政策影響力，其權力來源或促成因素為何？
　　　　　　　　　　　　　　　　　　　　(105 年高考一級暨二級)

5. 試申論賽蒙 (Herbert A. Simon) 以決策 (decision-making) 做為分析行政行為 (administrative behavior) 的理由？他主張行政機關實際上僅能達成滿意決策 (satisficing decision-making)，試述其涵義與原因？　　　(104 年退除役三等)

6. 請說明民主行政 (democratic administration) 的主張與特色，並舉一例說明這些特色如何應用在政府決策過程。　　　　　　　　　　(104 年上校轉任)

7. 請分別說明賽蒙 (H. A. Simon) 理性決策理論，以及馬師婁 (A. H. Maslow) 需要層級理論的內涵；並依據此二理論，提出我國政府決策過程與人事政策應如何設計較為理想的看法。　　　　　　　　　　　　　(103 年高考三級)

選擇題

1. 關於賽蒙 (H. Simon) 決策理論的敘述，下列何者錯誤？
   (A) 所謂行政行為，就是組織中決策制定的整個過程
   (B) 全面瞭解及解決行政問題，必須同時注重決定與執行
   (C) 組織目標的達成，是由基層執行人員與高層決策者共同配合的結果
   (D) 探討高層決策者所做決定，即能完整瞭解組織的運作及影響
   　　　　　　　　　　　　　　　　　　　　(112 年身心障礙特考)

2. 下列那一項預算制度最符合審議式民主的理念？
   (A) 零基預算　　　　　　　(B) 參與式預算
   (C) 設計計畫預算　　　　　(D) 企業化預算　　　　　　(112年地特四等)

3. 沒有預警的情況下發生突發事件，權責機關或決策者必須即時作出決定，並採取有效行動。形容下列何者？
   (A) 風險評估　　　　　　　(B) 壓力測試
   (C) 決策矩陣　　　　　　　(D) 危機管理　　　　　　　(112年地特四等)

4. 下列那一種決策模式的經濟理性程度相對較低？
   (A) 合作賽局模式　　　　　(B) 垃圾桶決策模式
   (C) 滿意決策模式　　　　　(D) 古典決策模式　　　　　(112年地特四等)

5. 某機關中的群體在討論一項方案時，導致最後的決策偏向於過度保守或無端涉險的原因，可能此群體決策時，產生了下列何種現象？
   (A) 團體迷因 (group meme)　　(B) 團體偏移 (group shift)
   (C) 團體衝突 (group conflict)　(D) 團體動力 (group dynamic)
   (112年公務、關務人員薦任升官等)

6. 有關審議民主的敘述，下列何者正確？
   (A) 為了讓議題討論結果更具一致性，應選擇同質性較高的參與者
   (B) 不論採用何種審議形式，都強調參與者對議題的充分討論
   (C) 審議過程可取代代議制度的決策程序
   (D) 審議民主可確保理性最佳決策的達成　　　　　　　(111年地特三等)

7. 下列有關改善群體決策品質的敘述，何者錯誤？
   (A) 可使用德菲法 (Delphi method) 獲致群體成員的共識
   (B) 可使用名目團體技術法 (nominal group technique) 瞭解群體成員的偏好
   (C) 群體討論時應避免群體盲思 (groupthink)
   (D) 增加群體至30人以上將有助於決策品質　　　　　　(105年地特四等)

8. 「決策並非理性思考計算後的結果，而是在政策過程中不經意的產出」，符合下列那項政策方案決策途徑的特質？
   (A) 政治性決策途徑　　　　(B) 滿意決策途徑
   (C) 垃圾桶決策途徑　　　　(D) 混合掃瞄決策途徑　　　(105年高考三級)

9. 下列那一種行政決策理論模式的理性程度最高？
   (A) 混合掃描模式　　　　　(B) 漸進主義模式
   (C) 滿意決策模式　　　　　(D) 廣博理性模式　　　　　(105年初等考)

10. 「決策者在做決策時，會參考其專業訓練所認定的標準」，屬於那種類型的決策價值觀？
    (A) 專業價值觀　　　　　　　　(B) 意識型態價值觀
    (C) 個人價值觀　　　　　　　　(D) 政策價值觀　　　　　　　　(104 年地特四等)

11. 團體盲思 (Groupthink) 的現象，最容易發生於下列何種情況？
    (A) 團體公信力不足　　　　　　(B) 團體目標錯置
    (C) 團體高度疏離感　　　　　　(D) 團體高度凝聚力　　　　　　(103 年普考)

註

[1] 曾冠球 (2017)。良善協力治理下的公共服務民間夥伴關係。**國土及公共治理季刊**，**5**(1)，67-79。

[2] 呂冠逸、張鎧如 (2023)。運用協力治理觀點探究臺灣公共事務個案聯盟。**文官制度季刊**，**15**(1)，147-82。

[3] 林淑馨 (2017)。從協力治理檢視日本的災害防救。**行政暨政策學報**，(65)，1-37。

[4] 陳敦源、張世杰 (2010)。公私協力夥伴關係的弔詭。**文官制度季刊**，**2**(3)，17-71。
Ansell, C., & Gash, A. (2008). Collaborative governance in theory and practice. *Journal of Public Administration Research and Theory, 18*(4), 543-571.

[5] 呂冠逸、張鎧如 (2023)。運用協力治理觀點探究臺灣公共事務個案聯盟。**文官制度季刊**，**15**(1)，147-82。
Emerson, K., & Nabatchi, T. (2015). *Collaborative governance regimes*. Georgetown University Press.

[6] 李宗勳 (2005)。協力夥伴跨域治理的挑戰與機會─以社區風險治理為例。**警政論叢**，(5)，1-41。

[7] 吳英明 (2003)。**公私部門協力關係之研究**。高雄：復文圖書有限公司。

[8] 林淑馨 (2023)。**公共管理**，臺北：智勝文化事業有限公司。

[9] 林基源 (1999)。**決策與人生：現代化決策的應用**。臺北：遠流出版公司。

[10] Morgan, G. (2006). *Images of Organization*. Thousand Oaks, CA: Sage Publications.

[11] Simon, H. A., & Barnard, C. I. (1947). *Administrative Behavior: a Study of Decision-Making Processes in Administrative Organization*. N. Y.: Macmillan.

[12] Lindblom, C. E. (1959). The Science of "Muddling Through." *Public Administration Review, 19*(2), 79-88.

[13] Etzioni, A. (1967). Mixed-Scanning: A "Third" Approach to Decision-Marking. *Public Administration Review*, 385-392.

[14] 郭昱瑩 (2002)。**公共政策：決策輔助模型個案分析**。臺北：智勝文化事業有限公司。

[15] Robbins, S., & Judge, T. A. (2016). *Organizational Behavior*. Pearson.

[16] Delberoq, A. L., Van de Van, A. H., & Gustafson, D. H. (1975). *Group Techniques for Program Planning: A Guide to Nominal Group and Delphi Processes*. Scott, Foresman, and Co., Glenview, Illinois.

[17] Dryzek, J. S. (2000). *Deliberative Democracy and Beyond: Liberals, Critics, Contestations*. Oxford, N. Y.: Oxford University Press.

[18] 黃東益、陳俊明、陳敦源、蕭乃沂 (2004)。數位時代商議式民主的實驗原型：線上公民顧問團。**研考雙月刊**，**28**(1)，81-91。

[19] 林國明、黃東益 (2004)。各種公民參與模式之應用。賴美淑 (編)，**公民參與—審議民主的實踐與全民健康保險政策**。臺北：行政院衛生署。

第六章
公共政策

公共政策是問題解決取向，政府的做為與不做為都是公共政策。

好的政府是解決問題的政府，面對多元、複雜、變動的問題，如何界定問題有其重要性，面對問題，處理問題，合理的政策規劃、合法化、執行與評估為系統性解決公共問題的重要作為，此即為公共政策過程之各階段。

第一節　問題界定與議程設定

結構良好的問題表示其具穩定的內涵、常見的、一再重複發生的、可規劃的、容易取得資訊的、知道決策標準並且有聚焦的決策策略。而結構不良的問

表 6-1　問題結構

結構良好 →	半結構 →	結構不良
穩定的內涵		多變的內涵
常見的		獨特的
一再重複發生的		單一的
可規劃的		直覺或創意的
容易取得資訊的		不易取得資訊的
知道決策標準的		決策標準是未知的
聚焦的決策策略		多重的決策策略

題通常內容多變、獨特的、單一的、直覺或創意的、不易取得資訊的、決策標準未知，而且有多重的決策策略，介於兩者之間則為半結構的問題，政府面對的問題往往是半結構或結構不良，如表 6-1 所示，從而規劃合理可行的備選方案有其重要性。

議程設定過程乃是「一個持續不斷，由各種議題倡議者來爭取媒體、專家、民眾與政策菁英注意的過程」。議程設定的基本假設是媒體議程影響公共議程，在民眾間建立特定議題的重要性與顯著性，使該議題成為民眾關注、思考與討論焦點，是形成民意的第一個步驟，大眾傳播媒體是影響民眾去關心什麼議題及形成何種意見的重要社會公器。**媒體議程** (Media Agenda) 是大眾傳播媒體報導的重點，與民眾腦海中認為重要議題有強烈密切的關係；**公共議程** (Public Agenda) 則是議題成為民眾關注、思考與討論焦點。當政治領域中相關團體所共同重視並意圖解決的政策議題，經過政府篩選並明白宣示的政策議題清單，此為政策議程，吳定將政策議程界定為：「一個政府機關決定是否將某一個公共問題予以接納並排入議程處理的過程。」[1]

第二節　政策規劃

鐘斯 (Charles Jones)[2] 指出「政策規劃指發展一個計畫、方法、和對策，以滿足某種需求，解決某項問題」。吳定認為，政策規劃是政策制定過程中，

決定目標、目的與替選方案優先順序的過程,因此,政策規劃主要是設計並評估政策備選方案,使該些方案能夠達成期望的目標或目的。規劃是一種過程,是發展行動方案以解決問題的一種「過程」,如同英文**規劃** (Formulation) 源自於**方案** (Formula),是動態的過程;也有如**規劃** (Planning) 是源自於**計畫** (Plan),意即計畫出計畫,是一種動態的過程。政策規劃內容為:[3]

1. 政策規劃是為了解決經由政策分析人員明確認定的政策問題,而非未經認定的公共問題。
2. 從事政策規劃時,必須採取系統科學的方法來蒐集資料,如問卷法、訪問法、觀察法等,廣泛地蒐集資料來源及備選方案。
3. 備選方案應是目標取向的,意即備選方案必須能夠解決問題才得以成立。
4. 備選方案應以變革為取向,意即備選方案能夠解決問題、改善現狀才得以成立。
5. 規劃的過程就是選擇取向的過程,任何一項活動都是在從事選擇。
6. 規劃過程原則上是理性的,應在客觀及科學的考量下才做決定,並且應該將個人的主觀判斷降到最低。
7. 政策規劃的活動通常是經由集體互動的方式完成的。
8. 政策規劃是一項動態過程,從問題界定,備選方案設計到評估比較等其中任何一個環節,可能會隨時發生變化,所以考慮的重點及做法也應當隨時加以調整。

菁英是指社會中居於政治、社會、經濟、學術等各層面的專家學者,透過權力、金錢、聲望、專業知識等,行使主要影響力。菁英或專家對政策規劃有其重要性,無論是政治菁英、經濟菁英或其他專業人士,其所具備的專門知識與科技能力,為行政機關提供了解決問題的能力;因為他們擅長解釋與預測,所以他們常有先見之明,能夠預見未來可能出現的問題,並提供預防或解決問題的方法。戴伊 (Thomas Dye)[4] 認為,菁英與民眾皆會對政策議題的界定有相當程度的影響,就菁英的偏好與公共政策的關係而言,菁英的偏好會較一般社會大眾更符合公共政策。

固然菁英偏好往往較符合公共政策的走向,然而,民眾意見對公共政策也有舉足輕重的影響力,有關民主論述的古典文獻即提及民眾意見的重要性,民

資料來源：Gupta, D. K. (2001). *Analyzing Public Policy: Concepts Tools, and Techniques* (p.51). Washington, D. C.: Congressional Quarterly Inc.

圖 6-1　議程設定的菁英模型 (The Elitist Model of Agenda Setting)

主代理人必須照顧人民的利益，但不必然表示公共政策的決定需完全按照民眾的意志，不過，有些強調民主理論的學者認為，民眾若可掌握公共政策走向，則民主制度較容易成功。菁英規劃及民眾參與規劃皆為政策規劃常見的方式，也有其重要影響。[5]

菁英模型強調政治菁英與經濟菁英透過科層體制決策議程，從而決策權力僅落入少數人手中。如圖 6-1 所示，政治菁英與經濟菁英握有主導議程的權力，從而對政策規劃有重要影響力，權力流向由上至下依序為政治與經濟菁英、官僚而至一般民眾團體。

另外，多元模型乃奠基於 1950 到 1960 年代美國發展的民主理論，強調美國權力結構中，權力的主要來源為一般民眾團體，只要是一般民眾團體所重視的議題，往往有可能成為正式議程。然而，透過科層體制，菁英對議程的設定也有部分影響力，議程設定的多元模型如圖 6-2 所示。

我國的社會結構，漸趨複雜化與多元化，解嚴後，總統直選，歷經政黨輪替，政治走向民主，政府施政強調以民意為依歸，以往僅憑菁英或專家規劃的觀念已逐漸式微。規劃過程中，應將民眾的意願，視為探測社會需求的最好的指標，此即達爾 (Robert Dahl)[6] 所言：「民主最重要的特徵就是政府能夠持續回應民眾的偏好。」民國 70 年代是我國民意政策深根茁壯的年代；80 年代是民意政治開花結果的年代；今天，民意政治的潮流更是銳不可當。吳定強調政策規劃應加強與民眾意見溝通及協調，認為政府進行政策規劃時應確實掌握民眾的意向，除盡量考慮標的人口的需求，避免計畫執行時橫生枝節外，更須在規

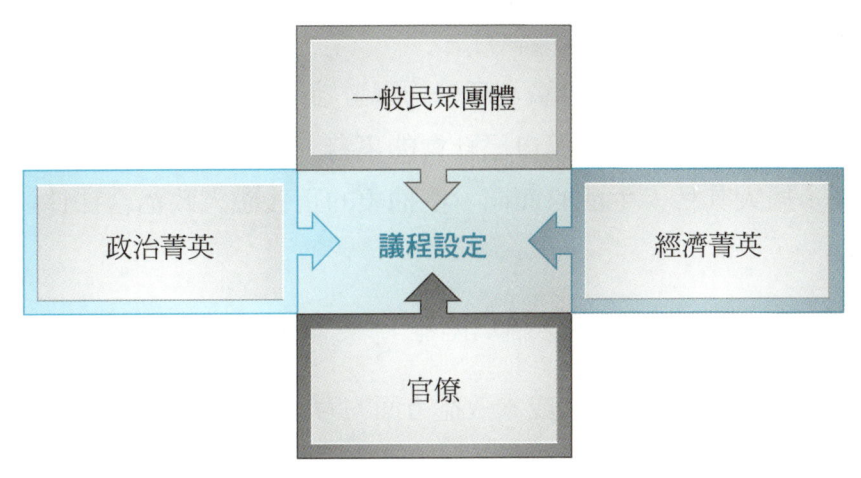

資料來源：Gupta, D. K. (2001). *Analyzing Public Policy: Concepts Tools, and Techniques* (p.49). Washington, D. C.: Congressional Quarterly Inc.

◎ 圖 6-2　議程設定的多元模型

劃期間視需要舉辦公聽會、民意調查，邀請學者菁英、機關代表、當事人代表等參加規劃小組，以增加計畫的可行性。[7]

民主理論經過人類實際體驗相當長期的民主生活之後，仍無法解釋下列現象，包括民眾感受民選首長並未能正確地反映**公共意志** (Public Will)、利益團體往往扭曲公眾的意願、強勢團體控制選舉過程，甚至影響選舉結果，也無法解釋高社會地位的選民投票參與率為何總是高於較低社會階層的民眾，進而導致公共政策的制定無法反映弱勢團體的偏好。每一個公民應有一定的政治資源，從而才能公平地參與公共生活，強調民眾和政府面對面的接觸、相互學習，進而能尋求共同利益，解決共同問題。

民眾參與規劃可增進公共決策品質和反映民眾需求，有下列優點：[8]

1. 民眾參與可促使政府行政分權化，使決策的執行較為順利。
2. 民眾參與可有蒐集與徵詢意見的功能，透過如公聽會等途徑，可對政策制定提供建設性的意見。
3. 民眾參與可化解政府和民眾間的對立，使政策制定免於敵對的困擾。
4. 重整社會結構。即認為民眾參與可消除政府與民眾間的區隔，因容許民眾參與決策和執行過程，乃可使民主理念之平等與政治自由具體化。
5. 權力的再分配。即認為以「補償策略」的方式，將弱勢團體或個人納入政治生活之內，此乃保證民眾與政府官員在互動過程中，能取得平等的權力

資源，而影響政府的決策與執行。

6. **人類本性的自我實現**。社會心理學的實證結果顯示，人類較滿足於民主控制的團體生活，使其參與自己社會的事務，將會讓民眾瞭解社會發展的責任，擴大其私人生活的面向，使抽象的正義融入政治合法性達成的過程中。

然而，民眾參與規劃有其限制與困難：[9]

1. **公民本身的限制**：個人成本效益方面的考量如何？接近決策者及資訊的管道如何？接近決策過程的關鍵點如何？
2. **政策制定者的限制**：決策者對公民參與目的的認知問題；決策者與公民角色的合法性問題；如何評估民意的問題。
3. **制度設計上的限制**：誰應參與？應有多少人參與？公民參與如何整合？
4. **民眾參與規劃與專業知識的衝突**：民眾參與規劃的前提是要求民眾具有「參政知識」，然而，受限於公共政策的複雜與多元特性；也受限於當今政府走向專業主義之技術官僚體系，民眾往往缺乏專業知識，要參與政策規劃有其困難。不過，為了實現民主政治，融入民意於政策規劃中，如何教育或告知民眾使其具備有關公共政策的專業知識乃為重要課題，政府理性溝通或審慎思辯民調的應用或許是可採取的方法。
5. **民眾參與規劃與行政效率的衝突**：民眾參與規劃往往耗時費力，此與當前政府所標榜的效率與經濟不符。政府強調施政的效率目標，可能犧牲或減少民眾參與規劃的機會，再者，民眾參與規劃也增加行政與時間成本，使政府行政效率降低，因而，如何兼顧行政效率與民眾參與規劃是另一值得深思的問題。

第三節　政策合法化

政策合法化過程有下列五方面的意義：[10]

一、正當性的意義

民主社會公共政策須經人民同意 (Consent)，是其正當性的重要來源；政策

價值的適當程度、決策過程的程序正義,以及執行的有效程度,都會影響政策合法化的正當性。

二、政治性的意義

政策合法化是公共政策過程論中,政治性最強的一個環節,相對於公共政策專業性的問題,不論是討論公共政策正當性,或是瞭解政策合法化的主要場域——國會或我國立法院,都是高度政治性的問題。

三、權威意義

政策合法化也是公私部門決策最大的差異所在,私部門決策一樣有問題發現、規劃、執行與評估的問題,但是只有公部門政策決定具有產生公共強制力的合法化過程。

四、公共性的意義

政策合法化牽涉到大眾事務,對於政策利害關係人產生成本與效益的重分配問題,政策合法化的過程也可視為尋找政策問題的公共利益之過程。

五、選擇性的意義

政策合法化的過程,也是一個集體選擇的過程,民主國家以多數決的原則為其基本精神,重視程序正義,其中也包含行動者為了通過法案,而進行制度性的策略考量等。

立法院立法程序如圖 6-3 所示,提案是立法的第一個步驟。提案的來源為:行政院、司法院、考試院、監察院、立法委員,以及符合立法院組織法規定之黨團。至於預算案之提出,則專屬於行政院。提案先送**程序委員會**,由祕書長編擬議事日程,經程序委員會審定後付印。程序委員會置委員 19 人,由各政黨(團)依其在院會席次之比例分配。但每一政黨(團)至少 1 人。院會審議法

程序委員會

程序委員會職掌:
1. 關於各種提案手續是否完備,內容是否符合立法院職權之審定。
2. 關於議案之合併、分類及其次序之變更。
3. 關於政府提案、委員提案討論時間之分配。
4. 關於政黨質詢、立法委員個人質詢時間之分配。
5. 關於院會所交與議事程序有關問題之處理。
6. 關於人民請願文書,形式審核、移送、函復及通知之處理。

圖 6-3 立法院立法程序圖

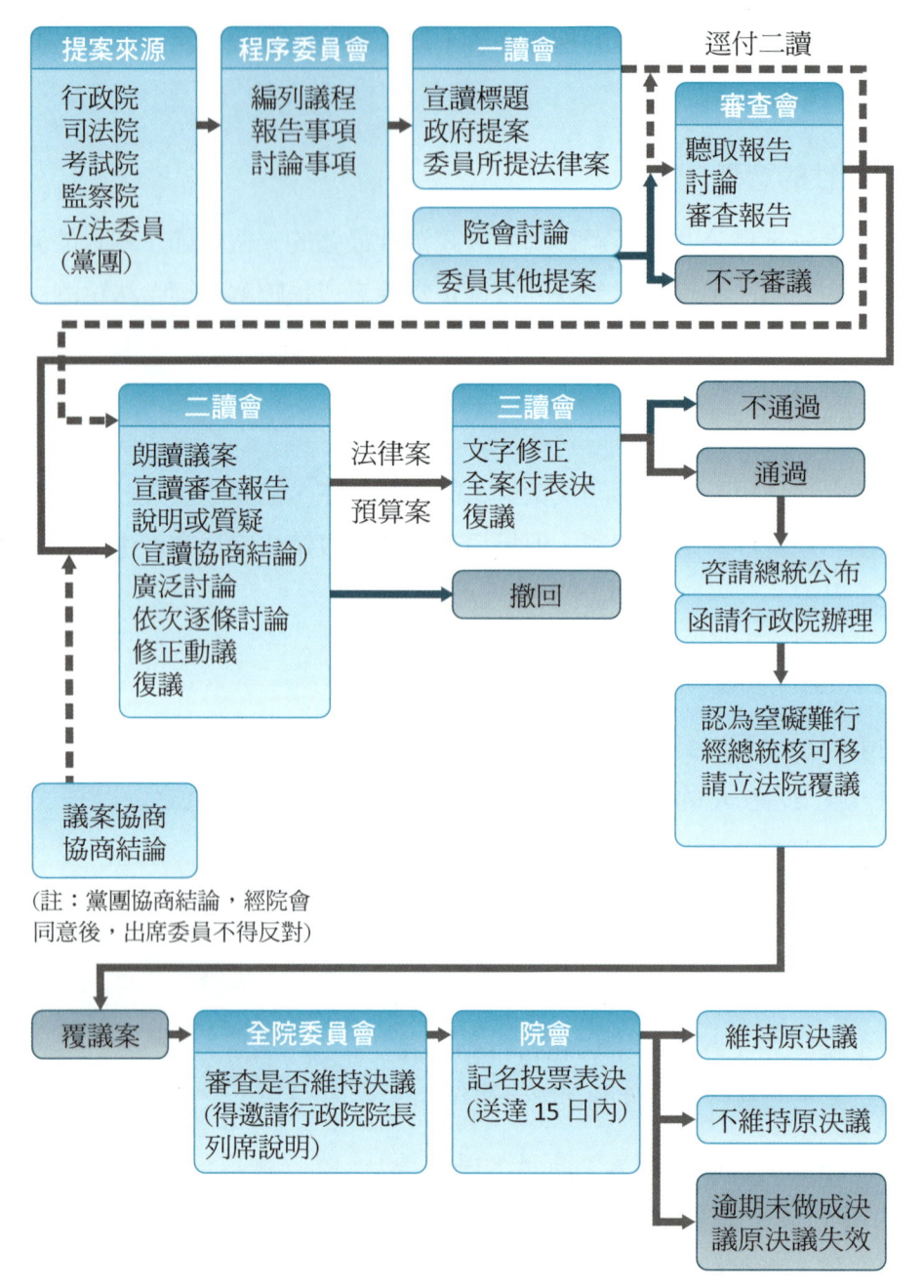

資料來源：立法院網站。取自：http://www.ly.gov.tw/02_introduce/0201_intro/introView.action?id=9

案的先後順序，由程序委員會決定。

　　政府提案或委員所提法律案列入議程報告事項，於院會中朗讀標題 (一讀)後，即應交付有關委員會審查或逕付二讀。委員提出之其他議案，於朗讀標題

後，由提案人說明提案旨趣，經大體討論後，依院會之決議，交付審查或逕付二讀或不予審議。預算案於交付審查之前，行政院院長、主計長，以及財政部部長應列席院會，報告施政計畫及預算編製經過並備詢。委員會審查議案時，可以邀請政府人員及社會上有關係人員列席就所詢事項說明事實或發表意見，以供委員參考。法律案交付審查後，性質相同者可以併案審查；但已逐條討論通過之條文，不能因併案而再行討論。議案審查完竣後，應就該議案應否交由黨團協商，予以議決；院會討論各委員會議決不須黨團協商之議案，得經院會同意，不須討論，逕依審查意見處理。各委員會為審查院會交付之議案，得依規定舉行公聽會，邀請正、反意見相當比例之政府人員及社會上有關係人士出席表達意見，並將其意見提出報告，送交本院全體委員及出席者，做為審查該議案之參考。

第二讀會討論經各委員會審查之議案，或經院會決議逕付二讀之議案。二讀時先朗讀議案，再依次進行廣泛討論及逐條討論。二讀會是相當重要的一個環節，對於議案之深入討論、修正、重付審查、撤銷、撤回等，均是在這個階段做成決議。經過二讀之議案，應於下次會議進行三讀；但如有出席委員提議，15人以上連署或附議，經表決通過，得於二讀後繼續三讀。

第三讀會除發現議案內容有互相牴觸，或與憲法、其他法律相牴觸者外，只得為文字之修正。立法院議事，除法律案、預算案應經三讀程序議決外，其餘議案僅需經二讀會議決。委員對於法律案、預算案部分或全案之決議有異議時，得依法於原案表決後，下次院會散會前，提出復議動議。復議動議經表決後，不得再為復議之動議。每屆立法委員任期屆滿時，除預(決)算及人民請願案外，尚未議決之議案，下屆不予繼續審議。完成三讀之法律案及預算案由立法院咨請總統公布並函送行政院。總統應於收到10日內公布之，或依憲法增修條文第3條規定之程序，由行政院移請立法院覆議。

第四節　政策執行

政策執行是政策目標落實的具體方式。一般而言，政策執行被視為是政策規劃之後的接續步驟。成功的政策執行不但可以實現政策規劃時所預設的目

標,並能進一步提高人民對於政府的信賴感;反之,一項失敗的政策執行,不但無法達成政策目標,更有可能造成公眾資源的浪費與失去政府的公信力。因此,政策執行往往成為政策過程中重要的討論焦點之一。然而,影響政策執行成敗的因素眾多,可能是目標設計錯誤,也可能是未考量政策相關的多元價值等。但是也有學者指出,導致政策執行失敗的原因,是來自政策執行本身產生**執行失敗** (Implementation Failure) 的問題,如執行的標準不夠清晰,執行者的操守不夠清廉等。[11] 以下將分別探究政策執行的意義與特性,進而說明政策執行的各種模式。

普里斯曼 (Jeffrey L. Pressman) 與萬達夫斯基 (Aaron B. Wildavsky)[12] 認為,執行乃是目標設定後與為達成目標所採取行動間的互動;吳定認為,政策執行乃是政策方案在經過合法化之後,擬定施行細則,確定專責機構,配置必要資源,以適當的管理方式,採取必要的對應行動,使政策方案付諸實施,已達成預定目標或目的之所有相關活動的動態過程;換言之,政策執行主要有下列幾項工作:[13]

1. 擬定執行政策方案的詳細辦法。
2. 確定負責推動方案的機關或單位。
3. 配置執行政策方案所需要的資源,包括人力、經費、物材、設備、權力、資訊等。
4. 必須採取適當的管理方法執行政策方案,包括計畫、組織、指揮、協調、激勵、溝通、管制等方法。
5. 採取必要的對應行動,包括實際執行各項活動,以及促使執行人員與標的人口順服政策的獎勵措施等。
6. 政策執行是一種不斷修正調整的動態性過程。

由政策執行定義可發現其重要的特點。首先,政策執行強調其「動態過程」,政策執行絕對不是一個時間點或是政策過程的終點,而是一段過程,任何政策不可能「立竿見影」;一項成功的政策包含了許多的因素與投入的眾多成本,當然,這些政策執行的成本之中,也包含「時間成本」,也因此眾多學者強調,政策執行乃是釐清執行分工、分配執行資源與配合適當的管理以達成目標的一種「動態過程」。第二,政策執行強調規劃與落實之間的「連結

性」，任何的政策規劃，如不能藉由政策執行加以落實，則所有的規劃將只是「紙上談兵」；因此政策執行是一種實務面的研究途徑，所牽涉的範圍與可能影響執行的因素，自然便成為在討論政策執行時的一個重點。

政策執行具有下列特性：[14]

1. **政策執行包含多元行動者**：在政策規劃的過程中，可能有相當多利益團體，政黨及其他的多元參與者介入，試圖影響政策的方向與目標。同樣地，當政策進入執行階段的時候，除了政府的執行機構與人員之外，仍有許多「非官方」與「民間」的執行者參與其中；可能是利益團體，也可能是任何與政策相關的「非營利組織」、「非政府組織」等，均是政策執行過程中的多元參與者。

2. **政府規模的膨脹與公共計畫的繁複性**：隨著多元社會的發展，形形色色的社會公共問題也隨之發生，政府機關為了進一步處理並解決這些公共問題，因而成立了各式各樣的機關任務小組或組織。也因為如此，造成政府規模的膨脹，更多的公務人力，以及更龐大的財政支出，這些特性都使得政策執行日益複雜。

3. **政策本身具有多元的、含糊的目標與期望**：正如同前述所言，政策執行包含多元參與者與相當程度的複雜性，因此，有關於政策目標的陳述便不能太過於清楚，有時也必須是含糊的。這是為了考量現實社會中，太多的因素將會影響政策的執行，倘若政策目標過於「堅定」或「肯定」，讓執行者無法擁有自身的裁量權，無法於必要時進行調整與裁量，最終將導致執行失敗。因此，為考量落實政策目標與理想，有時政策目標必須是含糊的。

4. **政策執行必須在府際關係網絡上運作**：政策執行的層次是跨越中央政府與地方政府的，幾乎所有的政策執行都需要中央與地方政府的緊密配合才得以完美執行。

5. **政策執行包括太多無法控制的外在因素**：政策執行的環境相當複雜，影響政策執行成敗的因素可能是經費、人力與設備，但是也有可能是政黨之間的意識對立或民眾偏好的改變而影響政策執行。而在未來，國際間的共識或規範，也極有可能影響國內的政策執行。

學者史密斯 (Thomas Smith, 1975)[15] 曾說：「政策一旦制定，政策即被執行，而政策結果將與政策制定者所預期的相差無幾。」這句話傳神的描述了第一代政策執行的本質意涵。也就是說，在第一代政策執行的看法中，非常強調政策制定者的優越地位，認為上級單位一旦規劃完成政策，政策就會被忠實地執行並完成，此模式強調執行過程中的「理性控制面」，並且深深受到古典行政的影響。行政學家古利克和伍韋克 (Luther Gulick & Lyndall Urwick, 1937)[16] 結合了古典行政模式的三個特點：官僚體系、政治與行政的分離、效率原則，而形成機械的古典行政模式。所謂「**官僚體系**」(Bureaucracy) 概念，即行政組織的結構是集權的、科層體制的，因而上級所制定的政策與規範，下級單位有義務忠實地執行；「政治與行政的分離」是指，政治負責制定政策，而行政負責執行政策，兩者必須加以分離；「效率原則」如同科學管理原則，強調任何事必須清楚的分工，而最重要的目標便是在於追求效率。

由下而上模式強調的是基層官僚與執行機關的自主裁量權，主要是希望基層官僚能夠因應複雜的政策環境，以確保政策執行的成功。而中央的政策制定者，其主要任務便是提供一個充分自主的空間，使基層官僚能夠視情況採行適當的措施。此種情況與第一代模式所強調的理性模式相反，因而有人稱為**後理性模式** (Post-Rationalistic Model)，政策學者愛爾摩 (Richard Elmore)[17] 則將這種執行方式稱為**向後推進** (Backward Mapping) 的策略，以別於由上而下的**向前推進** (Forward Mapping) 策略。因而由下而上模式的理論基礎如下：

1. 有效的政策執行包含多元組織的執行結構。
2. 政策執行結構是有共識的自我選擇過程；換言之，有效的政策執行絕非取決於上級單位的完美規劃，而是在於上下階層間對於達成政策執行的共識；一旦達成共識，才有可能實現政策目標。
3. 政策執行以計畫理性，而非以組織理性為基礎；因此，必須瞭解每項計畫包含了多少執行單位，單位之間如何互動？有何問題？而不是從組織機關來看計畫。很明顯地，計畫理性的看法較為宏觀，不致流於機關本位主義，不至於僅著重於中央政府機關的角色，而且也較符合實際情況。
4. 有效的政策執行取決於執行機關間的過程與產出，而非政策決定建構者的意圖與雄心。

5. 有效的政策執行是多元行動者複雜互動的結果,而非單一機構貫徹政策目標之行動結果。
6. 有效的政策執行繫於基層官僚或地方執行機構的裁量權,而非階層結構的指揮命令系統。

有效的政策執行必然涉及妥協、交易或聯盟的活動,故「**互惠性**」(Reciprocity)遠比「監督性」功能更為重要。

前述兩種政策執行模式,不論是由上到下,或是由下到上,都有其所注重但也確有偏頗的觀察面向。因此,為取前述兩種政策執行模式之優點並且改善其缺點,學者嘗試提出一套「整合型」的政策執行模式,愛爾摩主張整合「由前往後」與「由後往前」兩種途徑,才能促進分析政策執行時的周延性。麥特藍(Richard Matland, 1995)[18]認為,第一代與第二代研究途徑的發展,是基於對不同類型政策的觀察。例如,「由上而下」途徑的研究對象大都是具有明確目標的政策,而「由下而上」途徑的研究對象則大都屬於不確定性較高的政策。其次,他批評政策執行相關文獻不斷地發掘政策執行的因素,卻不關心哪些因素在哪些狀況下是較為重要的,也不探究這些變數之間的理論關係。所以,他提供一個分析的工具以判斷「由上而下」或「由下而上」兩種途徑分別在何種情況下比較適用。

軍公教退休方案改革需送立法院進行三讀以完成「合法化」程序。一旦完成修法,政策執行階段需考量誰執行?如何執行?軍人退撫制度由國防部主管,公務人員退撫制度由銓敘部主管,教師部分由教育部主管,一旦通過立法,將由這些主管機關訂定施行細則,依法行政,偏向由上而下的政策執行,然同時也經過各會議,由下而上規劃。

第五節　政策評估

政策實施一段時間之後,究竟達到了什麼效果?政策資源怎樣使用?執行機構如何運作?政策是否依照原訂目標或產生扭曲?政策的成功或失敗,最根本的原因是什麼?政策成功應該歸功於誰?倘政策失敗,最終責任又應該由誰來承擔?政府、民眾、利益團體都可能對政策成果感興趣,也希望瞭解政策執

行內容，此時只有進行政策評估才能解答這些問題。

政策評估存在事實與價值面的討論，並一直傾向於描述事實的技術分析，主張應用實證方法測量政策目標與政策之間的對應關係。政策評估主要側重於效率、效能、效益的考量，依賴量化分析的方法，相對忽視對政策本身價值的批判和倫理關懷。1980年代開始，政策評估重視質化方法的應用，強調回應性、公正性、正當性、社會正義等議題納入政策評估。

古巴與林肯 (Egon Guba & Lincoln, 1989) [19] 將二次大戰前的評估研究稱之為第一代評估；二次大戰後到1960年代稱之為第二代評估；1963年到1974年為第三代評估；1974年之後則為第四代評估。

一、第一代政策評估：實驗室實驗，以測量政策結果為重點

實驗室內控制情境是第一代政策評估的特色，典型的代表是**霍桑實驗** (Hawthorne Studies)，藉由薪酬、照明條件、休息時間長短與次數，以及工作日數的改變，觀察員工生產率的改變，發現這些因素影響不大，反而是給予員工關注與自我管理權可以創造積極的團隊氛圍，而提高生產量。封閉實驗室透過嚴謹方法控制自變項與測量工具，通常可以得到精準的實驗結果。然而，現實生活中，公共政策會受許多外在因素干擾，如執行的時間點、天災、執行人員的意向等，實驗室實驗有其應用的侷限性。

二、第二代政策評估：實地實驗，以描述政策結果為重點

第二代政策評估研究的興起乃是針對二次大戰前的評估研究之缺點，實驗室評估受到人為控制，與真實世界有相當差距，因此，政策評估者必須走出實驗室。二次大戰之際，美國戰爭資訊局運用抽樣調查評估國內民心士氣，大規模的實地調查成為當時評估的主流，之後紛紛運用在都市發展、住宅、科技與文化教育、職業訓練，以及預防醫學等政策領域。

實地實驗主要是在現實生活環境中所進行的調查，研究的地點像是學校、工作場所，甚至是戰場。美國戰後貧民區、文盲、住宅、健康醫療，以及種族歧視等議題，聯邦政府發動大規模的社會改革計畫，如教育政策、所得維持與分配、住宅、健康與犯罪防法，詹森 (Lyndon B. Johnson) 總統時期提出「大社會」改革計畫；尼克森 (Richard Nixon) 總統時期持續擴大，旨在解決美國的都

市社會問題,計畫規模與經費相當龐大,凸顯政策評估的重要性。

三、第三代政策評估:社會或政策實驗,針對政策目標進行價值判斷

1970 年代中期以後,重視於社會場域直接針對明確政策進行評估,政策評估逐漸走向多元途徑,如計畫預算、系統分析與成本效益分析等,不論是定量或定性研究皆有突破,準實驗設計方法更趨成熟。

評估研究成為美國聯邦政府政策制定過程的核心成分,1974 年預算管理局 (Office of Management and Budget, OMB) 增設評估與計畫執行單位,以評估聯邦公共計畫。同年,**國會預算暨截留控制法** (Congressional Budget and Impoundment Control Act) 也要求審計總署應該針對聯邦政府的計畫進行深入與廣泛的評估。美國聯邦政府在 1975 年到 1977 年間用於政策評估的經費約為 17,780 萬美元,是 1969 年 (1,700 萬美元) 的 10 倍。美國審計總署統計,聯邦政府有 226 個評估單位,僱用 1,400 位專業政策評估人員,可見政策評估在政府施政的地位日趨重要。

在學術界,專業性的論文期刊陸續出版,包含《評估研究評論年鑑》(*Evaluation Studies Review Annual*)、《評估評論》(*Evaluation Review*)、《評估實務》(*Evaluation Practice*)、《評估與方案規劃》(*Evaluation and Program Planning*)、《評估與健康專業》(*Evaluation and the Health Professions*)、《評估與教育政策》(*Evaluation and Educational Policy*) 等。此外,研究機構競相成立以爭取聯邦政府的評估計畫,1970 年 300 家民間公司就提供 800 個評估職位;同時大學校園與民間評估公司的合作,發展許多新的政策評估理論與方法,對於當時所推動的實驗計畫提供許多評估建議。

國會預算暨截留控制法

給予美國國會在預算週期之初即完整觀察預算的機制。在國會參、眾兩院設置預算委員會,並設置國會預算局,國會在撥款之前,採用取得共識之預算決議案,並對新預算授權、預算支出、預算赤字及公共債務等,設定上限或下限。同時,改變總統截留資金之規則,總統必須基於財政因素才可撤銷或延後支用國會已通過之撥款。此法賦予國會掌控預算之責,以利減少預算赤字,然而,國會決策權提高,反而助長討好選民之支出大幅成長,惡化預算赤字的問題。[參考徐仁輝 (2014)。公共財務管理。臺北:智勝文化事業有限公司。]

四、第四代政策評估：回應性評估，協商利害關係人的主張、關切、議題

古巴和林肯認為第一代到第三代評估典範具有下列問題：(1) 管理主義 (Managerialism) 的傾向，過於強調政策評估的工具性；(2) 無法調和價值的多元主義 (Value-Pluralism)，過分強調科學調查的典範。因而，愈來愈重視被評估者對於計畫的參與、投入，古巴和林肯所提出回應性評估：(1) 重視對於政策利害關係人內心感受的回應，因此必須界定政策所涉及的利害關係團體；(2) 重視內心感受，就是政策利害關係團體的主張 (Claim)、關切 (Concern)、議題 (Issue)；(3) 強調社會建構論，由政策利害關係團體就其關注之價值，表達其各自主張、關切與議題。古巴和林肯將這種評估稱之為第四代的評估，是政策評估研究的重要轉變，由過去注重評估者的觀點轉變為重視被評估者內心感受的研究方法。

整體而言，政策評估的目的包含：

1. **政策評估是政策動態過程的必要環節**：政策從開始到終結，必須經過評估階段，沒有評估，必然缺少政策修正或終結的依據。政策動態運行過程中，政策問題的認定、政策規劃、合法化、執行、評估、乃至政策終結，政策評估協助確認政策執行結果，未達成政策目標的部分，可能產生新的政策問題，規劃新的或調整現有備選方案，周而復始，構成政策動態運行的整體過程。

2. **政策評估檢驗政策執行的成果**：執行政策一段時間，有可能達成目標，取得成效，但是也有可能引發潛在的問題，因此，想檢驗政策的執行效果，必須透過系統性評估才能達成。而政策評估就是在大量蒐集政策實際執行成效資訊的基礎上，運用科學方法，分析政策是否實現預期目標，產生哪些社會成本、效益等。

3. **政策評估是檢驗政策方案優劣**：政策執行效果好壞，取決於政策方案的優劣，因此，政策評估在檢驗政策執行成效的同時，必然同時檢驗政策方案優劣，以確認政策規劃是否需再調整。

4. **政策評估檢視社會總體變遷**：現實生活中，公共政策的制定和執行，與環境系絡息息相關，政治、經濟、社會、文化等各方面會對政策產生直接或間接影響，政策評估可檢視社會總體變遷，分析其影響，以尋求

改善途徑。

5. **政策評估協助決策科學化與民主化**：隨著政治民主化、經濟自由化、社會多元化，各種問題與變化層出不窮，經驗決策已經無法應付日益複雜的決策，政策評估正可協助釐清政策價值、效益、公平與對各利害關係人的各種影響，以決定投入各項政策的資源優先順序和比例，提高決策科學性與民主化。

政策評估階段需注意如何評估備選方案執行的成效？就軍公教退撫基金破產問題來看，一方面可由量化評估掌握退撫基金破產問題是否舒緩，同時也可藉由質化評估瞭解退休、現職與新任軍公教等利害關係人的看法。

第六節　價值討論：效率、效能、公平、回應

政策規劃階段重視可行性分析，特別是政治可行性與經濟可行性，政治可行性強調政策備選方案回應利害關係人看法，兼納政策受益者與政策受損者的關切；經濟可行性則重視政策備選方案的成本與效益，評估政府產出與投入的比率，希望政府預算花在刀口上。政策合法化階段，政府必須「回應」民意或輿情，提出民意代表與利害關係人可接受的方案。

政策執行階段，「公平」遞送每位公民平等的公共服務，讓不同公民都可以獲得公平的對待，是重要價值，同時，有效率的遞送公共服務，選用適切的政策工具，提供政策順服誘因，可使政策執行順暢有效。

政策評估階段，關切問題解決的程度，「效率」、「效能」、「公平」與「回應」皆是重要的政策評估標準。[20] 此外，第四代回應性評估重視對於政策利害關係人內心感受的回應，考量政策利害關係人的主張、關切與議題，更是政府「回應」民意或輿情的具體作為。

Case 6：2050 淨零排放政策過程

科學證實氣候變遷造成的影響已經相當緊急，氣候議題引發國際高度重視，各國陸續提出「2050 淨零排放」的宣示與行動。為呼應全球淨零趨勢，我國於 2022 年 3 月正式公布「2050 淨零排放政策路徑藍圖」，提供至 2050 年淨零之軌跡與行動路徑，以「能源轉型」、「產業轉型」、「生活轉型」、「社會轉型」等四大轉型，及「科技研發」、「氣候法制」兩大治理基礎，輔以「十二項關鍵戰略」，就能源、產業、生活轉型政策預期增長的重要領域制定行動計畫，落實淨零轉型目標。

整體淨零轉型規劃分為兩階段：

1. 短期 (~ 2030 年) 達成低碳：執行目前可行減碳措施，致力減少能源使用與非能源使用碳排放。
   - 能源系統：透過能源轉型，增加綠能，優先推動已成熟的風電和光電，並布局地熱與海洋能技術研發；增加天然氣以減少燃煤的使用。
2. 長期 (~ 2050 年) 朝零碳發展：布局長期淨零規劃，使發展中的淨零技術可如期到位，並調整能源、產業結構與社會生活型態。
   - 能源系統：極大化布建再生能源，並透過燃氣機組搭配碳捕捉再利用及封存 (Carbon Capture, Utilization and Storage, CCUS) 以及導入氫能發電，來建構零碳電力系統。燃煤則基於戰略安全考量轉為備用。
   - 極大化各產業部門及民生用具之電氣化：減少非電力之碳排放，集中改善電力部門零碳能源占比。
   - 積極投入各種技術開發：包括高效率的風電及光電發電技術、碳捕捉再利用及封存 (CCUS)、氫能發電及運用之技術。

臺灣提出 2050 淨零排放路徑里程碑 (如圖 6-4 所示) 自短期不興建新燃煤電廠開始、陸續擴增再生能源裝置容量、達成 100% 智慧電網布建、燃煤/燃氣電廠依 CCUS 發展進程導入運用、最終布建超過 60% 發電占比之再生能源；此外，亦須搭配產業住商運輸等需求端之各階段管理措施，藉以達成 2050 淨零排放之長期目標。

問題討論

1. 如何界定淨零轉型政策問題？由哪些利害關係人的角度界定？
2. 不同備選方案解決淨零排放問題的程度如何呢？
3. 淨零轉型過程中，能源系統的長、短期執行方案為何？如何強化政策執行？
4. 如何評估淨零排放政策成效呢？

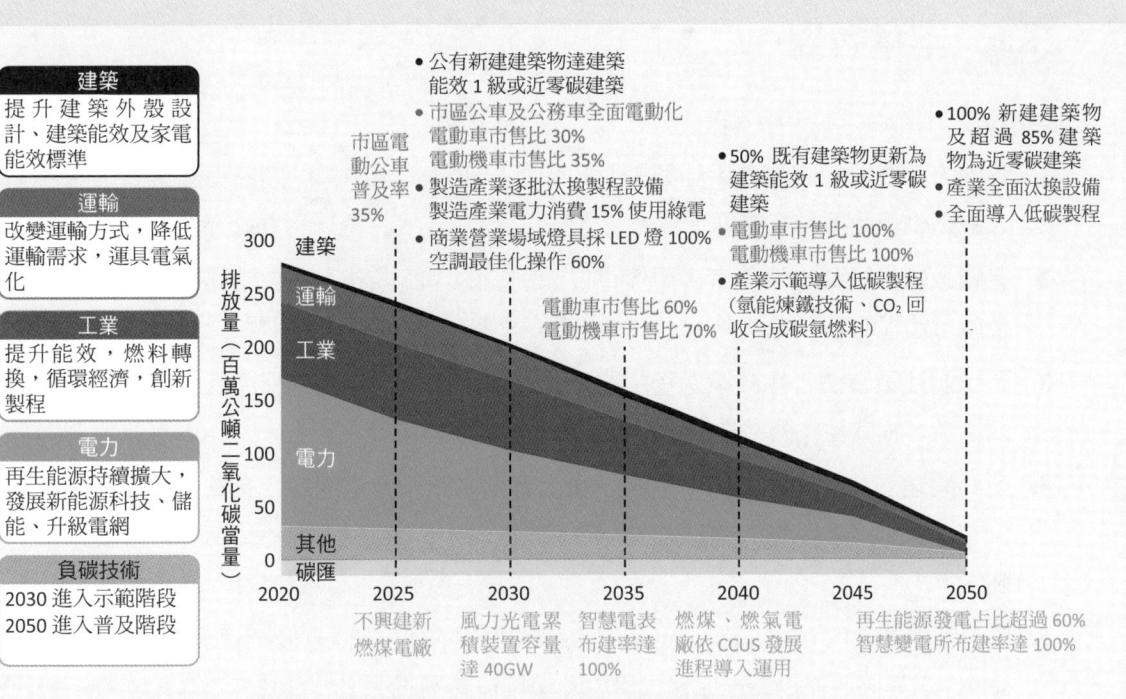

圖 6-4　臺灣淨零轉型路徑規劃之階段里程碑

資料來源：臺灣 2050 淨零排放路徑及策略總說明。取自：https://www.ndc.gov.tw/Content_List.aspx?n=DEE68AAD8B38BD76

本章習題

申論題

1. 各地方政府擬規劃辦理手語翻譯及同步聽打服務,請由標的團體與政策利害關係人觀點說明此項業務的可行性。 (112 年身心障礙特考)

2. 有關政府推動身心障礙者專用停車位識別證的申請業務,請說明其政策執行模式及執行過程的利弊得失。 (112 年身心障礙特考)

3. 請說明政策合法化在政策過程中的定位,並就政策合法化過程所具備之正當性、政治性、權威性、公共性與選擇性意義,加以說明之。 (105 年警察特考)

4. 公共問題受社會大眾關切與重視的程度有別,此乃與議程設定有關,而議程設定又有不同類型與程度,請具體說明媒體議程、公共議程與政策議程的意義與相關性。 (105 年原住民特考三等)

5. 試界定標的人口 (target population)、利害關係人 (stakeholder) 及議程設定者 (agenda-setter) 之異同,並以辦理原住民學生升學優待為例說明之。 (105 年原住民特考三等)

6. 公共政策的需求評估,往往需要認定政策方案要服務的標的人口 (target population) 是那些人,請問設定政策標的人口的原則作法與可能的標準為何? (105 年地特三等)

7. 請說明公共問題的意義與提出管道,並舉例說明。 (104 年身心障礙三等)

選擇題

1. 有關政策評估的標準,下列敘述何者錯誤?
   (A) 效能性指的是政策達成預期結果或影響的程度
   (B) 經濟性指的是政策目標達成後消除問題的程度
   (C) 公正性指的是與該政策有關的資源、利益、成本公平分配的程度
   (D) 回應性指的是政策執行結果滿足標的團體需求的程度 (112 年地特三等)

2. 關於政策執行階段的主張,下列敘述何者錯誤?
   (A) 強調政策方案的可行性分析　(B) 上下層級對於執行方式具有共識
   (C) 上下層級之間為互惠關係　(D) 基層的執行者有一定的裁量權
   (112 年地特四等)

3. 有關政策執行工作,下列敘述何者錯誤?
   (A) 政策執行要確定負責推動方案的機關或單位
   (B) 政策執行不包括擬定執行政策方案的管理方法

(C) 政策執行是一種不斷修正調整的動態性過程
(D) 需要配置執行政策方案所需要的資源 (112 年地特四等)

4. 公共行政常面臨多元價值衝突，有關公共行政追求之價值內涵，下列敘述何者正確？
   (A) 「效率」的考量點在於原定政策目標的達成程度
   (B) 「公平」意即對不同條件的公民提供完全一致的公共服務
   (C) 「效能」的考量在於如何使用較少資源來達成較多工作產出
   (D) 「回應」聚焦於如何滿足民意或政策利害關係人的期待 (112 年高考三等)

5. 有關政策執行的工具，下列敘述何者錯誤？
   (A) 「使用者付費」是從需求面改變使用者的行為誘因
   (B) 「解除管制」是讓市場自由化
   (C) 「道德勸說」強調市場功能的發揮
   (D) 「過渡期補助」是政府提供民眾生活保障的一環 (112 年高考三等)

6. 關於第四代回應性評估 (responsive evaluation) 的描述，下列何者錯誤？
   (A) 又稱為「回應的—建構性評估」(responsive-constructive evaluation)
   (B) 著重多元利害關係人的內心感受
   (C) 強調政策評估者對於目標本身價值結構的判斷與評論
   (D) 重視詮釋的和辯證的方法論 (105 年地特三等)

7. 關於政策評估方法的演進，下列敘述何者錯誤？
   (A) 第一代評估強調「測量」   (B) 第二代評估著重「描述」
   (C) 第三代評估主張「價值中立」 (D) 第四代評估注重「回應性」 (104 年高考三級)

8. 根據古巴 (E. Guba) 與林肯 (Y. Lincoln)「回應性評估」(responsive evaluation) 的主張，下列敘述何者錯誤？
   (A) 設法了解不同利害關係團體的政策價值與主張
   (B) 致力於以量化方法精準測量政策執行的成果
   (C) 強調多元利害關係團體的對話機制
   (D) 評估報告內容應包含多元意見並取得共識 (104 年高考三級)

9. 「衡量政策產出滿足標的人口的偏好或需求的程度」，是屬於下列那一項政策評估標準？
   (A) 效率 (efficiency)   (B) 公平 (equity)
   (C) 適當 (appropriateness)   (D) 回應 (responsiveness) (104 年地特三等)

10. 下列關於公共政策運作過程的敘述，何者錯誤？

(A) 政策執行成果可回饋至下一階段的政策規劃
(B) 政策合法化係指所有公共政策皆須有法律為依據，方可執行
(C) 環境系絡可能影響所有的政策過程
(D) 政策評估的類型可包括政策執行的過程與結果 (103 年地特三等)

註

1. 吳定 (2003)。**公共政策**。臺北：國立空中大學。
2. Jones, C. O. (1984). *An Introduction to the Study of Public Policy*. Belmont, CA: Wadsworth.
3. 吳定 (2003)。**公共政策**。臺北：國立空中大學。
4. Dye, T. R. (2002). *Understanding Public Policy*. Englewood Cliffs, N. J.: Prentice Hall.
5. Gupta, D. K. (2001). *Analyzing Public Policy: Concepts Tools, and Techniques*. Washington, D. C.: Congressional Quarterly.
6. Dahl, R. (1971). *Oligarchy*. New Haven, C. T.: Yale University Press.
7. 吳定 (2003)。**公共政策**。臺北：國立空中大學。
8. 柯三吉 (1998)。**公共政策：理論、方法與台灣經驗**。臺北：時英出版社。
9. 吳定 (2003)。**公共政策**。臺北：國立空中大學。
10. 余致力、毛壽龍、陳敦源、郭昱瑩 (2007)。**公共政策**。臺北：智勝文化事業有限公司。
11. 李允傑、丘昌泰 (2003)。**政策執行與評估**。臺北：元照出版有限公司。
12. Pressman, J. L., & Wildavsky, A. (1973). *Implementation*. Berkeley: University of California Press.
13. 吳定 (2003)。**公共政策**。臺北：國立空中大學。
14. Ripley, R. B., & Franklin, G. A. (1986). *Policy Implementation and Bureaucracy*. Chicago, ILL: The Dorsey Press.
    李允傑、丘昌泰 (2003)。**政策執行與評估**，臺北：元照出版有限公司。
15. Smith, T. B. (1975). The Policy Implementation Process. *Policy Sciences, 4*, 197-198.
16. Gulick, L., & Urwick, L. (1937). *Papers on the Science of Administration*. N. Y.: Institute of Public Administration.
17. Elmore, R. (1979). Backward Mapping. *Political Science Quarterly, 94*(Winter), 601-616. Elmore, Richard (1985). "Forward and Backward Mapping." in *Policy Implementation in Federal and Unitary Systems* (pp. 33-70). ed. by Hanf. & T. Toonen. Dordrecht: Martinus Nijhoff.
18. Matland, R. (1995). Synthesizing the implementation literature: The ambiguity-conflict model of policy implementation. *Journal of Public Administration Research and Theory, 5*, 145-174.
19. Guba, E., & Lincoln, Y. S. (1989). *Fourth Generation Evaluation*. Newbury Park: Sage Publications.
20. Dunn, W. N., & Poister, T. H. (1978). *Public Program Analysis: Applied Methods*. Baltimore: University Park Press.

第七章
預算與財務管理

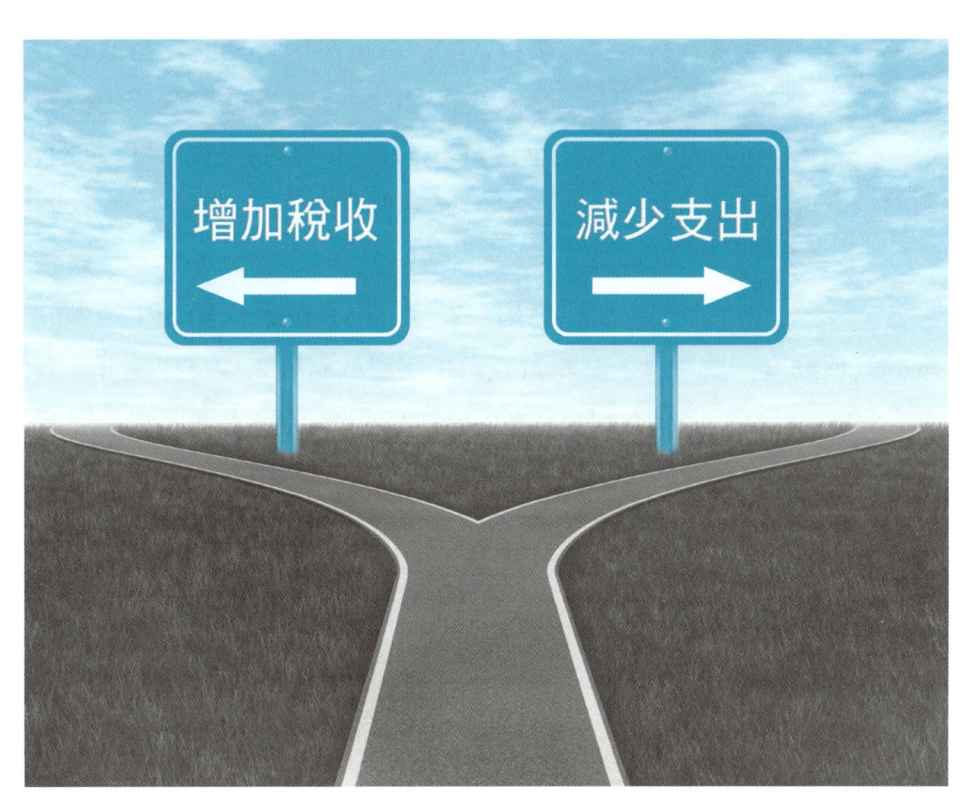

政府預算關注開源與節流,增加稅收或減少支出是政府預算的重要決策。

第一節　財務行政

財務行政 (Public Financial Administration) 的起源可追溯到大憲章時代 (The Great Charter, 1215 年),此法典產生的主要原因是國王的稅收權,確保王權的徵稅行為,與徵稅的權力相較,民眾對公共支出的關注較少。直到 1787 年《英國統一基金法案》的制定,才初步建立了一套完整的體系,第一次向議會提交

131

> **官房學派**
>
> 官房，在歐洲的中世紀原指國家的會計室，中世紀以後指國庫或泛指國王的財產。官房學是有關政治、經濟知識的總稱，包括財政學、國民經濟學、私經濟經營學和產業行政學等科學。當時德國各大學設官房學一科，主要是培養財務行政官吏和君主的財政顧問，故名官房學派。官房學派是重商主義的一種形式，加強國家對財政經濟活動的管理和控制，擴大財政收入，促進經濟發展和國家富強 (List, 2005)。[1]

完整的收入和支出報告則是在 1822 年。十七世紀與十八世紀德國**官房學派**對財務行政加以探究，當時德國以農業為基礎，如何增強王侯的財政力量，充實府庫的財政收入，係當時政治家、政論家及學者重視的課題。德國財政學重心，首推國家社會主義的華格納 (Adolph Wagner)，其所著《財政學》的第一篇為〈財政制度論〉，對財務行政提供相當完備的研究內涵。英國的財政學者巴斯塔布爾 (C. F. Bastable) 於 1892 年發表《財政學》一書，對財務行政以預算論為中心加以研究，而使財政學的內容更加豐富。財務行政係指政府對其財務的收入與支出所做的一套有系統的管理制度。換言之，財務行政乃是探討政府收入與支出之間，有關財務上的行政、立法與司法等問題，著重於如何使政府的收支達到最理想的境界。財務行政與公共財務管理所涵蓋的範圍基本上大致雷同，[2] 只是財務行政較偏重一般財務行政制度與環境及相關行政事項的規範，而公共財務管理則更重視資金的效率管理與投資報酬。政府的各項施政都需以預算為依據，「財政為庶政之母」，唯有健全的財政，才能順利推動政府各項業務。[3] 財務行政所涉及的範圍十分廣泛，包括以下各項：[4] 財政機關的組織及職權、公庫制度、稅務行政、公債行政、金融管理、預算制度、會計制度、決算制度及審計制度等，而財務行政的狹義範圍則包含：

1. **預算制度**：政府一定期間的施政計畫以金錢數字所表示者，亦即，政府年度的收支詳情，經立法機關通過而行政機關據以執行者。
2. **會計制度**：執行預算過程中，將收支情形加以詳細記錄者。
3. **決算制度**：當會計年度終了時，行政機關應向立法機關提出決算報告，以證明其符合預算的要求。
4. **審計制度**：預算執行完畢，經由超然獨立的機關加以審查，以確立有無任何錯誤或過失，如無，則解除行政機關的責任。

經過以上預算、會計、決算、審計四個程序，才能使政府財政收支得到最佳的運用與效果，而財務行政就是研究這四項制度的一套系統方法。

第二節　政府預算制度沿革

政府預算乃是國家歲入歲出的預定計畫，也就是國家在一定期間內 (通常為一年)，由行政機關預計政府經費支出的需要與收入的財源，使之收支平衡而編擬的計畫，並經立法機關通過，做為該時期政府收支的準則。[5] 預算乃是以金錢數字表示的政府的施政計畫，它是財務行政的基礎，而預算是否妥當，對於一國的政治、行政、經濟與社會都會產生影響。

本節將說明百年來政府預算制度的沿革，先闡述傳統預算制度之內涵，次而說明計畫與績效預算制度、設計計畫預算制度、零基預算制度及新績效預算制度。

一、傳統預算制度

傳統預算制度包含行政、總額、項目及功能預算制度四項，[6] 逐一說明如下：

(一) 行政預算制度

美國在進步年代 (The Progressive Era, 1895-1910) 時的預算決策強調公民參與，即透過公聽會說明預算需求。1909 年 Taft 總統批判公民參與的無效率，主張預算編製應由政治菁英 (總統) 負責。1921 年以前，聯邦預算案由國會負責，參、眾兩院的委員會擁有管轄撥款權，每年通過許多零散且互不相關的撥款案，而非單一的預算案，此制的問題即在於缺乏有效地支出控制，且政府支出無完整的分類。1921 年行政預算制度新興，改革舊制，授權行政首長 (總統) 負責編製預算與執行預算，原因在於行政首長乃最明白所屬機關的預算，所以可藉由預算控制支出、配置資源、規劃新政策及管制成果，使政府機關的運作達到有效率與經濟。[7] 此制度的優點在於，行政首長可將預算按工作、功能、機關別和支出目的予以劃分，預算代表有財務支援的工作計畫，如此將使政府的施政更符合國家與社會的需要。[8] 惟其可能產生下列諸項缺點：

1. 由於此制過分重視項目的支出控制，對工作計畫和方案績效缺乏關注。
2. 偏重投入面(金錢、人員和物質)。
3. 忽視成果或產出。
4. 缺乏計畫導向。
5. 未明示計畫的目標、成本和成效。
6. 偏重於每一支出項目的邊際改變，而非定期地檢討所有計畫的效率。
7. 預算作業方式經常忽視當前決策對未來施政計畫和財政負擔的影響。
8. 無適當的績效指標及測量制度，對政府工作計畫和方案的有效性難以分析。

(二) 總額預算制度

總額預算 (Lump Sum Budgeting) 是一種較為簡單的預算形式，每一類別的預算項目都包含一大筆資金，例如，國家總額預算的項目可分為國防、社會計畫、公共建設等。總額預算的特點包含：首先，它是一種比較容易製作、修正和理解的形式；第二，專注在比較廣泛的問題，而非一些容易使人混淆的細節與小問題；第三，總額預算的形式有助於降低衝突，例如，國防支出的總額達成共識，就已完成此項的預算編列，而不需要爭論具體的國防方案；第四，總額預算對於管理者具有相當大的吸引力，其理由是管理者可因應環境的變化而彈性的執行預算。總額預算受批評之處包含：當預算管理者欲瞭解計畫或服務預算變化時，總額預算則提供較少的資訊；再者，由於預算內容缺乏細節，使得官僚體系擁有較大的行政裁量權；最後，由於預算中涵蓋的資訊較少，這對於協調不同計畫或設定優先順序造成限制。

(三) 項目預算制度

項目預算 (Line-Item Budgeting) 改進傳統行政預算制度的缺點，將各計畫成本重新按較為廣泛接受的機關別和支出目的予以分類，再細分不同收支出項目。此制被認為是管制和資源管理的利器，藉集中於支出項目而非寬鬆的計畫成本估計，規定每一機關必須為所通過的預算負責。項目預算的優點是，如果運用得當，有助於降低無謂的開支，提供預算管理者政府支出的相關資訊，並且給予民選官員較多控制官僚體制的機會。然而，目標支出預算受批評之處

有:第一,鮮少提供機關實際預算細目的相關資訊;其次,項目預算較少提及計畫預算變動的影響。舉例而言,若需裁減人力,此制無法知道機關人員的業務或表現,難以確認服務的成效。

(四) 功能預算制度

1940 年代針對傳統行政預算制度的缺點而發展出此制,**功能預算制度** (Functional Budgeting System) 將政府支出按照目的或功能予以分類,而非僅考慮支出項目以期使決策者可粗略地瞭解某些政府功能的成本。功能劃分通常分成國防支出、外交、一般行政、經建支出、交通、農業、衛生、環保、教育、社會福利、債務支出等,輔以機關別與支出項目等分類。此制為第一個不按傳統機關別和支出項目來編列預算的制度,藉著對政府主要功能成本的標示,方便預算優先順序的討論,促成按政府計畫編列預算及分析成本。

二、計畫與績效預算制度

計畫與績效預算制度 (Program and Performance Budgeting System) 的興起可追溯至美國新政時期,當時此制目的只在於對政府活動的產出成本予以衡量即可,亦即,確認政府活動是否有效地支用公共資金。美國農業部首創此預算制度 (鮑爾一、沈熾林,1986),主張將成本效益分析技術應用於預算之編製,此制能夠顯示需要資金的目的和目標,為達成這些目標的計畫成本及在每一計畫下所完成工作的數量資料。

績效預算包含項目支出預算和機關人員的業務、工作量與設備使用等資訊。藉由業務、工作量與設備使用方面的資訊,績效預算比總額預算或項目支出預算更明確提供預算變化時可能產生的影響。由於績效預算注重業務與工作量,因此可以提升公務機關的生產力。

具體言之,計畫與績效預算可能按職能別、計畫別、業務別或用途別來編列,預算編製先確認計畫和計畫成本,測量每一項活動完成的工作量及完成此工作的時間和成本,就每一項活動的測量單位、所需完成的工作量、單位時間和成本,計算其總時間和成本。以每一項活動或成本中心的工作計畫來編列機關預算,再按計畫分配資金,以預算執行的季績效報告作為資金分配的參考基礎,測量完成每項活動達成機關的短期和長期計畫目標之程度。[9]

計畫與績效預算的優點包含：第一，彙整工作計畫及所需成本的數據資料，每一項活動的測量單位、工作量、單位時間與成本計算較為精確，可以減少或限制許多無謂的追加預算，利於決策單位對計畫的取捨做決定；第二，提供明確的計畫之投入與產出資料，利用績效預算做為有效控制之工具，加強行政管理外，也便利立法機關審議預算、審計機關審計決算並掌握行政部門的施政計畫；第三，促使機關人員對成本之警覺性，提高工作績效，倘業務或工作有不合理或浪費之現象時，較易發覺，並能適時糾正。

此制度受批評之處有：第一，預算籌編工作需要投入大量的人力，此制基礎在於工作計畫的擬定，由於測量單位不易確定，以及需要大量熟悉計畫與預算的人員參與，因此計畫常流於形式；第二，由於機關和其人員的工作內容會引發爭論，因此績效預算會產生更多的政治衝突；第三，政府行政工作與活動常是抽象無形的，產出往往很難量化，如果過度簡化業務的績效測量，可能會扭曲機關的整體運作；第四，各機關過分重視績效或盡量訂定容易有成果的工作計畫，往往誇張其計畫所需成本，以求獲得較多之經費預算，造成計畫之策定，與實際業務情況發生脫節。而對於長期性或績效不易顯現的計畫反而不願辦理；最後，績效預算通常不關注這些業務是否完成，而重視投入資源多寡之問題。

三、設計計畫預算制度

設計計畫預算制度 (Planning Programming Budgeting System, PPBS) 源自 1915 年杜邦公司 (Dupon Company) 所引進的**計畫預算** (Program Budgeting) 觀念，[10] 但當時不受重視。自 1949 年到 1960 年間，美國蘭德公司 (Rand Company) 為美國空軍研究有關武器系統分析之計畫預算時，發展形成設計計畫制度。在 1961 年以前，美國國防部對預算制度與軍事兩項工作常視為不相關的業務，結果常造成預算與計畫無法配合的困境。1961 年美國國防部正式採用此制，執行得相當成功，於是 1965 年詹森總統要求聯邦政府 21 個行政部門推行此制。

設計計畫預算制度係將目標的設計、計畫的擬定及預算之籌編三者相結合的預算制度，主要分成幾個部分：首先，它包含不同年度的支出計畫，改革者希望鼓勵官員可以全面性思索預算的編製，而非僅考慮下年度的預算規劃；再

者，計畫預算要求計畫或活動的預算目標應一致性，無論機關或部門是否有參與這些活動；第三，計畫預算亦需要系統性分析機關活動的影響；最後，計畫預算應涵蓋可達成重要社會目標之不同備選方案的討論、仔細分析不同方案的成本效益，並且清楚解釋這些方案的優點。總而言之，改革者希望計畫預算可以助於消除未能產生顯著績效並有效運用資源的計畫，並且嘗試結合計畫的成果與預算過程評估，確保政府的施政績效。

此制主張應對政府活動的結果進行評估，及運用眾多的衡量方法來檢驗政府計畫活動與組織目標之關係。整個制度集中在將預算置於長期目標下，以多年度計畫 (一般為 5 年) 為基礎，執行時採分年實施，選擇替代方案，以達成政府計畫目標，藉由各種有力的分析工具，如系統分析、成本效益分析與成本效能分析等，保證資金的配置能達到最大的理性與效率。具體而言，此制包含：可測量的計畫或服務目標、達成此服務目標的替代方案、對這些替代方案所作的成本效益分析，以及多年度預算過程等四種要素。

歸納設計計畫預算制度的優點有下列四項：[11]

1. **提高行政效率**：將目標的設計、計畫的擬定與預算之籌編結合，建立一系統概念，並輔以精密的數量分析，使預算更臻完善，提升政府工作效率。
2. **資源配置與長期計畫結合**：在政府長期經建計畫及施政目標規範下編製預算，對有限資源作最適當的分配。
3. **彈性調整**：對於計畫與目標進行繼續性的檢討分析，依財務狀況的變動或其他需要，作適時調整。
4. **提供經營管理發展方向**：提供計畫的成果評價、支出會計，以及進度報告，可做為管理制度發展之參考。

設計計畫預算制度雖有其優點，然而，對此制度的主要批評在於，嚴謹的計畫影響評估是非常困難且耗時費力的，缺點有下列四項：[12]

1. **目標設計的困難**：全面建立政府各機關的工作目標並非易事，當工作目標無法明確界定時，計畫的優先順序亦難排列。
2. **產出量化的困難**：政府機關的產出和服務，往往難以量化，當產出無法量化時，效益的評估將遇到困難。

3. **資料蒐集的困難**：為求精密計算各項替代方案的成本與效益，理論上必須以龐大的基本資料為必要，此種資料的蒐集，需要人力、財力的充實，否則難竟其功。

4. **計畫選擇的困難**：設計計畫制度的精神在完全以科學客觀的分析做為選擇計畫的依據，但實際上，計畫的選擇要完全擺脫政治的影響，是非常困難之事。

四、零基預算制度

零基預算制度 (Zero-Based Budgeting System, ZBBS) 於 1970 年德州儀器公司 (Texas Instrument Company) 開始試行，結果十分成功，復由創始人彼得‧皮爾 (Peter A. Pyhrr) 於《哈佛商業評論》為文鼓吹，引起當時喬治亞州州長吉米‧卡特 (Jimmy Carter) 之注意，將其延攬至該州，1977 年卡特入主白宮，預算管理局試圖將成本效益分析之理論融入的預算決策中，乃倡議推行零基預算制度，從而政府各項預算決策皆採此制度。[13] 零基預算制度下，預算過程不再只注意新的或擴張性的計畫，所有預算要求不論新舊，一律從出發點開始審查 (零基)，站在同個立足點來競爭有限的預算資源，以求及時發現效益不彰的作為，杜絕資源浪費及缺乏效率之情事發生，或將資源移轉至其他優先順序較高或效益較高的計畫上，這種做法使得預算分配更具彈性。

零基預算的主要作業流程在於編列預算提案時，應先確認**決策單位** (Decision Units)，即各機關將業務範圍切割為相對獨立單位，並且這些單位通常無法進一步細分。提案亦應涵蓋分析不同資金水準下可能產生的績效；其次，**決策案** (Decision Packages) 是依據優先順序調整支出編列與運用最有效生產方式增加效用；最後，**決策制定** (Decision Making) 由上而下和由下而上的決策制定同時開始，上層管理將提供政策指導和協助，幫助下層主管確定其目標；下層主管將考量完成目標的各項替代方案，以及在不同資金水準預算下的結果。同時，下層主管先將決策案依優先順序排列，然後將排列好決策案逐層往上遞送，上級機關再予以審查、刪除、修正或補充，為方便上級機關作業、個別決策案可依相關性予以整個歸類。

零基預算制度的優點有下列三項：[14]

1. 詳細比較各機關計畫與建立優先次序，可節省大筆經費。
2. 對機關計畫進行優先順序的做法有利對不同機關有相同或相關計畫的全盤分析。
3. 可終止不必要的計畫，將資源移轉至其他高優先或高效益的計畫上，使預算分配增加彈性。

惟零基預算制度也有其缺點：

1. 以零為基礎的計畫審查，不適用於大範圍和以前未發生的新事件。
2. 以往的預算分析注重對邊際支出水準的遞增投入與產出，而零基預算並未能對現有活動發展出替代方案。
3. 每一活動的現行服務水準是分析的起點，以此作基礎，各機關經常任意地乘以不同百分比來做成決策案內不同資金水準的預算，意即各機關在編製預算案時並未做適當的分析，而是採取任意百分比分配方式做成決策。
4. 各機關皆試圖發展出適當的標準來排列決策案的優先次序，但弔詭的是，由於績效資料經常不確實，目標也是模糊且重複的，造成特定決策案與目標的連結產生問題，因此欲排列適當的決策案優先順序將十分困難。
5. 此制產生的工作負荷量很大，如文件總量的擴增驚人。

五、新績效預算制度

1990 年代可說是新績效預算制度 (New Performance-Based Budgeting) 或企業精神預算制度 (Entrepreneurial Budgeting) 的年代。這一波的預算改革雖從 1950 年代的「績效預算」與 1960 年代的「設計計畫預算制度」中擷取了部分的概念與做法，但是它與這兩個制度亦有相當的差異。不同於過去績效預算關注政府的工作、作為、產出、投入或過程，新績效預算可稱為「任務導向預算」，所關切的重點是政府施政的成果或結果。

廣義的績效預算包含績效基礎、計畫基礎及零基的預算方式 (National Conference of State Legislatures, 1999)。績效基礎的預算是指，預算依照各機關預期的績效程度來分配，預算中包含績效測量 (Performance Measures) 及績效目標 (Performance Objectives)。計畫基礎的預算是指，預算分配是依照機關的計畫或服務，預算中包含計畫的目標、活動，以及與其相關的計畫輸入與輸出。零

基預算是指，預算的編列從零計起，不管目前的預算水準或用度，預算中包含所有支出的評估與分析。新績效預算之內涵包含下列各項：[15]

1. 以「結果」及任務 (Mission) 為導向的預算，而非以「投入」或「過程」為導向的預算。因而建立可衡量的目標 (Measurable Objectives) 及績效指標 (Performance Indicators) 為機關主管課責之基礎。
2. 授權公務人員以最有效方式達成任務。
3. 彈性預算及預算科目流用使主管更有效運用資源，並將今年未用盡之預算保留至下年度。
4. 建立誘因機制以確保預算落實。

上述新績效預算強調績效指標、結果導向、授權、彈性、資訊落實等基本內涵，目的是希望將預算執行由過往之「防弊導向」轉為「興利導向」。

第三節　我國政府預算過程

政府預算過程是一種決策過程 (Decision-Making Process)，其最終目的在於資源的配置，通常可分為四個階段：預算籌編 (Preparation)、預算審議 (Approval)、預算執行 (Implementation)、決算 (Final Report) 與審計 (Audit)，茲分述如下：[16]

一、預算籌編

預算籌編是指，政府各機關依據未來年度施政方針、預算籌編原則及預算的編審辦法，訂定施政計畫，並依據具體資料確實估算收支預算，編製完成預算書，再經由各主管機關與中央主計機關審核彙編成總預算案，於規定期間內送請立法機關審議。預算籌編的過程中，各機關扮演的角色是各項政策的擁護者，為其政策與計畫盡力爭取預算，同時往往是預算極大化的追求者；中央主計機關則扮演守門人的角色，在總資源的限制下，對各項預算需求予以審核，並提出意見供最高行政首長做抉擇。財政寬裕的情況下，可能偏重由各機關由下而上 (Bottom-Up) 的彙總方式編製預算，再經由中央主計機關彙總而成，預算以上一年度的額度為基礎採遞增方式成長；而在財政緊縮期，預算的編製則

可能由預算主管機關先確定各機關歲出總額度，或控制總預算成長的幅度，再**由上而下** (Top-Down) 的編製預算，如表 7-1 與表 7-2 所示。

我國中央政府總預算案之提出須詳擬預算編製說明，附於預算案之首，主要內容有：

表 7-1　中央政府年度總預算案編審程序表

階段	時程	重要作為
中程歲出概算額度之核定	上年 9 月到 12 月	辦理未來 4 年中程預算收支推估。 行政院核定未來年度中程歲出概算額度。 各機關據以妥適安排並擬定未來年度中程施政計畫。
預算之籌劃及收支政策之擬定	當年 1 月到 4 月	行政院核定下年度施政方針。 行政院核定下年度預算籌編原則。 行政院核定下年度總預算編製辦法。
概算之擬編之核定	當年 4 月到 5 月	各機關依照施政方針、預算籌編原則、預算編製辦法之規定，在行政院核定下年度中程歲出概算額度範圍內，擬編下年度施政計畫及概算，並送行政院審議。
	當年 5 月到 8 月	向行政院院長簡報最新財經情勢，並確立下年度概算審核原則。 行政院年度計畫及預算審核會議據以審查各機關擬編之下年度概算。 各機關依據前述審議結果編製下年度預算案。
彙編總預算案	當年 7 月到 8 月	向總統簡報下年度總預算案核列情形並確立數額。 彙編下年度總預算案。 行政院會議通過下年度總預算案並函送立法院審議。
預算之審議	當年 9 月到 12 月	行政院長、主計長及財政部長赴立法院報告下年度總預算案之編製經過。 立法院議決下年度總預算案。 總統公布下年度總預算。

資料來源：行政院主計總處，http://www.dgbas.gov.tw/public/Attachment/5151512471.doc

表 7-2　113 年度中央政府總預算案編製日程表

預定起訖日期						辦理天數	辦理事項	負責辦理機關
年	月	日	年	月	日			
112	1	16	112	2	15	31	研提全國總資源供需初步估測資料與增進公務及財務效能之建議以供行政院制定施政方針之參考。	行政院主計總處
	1	3		3	31	88	行政院訂定 113 年度施政方針。	行政院
	3	1		4	14	45	訂定 113 年度中央及地方政府預算籌編原則分行中央各主管機關及地方政府。	行政院主計總處
	3	1		5	5	66	訂定 113 年度中央政府總預算編製辦法分行各機關。	行政院主計總處
	5	8		5	26	19	各機關依據當前施政重點，於 113 年度中程歲出概算額度範圍內編妥概算。	中央各機關
	5	29		6	16	19	根據國內外最新情勢就總資源供需情況再加以估測。	行政院主計總處
	5	1		7	7	68	各機關完成 113 年度施政計畫編擬作業。	行政院所屬各機關
	5	26		7	14	50	核計國營事業 113 年度繳庫股息及紅利數額。	行政院主計總處
	5	26		7	14	50	檢討各項收入。	財政部
	5	26		7	14	50	完成支出審核作業。	行政院主計總處
	7	17		7	20	4	整理收支審查結果。	行政院主計總處
	7	20		8	11	23	彙編完成行政院 113 年度施政計畫。	國家發展委員會
	7	20		7	20	1	向院長簡報 113 年度中央政府總預算案籌編有關事宜。	行政院主計總處
	7	26		7	26	1	舉行年度計畫及預算審核會議，核定中央各機關歲入歲出預算額度。	行政院主計總處
	7	26		7	31	6	直轄市及縣(市)政府報送 113 年度各該地方政府全盤預算收支情形。	各地方政府
	7	26		7	31	6	根據核定歲出歲入預算額度編擬單位預算送主管機關。	中央各機關
	7	31		8	4	5	根據歲入歲出預算額度修正原提總資源供需估測報告，並邀集民間機構、專家與學者進行外部評估。	行政院主計總處
	7	31		8	4	5	審核彙編主管預算送行政院主計總處，並將歲入預算送財政部。	中央各主管機關
	8	1		8	31	31	彙整編送依《預算法》第 41 條第 3 項規定，中央各機關投資其他事業之營運及資金運用計畫至立法院。	中央各主管機關
	8	1		8	31	31	彙整編送政府捐助基金累計超過 50% 之財團法人及日本撤退臺灣接收其所遺留財產而成立之財團法人年度預算書至立法院審議。	財團法人之目的事業主管機關
	8	1		8	31	31	彙整編送前項以外之政府捐助財團法人營運及資金運用計畫至立法院。	財團法人之目的事業主管機關
	8	1		8	31	31	彙整編送依《行政法人法》第 35 條規定，中央各機關核撥經費之行政法人年度預算書至立法院審議。	行政法人之目的事業主管機關
	8	4		8	4	1	向總統簡報總預算案核列情形。	行政院主計總處
	8	4		8	8	5	綜合各機關歲入，編成歲入預算送行政院主計總處。	財政部
	8	4		8	17	14	彙整中央政府總預算案。	行政院主計總處
	8	17		8	17	1	完成中央政府總預算案款項目節編號，並上載於 GBA 維護服務網供各機關核對。	行政院主計總處
	8	17		8	17	1	行政院 113 年度施政計畫提報院會。	國家發展委員會
	8	17		8	17	1	總預算案暨附屬單位預算及其綜計表提報院會。	行政院主計總處
	8	17		8	31	15	總預算案再予整理後，由行政院函送立法院審議並同時呈報總統及分行有關機關。	行政院主計總處

註：表列各項會議及簡報，均係預定時間，屆時再由行政院主計總處簽報或協調決定。
資料來源：行政院主計總處，http://www.dgbas.gov.tw/001/Upload/461/relfile/10693/231290/7-113 年度總預算案編製日程表.pdf

1. **施政方針提要**：政府預算案之編製，係以施政方針及施政計畫為依據，故須將政府施政重點摘要敘明，並據以分析總預算案收支與施政重點之配合情形。
2. **總預算籌編經過**：總預算案籌編過程中，必須衡酌國內外經濟發展情勢及當時全國總資源供需估測所顯示之趨勢，確定政府預算收支水準，把握施政重點，切實依照各項建設計畫之優先次序，擬定歲入、歲出審核要點，使預算收支趨於平衡為原則。
3. **國家經濟背景**：說明國家長期經濟發展計畫、當前經濟狀況、國民生產與就業狀況、物價變動因素對未來經濟發展之展望等；並進而分析總預算案收支對經濟發展配合措施之所在。
4. **政府財力資源統籌分配概況**：說明政府籌編預算一向以統籌全國財力資源合理分配並有效運用為基本原則。各級政府預算之編製，係依照財政收支劃分法及中央暨地方各級政府預算收支有關規定分別進行，並分析各級政府實質收支數額。
5. **總預算案收支核列情形**：分別歲入、歲出說明各類收支之列數，各占預算總額之百分比，以及與以前年度預決算數比較增減數暨增減之原因與項目內容等，進而分析收支之性質，以顯示總預算案收支之政策性。
6. **中央政府部門投資及資源運用分析**：就政府營業基金及非營業循環基金之資本收支，與總預算案之資本收支，性質無殊，必須一併觀察，方可窺知政府投注於經濟及社會發展之資力及其來源。
7. **國債運用狀況**：所有政府機關公債及其他長期性支付義務與負債，以往舉債數額，已陸續償還本息情形，尚待償付數額以及新會計年度內之舉債計畫等均應詳為分析。
8. **其他要點**：除以上所述七點外，有關總預算案編製之其他重要事項，如重要建設計畫進行情形與共同性事項之變更等，均予摘要說明。

主要預算總表有：

1. **歲入來源別預算總表**：顯示政府歲入來源別科目，按經常、資本門列數，及其分別所占歲入預算總額之比例。
2. **歲出政事別預算總表**：顯示政府歲出政事別科目，按經常、資本門分列，並分析其性質及其所占歲出預算總額之比例。

3. **歲出機關別預算比較總表**：按隸屬關係表達各主管機關所管支出之全貌，並與上年度預算數比較其增減變化之實況。
4. **歲出用途別科目分析總表**：本表按經常支出與資本支出劃分，經常支出再細分為人事費、業務費、維護費、材料費、旅運費等，資本支出細分為設備及投資、材料費、補助及捐助債務費等。

二、預算審議

各國財務立法之一般程序，係由行政機關編成預算後，由最高行政首長或財政部長向立法機關作口頭報告，立法機關代表全民行使同意權，先交付委員會審查然後提交大會討論並決定通過與否。通過後，政府各機關始得動用國家資源，審議通過之預算書即送還行政首長簽署公布，成為法定預算。

「為人民看緊荷包」並確保「納稅人的錢花在刀口上」的工作是民主政治下立法機關的重要任務，做為人民監督政府行政的主要工具。有些國家屬於威權領導方式，議會的預算審議僅具橡皮圖章之功能，聊備一格。各國立法機關，除美國以外，對於支出或收入之減少有自由議定之權，但不可為增加支出之決議。議會監督政府財政之原意，在減輕人民負擔，自不宜作增加負擔之決議。又議員為取悅其選民，難免不要求增加其對選民有利之支出，如此經費膨脹將無止盡。我國《憲法》第70條規定：「立法院對行政院所提預算案，不得為增加支出之提議。」

議會的預算審議功能，對於預算政策、規模與決策皆具影響力，並據以監督行政部門的資源使用效率，現代民主政治的主要精神之一是主權在民，因此，預算的審議多由立法部門負責審議，期能集思廣益，並透過各種意見溝通，達成民主控制的目的。我國立法院審議中央政府總預算的程序如圖7-1所示，依照《預算法》第46條規定，行政院於會計年度開始四個月前，應將下年度預算案提出於立法院審議，審議程序說明如下：

(一) 聽取報告並質詢

立法院收到行政院所送總預算後，即提報立法院院會交程序委員會排定日程，《預算法》第48條規定，立法院審議總預算案時，由行政院長、主計長及財政部長列席，分別報告施政計畫及歲入、歲出預算編製之經過。

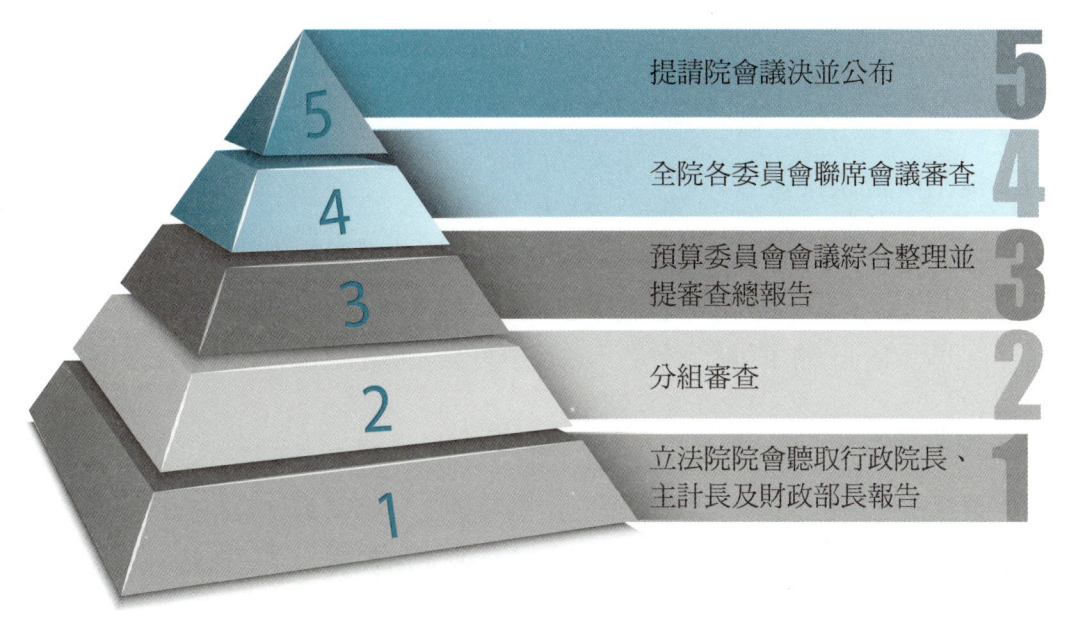

◈ 圖 7-1　我國立法院審議預算流程

(二) 分組審查

由預算委員會會同有關委員會,依分組審查辦法內所訂審查日程進行分組審查,立法院目前設置 8 個常設委員會,包含:內政委員會、外交及國防、經濟、財政、教育及文化、交通、司法及法制、社會福利及衛生環境,8 組同時進行分組審查,各組委員會分別就相關主管部會之預算進行審查。審查時,得邀各有關機關首長列席報告備詢,及提供有關資料。分組審查完竣,即由該審查會議推定委員 3 人到 5 人,將審查結果,起草書面報告,經各該審查會議通過後,提交預算委員會。

(三) 綜合整理並提審查總報告

預算委員會會議綜合整理,草擬書面總報告,俾提報全院各委員會聯席會議審查。前項綜合整理,如發現各組委員會審查意見有相互牴觸時,應由預算委員會召集有關各組委員會舉行聯席會議審查決議之。

(四) 聯席會議審查

由預算委員會召集其他各委員會舉行全院各委員會聯席會議,首先由各分組召集人就其審查結果提出報告,嗣後聯席會議審查通過各分組審查結果之書

面總報告。《預算法》第 53 條提及：「總預算案於立法院院會審議時，得限定議題及人數，進行正反辯論或政黨辯論。」

(五) 提請院會議決並公布

由預算委員會召集委員，根據總報告出席院會提出報告，依據《預算法》第 51 條規定，總預算案應於會計年度開始一個月前 (即 11 月底) 議決，並於會計年度開始 15 日前由總統公布之，預算中有應守秘密之部分，不予公布。

三、預算執行

預算執行是指政府總預算案經立法機關議定，國家元首公布施行後，各立法機關依法徵收稅收及獲得其他收入，並有效運用經費，完成施政計畫。預算執行之範圍是從法定預算開始至收支結束，辦理決算為止，預算執行期間是以會計年度為依據，但政府會計採用應計基礎，因此會計年度結束，政府收支行為仍未能全部終止，[17] 所以預算執行期間應自分配預算開始，至應收應付結清為止。預算的執行是將經立法通過的預算付諸實現，將預算轉化成行動與政策，亦即為生產公共財貨與勞務提供資金，這是預算成立的最原始目的。預算的執行著重分配預算的控制、收支管理及會計的稽核等工作，讓各項支出項目與用途及收入來源，皆符合法令規章之規定及預算編製之目的。對於預算科目間的流用亦應有適度彈性的設計，避免過度僵化，讓資金的使用更有效率，惟同時亦需避免過度寬鬆導致流弊發生。各機關應付不時之需有預備金、追加預算、特別預算等補救方式。

分配預算核定後，自應切實依照計畫執行，惟年度進行中難免基於各種因素，不能適應事實之需求，故必須作彈性之運用，但亦不可漫無限制。彈性運用之方法有四：

(一) 經費流用

《預算法》第 62 條規定，總預算案內各機關、各政事及計畫或業務科目間之經費，不得互相流用。但法定由行政院統籌支撥之科目及第一預備金，不在此限。亦即如果某一計畫或某一業務在年度進行中被撤銷或被緊縮，或因故未能完全執行，致有經費剩餘時，容許移用於其他計畫或業務。至行政院統籌支

撥之科目。在實例上，有配給公教人員實物經費、公教人員婚喪生育及子女教育補助，以及公教人員眷屬生活補助費等三項。[18]

《預算法》第 63 條規定，各機關之歲出分配預算，其計畫或業務科目之各用途別科目中有一科目之經費不足，而他科目有剩餘時，得辦理流用，流入數額不得超過原預算數額百分之二十，流出數額不得超過原預算數額百分之二十。但不得流用為用人經費，且經立法院審議刪除或刪減之預算項目不得流用。

(二) 預備金

我國有第二預備金及第一預備金兩類。《預算法》第 22 條，預算應設預備金，預備金分第一預備金及第二預備金兩種：第一預備金於公務機關單位預算中設定之，其數額不得超過經常支出總額 1%；第二預備金於總預算中設定之，其數額視財政情況決定之。

《預算法》第 64 條規定，各機關執行歲出分配預算遇經費有不足時，應報請上級主管機關核定，轉請中央主計機關備案，始得支用第一預備金，並由中央主計機關通知審計機關及中央財政主管機關。第一預備金設立目的係各機關執行分配預算不足時之救濟辦法，惟欲動用時其程序頗為嚴格，實寓有盡量減少動支之意。

《預算法》第 70 條規定，各機關有下列情形之一，得經行政院核准動支第二預備金及其歸屬科目金額之調整，事後由行政院編具動支數額表，送請立法院審議：

1. 原列計畫費用因事實需要奉准修訂致原列經費不敷時。
2. 原列計畫費用因增加業務量致增加經費時。
3. 因應政事臨時需要必須增加計畫及經費時。

(三) 追加預算

為因應較為重大事故之需，因特種法定之原因，以致原列歲出預算不敷實際需要時，可以向國會提出歲入歲出之補充預算，追加預算雖因必要之歲出超過預算而提出，但所提出之法案仍包含歲入及歲出兩部分，且兩者在形式上仍

須平衡。

我國《預算法》第 79 條規定，各機關因下列情形之一，得請求提出追加歲出預算：

1. 依法律增加業務或事業致增加經費時。
2. 依法律增設新機關時。
3. 所辦事業因重大事故經費超過法定預算時。
4. 依有關法律應補列追加預算者。

而各款追加歲出預算之經費，應由財政部籌劃財源平衡之。追加預算之編造、審議及執行程序，均準用關於總預算之規定。

(四) 特別預算

特別預算係於總預算之外所提出，與追加 (減) 預算不同，其收支並不列入年度決算之內，以免因臨時重大之特別預算收支納入後使總決算無法作合理常態之表達分析，及不因此影響年度預算之正常執行是為採行特別預算之本意，但必須加以嚴格限制以免浮濫。[19]

特別預算

近年特別預算包含下列各項：
1. 中央政府疫後強化經濟與社會韌性及全民共享經濟成果 (112 到 114 年度)。
2. 中央政府海空戰力提升計畫採購特別預算 (111 到 115 年度)。
3. 中央政府新式戰機採購特別預算 (109 到 115 年度)。
4. 中央政府嚴重特殊傳染性肺炎防治及紓困振興特別預算 (109 到 111 年度)。
5. 前瞻基礎建設計畫 (106 到 111 年度)。
6. 中央政府流域綜合治理計畫特別預算 (103 到 106 年度)。
7. 莫拉克颱風災後重建特別預算 (98 到 101 年度)。
8. 中央政府振興經濟擴大公共建設特別預算 (98 到 100 年度)。
9. 中央政府振興經濟消費券發放特別預算 (98 年度)。
10. 中央政府石門水庫及其集水區整治計畫特別預算 (95 到 100 年度)。
11. 中央政府易淹水地區水患治理計畫特別預算 (95 到 102 年度)。
12. 中央政府擴大公共建設投資計畫特別預算 (93 到 97 年度)。

(資料來源：行政院主計總處，http://www.dgbas.gov.tw/np.asp?ctNode=1800)

我國《預算法》第 83 條規定，有下列情事之一時，行政院得於年度總預算外，提出特別預算：

1. 國防緊急設施或戰爭。
2. 國家經濟重大變故。
3. 重大災變。
4. 不定期或數年一次之重大政事。

《預算法》第 84 條規定，特別預算之審議程序，準用關於總預算之規定。但合於第一款到第三款者，為因應情勢之緊急需要，得先支付其一部。

四、決算與審計

決算的目的在於，對預算執行結果做完整的報告，我國《決算法》第 2 條規定：「政府之決算，每一會計年度辦理一次，年度終了後二個月，為該會計年度之結束期間。」政府一年辦理一次決算並須於年度終了後二個月完成。政府決算之分類與預算之分類對應，按《決算法》第 3 條規定，政府之決算分為：總決算、單位決算、單位決算之分決算、附屬單位決算與附屬單位決算之分決算。如按收支項目區分，則有歲入決算與歲出決算，政府每一會計年度歲入及歲出，均應編入其歲入、歲出決算，其上年度報告未及編入決算之收支，應另行補編附入 (《決算法》第 4 條)。歲入、歲出決算之科目及其門類，應依照其年度之預算科目門類；如其歲入為該年度預算所未列者，應按收入性質另定科目，依其門類列入其決算 (《決算法》第 5 條)。決算亦可按基金之性質分類，分為普通基金決算與特種基金決算，特種基金決算又可分為：營業基金決算、非營業基金決算或事業基金決算、公債基金決算、其他特種基金決算。

行政院主計總處應就各機關編送之單位決算、主管決算、國庫主管機關編具之融資調度決算及國庫年度出納終結報告查核彙編中央政府總決算。行政院主計總處於查核彙編前項總決算，如發現各機關編造之歲入、歲出決算仍有不當或錯誤，應即予修正，並將修正事項分別通知審計部、財政部、主管機關及原編造機關。行政院主計總處對於各機關決算列有特種基金盈 (剩) 餘繳庫數額，經依規定審核後，如有增減逕行調整列入總決算。財政部對繳庫盈 (剩) 餘數額，如有意見得於次年 2 月底前送由行政院主計總處彙辦。行政院主計總處

為加強預算執行考核，增進財務行政效能，提前於次年 4 月底前編成中央政府總決算，並將各附屬單位決算 (包括營業部分及非營業部分) 彙編成綜計表，加具說明，隨同總決算於次年 4 月底前提經行政院會議通過後，函送監察院 (《決算法》第 21 條)。

審計是指預算執行完畢，由超然獨立的機關加以審查，在我國為監察院審計部，目的是確立有無任何錯誤或過失，如無，則解除行政機關的責任。審計相關內容將於第十四章詳細說明。

第四節　價值討論：效率、效能、公平、回應

預算的規模愈大，對政府支出的關注愈多，二十世紀晚期甚至發展出「**參與式預算**」的制度。從預算制度的發展歷史來看，民主國家對政府支出監督經歷了四個階段：第一個階段是立法機關緊緊盯住政府支出，透過分項或按支出目的撥款控制政府支出，也落實財務審計方式，確保資金真正用於授權的支出項目；第二階段是以管理為導向的監督，強調預算使用之效率，此與第一次胡佛委員會 (Hoover Commission, 1949 年) 期間的新政有關，政府施政需確保效率的達成，透過績效評估方法衡量效率；第三階段將監督之重點轉移到政府施政目標的落實，需要較長的期程，政府的許多目標不可能在一個預算年度內實現，因而需要較多年度的預算規劃與計畫，設計計畫預算制度即展現此精神；第四階段著重於財務管理，強調對公共資金的適當控制，也包括對政府部門的高績效期待。財務管理重視政府目標的成本效益分析，以確保政府健全的財務狀況，不僅關注預算中的資源分配，還要制定短期和長期資源需求的財務計畫，重點集中於計畫目標的達成，兼顧效率

參與式預算

巴西愉港 (Porto Alegre) 有 150 萬人口，相對於其他地區較為富裕。1988 年勞工黨贏得市長選舉，競選口號就是要民主參與及翻轉支出優先順序，以幫助地區較貧窮的社區獲得更多公共資源。經由參與式預算，巴西的公共資源開始偏向社會正義的方向，例如，健康/教育預算由 1985 年的 13% 增加到 1996 年的 40%。愉港的成功引起巴西許多大城市的仿效，在 2005 年到 2008 年之間，巴西十萬人以上的城市，有四成引進參與式預算。就整個拉丁美洲來說，也有 510 個到 920 個城市實施參與式預算，之後歐洲與美國，甚至臺灣的幾個縣市政府也相繼跟進。

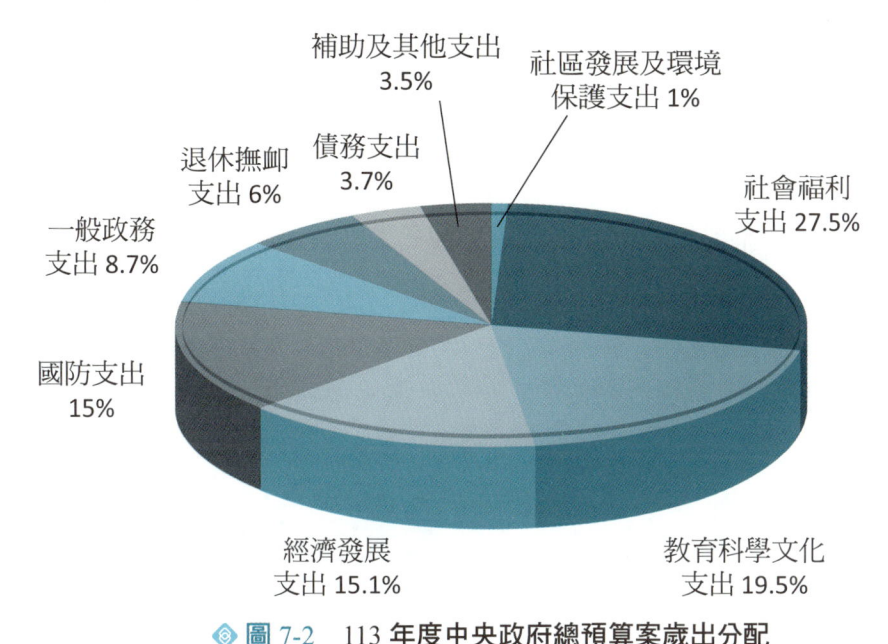

113年度中央政府總預算案歲出分配
總額：28,818 億元

- 補助及其他支出 3.5%
- 社區發展及環境保護支出 1%
- 退休撫卹支出 6%
- 債務支出 3.7%
- 社會福利支出 27.5%
- 一般政務支出 8.7%
- 國防支出 15%
- 經濟發展支出 15.1%
- 教育科學文化支出 19.5%

◎ 圖 7-2　113 **年度中央政府總預算案歲出分配**

與效能。

圖 7-2 為 113 年度中央政府總預算案歲出分配情形，113 年度總預算案歲出編列新臺幣 28,818 億元，就九項政事別排序而言：

1. 社會福利支出共編列 7,917 億元，占歲出總額 27.5%。
2. 教育科學文化支出共編列 5,612 億元，占歲出總額 19.5%。
3. 經濟發展支出共編列 4,342 億元，占歲出總額 15.1%。
4. 國防支出共編列 4,312 億元，占歲出總額 15%。
5. 一般政務支出共編列 2,516 億元，占歲出總額 8.7%。
6. 退休撫卹支出共編列 1,735 億元，占歲出總額 6%。
7. 債務支出共編列 1,076 億元，占歲出總額 3.7%。
8. 補助及其他支出共編列 1,011 億元，占歲出總額 3.5%。
9. 社區發展及環境保護支出共編列 297 億元，占歲出總額 1%。

政府經費支出分配於九項政事，與一般民眾較為相關者包含社會福利、教育科學文化與經濟發展支出，一方面彰顯政府「公平」提供每位公民平等的公

共服務，讓不同公民都可以獲得公平的對待，也「回應」一般大眾或政策利害關係人的偏好，預算案支出公平合理分配才可獲得立法委員認可，通過預算。

面對後疫情全球消費增加，通貨膨脹，美國聯邦準備理事會、歐洲中央銀行皆升息因應，我國中央銀行亦然。考量我國 2023 年經濟成長率較全球及主要經濟體相對穩健，另自 2022 年調薪以來，消費者物價指數亦持續成長，且民間企業平均薪資及基本工資亦持續成長。又為慰勉軍公教人員在過去 2 年防疫期間的辛勞及貢獻，因此核定 2024 年度軍公教員工調薪 4%。

Case 7：國內生產毛額

個案研究

財政為庶政之母，財政困窘之際，各國關注政府債務，表 7-3 為 OECD 各國 2022 年政府債務占其**國內生產毛額** (GDP) 的比例，愛沙尼亞最低 25.4%，日本最高 254.5%。

截至 2022 年，我國中央政府累計債務未償餘額決算數為新臺幣 5 兆 9,220 億元，如加計 2023 及 2024 年度預計債務舉借數並扣除債務償還數後，預估中央政府累計債務未償餘額為 6 兆 8,286 億元，約占前 3 年度 GDP 平均數之 30.2%，尚在《公共債務法》第 5 條規定上限 40.6% 之範圍內。

國內生產毛額

一個國家，在一定的期間內 (通常是一年) 所生產出來的財貨和勞務的市場價值。常用的統計方法有二：
國內生產毛額＝受僱人員報酬＋營業盈餘＋固定資本消耗＋間接稅－補助金
國內生產毛額＝政府最終消費＋民間最終消費＋存貨增加＋固定資本形成毛額＋商品及勞務輸出－商品及勞務輸入

問題討論

1. 比較於其他各國，我國債務嚴重嗎？
2. 如何由財務行政觀點解讀債務？
3. 政府預算編製、審議、執行與決算的重點為何？
4. 何謂特別預算、第一預備金、第二預備金？

表 7-3　2022 年 OECD 各國政府債務占 GDP 比率

1. 愛沙尼亞	25.4	19. 斯洛伐克	64.1
2. 盧森堡	29.4	20. 德國	65.4
3. 丹麥	34.7	21. 澳大利亞	70.8
4. 瑞士	37.5	22. 斯洛維尼亞	71.7
5. 立陶宛	37.9	23. 芬蘭	74.3
6. 智利	41.3	24. 奧地利	80.5
7. 挪威	42.5	25. 以色列	83.0
8. 土耳其	43.6	26. 冰島	102.3
9. 愛爾蘭	46.3	27. 比利時	103.8
10. 捷克	48.1	28. 英國	104.5
11. 拉脫維亞	49.7	29. 加拿大	113.3
12. 羅馬尼亞	51.6	30. 葡萄牙	115.1
13. 墨西哥	52.8	31. 西班牙	116.3
14. 瑞典	53.0	32. 法國	117.3
15. 荷蘭	54.3	33. 美國	144.2
16. 紐西蘭	56.6	34. 義大利	148.5
17. 韓國	57.5	35. 希臘	193.0
18. 波蘭	58.8	36. 日本	254.5

資料來源：OECD (2024), General government debt (indicator). doi: 10.1787/a0528cc2-en (Accessed on 11 February 2024).

本章習題

申論題

1. 政府預算過程包含預算編製、預算審議、預算執行和決算審核四大階段。請問目前我國政府預算過程之運作有那些主要缺失？請依階段順序說明之。 (105 年地特)

2. 中央與地方財政關係常有論爭，請從學理上來分析主張財政集權與分權的理由各為何？ (103 年高考三級)

3. 一個好的政府預算制度，應能發揮那些功能？試闡述之。 (102 年特考)

4. 何謂零基預算制度 (Zero-Based Budgeting System)？該預算制度有何優點？有何限制？試分項闡述之。 (101 年特考)

5. 1990 年代後，世界上許多主要國家紛紛改革其政府財務管理的做法，大力推行績效預算的制度。請說明績效預算制度的內涵；若要在我國推行類似的制度，你認為必須有那些制度、管理措施或政治運作的配合？ (100 年高考)

選擇題

1. 根據我國相關法律之規定，有關中央政府決算流程之順序，下列何者正確？
   (A) 行政機關編造→立法機關審議→審計機關審核
   (B) 行政機關編造→審計機關審核→立法機關審議
   (C) 審計機關編造→行政機關審核→立法機關審議
   (D) 審計機關編造→立法機關審議→行政機關執行 (113 年關務特考三等)

2. 中央政府各主管機關應遵照下列那一個機關頒行之「施政方針」，擬定其主管之施政計畫與歲入、歲出概算？
   (A) 總統府 (B) 行政院
   (C) 財政部 (D) 行政院主計總處 (112 年地特四等)

3. 下列何者負責彙編中央政府總決算？
   (A) 中央銀行 (B) 行政院主計總處
   (C) 行政院決算中心 (D) 財政部 (112 年地特四等)

4. 下列何者與擴大預算執行之彈性較無相關？
   (A) 經費流用 (B) 第一預備金
   (C) 追加預算 (D) 權責會計 (112 年地特四等)

5. 預算法第 43 條第 1 項規定：「各主管機關應將其機關單位之歲出概算，排列優先順序，供立法院審議之參考。」最接近下列何種預算制度的特徵？

(A) 項目預算 　　　　　　　(B) 績效預算
(C) 功能預算 　　　　　　　(D) 零基預算　　　　　　(112 年地特四等)

6. 有關政府預算編製的敘述，下列何者錯誤？
   (A) 應享權益 (entitlement) 支出為政府依法必須支付的項目
   (B) 行政首長過去做過的承諾常會影響預算編製
   (C) 立法部門可透過審查預算的附帶決議，達到凍結預算的效果
   (D) 指定用途的基金數額越大，政府規劃一般政事支出預算的自主性就越大

   (112 年地特三等)

7. 下列那一種政府預算制度，最強調支出的控制功能，而較不重視積極的管理與規劃功能？
   (A) 計畫預算 (program budgeting)
   (B) 項目預算 (line-item budgeting)
   (C) 零基預算 (zero-based budgeting)
   (D) 績效預算 (performance budgeting)　　　　　　(112 年地特三等)

8. 下列何項預算改革可視為是對 1964 年間，美國學者維達夫斯基 (A. Wildavsky) 所提起之預算漸增主義 (budgetary incrementalism) 最大的反動？
   (A) 功能預算 　　　　　　　(B) 績效預算
   (C) 零基預算 　　　　　　　(D) 參與式預算　　　(112 年身心障礙特考)

9. 公共預算過程主要關注點之一在於讓有限的公共資源獲得最有價值的使用。此種功能稱為：
   (A) 經濟穩定功能 　　　　　(B) 財務漸進功能
   (C) 經濟發展功能 　　　　　(D) 行政效率功能　　(112 年身心障礙特考)

10. 依據我國預算法的規定，中央政府各行政機關應依據行政院所訂定的施政計畫，擬定其下一年度的概算。下列何者最不符合此一規定？
    (A) 功能預算制度 (functional budgeting system)
    (B) 績效預算制度 (performance budgeting system)
    (C) 設計計畫預算制度 (planning-programing-budgeting system)
    (D) 企業化預算制度 (entrepreneurial budgeting system)　　(112 年薦任升官等)

11. 有關我國中央政府特別預算和年度預算之比較，下列敘述何者正確？
    (A) 年度預算須於年度開始 4 個月前提出審議，特別預算無提出時程之限制
    (B) 年度預算包含經常支出和資本支出，特別預算僅包括資本支出
    (C) 年度預算不得以賒借收入充當財源，特別預算無此限制

(D) 年度預算須經立法機關三讀通過，特別預算只須行政院院會通過

(112 年薦任升官等)

12. 下列有關我國政府債務舉借之敘述，何者正確？
    (A) 債務基金主要的功能為規避舉債上限
    (B) 根據公債法，各級政府舉債之上限為定額限制
    (C) 各級政府之舉債皆受存量與流量的規範
    (D) 政府之經常門收入包含舉債收入 (105 年地特三等)

13. 下列有關「績效預算制度」(performance budgeting) 的敘述，何者錯誤？
    (A) 績效預算是運用科學管理方法來進行預算的編制，依據政府的工作計畫，就完成工作計畫中每一項工作所需之成本而編制的預算
    (B) 「績效預算」一詞，為美國總統所轄的胡佛委員會 (Hoover Commission) 於 1949 年對國會報告，在敘述聯邦預算應有的改進時首先使用
    (C) 績效預算是以政事 (function)、施政計畫 (program)、業務計畫 (activity) 和工作計畫 (project) 為預算科目的分類
    (D) 績效預算以長程規劃為中心，以管制為手段，以提高行政效率為目的

(104 年高考三級)

14. 關於政府會計的功用，下列何者錯誤？
    (A) 供各級政府對收支考核
    (B) 取信於民
    (C) 決定施政計畫的參考
    (D) 主要為編製預算案之參考 (104 年普考)

15. 下列何者為政府預算循環過程？
    (A) 預算審議→決算審計→預算編製→預算執行
    (B) 預算審議→預算編製→決算審計→預算執行
    (C) 預算編製→預算執行→預算審議→決算審計
    (D) 預算編製→預算審議→預算執行→決算審計 (104 年地特四等)

16. 有關資本預算財源籌措，以一般租稅收入因應，等到有充裕的資金始進行資本建設，稱為：
    (A) 財務融資制   (B) 使用時付費制
    (C) 隨收隨付制   (D) 平衡預算制 (103 年普考)

註

[1] List, F. (2005). *National System of Political Economy*. N. Y.: Cosimo Classics。

[2] 徐仁輝 (2014)。**公共財務管理：公共預算與財務行政**。臺北：智勝文化事業有限公司。

[3] 林華德 (1998)。**當代財政學**。臺北：大中國圖書公司。

[4] 張潤書 (2006)。**行政學**。臺北：三民書局股份有限公司。

[5] 張潤書 (2006)。**行政學**。臺北：三民書局股份有限公司。

[6] 徐仁輝 (2014)。**公共財務管理：公共預算與財務行政**。臺北：智勝文化事業有限公司。
李允傑、孫克難、李顯峰、林博文 (2007)。**政府財務與預算**。臺北：五南圖書出版股份有限公司。

[7] 徐仁輝 (2014)。**公共財務管理：公共預算與財務行政**。臺北：智勝文化事業有限公司。

[8] 李允傑、孫克難、李顯峰、林博文 (2007)。**政府財務與預算**。臺北：五南圖書出版股份有限公司。

[9] 徐仁輝 (2014)。**公共財務管理：公共預算與財務行政**。臺北：智勝文化事業有限公司。
李允傑、孫克難、李顯峰、林博文 (2007)。**政府財務與預算**。臺北：五南圖書出版股份有限公司。

[10] 林文山 (1974)。論成本效益分析。**主計月報**，**37**(4)，70-84。

[11] 徐仁輝 (2014)。**公共財務管理：公共預算與財務行政**。臺北：智勝文化事業有限公司。
李允傑、孫克難、李顯峰、林博文 (2007)。**政府財務與預算**。臺北：五南圖書出版股份有限公司。

[12] 徐仁輝 (2014)。**公共財務管理：公共預算與財務行政**。臺北：智勝文化事業有限公司。
李允傑、孫克難、李顯峰、林博文 (2007)。**政府財務與預算**。臺北：五南圖書出版股份有限公司。

[13] 張鴻春 (1986)。成本效益分析之探討。**主計月報**，**61**(4)，13-16。

[14] 莊義雄 (1997)。**財務行政**。臺北：三民書局股份有限公司。
徐仁輝 (2014)。**公共財務管理：公共預算與財務行政**。臺北：智勝文化事業有限公司。

[15] 郭昱瑩 (2002)。地方發展之困境與展望。**研考雙月刊**，(229)，57-65。

[16] 徐仁輝 (2014)。**公共財務管理：公共預算與財務行政**。臺北：智勝文化事業有限公司。

[17] 張潤書 (2006)。**行政學**。臺北：三民書局股份有限公司。

[18] 莊義雄 (1997)。**財務行政**。臺北：三民書局股份有限公司。

[19] 林華德 (1998)。**當代財政學**。臺北：大中國圖書公司。

第八章
組織設計與結構

現代化組織的特徵就是經由理性化的設計，使得其中的人能以最有效率和效能的方式來達成預定的目標。

組織在進行規劃的階段中，決定策略、政策與計畫的內容之後，接下來的挑戰就是有效地執行已經訂定的決策。然而，用文字表達的策略要如何轉化成組織實際的行動呢？

組織功能 (Organizing Function) 是根據組織訂定的策略，將行政系統中的個別元素 (人員、設備與經費等) 結合起來，以形成一定的結構與運作流程來執行策略。行政者往往可以模仿或複製其他組織的策略內容，但卻難以模仿其他組

織的獨特配置。因為組織功能的運作除了表面上的職位、小組、部門、層級等結構，還包括人力資源的運用、人員之間的互動過程，以及潛藏在表面之下的組織文化，而以上這些才是組織持續性競爭優勢的來源。

從組成者的類型來區分，組織可分為政府機關、私人企業、非營利組織，以及合作型組織。[1] 本章是組織篇的第一章，主要是介紹政府機關的組織設計及結構。我們首先會介紹政府部門中所謂「官僚組織」的特徵與優缺點；其次，本章將列出形成組織結構的元素，探討這些元素如何相互結合以實現組織的目標；最後，本章將描述當代政府部門組織結構的特性與優、缺點，進而討論影響政府部門組織設計的價值。

第一節　理性化的官僚組織

現代化組織的特徵就是理性化的設計。古代的文明相信超自然的力量或神秘的傳統與風俗，而「理性化」使得人類組織開始接受效率化、系統化、精確化的原則，強調手段跟目的之間要以最直接的方式來連結運作，這也就是德國社會學家韋伯(Max Weber)所指出的人類分工合作模式從「傳統型」的組織，發展為「理性─合法」(Legal-Rational)的**官僚組織** (Bureaucracy)的過程。

顧名思義，「理性─合法」的官僚具有以下的特徵：[2]

1. 組織依法平等對待所有的成員。
2. 根據每一職位所需的專業、技術或資歷，來選拔、任用以及管理組織的成員。
3. 所有的職位都是屬於組織的，而非屬於任何職位中的個人。換言之，組織成員沒有正式職位規範外的特權，不得運用職位來獲取個人的利益。
4. 組織中的人員被賦予明確的工作職責，並須根據組織規範達成一定的工作產出。
5. 針對組織中的工作與產出，保存詳盡的官方紀錄與檔案。
6. 基於組織管理的目的，訂定出正式的法規和管理制度，而這些法規制度就是組織的最高權威。
7. 組織中所有的人，包括行政者與一般成員，都有義務遵守組織的法規，即使是高層主管也不能違反與員工之間的僱用契約。

官僚組織的精神就是要去除個人化的因素，以一致性的工作規範處理組織日常的任務，所以官僚組織往往會比傳統型組織具有更高的效率。然而相對而言，去除個人化因素也可能產生負面作用，例如忽略了情況的特殊性，或組織成員之間的個別差異。此外，一致性的規範雖然可在穩定的環境中提升工作效率與產出的可預測性，但遭遇環境變動時，也會因為法規僵化而缺乏彈性與隨機應變的能力。

從以上可知，「組織」是一種複雜矛盾的功能。公共行政者必須將行政系統中的人員、設備及經費等元素，以最理性化的方式來連結，但同時又必須盡量降低官僚組織的負面作用，以提升組織成員及服務對象的滿意程度。

第二節　組織的配置

行政者確定組織必須完成的任務後，應根據任務需要發展出必要的工作內容，進而規劃各種職位及部門的配置 (Configuration) 方式，使得人員能相互連結而有效地完成預定的任務。

概括來看，組織管理學家認為組織的完整配置包含以下幾個次級系統 (如圖 8-1 所示)：[3]

1. **操作核心** (Operative Core)：將組織從外界得到的「輸入」，如經費、原料等轉化為產品或服務等「產出」。操作核心中的成員執行組織的基本生產功能，負責實際滿足顧客或服務對象的需求。工廠中的製造部門成員、大學中各科系的教師，以及醫院裡負責看診的醫師與護士等都是所謂的操作核心。

2. **策略高層** (Strategic Apex)：是由組織的最高領導者及其幕僚所組成，負責指揮與協調組織中各種次級系統的運作，其工作內容包括建立組織整體的目標、方向與策略，並制定相關的政策。用大學的例子來說，學校的董事會、校長、副校長、主任秘書，以及校長室的重要幕僚等都算是學校的策略高層。

3. **中階管理** (Middle Line)：中階管理者接受策略高層的指令，負責執行與協調所屬部門的功能，因此也扮演策略高層與操作核心之間的調解者，溝通

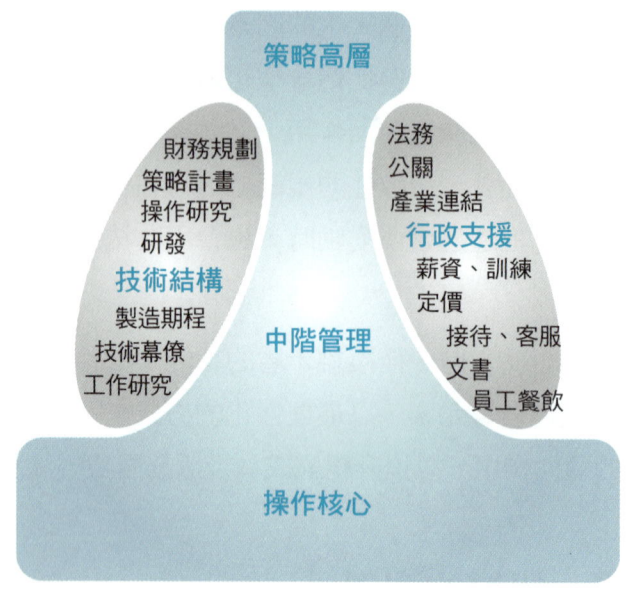

◈ 圖 8-1　明茲伯格 (Henry Mintzberg) 之組織基本功能配置圖

兩方人員的想法與關切的議題。在一個學校裡，各科系的系主任，以及教務處、學務處、總務處等各部門的行政主管都扮演著中階管理承上啟下的角色。

4. **技術結構** (Technostructure)：主要功能在於幫助組織適應環境的變化。技術結構的成員負責掃描環境，確認重要的問題、機會，以及最新的科技發展趨勢等，進而開發出操作核心的創新，使得組織適時做出必要的調整與變革。組織中的研發部門、計畫單位、工程師，以及市場研究人員等，都是屬於技術結構的成員。

5. **行政支援** (Support Staff)：套用工程的用語，行政支援就是潤滑與保養組織的功能，使各種業務得以正常運作。這些支援功能很多，包括物業管理、文書處理、出納、員工餐廳、交通車、法律諮詢，以及人事部門薪資、福利及教育訓練等都是其中的一部分。

第三節　組織設計

組織設計與組織結構是高度相關的概念，我們可以說組織結構呈現的是當下，而組織設計關心的是未來。「設計」對於現代的組織而言，正如同建築、

汽車或服飾等的設計藍圖，而組織結構可比喻成一棟房子的骨架，主要在訂定出不同組織成員的任務，以及人與人之間的關係。組織設計的涵義大致上可分為兩大面向——**結構** (Structural) 面向與**脈絡** (Contextual) 面向。結構面向指的是組織配置的內部特徵，包括不同的管理階層、各專業部門、執行單位、工作職位，以及規範以上這些安排的正式組織規章；脈絡面向則與組織的運作方式有關，包括組織的目標、核心技術、非正式組織 (如派系)，以及文化等。在介紹現代組織的各種結構之前，我們應該先認識決定組織結構的五個特徵：

1. **正式化** (Formalization)：組織以官方文字書寫的程序、法規及政策來控制組織的結構、人員的行為，以及各種活動的程度就是所謂正式化的程度。舉例來說，大學中幾乎所有的系所、行政部門、委員會、師生的權利與義務等都有詳細的書面描述及法規，並且強制相關人員必須遵守，因此大學是一種正式化程度很高的組織；相對來看，學生社團內部的會議通常並沒有那麼多書面的規定，決策的方式也比較自由，因此算是正式化程度較低的組織。

2. **專精化** (Specialization)：專精化是指組織把工作任務劃分成若干步驟來完成的細化程度，這是從工作流程的縱向來進行劃分。簡單地說，每個人都只是完成某一步驟或某一環節的工作。專精化愈高的地方，單位或個人所執行的任務範圍就愈小。

3. **階層設計** (Hierarchical Design)：階層設計是指個別行政者控制的人員與單位數目，以及組織人員之間上下的從屬關係。個別行政者的控制幅度愈大，組織架構中的層級數就會愈少。舉例而言，大學的組織架構多依序分為學院、科系、學位、班別等三個以上的階層，而中小學則大多直接分為各年級的班別，兩者的階層數目因此有頗大的差別。

4. **集權化** (Centralization)：行政組織平常要進行許多決策，包括採買設備、進用人員、委外服務、訂定目標等。集權化與否是以擁有以上這些決策的制定權的層級來衡量，決策權保留在高層的組織被稱為集權化程度高的組織，授予基層進行決策的組織則被視為集權化低的組織。

5. **部門化** (Departmentalization)：部門化是指以特定類型的部門來整合相關的工作活動，同時形成組織內部的分工合作模式。一個部門中的組織成員接受同一個主管領導，享有同樣的資源，也共同為單位的表現負責，因此較

容易產生彼此認同感與相互合作的意願。組織的各主要層級都必須進行部門化的選擇，例如大學中的行政部門分為教務、學生事務與總務等處，而教學部門則分為理工、法、商等各學院，各學院下又分設各科系。

一、分工：組織的部門化

一般來說，組織在設計部門的分工時，主要是根據以下的組織面向：[4]

- 人員的功能或專業
- 製造的產品、服務類別
- 服務的地理區域，或特定顧客
- 工作流程

基於這些組織的不同面向，部門化的結構方式很多，大致上可分為以下四種結構──功能型、事業型、矩陣型，以及網絡型 (如表 8-1)。

(一) 功能型結構

功能型結構是基於專精化的原則將執行類似功能的員工集合在同一個部門，例如所有負責人事工作的人員都歸屬於人事室，而由人事室主任統籌管

表 8-1　各種組織結構的優缺點 [5]

組織結構的類型	優點	缺點
功能型	專精化 團體凝聚力 運作效率	關心單位而忽視組織整體 人員難以發展出大格局的視野 只有高層行政者關心組織目標
事業型	聚焦於特定產品或服務、地理區域，或服務對象據目標整合資源	重複配置人員與其他資源 事業體之間的協調困難
矩陣型	組織得以同時關注兩個 (或以上) 重要面向	執行過程複雜 人員須聽從兩個 (或以上) 上司指揮
網絡型	提升核心單位的效能彈性化 以小搏大的潛力	片段而難以控制 難以培養參與者的忠誠度

資料來源：Lewis, et al., 2016: 197.

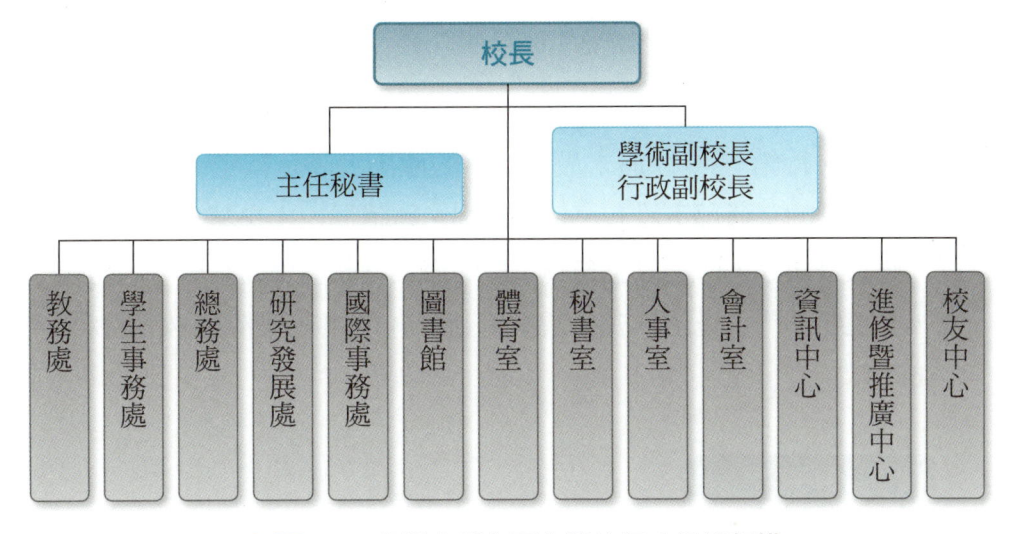

```
                            校長
                   ┌─────────┴─────────┐
               主任秘書           學術副校長
                                 行政副校長
   ┌────┬────┬────┬────┬────┬────┬────┬────┬────┬────┬────┬────┐
  教   學   總   研   國   圖   體   秘   人   會   資   進   校
  務   生   務   究   際   書   育   書   事   計   訊   修   友
  處   事   處   發   事   館   室   室   室   室   中   暨   中
       務        展   務                                心   推   心
       處        處   處                                    廣
                                                             中
                                                             心
```

◈ 圖 8-2　臺灣多所主要大學的行政組織架構

轄。一般大學中常見的行政部門 (如教務、總務、研發，以及人事室、會計室等單位) 都是基於同樣的概念而成為獨立的部門 (如圖 8-2 所示)。

　　功能型結構自有其優、缺點。首先，在這種組織結構中，特定工作相關的知識與技能都整合在一起，因此比較容易發展並累積出一定的專業。其次，因為同性質的人之間較易相互溝通與分享資源，部門內部容易營造出一定的凝聚力，同時也會有比較好的運作效率。相對來看，功能型結構的潛在缺點在於，組織成員的視野較狹窄，往往只考慮所屬部門的本位立場而忽視組織的整體目標，因此不利於進行跨部門的創新，而當外在環境快速變化時，也較難及時反應。

(二) 事業型結構

　　事業型結構是根據組織的產品、服務地區，或服務對象做為組織區分各主要事業部門的基礎。這種結構最大的優點是，將行政管理的注意力集中在影響績效成敗最重要的一個面向 (如產品、區域或客層)，因此比較容易打破單位之間的藩籬，整合組織的資源去達成共同的目標。但相對的，在事業型結構中，許多組織的功能或設施都必須重複設置，例如每個部門都必須有自己的人事室、主計室、研發部等，因此在經濟、效率方面不如功能型結構的，也較難用組織一致性的標準加以控制。再者，當需要整合跨產品、服務對象或地理區域的部門時，各部門會傾向注重自己的服務目的而不願意妥協。事業型結構大體

上可分為三種：以產品、地理區域，以及顧客為主的組織架構。

1. 產品部門的主管有權管理有關特定產品或服務的所有功能 (包括研發、財務、採購、行銷等)，以追求最高品質的產出，滿足特定顧客群的需求。例如，我國的交通部下設有高速公路局、鐵道局、中央氣象署、民用航空局、郵政公司等，即是以服務為主體的事業型架構；而臺灣著名的統一集團，其主要部門也是區分成各類產品 (服務) 的事業型架構 (如圖 8-3a、圖 8-3b 所示)。

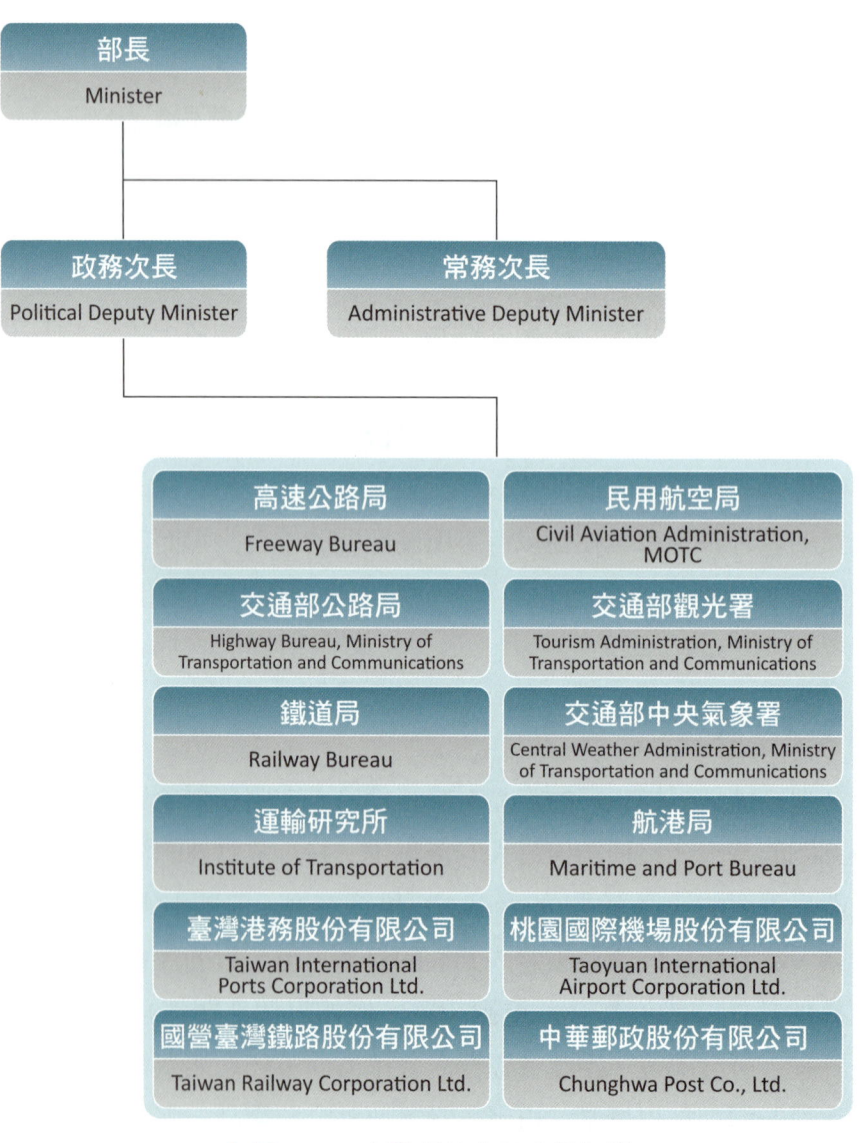

◈ 圖 8-3a　交通部的產品分部架構

代表企業	統一企業	統一超商	南聯貿易	統一國際開發
營運內容	• 在臺灣與中國經營泡麵、飲料乳品等 • 在東南亞設立飼料與養殖場	• 經營臺灣最大超商 7-11 • 投資 48 個零售、餐飲通路	• 國內最大貿易商 • 引進啤酒、紅酒等各式飲料、食品與日常生活用品	• 專業投資公司在國內外投資民生消費、醫療生技、不動產

◎ 圖 8-3b　**統一集團的產品分布架構**

2. 區域部門是將組織的活動以地理的界線來區分，每一個區域部門各自負責其區域內相關的產品及服務，因此更能根據不同地理範圍的需求而調整做法。我國行政院在臺灣中部、雲嘉南、南部 (如圖 8-4 所示)、東部、金馬等五處設置聯合服務中心，以便就近提供行政院各項相關的業務服務就是一例。

3. 顧客部門的設置主要目的是為了更有效地達成市場區隔，以滿足標的服務對象 (顧客) 的需求。當特定族群所需的產品或服務內容有很大的差異性，

◎ 圖 8-4　**行政院南部聯合服務中心**

且此族群是組織所設定的重要顧客時，此種部門化的結構是最有效的。例如，行政院的客家委員會、原住民族委員會，以及教育部的青年發展署、學生事務及特殊教育司等都是以服務對象為區隔的部門設計。

(三) 矩陣型結構

以上各種組織結構的設計都是只根據某一個重要面向而將相關的人員與活動整合在同樣的部門中，不過有時組織也必須同時關注兩個或更多的面向。舉例而言，一個公司可能主要採用功能型結構以提升生產效率，但銷售給不同顧客群或送到不同區域的產品，卻必須滿足截然不同的產品規格要求。此時，組織往往會在功能架構之上，附加一個以顧客或區域為焦點的架構 (如圖 8-5 所

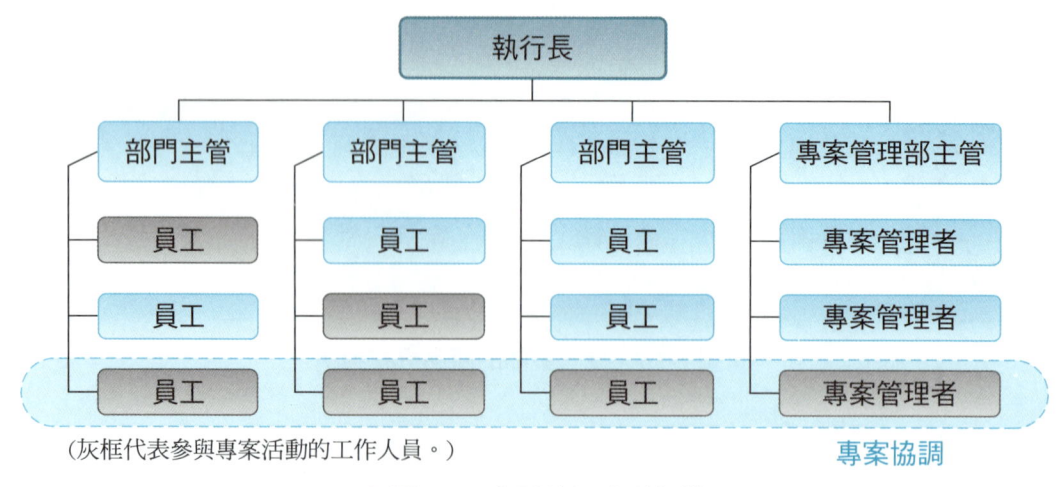

```
                        執行長
        ┌───────────┬───────────┼───────────┬───────────┐
     部門主管      部門主管      部門主管    專案管理部主管
        │           │           │           │
       員工         員工         員工       專案管理者
        │           │           │           │
       員工         員工         員工       專案管理者
        │           │           │           │
       員工         員工         員工       專案管理者      專案協調
```

（灰框代表參與專案活動的工作人員。）

◈ 圖 8-5　典型的矩陣型架構

示)，而指派所謂的專案管理者(有時稱為產品經理或地區經理)來負責分別達成各自的目標。

我國政府部門中亦有這樣的專案管理者，例如，我國行政院設置的政務委員，其官職與行政院各部會的首長同級，但沒有自己的部會，相當於其他國家之**不管部會首長** (Minister without Portfolio) 或「無任所大臣」，主要就是負責跨部會的橫向協調聯繫並推動特定的任務，例如我國行政院的政務委員甚至被稱為「大政委」，因為其職權比一般部會首長大，有利於整合各功能型部會的資源與行動。

矩陣型結構的主要優點是讓組織得以同時關注兩個以上的重要面向。此外，當某些跨功能的計畫並非是永久性的時候，行政主管也可以運用這種架構來組成暫時性的專案團隊，而不必成立新的組織部門。當然，這種架構的主要缺點也正是因為雙重指揮體系所造成的複雜性，有時不免會導致單位之間行政人員之間的衝突。

(四) 網絡型結構

當組織經常需要針對不同的產品或服務，整合多種差異性很大的專長、設備或其他資源時，最好的方式就是建立一個具備各種相關資源的組織網絡，並機動性地根據各專案的特殊需求組成必要的團隊來因應，這樣的組織方式就稱為「網絡型」的組織結構。網絡型結構的主要特色是富有彈性，而且涵蓋多樣

性組織外的合作對象。網絡的核心組織只專注於本身獨特的長處，進而透過**委外** (Outsourcing) 或聯盟的方式，以最有效率與效能的方式，將產品或服務提供給組織的顧客。

網絡型組織的運作方式在當前全球化且競爭激烈的企業界中已經成為很熱門的組織設計。舉例來說，為了降低生產成本，Nike 在過去 50 年來的設計、生產與行銷基地遍布亞洲各地 (包括中國、臺灣、南韓、越南，以及菲律賓等)，而目前負責設計與生產 Nike 球鞋的廠商僱用總數超過 50 萬名員工，且大多都僅生產 Nike 的產品。特別的是，這些廠商幾乎都與 Nike 無直接從屬關係。Nike 在網絡中扮演的角色主要是制定相關的政策與準則來管理數以百計的外包廠商，並在主要的生產地僱用外派人員定期訪視，進行產品品質與廠商員工生活品質的管控。

在政府部門中，我國考試院的文官學院也用類似的方式運作。文官學院負責全國公務人員的多項法定訓練，但絕大多數的授課師資是外聘自產官學不同領域的人才。更詳細地說，文官學院實際提供訓練的途徑，是扮演委外或聯盟的行政者，學院中的承辦單位視不同訓練方案所需的師資、課程、設備、地點等條件，結合國內各大學相關系所與民間企業或社團，機動性地提供各專案 (包括高階公務人員中長期發展性訓練、晉升官等訓練，以及公職考試錄取人員訓練等) 所需的訓練內容。

二、協調：部門之間的連結

上述的部門化結構主要著眼點在於「分工」，也就是將組織成員分派至不同的工作單位以提升效率與效能。相對而言，被分工後的組織單位之間也需要一定程度的連結，才能有效地實現各種分工途徑的優點，同時減少可能的缺點。組織協調指的就是控制與連結人員及單位之間的相關資訊、資源分配，以及任務安排，以朝向共同的目標發展。組織協調的需要，主要視不同部門之間的**相互依賴程度**而定。[6] 一個組織的行政者可以採用強制性途徑或自發性途

> **相互依賴程度**
>
> 社會學家湯普森 (James D. Thompson) 定義三種合作的互依性：匯聚性的互依 (Pooled Interdependence)、接續性的互依 (Sequential Interdependence)，以及交互性的互依 (Reciprocal Interdependence)。

徑來連結跨部門間的運作：

(一) 強制性的協調途徑

強制性的協調途徑可分為三種：(1) 績效控制系統；(2) 行動規劃系統；以及 (3) 聯絡人 (Liaison) 機制。[7] 組織的績效控制系統是在事前明訂組織各重要工作的預期成果，以在工作進行後，監測組織相關單位之間的協調整合是否有效。舉例而言，為加強機關、單位間的橫向聯繫，我國行政院推動行政機關的單一窗口化，讓需要服務的民眾在各機關都能一處交件就得到整套完整的服務，而不必分別接洽各種相關的單位。連結此種跨部門間運作的主要方法是由上級機關要求訂定每一作業流程之目標與所需的工作時間，而後由上級評鑑及督導考核，並據以考核相關人員的獎懲。[8]

相反地，行動規劃系統明訂的是各單位與相關人員的政策執行細節。例如，臺灣各主要城市的 1999 市民熱線服務就是以行動規劃系統來達成便捷創新的整合服務。以往民眾向各地區政府陳情或查詢，承辦人如果不能回答的問題就記錄、立案，並經公文體系傳送。依照行政機關既有的公文程序，一般在六天內處理回覆即可。然而，1999 市民熱線不走公文的流程。電話服務人員接到訊息後以電腦系統做分送，並直接由權責單位派工到現場處理。相關人員在現場處理後要將處理結果回報，派工系統則會將這些結果建檔，以利事後追蹤。換言之，所有的陳情個案分送出去時系統都會記錄，相關人員什麼時候簽收、什麼時候回應、處理時遇到什麼情況等都會有紀錄，一旦負責的人員沒有在要求的時間內去做相應的行動，記錄的內容就成為未來課責的依據。以上完成這些過程的時間都是以小時計算，大大地提升公共服務跨機關協調整合的效率 (如圖 8-6 所示)。

最後一種強制性的跨部門協調機制是所謂「聯絡人」的特殊職務安排，也就是部門派遣到其他單位的代表，負責追蹤、聯繫雙方的相關工作進度，並輔助彼此溝通與協調的進行。除了指派特定的個人之外，政府部門有時也會成立任務小組或跨部門的協調委員會議來執行類似的功能。舉例而言，我國的行政與立法部門間有所謂「行政立法政策協調會報」的設計，由行政院副院長與執政黨立法院黨團總召共同主持。此會報為行政、立法，以及總統府間的跨部門協調委員會，每週定期開會，其目的即在針對國家的重要法案議題上凝聚共

1999 通報流程圖

26 項派工服務
如道路坑洞處理、大型廢棄物清運聯繫、路樹處理、場所與設施噪音舉發、交通標誌損壞、用戶無水、動物虐待傷害等。

110 警察機關
違規停車、塞車擋道、攤販檢舉、移動式道路障礙物檢舉及人與動物噪音處理等。

留下真實姓名、聯絡電話及具體陳情，1999 人員提供案件編號及密碼服務供查詢。

1999 受理後，26 項派工將於 48 小時內處理完成。

特殊案件將於 6 到 10 個工作天回覆處理結果。

供民眾詢問申辦進度。

1999 將處理結果上網登錄後，再以電子郵件回覆民眾。

◎ 圖 8-6　1999 臺北市民熱線的標準工作流程

識。此外，行政院暨所屬機關均設有國會聯絡人，負責輔助行政機關與立法機關之間的合作。更具體地說，行政機關藉由國會聯絡人的功能，希望能有效遊說立法委員支持其機關之施政與預算，而立法委員也可以透過國會聯絡人，將相關案件委請行政機關配合處理。

(二) 自發性的協調途徑

除了以上的強制性做法，跨單位的協調其實更有賴自發性或是非正式的人員互動。以大學為例，校長與學生代表的非正式座談可能會產生課程調整的新想法，進而提供給教務處進行細部修訂；不同系所老師之間的腦力激盪，也可

能會形成新的研究計畫。此種自發性的連結效果並不亞於強制性的層級節制或協調會報，問題在於在傳統講究正式化與階層化的政府組織之中，組織成員往往囿於單位間的隔閡而互不關心。一般來說，行政主管可以採用以下的做法來增進人員或單位間的自發性協調：[9]

1. **職務輪調**：職務輪調是 1960 年代興起的一種工作設計的概念，主要是將組織成員橫向調任至與原職資格要求等級相似的另一項工作，也就是水平式的調整。研究指出，職務輪調可以增加人員在不同組織層面的工作經驗、幫助組織成員增進對彼此的瞭解、強化各部門間的溝通程度，進而減少管理階層嚴密監控的需要。[10]

2. **跨部門活動**：許多非正式的跨部門協調發生在組織成員參與的共同活動中，如大型演講、訓練課程或研討會等。因此，行政主管應留意相關活動可能提供的機會，慎選參加活動的對象，以輔助相關部門的人加入彼此的人際網絡，如此將可提升非正式跨部門協調的頻率與效果。

3. **虛擬網絡**：虛擬網絡是利用網路資訊科技將跨功能的協調與合作延伸到組織的不同地點，甚至到組織的界線之外。現代的資訊科技發達，使得整個機關，上從首長，下至第一線的承辦人員，都能經常性地隨時交換有關組織的問題、機會、決策、行動等資訊 (如 LINE 群組)。此外，有些組織更鼓勵組織成員利用內部的電子資訊網絡在組織中建立各種合作關係，用以支持跨單位、跨專案，以及跨地區的協調合作。

4. **同地辦公**：資訊產業全球化的結果，使得愈來愈多跨區或跨國的團隊形成虛擬的「同地辦公」(Colocation)。而在另一方面，許多研究也指出，實體的「同地辦公」更有利於人際溝通。同地辦公是指，將多個不同性質的專業或服務配置在同一個實體處，其基本的想法就是認為相關人員實體距離的接近，有利於提升合作的目標成果及服務的成效。舉例來說，政府機關的為民服務現多採用「單一窗口」的設計，就是將工作流程中所有的相關功能與人員集合在一個區域來提供給民眾完整的服務。

5. **一致性的績效評估與獎勵系統**：組織若要促進跨單位的自發性協調，關鍵之一是要使相關人員的利益協調一致。傳統組織的部門往往採本位思考，彼此的目標經常相互牴觸，進而使得跨功能的合作障礙重重。領導者的重要任務之一是要持續檢驗部門之間的目標一致性，並制定出支持跨部

門合作的獎勵系統。舉例來說，大學宿舍最重要的目標在於滿足住宿學生的生活與學習，因此無論相關的工作人員隸屬於學生事務處、總務處或是資訊中心，都必須以學生對宿舍生活的滿意度為評估的指標，如此才能創造相關人員的自發性密切合作。

第四節　公共組織設計的價值衝突

回顧我國中央行政組織改革的歷史就可以知道，政府部門的組織結構設計永遠是很政治性，而且隱含衝突的可能，尤其是效率與回應性之間的衝突。

我國行政院自 1949 年修正為「八部二會」以後，屢屢因應政務之需而增設相關部會，但組織法卻從未進行全面性檢討，導致到了 1980 年代時，漸漸地擴充到 37 個部會，行政院各級組織體系更是疊床架屋，協調介面也近乎失序。因此，自民國 76 年起，政府即有修正行政院組織架構之意。然而經過了 23 年，總共歷經 16 任 12 位行政院院長後，立法院才勉強通過《行政院組織法》。直到目前，相較於更先進的國家，行政院的部會數目還是極多，包括「14 部、9 會、3 獨立機關、1 行、1 院、2 總處」(如圖 8-7 所示)。

根據 2009 年 *Europa World Year Book* 資料顯示，OECD 各國中央政府部會的數目皆介於 7 (瑞士) 到 24 (加拿大) 個之間，甚至這 30 個國家中，絕大多數的部會數目都低於 20。即使只比較同屬亞太地區國家的日本及韓國，其結果也是同樣令人汗顏。日本與南韓都曾為因應社會變革及民眾期待而數度調整組織，日本中央政府組織架構就由原本的 1 府 22 省，大幅精簡為 1 府 1 會 11 省。[11]

一、公共組織設計須回應多元利益

政府部門的組織設計最終要由民意機關決定最後的結果，此時可能被改造的行政機關本身、相關意見團體，以及民意代表，三者會形成政策的鐵三角關係 (如第三章圖 3-3 所示)，使得最後的決策傾向某種程度上之妥協，而無法堅持學理上的理想規劃。

我國行政院組織的改造如此緩慢而困難主要就是因素在討論整體設計的過

行政院組織架構圖

行政院所屬機關新組織架構圖

- **14 部**
  - 內政部、外交部、國防部、財政部、教育部
  - 法務部、經濟部、交通部、勞動部、農業部
  - 衛生福利部、環境部、文化部、數位發展部

- **9 會**
  - 國家發展委員會、國家科學及技術委員會
  - 大陸委員會、金融監督管理委員會
  - 海洋委員會、僑務委員會
  - 國軍退除役官兵輔導委員會
  - 原住民族委員會、客家委員會

- **2 總處 1 行 1 院**
  - 行政院主計總處
  - 行政院人事行政總處
  - 中央銀行
  - 國立故宮博物院

- **3 獨立機關**
  - 中央選舉委員會
  - 公平交易委員會
  - 國家通訊傳播委員會

◈ 圖 8-7　行政院組織架構圖

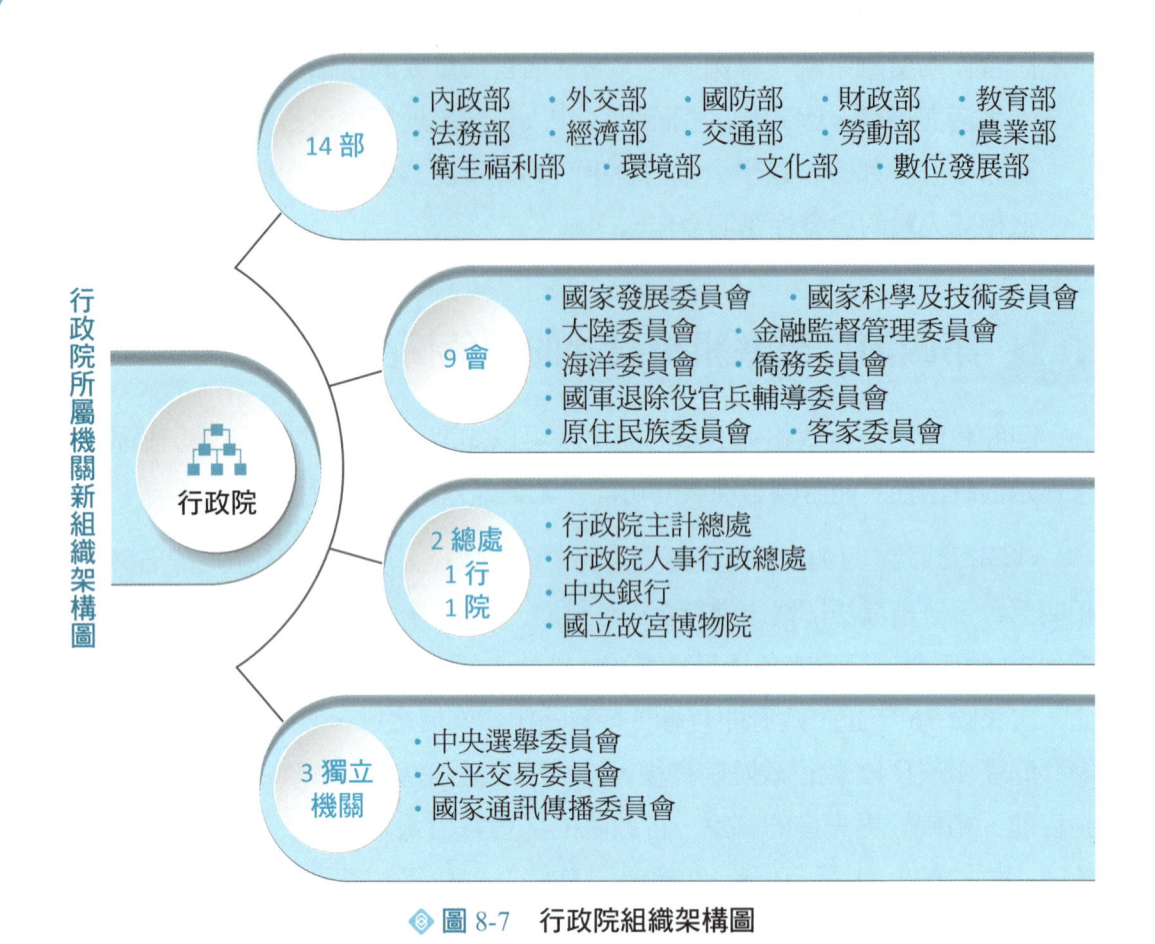

程中，各方利害關係人的利益難以妥協，主事者因此只能讓部會數目持續增加以爭取必要的妥協。更明白地說，對於行政院的理想部會數目應該是多少，相關利害關係人不是求取最大的交集，而是最小的聯集。[12] 舉例而言，行政院當時在新的組織法中保留多個部會層級組織，包括原住民族委員會、客家委員會、僑務委員會等服務特定族群為主的委員會，都是反映政治回應性的價值，而在追求效率的價值方面有所讓步。

二、外在控制促進官僚化的發展

在民主國家的體制中，公共組織必須致力於滿足外界對其績效、公平性、透明化與課責性等多元目標的期待，並隨時接受公眾的監督。然而，大多數行政機關的產出並無法從市場經濟中獲得利潤，而必須自立法機關的撥款獲得必要的財務資源。由於缺乏明確的標準，其他政府部門如民選首長、立法機關，以及司法單位等，只好利用法規與其他合法監督的管道從外部控制公共組織的

行政程序、運作範圍、服務對象，以及組織目標。換言之，外在權威的控制思維導致更多、更精細的組織內部規範，以及正式化的報告要求，進而形成更嚴格的組織階層設計，例如，中央集權的人事、預算與採購制度等。

從決策制定的角度來看，公共組織中的管理者比起私部門的經理人也較缺乏決策自主權與彈性。在公部門的環境中，多數主要成員享有文官系統的保障，而內部單位也往往會發展出自己的外在政治聯盟，這使得主管由上而下的控制能力大打折扣。由於行政主管必須承受來自外界的政治壓力，但又缺乏清晰的績效指標來進行內部控管，因此往往不願意授權管理，同時會傾向訂定更繁複的正式化規範來制約所管理的對象。以上這些現象都使得公共組織益發趨向階層化、法規導向，以及無個人化的韋伯官僚模式發展。

綜合公共組織的研究可知，公共組織的結構與設計確實在很多方面有別於私部門的企業或非營利組織。公共組織通常傾向具有較高的內部結構複雜性，運作過程也比較正式化，尤其是在特定的行政領域如人事與財務作業等方面。因此，近年我國政府組織改革的策略之一就是將傳統公共組織「行政法人化」(例如，國家表演藝術中心轄下的臺中國家歌劇院與國家兩廳院)，也就是賦予特定機構較彈性的人事和財務制度，使行政者有更多自主空間以及長遠規劃的能力。

在另一方面，組織的規模大小、任務、核心技術，以及環境的變數，比起是否隸屬於公部門的影響更大。舉例而言，國營的電力公司、醫院或學校，其運作方式會比較近似於私部門組織，而與一般的行政機關有很大的差異；在另一方面，政府為滿足某些人民需求，往往以捐助成立民間財團法人的方式來推行特定政策，這些定位屬於民法的法人反而在運作上更受政府領導階層的指揮。

不論在公部門或私部門，行政者 (或管理者) 都必須應付複雜的組織結構以及外在利害關係人的影響，才能完成自己的任務。行政者通常必須面對比較複雜的組織結構，並受到更多的限制。因此，對於政府整體結構與其影響的認識，以及瞭解造成這些結構與影響背後的原因是公共行政者的重要專業素養。好的行政主管必須在政府人事體制缺乏彈性及獎勵機制的環境中，仍能找到方法激勵員工。我們在下一章討論政府的人事行政時，會對這個問題做更詳細的

解釋。

不可否認的,政府部門的行政者,尤其是高層的主管,對於組織的設計與管理仍保有相當大的影響力。如何將對於組織的認識以及相關理論的瞭解,應用於公共組織的設計實務之中,使得相關人員能以最有效的方式達成公共目的,自然是公共行政者責無旁貸的使命。

Case 8：服從上級命令？

我工作的單位是負責提供一些社會福利金給特定的弱勢族群。這些人當中,有部分人並沒有辦法提供官方的文件,用以確實證明他們需要幫助或應該被幫助的理由。在過去,如果我們感覺這個客戶說的是實話 (換言之,如果我們沒有理由去懷疑他或她的真實性),一般就會相信服務對象的說詞。據我所知,迄今為止,並未發生運用此程序而產生的相關詐欺或刻意隱瞞的案例。

然而,我們部門的新主管最近經常督促我們要嚴格地審視申請的案件。我猜測她這麼做是因為想要減少政府的福利支出。

我很擔憂有許多需要幫助的人可能會因為我們實施更嚴格的要求而受到傷害。我不認為反抗我部門的經理,對我會有任何好處。另一方面,也許我小心一點暗中繼續給客戶方便,我可以得到應該要的結果。當然,如果我真的這樣做,我可能會遭遇到某些風險。

那我到底該怎麼做？即使我覺得可能會有不好的後果,我還是有義務去遵守主管的指示嗎？另一方面,我也懷疑自己是否有權利忽視主管的指令,選擇自己認為的國家正義,而去和部門主管對抗……

您覺得呢？

本章習題

申論題

1. 組織衝突在實務上是難以避免的，當組織內部發生衝突時，從管理層面降低組織衝突的有效作法有那些？請分析說明之。 (112 年地特三等)

2. 組織文化經常被視為影響組織運作與效能的重要因子。請基於此觀點，回答以下問題：
   (1) 請說明組織文化的基本定義及其主要元素為何？
   (2) 請描述組織文化對行政組織的效能會產生那些正面或負面的影響？
   (112 年公務、關務人員薦任升官等)

3. 何謂學習型組織 (learning organization)？面對社會問題日益複雜與民眾多樣需求，若您是機關首長，請舉例說明該採取那些作法才能使機關成為學習型組織？ (111 年地特三等)

4. 任何機關組織的關鍵要素包含「分工原則 (division of labor)」、「層級節制原則 (hierarchy)」、「控制幅度原則 (span of control)」、「直線 (業務) 及幕僚原則 (line and staff)」等，請從這些要素說明如何建立一個好的政府組織。 (105 年警察特考三等)

5. 一個運作良好的官僚科層組織必須能落實功績制 (merit system)。請問功績制的主要原則與內涵為何？我國政府目前推動之功績制，所遭遇的障礙或不足之處有那些？試說明之。 (105 年地特三等)

6. 韋伯 (Max Weber) 官僚學派的主要特徵為何？何謂後官僚組織學派？其對韋伯官僚體制的論點有何批評？ (103 年警察特考三等)

7. 韋伯 (M. Weber) 所提倡的理想型官僚組織有何主要特徵？何以具有這些特徵的官僚組織經常招致許多負面批評？試說明之。 (104 年少將轉任)

8. 試說明組織結構在平行分化之分部化的基礎為何？並以我國政府組織為例說明之。 (104 年外交行政四等)

選擇題

1. 蝴蝶效應 (butterfly effect) 意指某些因素的細微改變可能會導致後續巨大的後果。此一概念符合下列何種組織理論的觀點？
   (A) 組織是一種複雜適應系統
   (B) 組織是一種形塑宰制工具之系統
   (C) 組織是一種封閉型的系統
   (D) 組織是一種科學理性的系統
   (113 年關務特考三等)

2. 奎恩 (R. Quinn) 和麥克葛雷斯 (M. McGrath) 把組織文化分成四類，下列何者符合「層級」的組織文化的特徵？
   (A) 是典型的績效取向文化，強調社會公平的價值
   (B) 重視組織權力的集中與內部的整合，人員行為深受法規的約制
   (C) 偏好以授權與參與的方式，維繫內部的穩定和諧
   (D) 以抽象的遠景和領袖魅力，維持人員的工作士氣　　　　(113 年關務特考三等)

3. 一種由高階主管負責計畫性的管理全組織，讓此一有計畫的介入與訓練來促進組織解決問題和變革的過程，稱之為：
   (A) 策略規劃　　　　　　(B) 組織發展
   (C) 管理發展　　　　　　(D) 經驗學習　　　　(113 年關務特考三等)

4. 下列何者是政府組織結構垂直分化的個案？
   (A) 新竹縣政府、新竹市政府
   (B) 內政部、內政部警政署
   (C) 衛生福利部醫事司、衛生福利部社會保險司
   (D) 南投縣政府人事處、南投縣政府主計處　　　　(113 年初等考五等)

5. 下列何者並非政府組織結構設計直接會觸及的議題？
   (A) 專業化程度　　　　　(B) 集權與分權
   (C) 指揮系統　　　　　　(D) 採購能力　　　　(113 年初等考五等)

6. 有關「網絡式組織」之敘述，下列何者正確？
   (A) 組織結構趨向金字塔型
   (B) 組織成員擁有相同專長以便於彼此溝通、建立互信
   (C) 多以契約關係為基礎來獲取外部資訊和資源
   (D) 核心業務透過外包方式處理以降低運作成本　　　　(113 年初等考五等)

7. 有關權變理論的敘述，下列何者錯誤？
   (A) 屬於整合時期的行政學理論
   (B) 強調組織的多變性
   (C) 認為組織是穩定機械的，對人性的看法比較消極
   (D) 試圖了解組織如何在不同的條件下運作　　　　(112 年地特三等)

8. 費德勒 (F. Fiedler) 的權變領導理論，提出三種情境因素，下列何者並不包含其中？
   (A) 工作結構　　　　　　(B) 組織願景
   (C) 領導者的職位權力　　(D) 領導者與部屬關係　　　　(112 年地特三等)

9. 有關霍桑實驗 (Hawthorne Experiments) 之敘述，下列何者正確？

(A) 研究目的在於建立生產作業的標準程序
(B) 主要係以問卷調查法蒐集工人的行為表現
(C) 在其面談計畫中，人員的發言多以抱怨為主，該等抱怨發洩對於生產量並沒有幫助
(D) 該實驗發現小團體自訂的工作標準對於生產量會有影響　　　(112年地特四等)

10. 下列何者並非「組織發展」的主要目的？
    (A) 增進組織中人際關係的和諧
    (B) 調整法規制度使其更具合理性
    (C) 提高組織成員的工作熱忱和態度
    (D) 增進組織適應環境的彈性與能力　　　(112年高考三等)

11. 有關我國近年推動之行政院組織改造策略，下列何者錯誤？
    (A) 中央部會數量精簡　　　(B) 推動組織法規鬆綁
    (C) 強調跨部會協調治理能力　(D) 積極成立政府捐助之財團法人
    　　　(112年地特四等)

12. 關於控制幅度與組織結構設計之間的關係，下列敘述何者最正確？
    (A) 主管的控制幅度愈小，愈易形成扁平式的組織型態
    (B) 主管的控制幅度應愈大愈好
    (C) 主管的控制幅度愈大，組織層級數將愈多
    (D) 主管的控制幅度愈大，組織設計傾向扁平式　　　(105年地特四等)

13. 在次級系統理論中，何種次級系統係貫穿整個組織，其作用在於整合、協調、設計與控制？
    (A) 結構次級系統 (structural subsystem)
    (B) 技術次級系統 (technical subsystem)
    (C) 社會心理次級系統 (psychosocial subsystem)
    (D) 管理次級系統 (managerial subsystem)　　　(104年普考)

14. 某大學在校長之下設有教務處、學務處、總務處、電算中心、圖書館、教學媒體處等行政單位，請問它的分部化方式為：
    (A) 按程序分部化　　　(B) 按功能分部化
    (C) 按服務顧客分部化　(D) 按設備分部化　　　(104年普考)

15. 就行政院層級而言，下設「原住民族委員會」，係屬下列何種分部化的方式？
    (A) 按程序分部　　　(B) 功能分部化
    (C) 地區分部化　　　(D) 按服務對象分部化　　　(103年高考三級)

16. 下列那項不是現代科層組織的特點？
    (A) 專業分工　　　　　　(B) 功績管理
    (C) 恩庇侍從　　　　　　(D) 依法辦事　　　　　　　(103 年高考三級)

17. 下列何者為專案組織 (project organization) 的特性？
    (A) 是一種長久性的動態組織　(B) 是一種封閉性的團體
    (C) 人員之間的互動很少　　　(D) 為特殊目的而成立　　(103 年普考)

註

[1] Mintzberg, H. (May-June 1996). Managing Government, Governing Management. *Harvard Business Review*, 75-83.

[2] Perrow, C. (1984). *Complex Organizations: a Critical Essay* (3rd ed.). N. Y.: McGraw-Hill.

[3] Mintzberg, H. (1979). *The Structuring of Organizations* (pp. 215-297). Englewood Cliffs, N. J.: Prentice Hall.

[4] Galbraith, J. R. (1995). *Designing Organizations: An Executive Briefing on Strategy, Structure, and Process*. San Francisco, CA: Jossey-Bass.

[5] Lewis, P. S., Goodman, S. H., Michlitsch J. F., & Fandt, P. M. (2016). *Management: Challenges for Tomorrow's Leaders*. N. Y.: SJ Learning.

[6] Thompson, J. (1967). *Organizations in Action*. N. Y.: McGraw-Hill.

[7] Rainey, H. G. (2014). *Understanding and Managing Public Organizations* (5th ed.) (pp. 226-228). San Francisco, CA: Jossey-Bass.

[8] 民國 86 年 12 月 24 日行政院核定「推動全國行政單一窗口化運動方案」，要求各機關成立規劃及推動小組，目的為加強各機關間水平的橫向聯繫，提高政府行政效能。

[9] Galbraith, J. R. (1995). *Designing Organizations: An Executive Briefing on Strategy, Structure, and Process* (pp. 49-55). San Francisco, CA: Jossey-Bass.

[10] Messmer, M. (1992). Cross-Discipline Trainning : A Strategic Method To Do More With Less. *Management Review*, (5), 26-28.

[11] 彭錦鵬 (2009)。各國中央政府組織架構分析：主要以 OECD 國家為例。**研考雙月刊**，**33**(3)，37-38。

[12] 黃朝盟、蕭全政 (2011)。行政院研究發展考核委員會委託研究，**行政院組織改造回顧研究**。臺北：行政院研究發展考核委員會。

第九章
人力資源管理

行政主管要如何吸引優秀的人才,並選拔各種專業職位的公務人員?

人才是決定政府創新能力以及效能最核心的關鍵,因此身為政府機關的管理者必須思考人力資源管理的策略。政府是結合各種專業,以提供服務為主的組織,而這些服務的執行,則多是仰賴公務人員。統計至民國 111 年底,全國公務人員人數 (註:銓敘部全國公務人力統計資料平台) 計 36 萬 5 千人左右,分布在全國八千個左右的行政機關、公營事業機構、衛生醫療機構,以及各級學校。[1] 全臺灣的公務人員占總就業人口的比率約為 5%。從經費來看,中央及

地方各機關的總人事費用高達全國 GDP 的 6% 到 7%。多年來，我國中央政府的年度人事費用更約占了整體歲出比率的四分之一。

此外，地方政府的人事費用更是驚人，全國大多數縣市的人事費用支出都占了整體歲出的半數左右。[2] 以上的統計顯示政府機關的財務負擔中，人事費用實為最主要的支出項目，而在政府工作的公務人員更是各種公共政策、公共服務，以及機關管理的實際負責人員。公共管理者決定人員的進用標準、薪資、福利，以及陞遷與發展的機會等條件的工作就決定了政府部門人力資源的良窳。

公共管理者首先應該知道，一般人所稱的「公務人員」實際上並非都是同一種類型的工作者，他們是一個包含多元人事系統的集合體，包括政務官、常任文官、約聘僱人員、外包人員、勞力派遣人員，以及臨時或兼職人力等。顯而易見地，政府的效能及公共服務的品質與公務員的能力、廉潔度和激勵感息息相關。試問一下自己，你覺得應該如何吸引優秀的人才到政府工作？用什麼標準來招募與選拔不同職位的人員？如何教育、訓練或發展人員的知識與技能？在缺乏財務誘因的體制中，如何才能激勵公務人員的表現？公務人員大多享有任期保障，我們要如何使他們快速回應民意的要求？最後，行政機關要如何考核公務員才算是公平合理？以上這些問題正是現代政府人力資源管理必須處理的核心議題。

第一節　人事行政的組織定位

人力資源管理 (Human Resource Management, HRM) 在政府部門中往往稱為「**人事行政**」(Personnel Administration)，大致上包含規劃、獲取、發展、紀律等四類功能 (如表 9-1 所示)。[3]

公共組織的人力資源應該由誰或什麼單位負責？1990 年代以來，各國政府的人事行政因為受到企業界策略管理思維的影響，逐漸朝向「人力資源管理」的精神發展，亦即將人事行政的主要權責賦予機關首長及各業務部門主管，同時將人事單位視為首長與業務主管的幕僚輔助單位。

然而持平觀察臺灣的情況，我國政府長久以來採用中央到地方機關人事

表 9-1　人事行政的功能

⊙ **規劃** (Planning)	
人事預算、人力資源規劃、職務分析、職位設計、薪資福利	
⊙ **獲取** (Acquisition)	
招募、考試、選取	
⊙ **發展** (Development)	
生涯規劃、訓練、發展、績效評估	
⊙ **紀律** (Sanction)	
申訴、員工權益、懲處、獎勵	

「**一條鞭**」的人事政策，使得機關的人事單位反而成為主導人力資源管理的角色。具體而言，我國的政府人事體系至今仍保有以下的特徵：[4]

1. 各部門新進人員大多是甫自學校畢業的年輕人，經由超越黨派的獨立機關（我國為考試院）統一測驗後從基層進用。
2. 嚴謹設計的職位分類制度，明訂職位的階層關係與薪資等級，人員在此系統中循序漸進，依照一致的程序規定逐級陞遷。
3. 陞遷標準號稱是所謂的「功績」，但實際上則大多決定於服務年資。
4. 獨立機關負責全國統一的文官保護制度，防止主管獨斷的獎懲。
5. 文官享有優於民間的特殊退休規定與退休金給付，並由中央主管機關統一規定。

> **一條鞭**
>
> 我國各級政府人事管理機構與人員之設置源自民國 31 年 9 月制定公布的《人事管理條例》，自當時起所有人事管理人員自成一個「準封閉性」的組織系統。在政府草創時期，人事一條鞭有助於國民政府統治權威之樹立，以及實質介入各級地方政府既有組織運作。此外，中央政府也透過建構一套專業人事人員的特殊甄補、訓練與遷調，以及考核系統，對全國各機關人事業務進行指揮監督與管制協調。這樣的建制背景與預期目標，本應僅在「訓政」時期施行，然而戰時體制卻在憲政時期展開後繼續延伸。臺灣經過多次憲政改革後，目前人事一條鞭運作模式仍被維持 (江大樹，1994)。

在政府機關中，人力資源管理的運作更必須符合各式各樣的法規要求與外在控制，還必須注意許多技術上的細節，因此招募、福利、薪資、考績、獎懲等人事工作，目前大多是由人事單位主責，而非如企業中大多是由單位經理人擔負主要角色。

第二節　職位分類制度

為了系統化地進行人力資源管理的工作，公共組織需要建立一套系統來將組織的整體任務分配至各個類別與不同等級的工作中，也就是所謂的職位分類。早期世界各國對政府職位的分類多是採用「品位制」，換言之，就是跟著「人」走的官階與待遇，也就是針對人員之資歷品級的分等，而非個人實際負責的工作性質、數量或難易程度。我國文官體系在民國 58 年以前採用品位制，依照人的學歷、考試與經歷的高低，將公務員分為簡任官、薦任官、委任官三等，而後依其官等分派職務。由於簡薦委制下，調整人員的職務內容並不會影響其等級與薪資所得，因此主管可以彈性化地調派人員至不同的工作。此外，每一個官等所列的薪俸等級幅度甚大 (簡任九級、薦任十一級、委任十五級)，個人不一定要轉換職位也可以增加薪俸所得，因此利於人員久任一職。

進入二十世紀後，各國政府行政職能日益擴展，現代科技與各領域專業也不斷進步，政府部門受到企業管理思維的影響，開始採用更具有科學精神的職位分類制度。不同於品位分類的以「人」為中心，職位分類以「事」(也就是工作性質、責任輕重及所需的資格條件等) 為中心，將政府部門中各種職位進行分類規劃。

世界上最早實行職位分類制度的國家是美國。芝加哥市政府從 1905 年就確立職位分類的制度。1923 年，美國國會通過第一個《職位分類法》，並一直沿用至今。此後，加拿大、法國等主要國家也陸續在不同範圍內實行職位分類制度。臺灣於民國 58 年發布「職位分類制」，取代原具品位觀念之「簡薦委制」，期望達到專才專業、適才適所之目的。到了民國 76 年，政府又通過新公務人員任用、俸給、考績三法。一直到現在，我國行政機關、司法，以及民意機關都採用以職位分類為基礎架構的**官等職等併立**制度。

一、職位間的結構——職門、職組與職系

職位分類系統中一個很重要的面向是職位之間的關係。不同的職位之間，橫向關係是職門、職組與職系的劃分，縱向則是職等與職級的區別。職系是工作性質相同的職位的集合，每個職系可說是一種專門職業。同樣地，職組是若干工作性質接近的職系的集合，多個職系形成一個綜合性的職組 (如表 9-2 所示)。最後，職門是工作性質大致相同的職組的集合，也是職位分類結構中最粗略的輪廓，如美國在 1949 年就把聯邦政府的公職分為行政管理職門和科學技術職門；中國的職門劃分方式則是將所有職業歸入八個職門之中：操作類、農業類、商業服務業類、專業技術類、管理類、辦事類、軍事類、其他類。

> **官等職等併立**
>
> 公務人員同時被賦予官等與職等，官等分委任、薦任、簡任。
> 職等分第一至第十四職等，以第十四職等為最高職等。委任為第一至第五職等；薦任為第六至第九職等；簡任為第十至第十四職等。

相對而言，職等則是上下的階層關係。職等是工作性質不同，而工作難易、責任輕重、任職資格條件相當的職級的集合。臺灣政府的文官分為 14 個職等，以一職等為最低，十四職等最高。最後，職級是由職等與職系所構成，也就是工作性質相同，工作難易、責任輕重、任職資格條件也相同的職位的集合。職級、職等的區分在職位分類中最重要的功能就是為「同工同酬」奠定基礎，彰顯人事體系中的公平價值。

二、職位分類制度的優、缺點

綜合以上，職位分類結構是建立在科學化與系統化的思考邏輯上，以職位為基本元素，以職系、職組、職門做為橫向分類坐標，以職級、職等做為縱向分類坐標交叉構造而成，其作用就是把組織中所有的工作都根據其任務與責任區分，以達到以下的好處：

1. 現代化的工作著重專業分工，職位分類有助於政府工作的專門化與人員的專業發展。
2. 職位分類以工作和責任為主要依據，使考選任用有了客觀的標準和統一的程序。
3. 職位分類按工作難易、責任輕重、所需資格條件區分職級，有利於同工同

表 9-2　我國文官部分職組、職系表

類別	代號	職組名稱	代號	職系名稱	類別	代號	職組名稱	代號	職系名稱
行政類	31	普通行政	3101	一般行政職系	行政類	37	審檢	3701	審檢職系
			3102	一般民政職系		38	警政	3801	警察行政職系
			3104	社會行政職系		39	衛生環保行政	3903	衛生行政職系
			3105	人力資源管理職系				3904	醫務管理職系
			3108	戶政職系				3905	環保行政職系
			3109	原住民族行政職系		40	消防行政	4001	消防行政職系
			3110	社會工作職系		41	海巡行政	4101	海巡行政職系
			3111	勞工行政職系		42	地政	4201	地政職系
	32	文教新聞行政	3205	文化行政職系		43	博物圖書管理	4301	博物館管理職系
			3206	教育行政職系				4302	圖書資訊管理職系
			3207	新聞職系				4303	檔案管理職系
	33	財務行政	3301	財稅行政職系				4304	史料編纂職系
			3302	金融保險職系		44	安全	4401	安全保防職系
			3304	統計職系				4402	政風職系
			3305	會計職系				4403	情報行政職系
			3306	審計職系		45	交通行政	4501	交通行政職系
	34	法務行政	3401	司法行政職系	技術類	61	農林保育	6101	農業技術職系
			3404	矯正職系				6102	林業技術職系
			3405	法制職系				6105	農業化學職系
	35	經建行政	3501	經建行政職系				6106	園藝職系
			3502	企業管理職系				6107	植物病蟲害防治職系
			3504	工業行政職系				6108	自然保育職系
			3505	商業行政職系		62	土木工程	6201	土木工程職系
			3506	農業行政職系				6202	結構工程職系
			3507	智慧財產行政職系				6203	水利工程職系
			3508	消費者保護職系				6204	環境工程職系
	36	外務行政	3601	外交事務職系				6205	建築工程職系
			3602	僑務行政職系				6206	都市計畫技術職系

酬，建立公平合理的工資制度。

4. 職位分類對每一職位的工作和責任，都有詳細的分析和評估，使考績有具體、客觀的標準，獎懲有公正、統一的依據。

5. 職位分類將職位的薪資福利標準化,有助於控制人力資源管理相關預算。

然而,職位分類同時也有以下的缺點:

1. 首先,職位分類比較適合應用在有明確職責範圍且長時間少有變動的職位,不太適合環境變化較大,或須機動安排人員工作的組織。
2. 職位分類強調專業之間的界限,不同職系間的人員流動易受阻礙。
3. 職位分類只重視職位要求的工作元素,忽視個人實際經驗與特殊能力等個人的因素。
4. 職位分類程序繁瑣,若須進行必要的調整則相當耗時費力。

綜合以上的優、缺點,職位分類已發展成為政府部門中不可或缺的人員管理方式,但同時也是利害關係人常感到複雜、僵化,以及充滿障礙的制度。

第三節　職務分析與設計

政府機關在實際進行招募以獲取人力之前,人事單位必須預先執行許多規劃性質的工作,這些工作包括職務分析、職務說明書撰寫、工作設計、薪資福利設計,以及職位分類等,其中職務分析更是其他工作的共同基礎。

一、職務分析

職務分析是蒐集個別工作之輸入、工作程序、產出、工作的重要特徵 (如危險性、出差頻率等)、工作資源 (如可用設備),以及工作環境 (如辦公室或戶外) 等相關資訊,主要目的是要決定不同工作的職責、任務或活動的內容。舉例來說,一個大學的學生宿舍裡有行政人員及負責照顧學生日常生活的宿舍管理人員,這些人各自扮演不同的角色,也有一些必須相互支援的地方,才能維持宿舍的整體運作 (如圖 9-1 所示),[5] 這些功能就是職務分析針對的主要內容。

二、職務說明書

職務分析的產出結果是職務說明書,也就是針對負責特定工作的人,描述其職責、任務以及基本資格要求。表 9-3 為某國立大學住宿輔導組組長的職務說明書範例,內容包括:職務編號、職稱、工作所在單位、官等職等 (隱含薪

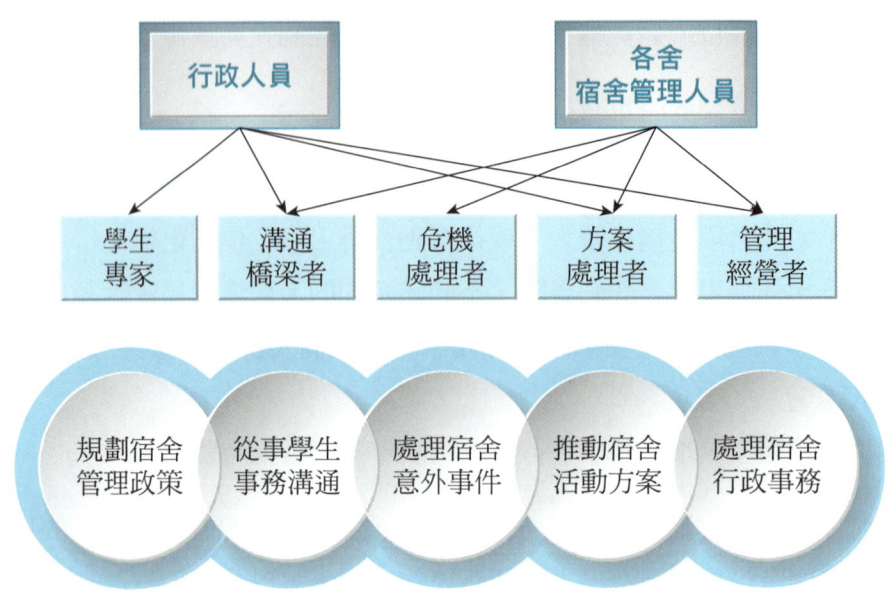

圖 9-1　大學宿舍管理人員職務內容範例

行政人員／各舍宿舍管理人員

- 學生專家
- 溝通橋梁者
- 危機處理者
- 方案處理者
- 管理經營者

- 規劃宿舍管理政策
- 從事學生事務溝通
- 處理宿舍意外事件
- 推動宿舍活動方案
- 處理宿舍行政事務

表 9-3　某國立大學住宿輔導組組長職務說明書範例

國立大學 310340000Q	職務說明書	一、職務編號	A10010
二、職　　稱	組　長	三、所在單位	住宿輔導組
四、官等職等	薦任第八職至第九職等	五、職　　系	一般行政
六、工作項目	1. 學生宿舍及國際學人宿舍之管理及輔導之業務。25% 2. 宿舍經費管控。20% 3. 宿舍規定研擬及修訂。20% 4. 綜理督導執行組務。20% 5. 臨時交辦事項。15%		
七、工作權責	1. 本職務之職責，係在住宿相關法規及學校政策範圍內，運用組織統合及判斷能力，辦理住宿之管理與輔導業務。 2. 本職務常需與相關單位主管、教職員工、學生、家長及宿舍業務相關廠商聯繫、協調，所作之擬議與決定事項對單位業務之運作及發展有拘束力或影響力。		
八、所需知能	1. 辦理本職務須具行政法及教育行政法規等相關學識及處理實務之經驗。 2. 具組織領導及策劃專長，並有溝通協調、分析判斷之能力及服務熱忱。		
備　　註	本職務歸系自 101 年 8 月 1 日生效。		
填　表　人	單位主管 人事主管		機關首長
	中　華　民　國　107　年　○　月　○　日		

資、福利)、職系、工作項目、責任輕重，以及擔任職位所需的資格條件等。

三、職務分析方法

在大型組織中，執行職務分析的方法主要有以下幾種：

(一) 職務分析問卷 (Position Analysis Questionnaire, PAQ)

PAQ 是由美國普渡大學 (Purdue University) 於 1972 年所發展出來的，以工作人員為導向的簡易職務分析工具。PAQ 的內容包含 194 個工作者的任務，並運用五點量表 (從非常少到極多) 來衡量一個職務牽涉這些任務或工作元素的程度。PAQ 的六個面向如下：[6]

1. **資訊輸入**：例如使用圖表、量化資料、模型等。
2. **思考過程**：例如差異比較或推理。
3. **工作產出**：例如製作統計分析報告。
4. **工作中與他人的關係**：例如須指導他人工作，或完全聽命行事等。
5. **工作環境**：例如須在高溫、高壓下或噪音環境中工作。
6. **其他工作相關變數**：例如加班時間或出差要求等。

目前為止，PAQ 在人力資源管理領域中被認定是一種信、效度都很高的職務分析工具，往往被用在衡量工作職位的核心功能，並評估相關的職位分類是否適當。

(二) 關鍵事件法

此方法的目的在確認關鍵性的工作行為，也就是現任者目前所負擔的，得以使其工作圓滿執行的職務與責任，通常可經由對員工或主管的深度訪談取得。舉例而言，以下為一個大學宿舍管理員的關鍵事件訪談結果：

> 「平常我負責輔導住宿學生自治，並監督學生幹部進行樓層管理。住宿學生發生糾紛時，我必須輔導當事人進行協商，或介入提供諮詢處理……在行政工作方面，我負責住宿生資料維護，確認相關費用是否如期繳清。另外，我也必須檢查各項設備如電力、網路、消防系統、熱水是否正常運作。」

蒐集以上的訪談資料後，職務分析人員會再將其轉化為職務說明書中的工作項目，讓不熟悉該工作內容的人也能一目了然。

(三) 任務盤點法

任務盤點法是一種工作導向的分析方法，旨在確認各職位所須執行的主要任務，例如公文製作、網頁資料更新、搬運重物、顧客抱怨處理等。在進行任務盤點之前，人事單位要先基於書面資料、觀察或訪談，發展出一個涵蓋組織中各種工作的任務列表及其描述 (如圖 9-2 所示)，然後再應用此任務列表來衡量執行不同職位時，須執行列表中的哪些任務，以及其執行的頻率與重要性，如此組織中不同的工作就可以進行工作內容、重要性，以及所需技能的比較，使得人員考選、訓練，以及獎懲等工作都能有公平的基礎。

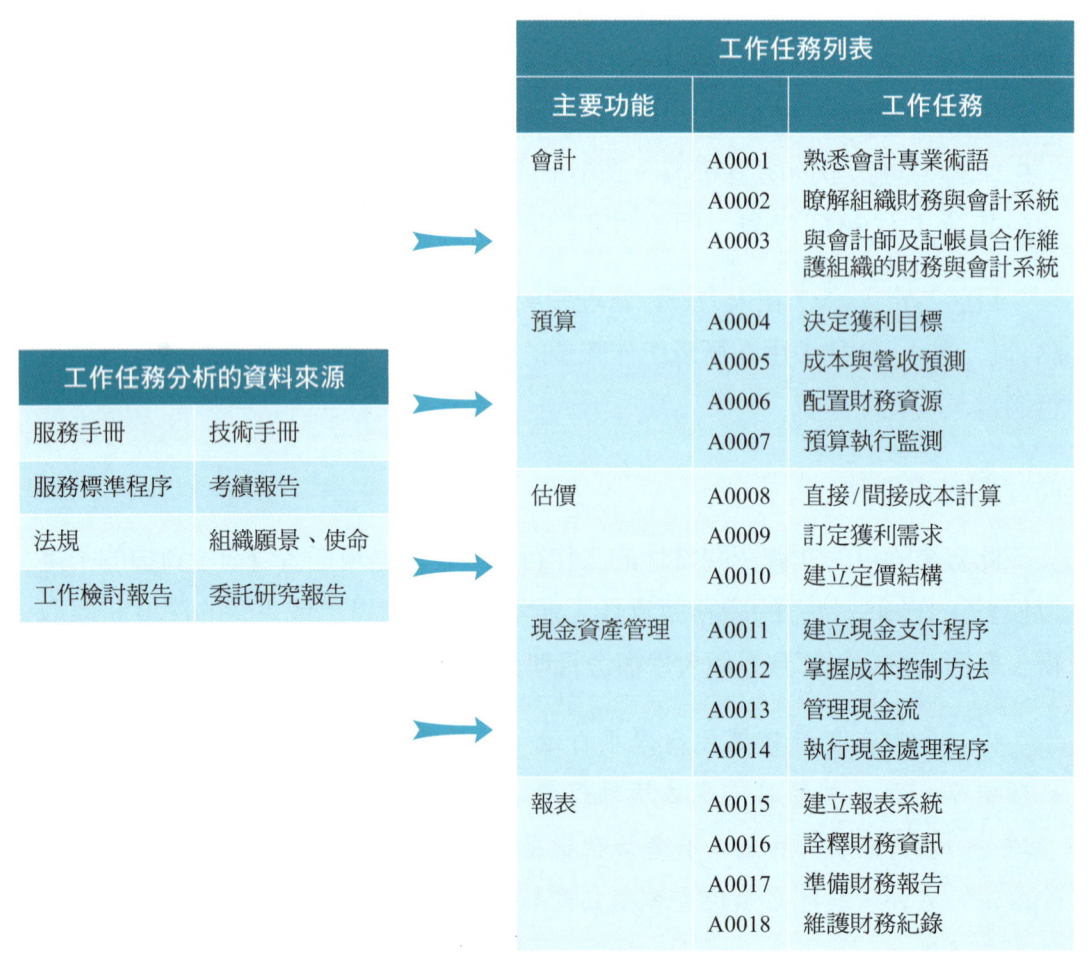

工作任務分析的資料來源	
服務手冊	技術手冊
服務標準程序	考績報告
法規	組織願景、使命
工作檢討報告	委託研究報告

工作任務列表		
主要功能		工作任務
會計	A0001	熟悉會計專業術語
	A0002	瞭解組織財務與會計系統
	A0003	與會計師及記帳員合作維護組織的財務與會計系統
預算	A0004	決定獲利目標
	A0005	成本與營收預測
	A0006	配置財務資源
	A0007	預算執行監測
估價	A0008	直接/間接成本計算
	A0009	訂定獲利需求
	A0010	建立定價結構
現金資產管理	A0011	建立現金支付程序
	A0012	掌握成本控制方法
	A0013	管理現金流
	A0014	執行現金處理程序
報表	A0015	建立報表系統
	A0016	詮釋財務資訊
	A0017	準備財務報告
	A0018	維護財務紀錄

圖 9-2　**財務部門的任務列表**

(四) 核心能力分析

　　以上的職務分析方法都是基於靜態穩定的工作環境而設計，因此能將各工作的任務、責任、程序或所需的技術等進行系統化的定義與比較。然而，今日的環境快速變遷，靜態的職務說明書往往跟不上環境的挑戰與需求，所以許多組織逐漸採用以「能力」為基礎的職務分析途徑，也就是從追求客觀性以便於控制的職務分析，轉型為從高績效工作者身上，找出達成高績效的能力因素。這些能力因素經過歸納分析，便可以發展出成功擔任特定職位的核心能力模型。

　　我國行政院人事行政總處將公務人員核心能力分為「共通」、「管理」及「專業」類別。其中管理核心能力的層級又區分為簡任、薦任及委任三類。圖 9-3 即為行政院人事行政總處所發展出來的各官等公務人員核心職能的模型。[7]

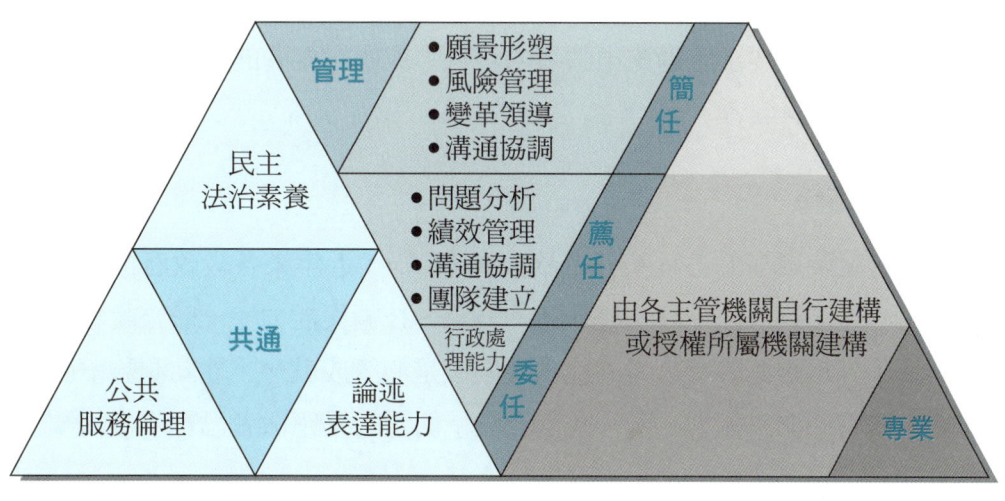

◎ 圖 9-3　行政院簡任、薦任、委任人員核心職能模型圖

第四節　人力獲取

　　組織獲取人力的過程主要為基於前階段的人力資源規劃成果 (職務分析、職位分類，以及薪資設計等)，進行人員的招募、測驗與選任。從確認人力的需求開始到實際任用為止，組織進用人員的過程大致上可分為以下八個步驟：

1. 確認人力資源的需求。
2. 尋求預算核可，填補職缺。
3. 徵才的標準。
4. 招募。
5. 篩選 (測驗)。
6. 人事單位提供符合資格人選。
7. 面試。
8. 選才與任用 (根據測驗成績與其他考慮)。

進用人員的過程中，用人單位主管在第 1、2、3、7，以及第 8 個步驟中的角色份量最為吃重；人事單位的角色則是輔助用人單位僱用到最佳的應徵者，同時防止過程中受到任何不當的政治力或私人關係影響。

在確認用人需求，並獲得機關首長或其他權責單位同意後，用人單位主管就要基於前述的職務分析，訂定職缺的資格要求後對外公開招募；人事單位則必須基於這些資格要求，過濾申請者的資料，或舉辦相關的測驗來篩選出符合職缺資格要求的應徵者。

選才的測驗方法

除了考試院舉辦的各種初任公務人員筆試，[8] 近年來各級政府機關也逐漸增加採用其他測驗方法來評估應徵者的知識、技術與能力。一般來說，這些測驗的方法不外乎是測驗應徵者的能力性向或是心智成就。「性向測驗」衡量的是應徵者學習的潛在能力，而「成就測驗」衡量的是應徵者已經學得的知識或技能。

不論採用什麼方法，舉辦測驗的目的都是為了客觀與一致地區辨應徵者的知識、技術、能力，以及其他相關的個人特質。為了達成這樣的目的，用人單位及人事單位都應該確保測驗的內容能夠準確評量應徵者適合應徵職缺的程度 (效度)，以及在相當的時間內，不同測驗結果之間的可比較性 (信度)。

(一) 認知測驗

認知測驗用以測量人的心理能量，包括智力、語言文字、數學，以及邏輯與推理能力等。我國大學入學的**學力測驗**、美國的標準學力測驗 (SAT)，以及 IQ 測驗等，都是測量不同心理能量的認知測驗。

(二) 人格及興趣量表

人格及興趣量表主要是測驗受測者的性格與個人情緒。研究者發現，認知測驗能預測出一個人獲取工作知識，進而培養成技術專業的可能性，而人格及興趣量表則更能預測人的激勵感及道德的傾向。心理學界將人格特質分成五大面向：

> **學力測驗**
>
> 學科能力測驗(簡稱「學測」)包括國文、英文、數學、社會、自然五考科，旨在測驗考生是否具有接受大學教育的基本學科能力，是我國大學校系初步篩選學生的門檻。成績均採級分制，可用於大學繁星推薦入學、大學個人申請入學、大學考試入學，及科技校院申請入學等招生管道。

1. **外向性** (Extroversion)：性格中人際關係的面向，表現出來的特徵為愛說話、喜歡參與熱鬧場合、主動活潑、喜歡自我表現。
2. **經驗開放性** (Openness)：一個人興趣之多寡及深度，其特徵為聰明、富想像力與創意，喜歡藝術與哲學，並且求新求變。
3. **嚴正謹慎性** (Conscientiousness)：人對追求目標的專注程度，其特徵為值得信賴、做事很有組織性、遇挫折不屈不撓。
4. **友善性** (Agreeableness)：一個人對於他人的親近與接受程度，其特徵為待人友善、容易相處與合作、信任他人、慷慨、誠實，具有彈性。
5. **情緒波動性** (**神經質**，Neuroticism)：情緒穩定及情緒調適能力，表現在外的特徵為容易感到情緒沮喪、罪惡感、容易緊張、缺乏安全感，以及比較敏感的性格。

(三) 體能測驗

除了心理或智力的評估之外，用人單位有時也必須確定新進人員具有一定的體能，尤其是體力要求高或具有危險性的工作，如消防人員、警察、救生員等，然而，體能測驗的使用也常引起平權的爭議。由於大多數的體能測驗較不利於女性或身心障礙者，且使用體能測驗本身就會連帶降低這兩類人的錄取機

率，而不管測驗的內容是否確實反映工作的實際要求。研究顯示，雖然男性平均較為強壯有力，且行動速度較快，但女性往往具有較佳的柔軟度、肢體協調性與平衡感 (如圖 9-4)。因此，用人單位在決定採用任何體能測驗之前，最好先確定其針對應徵工作所需能力的測量具有適當的效度，才不會引起僱用歧視的爭議。

(四) 工作知識測驗

此種測驗主要是衡量一個人對於特定工作的實際認知與瞭解程度，而非學習的性向或潛力。當應徵者在任職前就必須擁有一套特定的技術或專業知識，而很難等到錄取後再訓練、熟悉的情況下，這種測驗方式就特別有用。舉例來說，會計原則、電腦程式設計、財務管理，以及民、刑事法律等相關職位的測驗往往都會採用工作知識測驗。此外，各種技術能力檢定與專業證照 (如諮商心理師證書、風險管理師證書等) 發給單位也最常採用這樣的方式來測驗受試者是否具有特定專業領域的核心能力。

圖 9-4 女性往往具有較佳的柔軟度、肢體協調性與平衡感，執行一些危險的任務如拆解炸彈時，表現可能更優於一般男性

(五) 工作樣本測驗

簡單地說，工作樣本測驗就是要求受試者處理一些應徵職位實際上必須面對的情況或執行的任務，用來觀察受試者在相似情況下的行為適當性或效能。工作樣本測驗是一種具有相當高內容效度的測驗方式，因此被廣泛應用在許多不同的職位考選工作中。舉例來說，打字員的打字測驗、技工的機器操作測驗、管理職位的「收件匣演練」(詳見本章個案研究) 等都是工作樣本測驗。另外，近年航空公司在招考培訓機師的考試中往往會有一個「手眼協調」的項目，要求應徵者運用左、右手 (搖桿) 以及腳 (踏板) 的協調性，將電腦上的浮動游標持續控制在一個很小的範圍內 (如圖 9-5)。此測驗同時還測驗受試者的數字記憶及圖形判斷的能力，主要就是在模擬實際駕駛飛機時的基本要求。

◎ 圖 9-5　培訓機師的「手眼協調」測驗，是航空公司篩選面試者是否適合成為一位飛行員的重要依據

效度　某項測驗是否測量了正確的標的？若是，其測量的準確度如何？用在人事抉擇上時，某項測驗的結果對於實際工作表現的預測能力愈高，效度就愈高。

標準效度　一項測驗預測應徵者在就職後實際表現的準確程度。例如，業務人員就任一段時間後，主管可以其業績對比應徵時測驗的結果，以檢驗測驗的標準效度。

內容效度　測驗的元素包含工作所需之知識與技術的程度。例如，人事行政的試題要求應考者回答實際工作上常見的人事問題；統計人員考試的試題，要求應考者計算數字的平均值與標準差等。

結構效度　當測驗準確衡量與工作。表現高度相關的心理特質時，即為具備高結構效度。這些心理特質可能包括智商、數理概念、情緒等。

第五節　訓練與發展

　　通過考選而錄取的公務人員在進入工作職位後，除了要執行上級交付的工作以外，也須持續地學習與成長，才能在不斷變化的環境中維持公共服務的效率、效能，以及公平性。訓練與發展功能就是要達成以上目標的計畫性人事功能。

　　第一種訓練與發展活動稱為**新人引導** (Orientation)，類似學校為一年級新生辦理的新生訓練，其主要目的在於幫助新員工熟悉組織運作與工作內容，以便更快適應新職位而能有良好的表現。舉例來說，學校每年都會為新進教師辦理教學技巧、研究發表，以及學生輔導工作的訓練，並會指派表現優良的資深教師帶領新人，主要目的即在幫助新進教師快速適應新的工作。

其次,一般人最容易想到的組織學習活動是技術方面的訓練,目的在於提供受訓者工作方法、程序與科技方面的專業技能與知識。除了傳統教室中的講授外,電腦輔助教學及互動式的多媒體影片都是現代組織常用的訓練管道。此外,公共組織也常採用在職訓練,也就是讓受訓者經由實作與工作觀摩的方式,在組織指派輔導員的輔助下,充實工作所需知能與服務態度。

最後一項同樣重要的學習活動是管理能力的發展,重點在於提升受訓者擔任管理工作的技術能力、人際能力與概念化的能力。管理是一種兼具藝術與科學的知能,這種發展性的訓練因此很強調培養受訓者因應環境變化或挑戰的能力。管理能力的發展同樣也可能採用在職訓練或職外訓練 (Off-the-Job Training) 的管道進行,在職訓練的方式包括:(1) 讓人員在不同職位間輪調,發展受訓者的知能及對組織整體的瞭解;(2) 建立工作導師制度 (Mentoring),也就是由表現優良的資深人員擔任導師或教練的角色,在工作中進行監督與指導;(3) 分派受訓者參與組織中的各種委員會,如性別平等委員會、考績委員會、申訴委員會等,增加參與決策的機會;(4) 跨單位的人員會議,讓新任管理者熟悉其他單位主管的想法,並熟悉組織中其他領域的活動。至於管理能力發展的職外訓練,則包括教室中進行的領導管理課程講授、情境模擬、個案分析與討論、角色扮演等。

第六節　績效評估 (考績)

正如同學校的課程會有期末考試一樣,組織進行績效評估主要是在評量組織成員一段時間內整體表現的好壞。而組織為何要評量人員表現的好壞呢?一般來說,績效評估的目的可以分為行政目的及發展目的兩類:[9]

1. **行政目的**:組織中針對人事的決策,公平性往往是最重要的價值,而從主管的角度來看,績效評估的結果恰好可作為各種人力資源管理決策的公平基礎。包括人員調派與陞遷的決定、考績獎金的分配、人事懲處的適當性、訓練方案成效的評量等,績效評估都是很有力的依據。
2. **發展目的**:從個人學習與成長的角度來看,績效評估提供員工自我瞭解的客觀資料,也讓主管更清楚員工的優、缺點,以及組織應該加強的訓練與發展方案。

績效評估方法

評估績效的方法很多，依照其評估的重點面向不同，可分為特徵、行為，以及結果三大類別。**特徵取向**的方法是最廣為被採用，也最容易執行的評估方法，其主要是衡量員工某些工作相關的特徵 (如主動性、創意、領導力等)。舉例而言，我國公務人員考績就是將績效的標準分為工作、操行、學識、才能等四個面向，其下又各自分為不同的細項特徵 (如表 9-4 範例)，而由主管根據其觀察到的不同特徵程度給予評分。

由於針對特徵的評估往往偏於模糊與主觀，人力資源管理學者因此發展出**行為取向**的評估方法。更明白地說，**行為取向**的評估方法就是先明確地用文字描述出人員在職務中應該展現的各種行為，並用量尺將不同的行為分出各種等級，而後據以評估人員的實際表現。在企業界，很常用的一種行為類評估方法稱為**行為定錨評估量尺** (Behavioral Anchored Rating Scales, BARS) (詳見表 9-5)。BARS 的發展方法是根據職務分析的結果，將工作相關的每一個重要績效面向都分為若干特定、可衡量的行為尺度，且每個尺度都有一個範例的描述 (稱為行為定錨)，而後再由負責考評的主管圈選符合員工表現行為的等級，並加總計算員工的總績效分數。

結果取向的績效評估顧名思義就是評估員工的銷售業績、生產力、利潤等工作成果，而非員工的特徵或工作中的行為。這類型的評估指標不要求主管做出對員工的主觀判斷，因此也較不會有偏見的問題。此外，結果取向的評估往往要求員工對結果負責，而不評估其中的過程，因此也比較容易形成授權式的管理風格。

另一方面，結果取向的評估也有一些缺點。首先，員工最終的績效可能受到某些其無法控制的外在因素所影響，因而影響評估的公平性。舉例而言，銷售人員在經濟景氣極差的環境中，或工廠生產線的主管無法取得短缺的原料時，自然都會使其應有的表現大打折扣。此外，完全結果取向的評估也會導致人員只看重短期的數字，而忽略長期影響的傾向。例如，業務主管可能會盡量減少員工的教育訓練花費，航空公司也會要求機師或空服員盡量少休假，以提高公司的利潤，但長期下來這些決定也可能會導致嚴重的負面影響。

表 9-4　我國的公務人員考績表範例

公務人員考績表

機關名稱：
機關代號：

姓　　名			到職	民國　年　月　日		項目	日數	項目	次數
國民身分證統一編號			送審	民國　年　月　日					
職　　務			官等職等	任第　職等	請假及曠職	事假		平時考核獎懲	嘉獎
						病假			記功
職務編號						延長病假			記大功
						遲到			申誡
職　系(代號)			俸級俸點	本年功　俸級　俸點		早退			記過
						曠職			記大過
規定工作項目									

	項目	細目	考核內容	項目	細目	考核內容
工作(65%)		質量	處理業務是否精確妥善暨數量之多寡。	操行(15%)	忠誠	是否忠於國家及職守言行一致誠實不欺。
		時效	能否依限完成應辦之工作。		廉正	是否廉潔自持予取不苟大公無私正直不阿。
		方法	能否運用科學方法辦事執簡馭繁有條不紊。		性情	是否敦厚謙和謹慎懇摯。
		主動	能否不待督促自動自發積極辦理。		好尚	是否好學勤奮及有無特殊嗜好。
		負責	能否任勞任怨勇於負責。	學識(10%)	學驗	對本職學識是否充裕經驗及常識是否豐富。
		勤勉	能否認真勤慎熱誠任事不遲到早退。		見解	見解是否正確能否運用科學頭腦判斷是非分析因果。
		協調	能否配合全盤業務進展加強聯繫和衷共濟。		進修	是否勤於進修充實學識技能。
		研究	對應辦業務能否不斷檢討悉心研究力求改進。	才能(10%)	表達	敘述是否簡要中肯言詞是否詳實清晰。
		創造	對應辦業務有無創造及創見。		實踐	作事能否貫徹始終力行不懈。
		便民	處理人民申請案件能否隨到隨辦利民便民。		體能	體力是否強健能否勝任繁劇工作。

			直屬或上級長官	考績委員會 (主席)	機關首長
總評		評語			
		綜合評分	分	分	分
		簽章			

考列甲等人員適用條款　公務人員考績法施行細則第　　條第　　項第　　款第　　目
考列丁等人員適用條款　公務人員考績法第　　條第　　項第　　款

備註及重大優劣事實

表 9-5　銷售人員的 BARS 範例

		對待顧客的態度與行為
傑出表現	8	受評者將顧客視為受評者本身與組織的重要連結
非常好	7	受評者會使顧客感受到顧客對組織的重要性
好	6	受評者會運用各種技巧，使顧客自由溝通
普通	5	受評者經人指導，能選擇正確的待客方式
低於平均	4	受評者會轉達顧客的意見或抱怨
表現不佳	3	受評者會傾聽顧客的意見或抱怨
很差	2	受評者對勸說顧客購買興趣缺缺
低於基本門檻	1	受評者忽視顧客的提問

第七節　人事行政的價值衝突與法律規範

觀察近代行政改革的歷史，人力資源管理實為最熱門的政府改革項目。各國人事行政的多次改革 (在美國平均約七年出現一次大型改革) 很明顯是擺盪於集權與分權的兩極之間。換言之，分權化過度產生的負面效果往往須以集權來改善，而集權化造成的問題也往往是用分權的手段來解決。

此外，各國早期的人力資源管理改革皆著重於摒除不當之政治介入，以建立公平的考選制度與統一的人事體制。之後，由於人權運動的興起、民主政治的發展，以及政府財政資源的緊縮等原因，而有公平、政治回應性，以及績效等價值的加入，[10] 因此有人甚至戲稱人事行政是一種「具有分裂人格的行政功能」。[11]

> **功績制**
>
> 美國 1978 年文官改革法 (Civil Service Refrom Act, CSRA) 明訂政府文官體系應該遵守的功績制原則：
> 1. 才能取向與公開競爭。
> 2. 人事措施對任何求職者與在職者一律平等。
> 3. 同工同酬並獎勵優良表現。
> 4. 公務人員應追求公共利益、堅持高道德與行為標準。
> 5. 維持工作效能。
> 6. 取優汰劣與賞罰分明。
> 7. 健全訓練培育措施。
> 8. 防止贍恩徇私，並保障不受政治迫害及干預。
> 9. 保障公務人員不因合法揭露弊端而遭報復。

1. **效率**：傳統上行政學者是以「**功績制**」來描述政府的文官體系。功績制簡單地

> **政務人員**
>
> 「政務人員退職撫卹條例」於民國 111 年 1 月 19 日修正公布之第二條規定，所稱政務人員，係指下列人員：
> 1. 依憲法規定由總統任命之人員。
> 2. 依憲法規定由總統提名，經立法院同意任命之人員。
> 3. 依憲法規定由行政院院長提請總統任命之人員。
> 4. 前三款以外之特任、特派人員。
> 5. 其他依法律規定之中央或地方政府比照簡任第十二職等以上職務之人員。

說就是為了發揮政府最大的行政效率，各種人事決策都應該盡可能以組織成員或應徵者相對的知識、技術、能力或績效表現為標準，而不受黨派或政治關係所影響。

2. **政治回應性**：主張政府必須服從民意的走向，至於什麼才是真正的「民意」則由民選的政治領袖及執政的政黨來表達。世界上各民主國家的政府都在公務人員體系中創出**政務人員**的職位，隨著政治選舉的結果而由執政者運用。這些職位都是以政治忠誠度為最主要的選才考量，其次才考慮人的學經歷等資格。

3. **公平性**：如第一章已經提到的，「公平」的價值指的是提供每位公民平等的公共服務，讓不同族群的公民都可以獲得公平的對待。公平除了代表個人基本的平等保障外，也隱含性別、種族、居住地區、身心障礙狀況等面向的社會平等性。更明確地說，政府人事資源的配置應該設法保障弱勢族群，使其在公務人員的體系中擁有足夠的代表性。

為了追求效率與公平性，歷代的行政革新創造出今日常任文官的制度，其最大的特色就是人員的考選、任用與陞遷等人事措施大多都基於理性客觀的績效標準。然而，各國的文官系統中往往包含一些保障弱勢族群的法規制度，使得人事決定也必須在一定程度上滿足公平性的價值。舉例來說，我國《公務人員考試法》規定：「為因應特殊性質機關之需要及照顧身心障礙者、原住民族之就業權益……」，政府得舉辦特考。此外，《身心障礙者權益保障法》也要求各級政府機關、公立學校，以及公營事業機構員工總人數在 34 人以上者，就必須進用 3% 以上的身心障礙者。可想而知，要使弱勢族群得到更多的保障，一般人可公平競爭的職位就必須有所減少，反之亦然。

政治回應性也是政府人力資源管理中一個不可忽視的價值。政府文官體系

的制度本來是為了排除不當的政治影響力或私人利益而設計,但如果政治選舉的結果完全不影響公務人員的職權或福利,人民又如何要求政府的施政對民意負責?政務人員就是為了達成政治回應性而產生。政務人員由執政黨提名,不受公務人員管理法規限制,主導國家政策及施政方針,並指揮常任文官實際執行政策。我國自脫離威權統治以來,政務人員的範圍逐漸擴大(詳見表 9-6)。地方政府也不例外,今日我國直轄市幾乎所有的一級主管皆由市長政治性任免,一般縣市的一級主管也已有高達二分之一得列政務職。政治回應性價值的擴張自然會壓縮常任文官的職權與向上發展的空間,同時影響文官體系既有的效率與公平兩大價值。

表 9-6　歷年全國政務人員(不含民選首長)數

年別	政務人員 小計	男性	女性
民國 87 年 (1998)	305	282	23
民國 88 年 (1999)	331	303	28
民國 89 年 (2000)	323	289	34
民國 90 年 (2001)	298	270	28
民國 91 年 (2002)	303	271	32
民國 92 年 (2003)	299	270	29
民國 93 年 (2004)	304	275	29
民國 94 年 (2005)	278	245	33
民國 95 年 (2006)	285	250	35
民國 96 年 (2007)	297	256	41
民國 97 年 (2008)	403	343	60
民國 98 年 (2009)	383	321	62
民國 99 年 (2010)	389	326	63
民國 100 年 (2011)	445	365	80
民國 101 年 (2012)	455	372	83
民國 102 年 (2013)	458	374	84
民國 103 年 (2014)	424	341	83
民國 104 年 (2015)	450	362	88

Case 9：收件匣演練 (In-Box Exercise)

高級主管工作的優先順序

你是國教署署長，主管臺灣地區公立中小學的教務發展。國教署有 65 位官員並劃分為四個組：分別為學前教育、國教課程規劃、教育方案規劃分析、教育支援部門。在元旦假期結束後的禮拜一早上七點半，你按往常般提早進入辦公室，發現你的桌上堆滿了許多亟待處理的文件。還有一個小時其他人就會到辦公室了，你要如何決定優先處理哪些事情呢？

A. 你的秘書留一張字條給你，告訴你今天下午一點你和部長有個會議，但她還沒看到議程內容為何，那麼她該做些什麼呢？

B. 臺灣教師聯誼會留了一個電話，邀請你於三週後於他們所舉辦的研討會發表演說，此聯誼會和教育部的運作關係密切且和你關係良好。

C. 立法院教育委員會召集人張○○委員寄了一封信給你，信上說他們將很快地進行一項全國國教課程標準的研究，並且在研究之後推動相關課程標準的立法。她想知道你對於這項研究的進行過程有何建議，希望你能和他們聯繫並發表你的意見和想法。

D. 一份出差的申請文件，要求你批准出席一場在高雄舉辦的改善中小學校設備的研討會議。這份申請文件未附上應有的差旅費用細目說明，但此文件是由你很信任的一名單位主管所呈遞。

E. 你所管轄國教課程規劃組的組長要求你允許她成立一個處理課程發展過程的專案小組。她並抱怨，立法院教育委員會老早要求各單位執行 TQM，但直到目前為止國教署卻什麼也沒做，她請求你讓她的小組先自行開始進行。

F. 你所管轄的教育支援組的組長因為訪問各級學校的需要，而上呈公文要求購買新的筆記型電腦。他在公文中並提供相關採購文件，並且說明這筆預算已經在去年編列預算時列為採買的項目。

G. 教育部長下了字條，要你儘速提交一份最新的國中課程標準，這份課程標準是由你管轄的國教課程規劃組負責。部長並在字條中說，他剛收到立法院教育委員會來的電話，要求瞭解國中課程標準制定的進度，以決定明年應該核准的相關計畫。

H. 部裡面某位新進科員的考績報告已放置你的桌上，其中他的組長建議對其嘉獎一次，請你裁示。

I. 一些來自於行政院本部的文件送交給教育部長以及各組、室長 (有改制教育部國教署分為四組四室)，其中陳述院長明年相關的政策優先順序、可能推動的法案、預算項目以及所欲達成之政策目標的期程，並在結論中註明行政院的預算編製工作即將在幾天內展開。

J. 國教課程規劃組的組長寫了一份健康教育書籍的招標計畫書，此計畫方案的內容看起來頗為潦草，也只附上一些簡略的背景資料。你知道這個組長並不是個很細心的人，但招標計畫在週三前就必須定案。

K. 本署各組送來的六份公告，內容為有關各校課程委員會設立章程、電視教學視聽設備規劃，以及其他事務性的工作。這些文

件必須經由你簽名才能公告施行，而各校所有的課程委員會議都將在接下來的兩週內召開。

L. 一份行政院院長給教育部長的正式書函，要求教育部在提報的預算中縮減 3 億元的經費，以實行院長的財務精簡目標。部長定在禮拜二早上九點召集你和其他國教署各科科長召開會議，討論預算緊縮的對策。

M. 兩通學生家長留的電話訊息，他們想和你談論關於他們小孩在所屬學區學校所面臨到的問題。

N. 課程規劃組長問你是否已閱讀他所提出的關於小學性教育計畫方案的內容，此外並希望能找時間與你進行討論。

O. 教育部政務次長要求你在三個禮拜內交給他明年年度發展時程規劃方案，並依據國教署近期目標列出最優先計畫，而你的規劃草案需要附上預算和評量績效的相關指標。

P. 教育部長指派你擔任國中小學教學科技與課程委員會的主席，他希望在 2 月中得到這個委員會的具體建議，以將相關內容納入他到立法院的政策說明之中。這個委員會的成員包含各中、小學校校長、家長代表、相關學者專家，以及相關政府單位人員，不過到目前為止，你都還沒有決定詳細的名單及開會的期程。

你該做的工作為：

1. 針對上述的項目從 A 至 P 依序排列你的處理順序。
2. 解釋你做此順序安排的準則或標準。
3. 討論解決這個問題的核心關鍵是什麼？

本章習題

申論題

1. 政府部門人事任用，其甄補行為分為內陞制、外補制，試說明這兩種制度之內涵，並比較其優劣。
(104 年原住民特考三等)

2. 為招募優秀人才進入政府服務，必須注重文官考選制度之公平性。請分別由「程序公平」和「實質公平」兩個面向來評估我國文官考選制度之公平性。
(104 年少將轉任)

3. 何謂行政專業化？行政專業化有其優點，但也有其限制，就你的觀察，行政專業化可能引發那些行政管理上的問題？再者，你認為行政通才的培養與運用，能否矯正行政專業化的缺點？
(103 年高考二級)

選擇題

1. 某國營事業發生重大意外事故，引發民眾的強烈不滿，導致主管部會的部長請辭下台，從責任政治的觀點，其所承擔的責任類型屬於下列何者？
   (A) 政治責任
   (B) 行政責任
   (C) 法律責任
   (D) 財務責任
   (112 年地特三等)

2. 有關公務人員任用陞遷之敘述，下列何者錯誤？
   (A) 十二職等以上人員之調任不受職組職系限制
   (B) 某部總務司副司長得調任同司專門委員職務
   (C) 現職具有任用資格人員得調任機要職務
   (D) 同一序列副主管之遷調不必經甄審程序
   (112 年地特三等)

3. 我國人事機構有所謂「雙重隸屬關係」之性質，如以法務部人事處為例，該處受到那兩個機關(構)的直接指揮監督？
   (A) 法務部與司法院
   (B) 法務部與銓敘部
   (C) 銓敘部與行政院人事行政總處
   (D) 法務部與行政院人事行政總處
   (112 年地特四等)

4. 下列何種情形我國公務人員仍得辦理陞任？
   (A) 最近 1 年內受減俸處分者
   (B) 最近 2 年內受休職處分者
   (C) 最近 1 年內考績列乙等者
   (D) 最近 2 年內受降級處分者
   (112 年地特四等)

5. 人力資源管理者進行員工績效考評時，通常需要考量多元的面向，請問下列何者為較不重要的面向？

(A) 工作行為　　　　　　　　(B) 合作能力
(C) 工作結果　　　　　　　　(D) 社會網絡　　　（112 年公務、關務人員升官等）

6. 有關我國公務人員考績制度之敘述，下列何者正確？
   (A) 另予考績用於平時有重大功過時考核
   (B) 年終考績列乙等者留原俸級
   (C) 專案考績一次記二大過者免職
   (D) 專案考績得與平時考核功過相抵　　　　　　　　（112 年高考三等）

7. 我國針對公務人員任用與保障有不同的作法，下列何者較符合「代表性官僚」(Representative bureaucracy) 的精神？
   (A) 規定行政機關進用身心障礙人員之比例
   (B) 放寬雙重國籍公民擔任公務人員的限制
   (C) 允許專門職業及技術人員轉任公務人員
   (D) 保障公務人員可籌組及加入工會的權利　　　　　（112 年地特三等）

8. 有關一般行政機關公務人員任用之敘述，下列何者錯誤？
   (A) 年終考績影響同官等內職等之晉升
   (B) 具外國國籍者放棄外國國籍後得再任公務人員
   (C) 現職委任第五職等公務人員得權理薦任第七職等職務
   (D) 具外國國籍而被撤銷任用的公務人員要追還已支付之俸給　（111 年地特三等）

9. 藉由授與員工職位上更多權力、責任與自主性以提升員工能力，這是屬於下列何種工作設計類型？
   (A) 工作豐富化　　　　　　（B) 工作輪替化
   (C) 工作擴大化　　　　　　（D) 工作複雜化　　　　　（104 年普考）

10. 在我國，下列那一個機關首長並非隸屬考試院？
    (A) 銓敘部部長　　　　　　（B) 公務人員保障暨培訓委員會主任委員
    (C) 國家文官學院院長　　　（D) 人事行政總處人事長　（104 年地特四等）

11. 政務官與事務官最大的差異在於政務官需要負下列那種責任？
    (A) 行政責任　　　　　　　（B) 法律責任
    (C) 政治責任　　　　　　　（D) 管理責任　　　　　　（104 年地特四等）

12. 老王的好友登記參選地方議員，他不但在各種場合為他站台演講，還辦理募款餐會、發起連署並刊登於報紙廣告之上，請問老王應是下列那一種身分的人員，才不致違反「公務人員行政中立法」？
    (A) 考試院考試委員　　　　（B) 高中軍訓教官
    (C) 中央研究院研究員兼所長　（D) 退休之公立小學老師　（104 年高考三級）

13. 就職位分類制度而言，一種專門職業就是一個：
    (A) 職級　　　　　　　　　　(B) 職門
    (C) 職組　　　　　　　　　　(D) 職系　　　　　　　　　　(103 年高考三級)

14. 我國現行考績結果之運用，主要偏重何種功能？
    (A) 激勵　　　　　　　　　　(B) 保障
    (C) 發展　　　　　　　　　　(D) 行政管理　　　　　　　　(103 年普考)

15. 「職系」是構成現代人事體系的重要元素之一，其符合韋伯 (M. Weber) 理想官僚理論之下列何種特徵？
    (A) 事業化　　　　　　　　　(B) 層級節制
    (C) 專業分工　　　　　　　　(D) 去人情化　　　　　　　　(103 年地特三等)

註

[1] 考試院統計年報。取自：http://www.exam.gov.tw/np.asp?ctNode=948&mp=1

[2] 行政院主計總處。中央政府總預算，取自：http://www.dgbas.gov.tw/ct.asp?xItem=26269&CtNode=5389&mp=1

[3] Klingner, D. E., & Nalbandian, J. (2003). *Public Personnel Management* (5th ed.). Upper Saddle River, N. J.: Prentice Hall.

[4] Caggburn, J. D. (2003). Deregulating the Public Personnel Function. In *Public Personnel Administration: Problems and Prospects* (4th ed.) (pp. 77-90). edited by Steven W. Hays and Richard C. Kearney. Englewood Cliffs, N. J.: Prentice Hall.

[5] 呂碧華 (2014)。**北區大專校院學生宿舍管理人員「人力資源管理」之探討**。臺北大學公共行政暨政策系碩士論文，臺北。

[6] PAQ Services. http://www.paq.com/?FuseAction=Main.PAQProgram

[7] 呂育誠 (2015)。行政院人事行政總處委託研究，**建構公務人員管理核心能力、課程模組及重要性職務學習徑圖之研究**。臺北：行政院人事行政總處。

[8] 考選部舉辦之國家考試分為二大種類：一、公務人員考試、二、專門職業及技術人員考試，取自：http://wwwc.moex.gov.tw/main/content/wfrmContent.aspx?menu_id=34

[9] Snell, S., & Bohlander, G. (2010). *Principles of Human Resource Managemen* (15th ed.) (p. 363). South-Western, Cengage Learning.

[10] Kettl, D. F., & DiIulio, J. J. (1994). *Reinventing Government? Appraising the National Performance Review*. Washington, D. C.: Brookings.

[11] Nigro, L. G. (1990). Personnel for and Personnel by Public Administrators: Bridging the Gap. Naomi B. Lynn & Aaron Wildavsky (eds.) *Public Administration: the State of the Discipline*. Chatham, N. J.: Chatham House Publishers.

第十章
從電子化政府到智慧政府

資訊通信科技改變政府治理型態。

　　一早從床上醒來，在惺忪睡眼中，移動式 AI 機器人已經站在床邊，顯示個人健康監測數據、環境溫溼度。透過語音下令播放網路新聞、自動沖泡咖啡，以及預約中午和同事聚餐的餐廳之後，接著分別查看 LINE 和臉書社群平台的最新資訊。看到有位朋友轉貼一則關於東部一處美麗的海岸布滿海洋廢棄物的新聞，另一則新聞是南部一處偏僻農地遭到非法掩埋廢棄物，憤怒之餘，點開當地政府的首長信箱，強烈表達對於環境污染問題的關注，再到公共政策網路參與平臺，對於一項加強廢棄物管理稽查的提議按下「我要附議」。吃早餐的

時候，觀看一位知名政治人物的網路直播，想到最近又是報稅的日子，於是拿起手機點開財政機關電子報稅系統，想起上次利用自然人憑證，這次試著利用行動電話認證，系統幫忙試算完所得稅額後，在多種繳費方式中選擇信用卡方式繳納稅額。完成申報後，再利用行動支付繳付水電費。由於週末打算帶家人至外縣市旅遊，於是透過 ChatGPT 規劃行程，順便線上訂房。日益便利、智慧化的科技正逐漸改變人類的生活，在這幾乎人人手上都握著一支手機或配戴智慧裝置的時代，人類得好好思考未來怎麼與科技共存！

隨著**資訊通信科技** (Information and Communication Technologies, ICTs) 的快速發展及普及，政府的各項公共服務也廣泛地運用這些科技，提高政府行政效率及效能。我國在 1980 年代左右，為因應這波科技發展浪潮，陸續建置各部會的行政資訊管理系統。例如，財稅、貨物通關、醫療、警政、戶政，以及金融等機關，[1] 透過線上方式提供便捷、整合性的跨部門服務。這些建設仰賴早期的業務電腦化等基礎現代辦公設備的建置；行政資訊系統更奠立了後續跨部門間的便民服務，提高了服務的效率。而隨著臺灣的民主化，政府電子化的基礎建設更被應用於與民眾的直接溝通，以更有效的回應民眾的需求。政府業務的電子化是一項逐漸推動的過程，過程中也產生了許多值得關注的議題。例如，組織與流程的改造、城鄉間的數位落差、對於資訊安全與隱私的疑慮、如何快速應用日新月異的高新科技於政府管理與政策推動，都是未來即將面臨的機會與挑戰。

因應資訊通信科技在政府的廣泛應用以及各項議題的逐漸受到重視，早期被視為「雕蟲小技」的**電子化政府** (E-Government) 研究也逐漸在公共行政學科成為一個重要的研究次領域。在不同的發展階段有不同的研究焦點，早期探討從私部門領域出發，著重「行政資訊管理系統」，聚焦在政府內部的軟硬體設備建置與應用；隨著這些系統的廣泛應用，電子化政府強調透過資訊通信科技提供人民有效率的公共服務；隨後的發展則是進入**電子治理** (E-Governance) 時期，如圖 10-1 所示，政府將外部的企業、民間團體與一般社會大眾視為可以共同協力推動政策的夥伴，借重各式各樣的科技建立資料開放與電子參與的管道和流程，推動政府與公民社會間的協作關係。

各類型資料數位化結果帶來大量數據，政府應用新興科技進行**大數據分析** (Big Data Analysis)，強調**資料治理** (Data Governance)，支持政府的行政、公

圖 10-1　民眾透過 ICTs 成為政府治理的夥伴

共服務與公共參與，擴大電子化政府的內涵，**數位治理** (Digital Governance) 逐漸成為核心概念，更加朝向開放及參與式模式發展。近年來資料科學加上**人工智慧** (Artificial Intelligence, AI)，機器能夠模擬人類思考和行為，許多以 AI 為技術基礎的應用快速出現，結合其他先進的資訊通信科技，大幅改變人們的生活，影響人類的未來。在政府推動智慧國家的施政目標下，數位治理的發展轉向服務型智慧政府，持續推動數位轉型工作。本章將依序介紹這些發展，並探討隨著電子化政府以及智慧政府而產生的議題。

第一節　行政資訊系統管理

　　自 1980 年代始，隨著現代化的設備與技術快速發展，如電腦、網際網路、投影設備等，政府機關的辦公場所開始仰仗這些設備與技術，來提供更有效率的公共服務。再加上現代政府所需處理的事務逐漸龐雜，舉凡網路輿論、國際局勢或區域經濟發展等相關議題，在決策以及管理過程中，開始重視大量資訊的快速處理，因此除了基礎硬體的建設之外，也建置政府機關內的資訊管理系統，用以分析影響政府的內外在因素，透過資訊蒐集、資訊分析、資訊解釋，以及資訊應用等管理活動，來提高政府施政效能，解決重要的公共問題。

　　一般公共機關所採用的行政資訊管理系統，多是以使用者的層級不同進行區分，可概分為交易處理系統、管理資訊系統、決策支援系統，以及首長資訊系統這四個層次，如圖 10-2 所示。

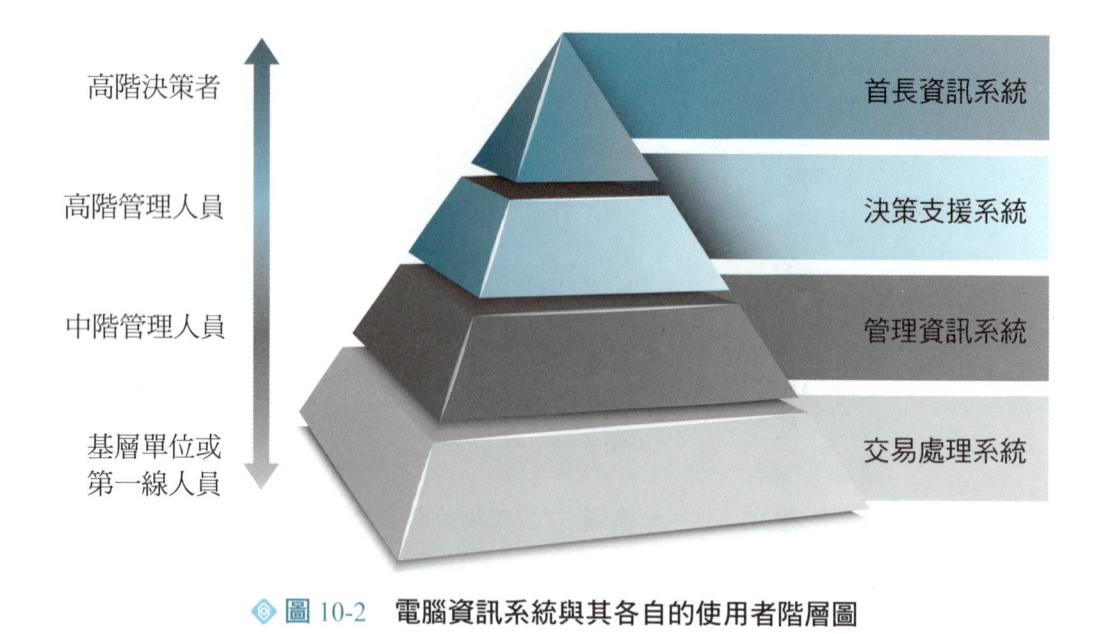

◎ 圖 10-2　電腦資訊系統與其各自的使用者階層圖

一、交易處理系統

交易處理系統 (Transaction Processing System, TPS) 多是由公部門當中基層單位或第一線人員操作使用，交易處理系統的功能在於對部門內例行、重複性高的業務進行自動化的資訊處理與追蹤，並將所蒐集得到的資訊作為輔助上級單位管理之用途。舉例而言，常見的交易處理系統有人事單位的薪資給付系統、財政機構的電子報稅系統、金融機關的金流系統，以及交通機關的電子票券系統等。交易處理系統透過整合內外部服務流程，用以提高組織效率，而由於交易處理系統為將資訊供應給更上層的管理資訊系統及決策支援系統，因此若交易處理系統發生當機或是故障等情形，則容易使得整個行政資訊管理系統產生癱瘓的危機。

二、管理資訊系統

管理資訊系統 (Management Information System) 則是基於機關內部既有的工作流程之下，將交易處理系統所蒐集到的資訊進行整合歸納與分析應用，透過將資料排序、歸納、整併及分析等步驟將交易處理系統所蒐集到的廣泛資訊整理成有用的資料，並用以提高組織內部管理的流暢度以及效率，因此管理資訊系統多是建構予中階的管理階層使用。政府機關內常見的管理資訊系統有財產管理系統、招標採購系統、人事會計系統，以及公文檔案系統。

三、決策支援系統

決策支援系統 (Decision Support System, DSS) 是針對中高階管理人員的需求，以產生知識為目標的系統。決策支援系統可機動性地視使用者的需求進行搜尋組織決策過程所需的資訊，換句話說，使用者可在決策支援系統上測試不同的決策選項，系統就會基於對既有結構化資訊的分析而預測各選項在未來的可能影響。決策支援系統所使用的重要分析方法為「**資料探勘**」(Data Mining)，透過電腦自動化的技術將資料庫大量零散、非結構式的數據資料，歸納提煉成為結構良好的決策資訊。在網際網路的快速發展下，政府機關開始應用數據探勘的技術進行網路輿情分析，取得重要的「網路風向」做為決策之參考。政府機關可挑選當前特定議題並透過網路輿情分析技術，藉由關鍵字詞組及情緒詞組「撈取」網路討論區、社群媒體，以及網路新聞等公開資訊，獲得網路討論之聲量大小以及正負面情緒的高低，瞭解網路民眾對於議題的看法。

四、首長資訊系統

首長資訊系統 (Executive Support System, ESS) 常被視為特別量身訂做的策略決策支援系統，主要用途是幫助高階決策者獲得與組織策略性目標相關之內部或外部資訊，因為要讓高階決策者可不假他人之手而進行操作，因此特別強調為使用者導向的量身訂做。

早期政府部門的資訊處理系統應用，多借重於私部門資訊管理應用的經驗，目的在於提高政府組織內部的行政效率以及決策流暢性，多聚焦於透過基礎硬體建設以及資訊軟體的輔助，來改善政府組織內部的運作流程。然而隨著內部軟硬體系統的逐漸發展成熟，電子化政府的概念開始興起，政府機關開始重視外部民眾使用上的便利性以及服務的普及性。因此，若缺乏早期政府組織內部軟硬體系統的建置，不論是後續推動的電子化政府發展階段，抑或是強調讓公民參與決策過程的電子治理，都將窒礙難行。

第二節　電子化政府

政府行政資訊管理系統的建置提供了應用的重要基礎，結合資訊通信科技在人民生活領域的普遍應用，也讓公共服務的提供過程相應改變，各國無法迴

避電子化政府的發展趨勢。電子化政府泛指政府透過網際網路等新興的電子工具，對政府機關、企業和民眾提供例行的政府資訊與交易活動，[2] 其追求的目標，即是透過更快速便捷的工具將政府的各項公開資訊與公共服務傳遞給需要的組織與民眾，從而建立更有效率、課責回應性，以及開放透明的政府，並且打破時空之限制，建立全年無休的資訊與服務管道。

一、電子化政府的發展階段

依據聯合國電子化政府發展過程，電子化政府的發生可區分為五個不同階段：[3]

1. **產生期**：政府部門透過網頁呈現靜態的零星資料，此時政府所提供的資訊以及服務相當有限，且多為基本的內部資料，如機關簡介、人員執掌等。
2. **增強期**：政府網站開始定期更新內容，並將政府發行的出版品、相關法規及所提供的服務等資訊陸續建置上網。
3. **互動期**：政府網站開放民眾進行表單資料等的線上申請，並且也可以在政府網站上註冊並登錄個人資料。
4. **交易期**：此時企業、社會團體及民眾，可以直接透過政府機關的網站處理機關業務，例如進行線上報稅、採購、招標等交易活動。
5. **完全整合期**：政府透過網路建造一個完整的介面，這個介面提供全面電子化的服務，政府的公共服務達到完全無障礙的地步。

臺灣電子化政府的發展，受到早期資訊科技應用的浪潮影響，自 1960 年代起即有部分機關開始透過資訊科技來處理行政事務，隨著資訊系統的成熟和普及，開始轉為顧客導向的外部服務提供，而又隨著政府與公民間互動關係的變化，逐漸將資訊通信科技應用於提高公眾之參與，藉由增進政府及公民社會的雙向互動關係，強化公共治理的成效。整體而言，臺灣電子化政府的發展階段，可概分為基礎建設期、服務提供期及民主治理期，早期的目標為行政效率提升，中期則是追求行政效能與便民服務，目前則重視公共價值的實踐。[4]

(一) 基礎建設期

自 1980 年代始的「全國行政資訊體系規劃報告」和「業務電腦化」，此時政府推動電子化政府的目標是藉由電腦系統的普及應用，來提高政府內部的運

作效率以及提供行政首長決策時的支援系統。例如，政府機關內的行政流程，長久以來都存在著作業繁複、公文層轉費時等問題，透過建立電子化政府可來大幅改造上述公務體系內的辦公流程；首先建立政府機關內的骨幹網路，用以串接各級機關，其次透過「課股有信箱、訊息瞬間通」，來改造機關間溝通方式，最後隨著「電子公文」、「電子郵遞」、「電子認證」、「電子新聞」、「數位出版」及「電子採購」等行政應用服務之推動，大幅簡化行政作業流程。[5]

(二) 服務提供期

政府在多年來推動業務電腦化及便民服務累積之基礎上，此時推動「電子化/網路化中程推動計畫」、「電子化政府推動方案」以及「e化政府計畫」，因應網際網路等資訊通信科技的創新發展，開始進行各資訊系統的整合運用。[6] 因此這個階段的電子化政府目標，即在於整合各級行政機關，透過資訊通信科技將政府的公共服務彙整於網路平台之上，提供便利民眾的公共服務。此時政府所推動的公共服務包含電子認證機制、共通網路服務平台(如我的E政府)，以及建置相關的資訊輔助法規，如電子化政府共通作業平台規範、《個人資料保護法》及《政府資訊公開法》等。

(三) 民主治理期

從2007年起的「優質網路政府計畫」，政府開始意識到資訊通信科技可做為完善「民主治理」的一項寶貴工具，因此開始將人民視為「公民」，而非「消極的服務消費者」；「優質網路政府計畫」服務內涵開始注入「分眾化」與「公民參與」的精神，前者強調多元服務對象的客製化服務，後者則是致力於打造公民參與的資訊平台，提供網路民意互動服務。[7] 這個時期的電子化政府開始重視內外部議題的整合規劃，嘗試透過更便捷的網路參與系統讓公民也成為治理過程的一個環節，並且強化政府資料開放的進程，落實民主課責的必要資訊透明條件，例如，成立線上網路參與諮詢平台、建置政府資料開放平台等。

這些發展歸功於我國從1998年之後在不同階段所推動的計畫，隨著政府網路基礎建設逐漸完備、資訊服務系統越趨整合，臺灣目前的電子化政府發展已日臻成熟。如圖10-3所示，國家發展委員會自2017年開始推動新一期的「第五階段電子化政府計畫—數位政府」，以資料驅動、公私協力、以民為本

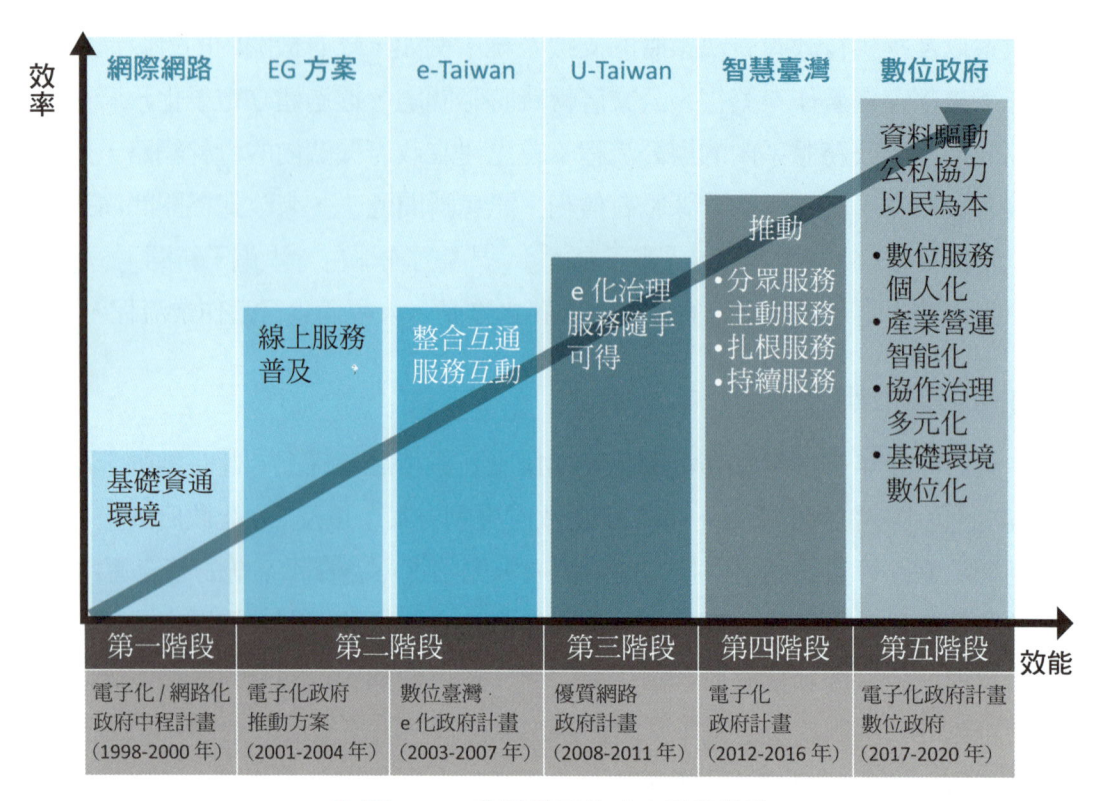

図 10-3　我國電子化政府計畫推動

之核心理念，透過巨量資料 (Big Data) 分析彙集民眾需求，藉由開放資料 (Open Data) 促進政府透明公開，並善用個人資料 (My Data) 完備為民服務需求。[8] 臺灣在國際上的評比指標也成績斐然，早稻田大學公布的「國際電子化政府排名報告 (2016)」，臺灣自 2015 年的第 17 名上升到第 10 名，調查報告中指出，我國成績躍升主要是來自於開放政府指標的優秀表現；[9] 臺灣在「開放政府」的表現上也受到其他國際組織的肯定，如開放知識基金會 (Open Knowledge Foundation, OKFN) 公布 2015 年的全球開放資料普查 (2015 Global Open Data Index) 調查結果，臺灣在 149 個受評國家中擠下常居榜首的英國，排名世界第一。[10] 臺灣的電子化發展當然也不僅止於政府機關內部，公民社會也蘊藏著豐富的動能，根據財團法人台灣網路資訊中心 (Taiwan Network Information Center, TWNIC) 公布的「2016 年台灣寬頻網路使用調查」顯示，臺灣上網人數推估約 1,993 萬人，整體上網率高達 84.8%；[11] TWNIC 也在 2016 年 11 月針對行動載具的無線上網行為進行調查，調查結果顯示國人使用行動上網比例高達 72.6%，相較於 2015 年的 67.8%，行動網路的使用逐漸上升。[12] 2023 年國人的

上網率為 84.7%，使用行動上網比例上升至 81.8%，5G 的使用率從 2022 年的 19% 增加至 26.7%，使用即時通訊軟體及社群媒體的整體比例分別為 83.4% 與 71.12%，顯示國人使用網路的應用服務更加普遍。[13]

較新的資料顯示，早稻田大學公布的「國際電子化政府排名」報告，2022 年臺灣排名第 9，在數位基礎環境整備、數位化為民服務，以及公私協力推動政府數位轉型等工作方面皆見成效，[14] 但是 2023 年下滑至第 15，其中推動智慧政府數位轉型、電子化政府服務與公民參與的表現良好，但是在政府資訊科技官員制度、資通訊產業人才方面有待強化[15]；開放知識基金會公布的 2022 年全球開放資料普查調查結果，臺灣僅排名第 42 位，主要原因是部分類別的資料開放範圍和已公開數據過低，影響整體的表現。[16]

二、電子化政府的應用與價值

(一) 提供有效率的公共服務

電子化政府的首要任務之一，即是政府透過資訊通信科技將公共服務更快速的傳遞，建立以滿足民眾的需求為目標的虛擬型態政府。舉例而言，近年來政府機關逐漸重視主動服務的重要性，不再只是被動接受民眾的申請後再回應，而是基於民眾需求並主動提供服務，常見的案例有社會局的社會救助業務、勞工局職災關懷業務，以及結合行動載具和電信服務的全國性地震、海嘯預警通知。

(二) 整合跨部門業務

電子化政府的另外一項目標，即是透過整合政府機關內垂直、水平各級機關，藉由不同機關共享資訊及跨越單一組織界限，以建構全方面、無縫隙的鏈結政府 (Connected Government)。對於外部民眾的服務而言，單一窗口處理流程的建立則是公共服務輸送模式的新變革，透過資訊通信科技的運用，過去民眾在處理事務時可能需要經由數個不同的行政單位，除了行政成本上的負擔外，也造成民眾生活的不便利；而單一窗口的設計即是透過一特定的政府網站，民眾只要點選所需要的服務項目，即可透過網路全程申辦。然而，單一窗口整合的目標並非只有前端的網頁設計，仍必須借重後端辦公室 (Back Office) 的同步

調整，串聯受理民眾服務的前端服務窗口與後端行政人員的作業系統，因此不同機關單位如何建立跨部門合作的文化與思維，相較於軟硬體設備的建置來得更為重要。

(三) 政府資訊公開與開放資料

自《政府資訊公開法》於 2005 年頒訂後，明定與人民權益攸關之施政、措施及其他有關之政府資訊，以主動公開為原則，期透過施政之公開與透明，保障人民知的權利，增進人民對公共事務之瞭解、信賴以促進民主之參與。政府資訊公開的管道可包含刊登於政府公報或其他機關出版品、提供線上查詢服務、舉行記者會或說明會、提供公開導覽等。政府資訊公開是透明政府的第一步，結合了透明化、參與、民主課責等重要價值，透過資訊通信科技的傳播特性，讓公民得以有效監督政府的施政效率與效能。

政府開放資料則是配合資訊通信科技的發展進步，除了資訊公開外，各國逐漸推動資料開放，如圖 10-4 所示，政府將資料以**資料集** (Dataset) 為基本單位，提供開放格式、便於再利用的**原始資料** (Raw Data)，讓民眾在不受到限制的情形下，進行編輯、分析、公開傳輸或為其他利用方式，開發各種產品或應用服務，滿足民眾「用」的「權益」。政府開放資料的推動即是資料加值應用服務興起的契機，舉例而言，政府透過開放地質資料、天氣資料，民間資料加值業者可應用於建立臺灣土石流防災地圖；而交通資訊系統的資料開放也可使用於建置即時路況圖的加值應用。政府開放資料加值應用面臨的挑戰則是如何促進公私間的協力以及建立良好的夥伴關係，由政府有效率地蒐集完整、正確的資訊並予以開放，再交由民間企業和公民社會發揮創意及智慧應用資料解決人民生活上的困難問題，形成政府、企業、人民的三贏局面。

電子化政府的推動需要過去長期的基礎設施建置，目前臺灣的電子化政府發展逐漸跳脫過往以「**供給面**」(Supply) 為主的服務提供模式，開始重視政府單位與民眾間互動的模式，藉由資訊通信科技的應用，建立具有行政效率、跨際整合、透明課責的政府。再加上隨著政府開放資料加值應用的興起，開放政府各級機關蒐集到的資料，以「免費為原則、付費為例外」授權給民間使用，借重民間社會的智慧與創意，打造知識導向的智慧經濟新城市，並解決共同的社會問題。

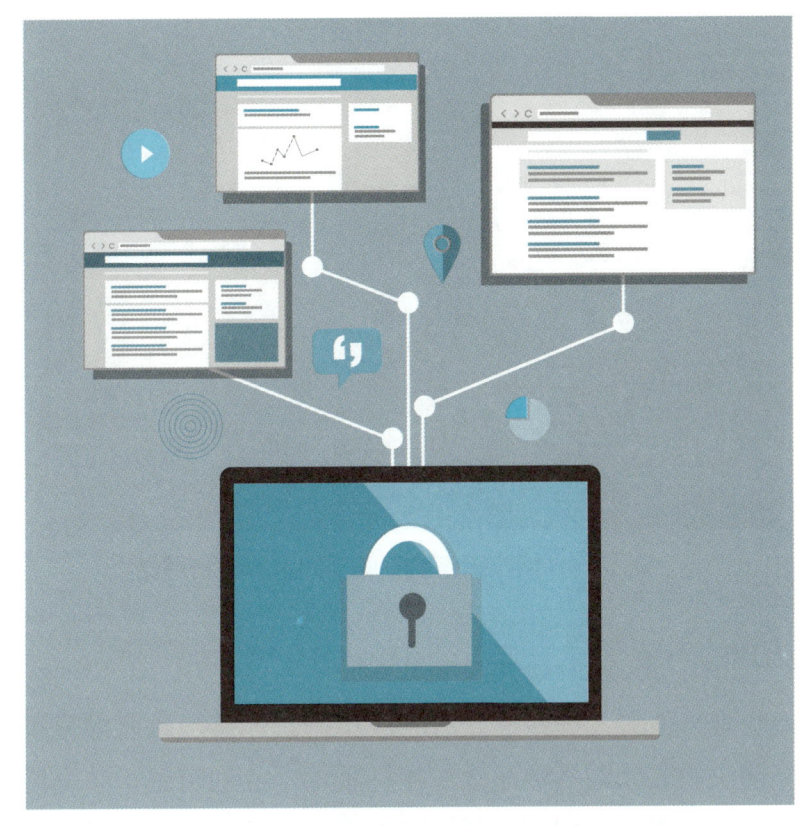

◎ 圖 10-4　政府將施政資料開放民間下載應用

第三節　電子治理

　　治理 (Governance) 的概念在晚近十年內深深影響各國政府與公民社會的關係，治理是一種「新的統治方法」，政府不再是權威的壟斷者，而是需要和企業、社會團體、民眾等各類行動者協力合作，基於資源互依的原則處理共同問題。[17] 因此，如圖 10-5 所示，電子治理 (E-Governance) 即是藉由資訊通信科技的應用，透過網際網路做為政府與公民社會的媒介，以發展出新的民眾參與方式與公私協力模式，電子治理強調不同層級的跨際整合並且將民眾視為夥伴，改變傳統政治由上而下的單向統治方式。因此，電子治理為「一系列的科技傳遞過程，這個過程改變了公共服務的輸送模式，以及提供公民社會與政府之間更廣泛的互動。」[18]

◎ 圖 10-5　網際網路將不同部門進行緊密連結

一、電子治理的內涵

　　電子治理雖然強調人民參與政府的決策過程，透過政府機關與公民社會間的協力來解決重要問題，然而政府在推動電子治理時也不該是漫無目標。針對我國電子治理推動應要重視的幾項工作，可彙整成以下數點：(1) **e-基礎建設** (E-Infrastructure)：透過建置相關軟硬體設施，以及重視電子化政府使用者的網路安全與隱私，吸引內外部顧客使用電子化政府；(2) **e-法制規範** (E-Regulation)：政府應持續檢討現行法令的適用性、研擬推行前瞻法令，以利電子治理達良善治理之目標；(3) **e-政府行政** (E-Administration)：因應電子治理關係的改變簡化官僚程序、共享行政機構間資訊，並持續推動跨機關水平 (Horizontal) 與垂直 (Vertical) 的整合；(4) **e-政府服務** (E-Service)：藉由網際網路與單一入口網站的建立，使民眾能夠便捷地獲得政府的服務；(5) **e-公民參與** (E-Participation)：利用資訊通信科技提供安全及多元的發聲管道，促進人民對於政府公共事務的瞭解、信賴與監督。[19]

　　聯合國針對各國電子化的發展也發展出相應的評量指標，透過每年度定期的**電子化政府調查** (E-Government Survey)，呈現目前全球電子治理的整體樣貌，聯合國的調查指標中包含兩大構面，分別是**電子化政府發展指標** (E-Government Development Index, EGDI) 以及**電子參與指標** (E-Participation Index, EPI)。電子

化政府發展指標 (EGDI) 包含：(1) 線上服務 (Online Service Component)；(2) 電信基礎架構 (Telecom Infrastructure Component)；(3) 人力資源 (Human Capital Component)，該指標主要用來衡量各國政府透過資訊通信科技提供公共服務的意願與能力。電子參與指標 (EPI) 則包含：(1) 資訊透明 (E-Information)；(2) 意見諮詢 (E-Consultation)；(3) 決策制定 (E-Decision-Making)，該指標則是用來評估各國政府線上參與的可使用性。聯合國在 2016 年的報告中特別指出，儘管各國都持續藉由資訊通信科技來提供高效能的公共服務，以及建立公民參與決策的流程，但在推動電子化政府的進程中也不可忽略數位落差 (Digital Divide) 帶來的問題，持續關注社會的公平性問題、將「公民」當作核心價值，才是促使電子治理發展的關鍵。[20]

二、電子治理的應用與追求價值

如上段所述，各國在推動電子治理時不是漫無目標，這些目標也回應了重要的公民社會價值及政府治理價值。

(一) 公民協力治理

電子治理的核心價值之一，即是將「公民」納入政府治理的夥伴關係之中，利用網際網路將群眾的意見涵蓋進政策議題之中，藉以提高決策的代表性與正當性。目前世界各國無不積極建立線上公民的參與平台，如美國的 WeThePeople 網站、韓國的「E-People」平台、英國議會電子連署平台 (E-Petition)，以及臺灣的數位經濟法規諮詢平台 (vTaiwan) 和公共政策網路參與平臺 (JOIN 平臺) 等。線上參與平台的內涵是由公民對特定政策議題發起線上連署，並經過一定的連署時間後，當達到規定數量的連署門檻時，相關的政府單位便需要公開回應該政策議題。線上參與平台的建置代表公民開始透過網路進入政府的決策議程之中，並且藉由網路上的討論諮詢區，讓多元利害關係人跳脫現實時空的限制，進行公開的政策討論。目前各國的線上連署參與通常都沒有正式的法律效力與規範，目的在於讓更多的公眾知悉重要議題，以及藉由電子參與的形式深化公民的民主內涵，讓與問題最貼近的公民自發性地提出公共政策的解決方案，達到政府與民間雙方協力治理的目標。

(二) 電子治理的公共價值

數位化國家建立過程要回應政府治理上的重要**公共價值** (Public Value) 的實現，也就是電子治理的發展是否真的有所成效，必須從其對公共價值的達成程度來論斷。電子治理的價值包括：(1) **操作性價值** (Operational Values)：包含效率、效能等；(2) **政治性價值** (Political Values)：包含透明度、參與和公平等；(3) **社會性價值** (Social Values)：包含生活品質、意識型態等。[21] 因此電子治理的各項政策推動，都必須盡可能去呼應上述的公共價值，提供良好、有效率的基礎設施與政府入口網站、暢通公民線上參與的管道與增進官僚的回應性，最後擴及到人民的生活面向，提高人民生活的品質以及社會的互信程度。因為就算社會與科技再怎樣快速變遷，政府公共治理所追求的**核心價值** (Core Values) 是不變的，各國政府如何從強調提供服務的電子化政府，「昇華」到追求核心公共價值的電子治理，會是電子治理領域當中一個不斷思索的過程。

總結而言，電子治理強調跳脫政府單方面由上而下的公共服務提供，期望透過系統性地將公民納入政府的治理過程，讓整體社會在互信的基礎之上，共同解決重要的社會問題，使政府與公民社會達到**善治** (Good Governance) 的發展。

第四節　電子治理面臨的重要課題

政府在推動電子治理的過程當中，面臨到不同內外部議題的挑戰，這些議題有些是源自於外部劇烈變遷的資訊環境，有些則是陳舊的政府內部管理程序而造成。因此要綜整探討電子治理的過去發展與未來願景，必須有系統性地理解對當前所面對的內外部問題，唯有政府行政管理與電子治理願景相結合，才能建立一個具備效率、效能，以及讓公民能夠充分參與協力的電子化政府。

一、資訊安全與網路隱私

資訊安全與網路隱私的重視，是提高人民對於電子化政府信任的核心課題。目前我國的行政院已成立**資訊安全辦公室**，從硬體以及軟體的技術著手，確保國家的資通安全為職責。我國並已頒訂「政府機關(構)資通安全責任等級

分級作業規定」，用以規範保有全國性個人重要資料的各級機關(如勞動部勞工保險局、衛生福利部中央健康保險署等)，需要依照一定的程序進行資料的去識別化與儲存於具資通安全的載體之中。相較於資通安全相關法規已有初步的建置，我國目前仍較缺乏網路隱私等面向的法制規範，政府雖然多透過宣導、教育等方式宣示對民眾網路隱私權的重視，然而根據李仲彬等人所執行的數位國情調查顯示，民眾擔心政府或企業監看個人隱私資訊的擔憂仍高。[22] 因此要減輕人民對於網路隱私權被侵犯的疑慮，以提高人民對電子治理的信任，政府可透過一般性「網路使用政策」或是「資料監看同意書」等配套規範的制定，提供行政機關或私人企業遵循的範本，以落實網路隱私權保障。

> **資訊安全辦公室與資通安全處**
>
> 2011年3月國安會與行政院設置資通安全辦公室，以強化國家資通安全政策的規劃與推動。2016年8月1日，行政院新設立資通安全處，英文名稱"Department of Cyber Security"，為國家級資安專責單位，負責國家所有的資安基本方針、政策及重大計畫、法規制定、通報應變和關鍵基礎設施的管理等事宜，主要面對的是政府體系。資通安全辦公室隸屬總統府國家安全會議，處理更加涉及國家安全層次的資安政策制定與相關的資安事件處理。

二、政府資訊人力管理

推動電子化政府的各項目標時，不可或缺的是政府相關資訊人才配置。**資訊管理人才** (E-Manager) 要能夠在資訊環境中創造改變，而非適應改變，政府資訊人力的培養並非僅針對資訊能力的提升，而是需整合資訊專業與行政管理能力，才能應對瞬息萬變的資訊環境；許多國家透過建立獨立的資訊機關，並設置專職的**資訊長** (Chief Information Officer, CIO) 來統整政府內部資訊人才的招募與訓練。我國目前資訊人力的現況根據考試院的業務報告指出，由於大規模資訊委外政策的推行，雖然可以有效減少政府經常性的人事成本支出，但也使得政府內部資訊人力明顯缺乏專案管理的能力；再加上國家考試缺乏相關資訊專業應考科目，導致民間的優秀專業人才無法為政府所用。[23] 因此，在推動電子治理的過程中，除軟硬體的建置之外，更不能忽略用來推動行政的文官體系，政府如何配合社會與科技的發展趨勢，調整資訊人力的考選、專業教育、陞遷等政策，是電子治理需要嚴肅面對的一項課題。

三、數位落差

在資訊技術快速發展的時代，社會也產生了新的不平等現象，不同的群體間存在著資訊能力與資訊近用權的不平等，形成所謂的數位落差，圖 10-6 顯示全球不同地區的數位落差現象。數位落差包括下列內涵：(1) 近用 (Access to) 數位化資訊科技與工具 (包括電腦與網際網路) 之機會的差別；(2) 應用數位化資訊科技與工具的技巧、知識與能力上的差別；(3) 取用適合的數位化資訊與服務之機會的差別。[24] 在電腦、行動載具，以及網路逐漸普及化的現今，硬體工具造成的數位落差已逐漸消弭，但不同的群體之間還是存在著因為程度不一的資訊近用權所造成的數位落差。舉例而言，雖然相同都是網路使用者，但是若不清楚政府的重要決策資訊「放」在什麼地方，仍然是形成資訊近用上的不平等。在政府大力推動開放政府以及線上參與的同時，不可忽視的是數位落差帶來的公平性問題；掌握即時、準確與豐富資訊的人可能藉此擴大自身在現實時空所擁有的優勢，加劇富者愈富、貧者愈貧的兩極化社會。因此，如何更廣納地將公民涵蓋進政府電子治理的範疇當中，除了資訊的公開之外，更重要的是如何讓民眾獲得所需要的資訊，降低資訊近用權帶來的數位落差 (如圖 10-6 所示)。

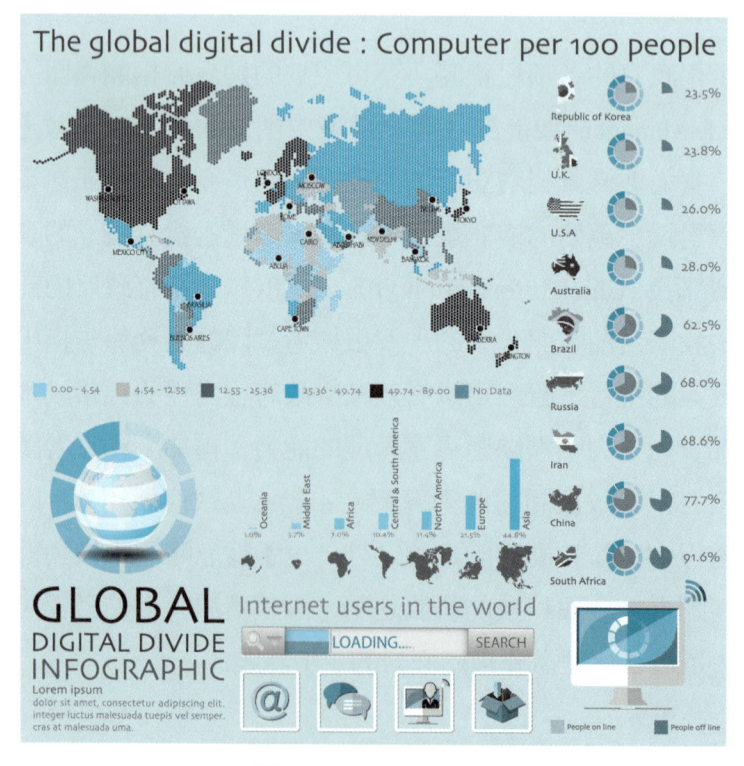

◆ 圖 10-6　**全球數位落差**

四、內外部管理法規的再造

政府在推動電子治理的過程中，也不能忽視相關規範的法制化，政府需要處理外部環境的快速變動以及內部管理流程的改進，因此內外部管理法規的再造是必要且刻不容緩。首先就外部規範而言，快速變遷的科技環境形成了新的政策問題，政府透過法制化的程序來解決。舉例而言，共享經濟 (Sharing Economic) 自 2008 年後在世界各國快速崛起，形成新的商業運作模式，波茲蔓 (Rachel Botsman) 將共享經濟定義為「一種將未完全利用資源 (例如，空間、技能或物品) 與他人分享，以獲得貨幣或非貨幣利益的經濟模式。」[25] 臺灣目前較大型的共享經濟平台有 Uber、Airbnb 等。共享經濟平台的發展讓人民可以透過網路公開出租或分享自身資源，衝擊到政府傳統的勞動、稅收、所有權等法律規範，因此相關單位無不審慎面對共享經濟帶來的影響，面對創新的商業模式進行相關法規的調整與修正。

其次就內部管理流程而言，前述的數位經濟法規諮詢平台 (vTaiwan) 和公共政策網路參與平臺 (JOIN 平臺) 在法律上並沒有實質的規範效果，因此需要建立制度來妥善做好公民所連署的議題成案後的列案追蹤，以及監測議題的回覆進度，以免公民形成政府推延、不回應的負向觀感，降低公民對於電子治理的信任與滿意度。最後就政府資料開放的相關規範，政府需要透過內部管理程序的再造，確保所開放的資料正確無誤以及儲存得當。舉例而言，臺灣的綠色公民行動聯盟 (簡稱綠盟)，在 2016 年時發現雲林六輕工業區在十個月內出現 25,000 筆空氣品質超標紀錄 (累積達到 262 個違法事件)；但這些屬於違法該開罰的紀錄，竟然沒有任何一筆被開罰；綠盟透過持續追蹤比對，才發現這些超標紀錄全都被企業用各式各樣的理由，把超標數據註記成無效。[26] 因此，政府在推動資料開放的同時，如何制定有系統的資料管理原則，從資料的準確性、資料的近用性、資料的儲存到最後的課責，建立與民間社會的相互信任，是電子治理無法迴避的重要問題。

五、跨域整合課題

隨著政府所要處理的公共問題日漸繁雜，應用資訊通信科技整合跨組織資訊系統，建立政府資訊共享的組織文化，已逐漸成為當前的重要挑戰之一。政府不同部門如何跨域整合來提高行政效率以及服務回應性，重要的策略之一即

> **智慧城市**
>
> 為了解決人口集中在都市化之後，相對所衍生的交通、經濟、安全、污染及醫療等許多問題，各國皆積極朝向高科技智慧城市之路邁進，運用資通訊技術，開發結合健康照護、商業民生及生活育樂等服務。發展智慧城市的目的不僅在於透過 ICTs 創新應用以解決城市發展問題，更將智慧城市之應用發展視為引導經濟成長之驅動力。我國各地方政府亦積極投入，推動智慧城市建設計畫。

是建立跨組織的作業系統。跨組織系統的主要目的是透過組織間的資訊共享，降低重複資料的建置成本以及提高資訊獲取的品質，因此，Fedorowicz 等人認為跨組織系統為「提供連結的基礎建設，以支援不斷持續的跨域資訊交換」[27]。臺灣目前的跨域資訊整合多是從地方政府的整合開始，例如，南部五縣市即應用跨縣區共同提案的方式爭取**智慧城市** (Smart City) 建設計畫，進一步強化跨縣市合作；然而除了地方政府與地方政府間的跨域治理之外，中央政府不同機關內的跨域整合在建立有效率的行政流程上顯得更為重要。因此，政府各級機關應跳脫自身專業的「本位主義」，建立資訊共享的跨組織系統，才能讓公共服務更有效能的傳遞到每一位需要的民眾之上。

第五節　數位轉型與智慧政府

　　從電子化政府到電子治理，資訊通信技術的應用逐漸深入至政府的各項業務工作中，為創造更良善的政府治理，以及更期望以資料驅動與資料治理的概念，優化政府決策，建立跨機關、跨領域之間的資料交換及運用，以公私協力創造公共服務價值，重塑政府服務模式，強調溝通與貼近民眾需求，同時提升施政效能，政府開始推動數位轉型，治理的核心也轉向數位治理。隨著人工智慧 (AI) 出現，機器能夠模擬人類思考和行為，許多以 AI 為技術基礎的應用快速出現，結合其他先進的資訊通信科技，大幅改變人們生活的世界，影響人類的未來。政府推動智慧國家，2019 年起朝智慧政府邁進，持續加深數位轉型。AI 結合高效能的運算能力、演算法和大量數據，成為全球關注的發展方向。為避免 AI 濫用、違反道德，政府需要重視 AI 治理提出解決方案。

一、**數位轉型**

　　從資訊科技到以「資訊」、「數據」為核心的大數據、物聯網、雲端運算等數位科技的運用，電子化政府的內涵更加擴大，朝向數位政府發展，原本以

網際網路做為政府與公民社會互動的媒介而展開的電子治理,也擴大內涵成為數位治理。以利害關係人涉入程度和科技運用廣度交叉來區分,可看出四個類型的關係和差異(如圖 10-7 所示):

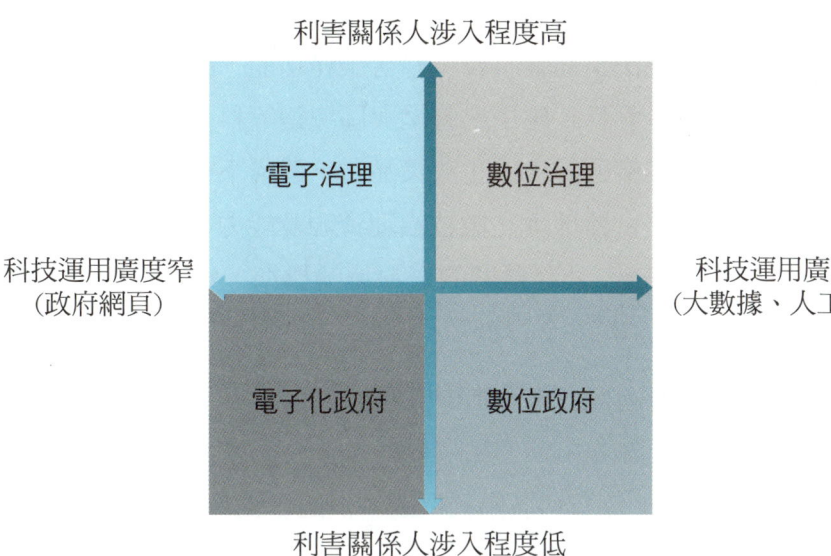

圖 10-7　從電子化政府到數位治理

數位政府的服務對象包括政府對政府 (G2G)、政府對企業 (G2B)、政府對人民 (G2C)、政府對非營利組織 (G2A)、政府對身心障礙者 (G2D)、政府對公共服務者 (G2E)。面對這些利害關係人,提供的數位治理工作架構如圖 10-8 所示,數位治理的目的與價值達成,建立在完善的數位科技基礎環境與法治之

圖 10-8　數位治理的工作架構

上,並以數位服務、數位參與、數位行政三大支柱,各部會落實推動具體策略。

隨著政府更加轉向「以資料為核心」及「民眾需求導向」的政府治理模式,我國推動數位轉型,朝智慧政府目標邁進。2019 年 6 月,行政院核定「智慧政府行動方案 (2019-2020 年)」,訂定「開放資料透明,極大化加值應用」、「鏈結治理網路,優化決策品質」及「整合服務功能,創新智慧服務」三大目標。數位政府以資料為骨幹,應用物聯網與區塊鏈等科技串聯政府服務與民眾需求,結合人工智慧雲端運算,優化決策品質,建構下一世代智慧政府公私協力治理模式。為加速整合跨部會之數位治理資源及能力,提升公共服務品質,建置 T-Road 入口網,統一公務機關的資料傳輸標準,整合各部會的線上服務項目。[28]

系統化的數位轉型過程由五大步驟構成 (如表 10-1 所示),[29] 包括:挖掘需求 (Survey)、設定目標 (Target)、鏈結組隊 (Engage)、先導驗證 (Pilot)、擴散服務 (Spread),指引轉型的流程與各階段問題解決的重點。

二、智慧政府

2021 年政府將「數位國家‧創新經濟發展方案 (2017-2025 年)」(簡稱 DIGI 方案) 更名升級為「智慧國家方案 (2021-2025 年)」,以「2030 實現創新、包容、永續之智慧國家」為願景,整合資源於「數位基盤」、「數位創新」、「數位治理」及「數位包容」四個主軸,促進國家社會整體數位轉型,打造 2030 智慧國家。[30] 在國家的政策方向下,國發會展開「服務型智慧政府 2.0 推動計畫 (2021-2025 年)」,設定三大目標,除了持續重視資料治理,深化開放資料的多

表 10-1　數位轉型 STEPS 方法論

階段	挖掘需求 (Survey)	設定目標 (Target)	鏈結組隊 (Engage)	先導驗證 (Pilot)	擴散服務 (Spread)
內涵	・找出重點客戶 ・洞察客戶需求	・錨定特定客戶需求 ・發想可能的方案	・評估方案,發想符合之服務 ・運用共創激發參與者規劃創新服務	・將服務做以最小可行性商品的方式,至市場上加以驗證	・將服務廣度擴散,提供更多客戶使用

元應用，持續擴大個人化資料自主運用 (MyData) 之外，同時要讓智慧政府的決策與施政服務更加精準、創新便捷，以及打造強韌政府數位基盤，強化政府骨幹網路的安全。[31] 2022 年 8 月 27 日我國數位發展部正式成立，負責推動國家數位政策的創新和變革，業務範圍涵蓋資訊、電信、傳播、資安及網際網路五大領域。

新興科技不斷出現，人工智慧 (AI) 結合強大的運算能力、高擬真全像和多感虛擬通訊、高速即時的互聯能力，廣泛運用在各個領域，人類的生活與產業面臨大幅的改變。AI 讓機器可以模擬人類行為或思維，結合機器學習技術和深度學習，使用大量資料進行訓練後，可以解決特定問題。對公部門執行任務而言，利用 AI 能夠自動化處理日常任務，讓員工可以專注更重要的任務；AI 執行關鍵任務，讓決策者和專家更快做出更明智的決策；AI 的高效能運算能力，加速各領域的研究與開發。[32] AI 的應用實例包括：利用 AI 聊天機器人簡化客戶服務、利用 AI 支援的 ChatGPT 支援行銷工作、透過 AI 驅動的預測分析增強決策制定、透過 AI 驅動的推薦引擎提供客戶個人化體驗、透過 AI 驅動的威脅偵測加強網路安全等。

生成式 AI (Generative AI) 能夠創造出新內容和想法，2022 年 11 月 **ChatGPT** (Chat Generative Pre-Trained Transformer) 推出，以聊天機器人為基礎，可以根據對話生成文本、圖像、程式代碼、詩歌等，迅速受到全球關注與採用。政府可以利用生成式 AI 將大量數據以新的方式創造價值，協助優化、管理，預期更多的公共服務可以轉移到數位平台，簡化採購等事務的服務流程。

AI 逐漸成為公共政策與公共利益服務的創新工具，不僅帶來正面作用，也潛在負面衝擊。AI 帶來新的風險和道德挑戰，例如有偏見的數據、公平性、透明度、科技監視和公民行為控制，侵蝕公共價值[33]。為避免 AI 帶來的風險，確保安全、公平和尊重人權，AI 治理和可信賴 AI 是智慧政府面對的兩大課題。

(一) AI 治理

如同電子治理、數位治理，政府實施一系列政策、框架和實踐來發揮 AI 在公共行政、服務、參與方面的潛力。AI 的治理需要各方利害關係人的參與，並且在法規、標準、倫理等規範下，管理 AI 技術的開發、應用與使用。透過監督

機制，解決偏見、侵犯隱私權和濫用等風險，達到公共價值，同時促進創新和信任。

我國設有數位發展部專責國家數位發展與轉型任務，統合推動 AI 在內的各項政策工作。目前有「資通安全管理法」、「個人資料保護法」、「政府資訊公開法」，並未有 AI 專法。國際上，歐盟執行委員會 (European Commission) 於 2023 年 12 月 9 日達成《AI 法案》的協議，將 AI 當成商品進行管制，並針對不同級別的風險採取不同強度的管制。美國聯邦政府在 2022 年 10 月 4 日公布《人工智慧權利法案藍圖》(Blueprint for an AI Bill of Rights)，指引 AI 的設計、發展與部署，讓 AI 更透明、防止演算法歧視、確保系統安全有效，以及確保民眾權益，但是還不具法律約束力。中國國家網路安全局 (CAC) 於 2023 年 8 月 15 日起實施《生成式人工智能服務管理暫行辦法》，促進生成式 AI 的發展和應用，確保所生成的內容符合「社會秩序和公共道德」，以及避免傳播假訊息、侵害個人資訊權、資料安全等問題。英國中央數位和數據辦公室 (Central Digital and Data Office) 發布「公務員使用生成式 AI 工具指南」(Guidance to Civil Servants on Use of Generative AI)，指引公部門在安全、負責任和有效的原則下使用生成式 AI。[34]

(二) 可信賴 AI

可信賴 AI (Trustworthy AI) 在於建立保障措施，讓 AI 從設計到使用都得到治理和管制，避免可能的風險。為確保 AI 可被信賴，2019 年 4 月 9 日歐盟執行委員會發布《可信賴人工智慧倫理準則》(Ethics Guidelines for Trustworthy AI) 提出七項關鍵要求，並且作為《AI 法案》的風險監管的基礎，包括：人類自主性和監控、技術穩健性和安全性、隱私和資料治理、透明、多元性及不歧視和公平、社會與環境福祉、課責制。[35]

2023 年 10 月 30 日，美國總統頒布行政命令，提出八項指導原則和優先事項，確保行政部門開發和使用 AI 時符合安全、可靠和值得信賴的要求：[36]

1. AI 必須安全可靠。
2. 促進負責任的創新、競爭和合作來取得 AI 的領先地位，並釋放 AI 的潛力，以解決社會最困難的挑戰。

3. 負責任地開發和使用 AI 需要承諾支持勞工。
4. AI 政策必須符合政府促進公平和公民權利的承諾。
5. 保護使用、互動或購買 AI 和 AI 產品的消費者的利益。
6. 保護人民的隱私和自由。
7. 避免政府使用 AI 時可能產生的風險，加強監管、治理，並提升公務人員負責任地使用 AI 的能力。
8. 政府應引領全球社會、經濟和技術進步，確保 AI 造福整個世界。

三、未來議題與展望

在科技日新月異之下，雲端技術、大數據、群眾智慧、共享經濟平台、AR/VR 虛擬實境等技術快速發展；雲端技術讓大規模的資源共享成為可能，公務員交換資料時不再需要帶著厚重的行動硬碟或電腦，大數據的廣泛應用也讓政府可以隨時掌握最新的網路輿情、即時聽取網路民意，共享經濟平台則打破傳統的商業模式，形成新的資源共享管道，AR/VR 的發展更突破了現實與虛擬的界線。這些技術可以用來提高政府的行政效率與效能、提供公民便捷參與公共事務的管道甚至於強化民主的正當性；但這些技術另一方面也使政府產生新的管理問題，如過時的管制法規、網路隱私與資訊安全的漏洞，以及內部資訊管理人才的稀缺。AI 結合其他先進科技帶來的巨大的潛力，許多公部門開始採用來處理複雜的問題，提高效率，更讓這些管理問題面臨更大的考驗。

進入電子化時代，仰賴的已不再是過去政府由上而下的推動，而是電子治理強調的公私協力關係。首先，公民社會與政府之間如何建立良善的溝通與合作模式，分享共同的公共價值，並且彼此拋開本位主義、一起思索解決問題的策略與推動，是推動新一代電子化政府的關鍵。其次，政府內部的行政人員也不能只具備行政專業能力，而是要擁有科際整合以及資訊專案管理能力，政府該如何透過考選機制的變革以及資訊教育的推廣，讓維持政府事務恆常運轉的文官體系具備能夠隨時觀察、分析與回應外部環境的資訊思維，是新一代電子化政府能否順利落實的關鍵。第三，在推動線上的公民參與時，不能忽視數位落差帶來的民主危機，透過資訊的主動公開與提供，盡可能消弭資訊近用權的落差所帶來的負面影響。邁向智慧政府的時代，更有必要多方利害關係人共同合作，促進共同責任和積極風險管理。

最後，科技的演變雖然帶動了許多經濟活動與社會文化的變遷，但政府在推動數位轉型時，不僅推行公共治理實現更廣泛的社會與環境永續發展的目標和責任，更必須常將重要的公共價值置於核心位置，在變動的潮流中互守一座引導的燈塔。展望未來的智慧政府的發展，所面對的挑戰不可謂不大，面對不同內外部議題的挑戰與問題，除了考驗政府決策者的智慧之外，也考驗公民社會內的所有公民應對新時代的能力。

第六節　價值討論

如前所述，電子治理追求的公共價值涵蓋了公共行政所追求的效率、效能、課責以及公平等價值。而隨著電子化政府內涵的改變，其所著重的價值也跟著改變。早期的行政資訊系統管理強調效率的技術性價值，而後則逐漸強調效能、課責以及公平，但這四者往往無法兼顧。例如，政府部門隨著科技的演變，不斷引進新的科技以便利民眾的同時，卻也產生了許多不必要的浪費，如近年來隨著 APP 的普及，政府推出許多民眾不會去使用的「蚊子 APP」，顯示政府強化效率的努力，未能滿足民眾真正的需求。

另外，電子治理也遇到效能、課責與公平之間的衝突。近年來政府透過電子化政府推動各種公共諮詢的機制，例如，前述國家發展委員會的公共政策網路參與平臺，其中的「眾開講」、「想提議」、「來監督」等功能，可以讓民眾參與討論、連署並監督政策的推動，但此種功能落實的「效能」與「課責」是否只限於網際網路的高度使用者，因而強化了政治參與的不公平，值得進一步的思考，並且提出更完善的制度設計，以兼顧各種不同價值。

AI 的應用，提高政府的效率、預測與管理能力，支援公共服務，提高網路安全，帶來許多創新，但是也威脅到公平、安全、透明、人類自主性、隱私、人權等。面對新興科技與公共價值之間緊張的關係，政府有必要做好 AI 治理，持續贏得民眾的信任。

Case 10：朝向開放、智慧與創新的未來

為引導各級政府機關善用資訊通信科技 (ICTs) 以追求更為優質創新的公共治理，我國自 1998 年起持續推動電子化政府，隨著 ICTs 的日新月異，更朝向數位政府、數位國家、智慧國家的發展願景推進。行政院自 2017 年度起推動「數位國家‧創新經濟發展方案」，2021 年升級為「智慧國家方案」，透過打造優質的數位經濟、數位政府、網路社會、智慧城鄉等數位國家創新生態環境，以期達成「發展活躍網路社會、推進高值創新經濟、開拓富裕數位國土」之政策願景。2021 年起執行「服務型智慧政府 2.0 推動計畫」，以民眾需求為出發點深化各項施政作為，同時厚植數位經濟基礎及加強數位治理效能。

為配合數位政府、數位國家之政策，各部會及地方政府莫不要求所屬機關加強資訊通信基礎建設及策略，並對各機關研提的資訊通信計畫予以審議和補助。

某天，你的主管在會議上告訴大家，政府舉辦智慧創新黑客松競賽，由三級機關組跨領域團隊參加，提出智慧科技創新應用於公共服務、參與或行政，獎項包括團體獎和個別獎。大家熱烈討論後，決定推派點子多的你來負責組隊參賽。

你樂意代表機關參賽，但你是業務單位人員，不是資訊單位人員。比賽條件之一是團隊成員 8 人到 12 人，必須是跨領域團隊，可以跨機關和公、私協力。對你而言，這可以超越個人的侷限，找不同專業和能力的人來共同合作，因此內心感到振奮，開始思考要找哪些人一起參與。

接下來的問題是：要提什麼創新好點子？競賽主軸強調永續發展，主題包括智慧生活、智慧城市、智慧綠能、健康照護、醫療照護、社會關懷、人工智慧、災害防治與監控、ESG 等。

雖然可以等隊友召集完成後再開會討論，但是認為自己應該先有一些初步想法，於是你開始動腦。由於一時之間找不到好靈感，於是你打開電腦上網找資料。此時一位朋友透過 LINE 平台傳問候訊息到群組，你也順便在群組上問大家有什麼建議，其中有人說可以研究機關平台平常所蒐集的大量數據，有人說可以問 ChatGPT，有人提供國外智慧城市的 YouTube 影片連結，影片介紹其他國家如何將數位新科技運用在不同的公共政策領域。你覺得朋友們的熱心建議提供很大的幫助，對參與競賽接受挑戰有更多想法與期待。

問題討論

1. 如果你是這位公務人員，你會找哪些人組成跨領域團隊參與，為什麼？
2. 哪些數位新科技可以協助你發現公部門智慧創新應用的好點子？
3. 你所任職的機關可以應用哪些數位新科技處理公共服務或公共參與的問題，或是提高行政運作績效？你有哪些具體的建議？
4. 你認為公部門應用或使用這些數位新科技會有哪些風險？如何規範？

本章習題

申論題

1. 新公共管理帶動政府再造趨勢，請問「資訊科技」運用於政府機關對公部門的內部管理有何影響與衝擊？ (109 年高考三級)

2. 政府機關透過電腦網路來服務民眾時，應考量那些因素？同時也應採行什麼作為才能有效提升效能 (effectiveness)。 (105 年普考)

3. 「電子治理」概念的興起，對於我國各階段電子化政府的發展有何影響？並請從「電子治理」的角度，對我國電子化政府提出相關建議。 (105 年警察特考三等)

4. 近年來，政府部門嘗試利用資訊與通信科技 (Information and Communication Technologies, ICTs) 經營公民關係。請說明公民關係的意涵及重要性，並闡述 ICTs 運用所帶來的效益與挑戰。 (103 年高考三級)

5. 何謂電子化政府？政府部門的資訊和通訊技術 (ICTs) 發展主要經歷那些階段？試說明之。 (100 年普考)

選擇題

1. 內政部地政司應用軟體設備，促進地方政府地政資料的整合，以提升行政效率。以上描述最適合用來解釋下列何種電子化政府的服務類型？
   (A) 政府對公民 (G2C)　　　　(B) 政府對政府 (G2G)
   (C) 政府對企業 (G2B)　　　　(D) 公民對公民 (C2C)　　(112 年地特三等)

2. 下列何者非屬電子化政府的主要功能？
   (A) 充實資通科技人力　　　　(B) 促進公民參與
   (C) 增進政府與民眾的互動　　(D) 有助資訊透明化　　(112 年地特四等)

3. 下列何者不是《聯合國電子化政府調查報告》(United Nation E-Government Survey) 中歷年調查的評比指標？
   (A) 民眾對廉能政府的評價
   (B) 是否有政府開放資料
   (C) 資通訊基礎設施的充足程度
   (D) 是否提供線上平台讓民眾得以參與政策決定 (112 高考三級)

4. 下列對政府開放資料 (government open data, GOD) 的描述，何者錯誤？
   (A) 我國 GOD 現以使用者付費為原則、免費為例外
   (B) GOD 指政府以開放格式於網路公開，提供外部使用者，依其需求連結下載及

利用

(C) 資料型態包含文字、數據、圖片、影像、聲音、詮釋資料等

(D) GOD 可強化民眾監督政府的力量 (111 年普考)

5. 下列何者是資通訊科技興起成熟後,才得以發展的政府蒐集民意方法?
   (A) 民意調查　　　　　　　　(B) 公民投票
   (C) 網路輿情分析　　　　　　(D) 公民咖啡館 (110 年普考)

6. 在電子治理下,下列何者最有助於資料和資料網絡的維護及安全?
   (A) 開放及自由 (openness and liberty)
   (B) 驗證及授權 (authentication and authorization)
   (C) 請願及回應 (petition and response)
   (D) 創新及變革 (innovation and change) (110 年普考)

7. 政府資料開放的作為是推動陽光反腐的重要基礎,根據「行政院及所屬各級機關政府資料開放作業原則」,下列那一個用詞的定義錯誤?
   (A) 政府資料開放:政府資料以開放格式、開放授權方式於網路公開,提供個人、學校、團體、企業或政府機關等使用者,依其需求連結下載及利用
   (B) 資料集:一群相關電子資料之集合,為政府資料開放之基本單位
   (C) 開放格式:不需使用特定軟體或硬體即可取用資料集內容之檔案格式
   (D) 開放授權:以有價付費的方式,不限制使用目的、地區及期間,且不可撤回之方式授權利用 (109 年普考)

8. 政府網站無障礙設計是很重要的電子化政府評估指標。目前我國檢測與核發網站無障礙標章之目的事業主管機關為:
   (A) 國家通訊傳播委員會　　　(B) 國家發展委員會
   (C) 科技部　　　　　　　　　(D) 內政部 (108 年普考)

9. 下列那一項資訊不屬於政府資訊公開法所規定應主動公開的資訊?
   (A) 行政指導有關文書　　　　(B) 機關做成決定前之內部擬稿
   (C) 預算及決算書　　　　　　(D) 行政訴願之決定 (108 年普考)

10. 應用手機簡訊傳遞停車費、線上申請案件、線上申報所得稅等是屬於電子化治理 (electronic-governance, 簡稱 E 治理) 的何種面向?
    (A) E 民主　　　　　　　　　(B) E 傳播
    (C) E 管理　　　　　　　　　(D) E 服務提供 (107 年高考三級)

11. 經濟部工業局推動構建 4G 智慧寬頻應用城市,運用補助計畫鼓勵國內業者結合地方政府共同投入,以推動 4G 行動寬頻應用服務。下列概念何者最不符合前述方案

的運作範疇？
(A) 群眾外包　　　　　　(B) 府際關係
(C) 公私協力　　　　　　(D) 跨域治理　　　　　　　(107 年普考)

12. 我國設置的「政府資料開放平台」，資料分類主要是根據民眾的服務需求作成，此最符合下列何種概念？
(A) 策略導向　　　　　　(B) 顧客導向
(C) 競爭導向　　　　　　(D) 專業導向　　　　　　　(107 年普考)

13. 下列何種措施最能展現公共行政受到高度公共監督的特質？
(A) 單一窗口　　　　　　(B) 復康巴士
(C) 民意信箱　　　　　　(D) 自然人憑證　　　　　　(107 年普考)

14. 下列那一項不是電子化政府的同義詞？
(A) 數位化政府　　　　　(B) 線上政府
(C) 網站政府　　　　　　(D) 開放政府　　　　　　　(106 年地特四等)

15. 下列何者最可能是電子化政府帶來的潛在問題？
(A) 逆選擇　　　　　　　(B) 行政空洞化
(C) 官樣文章　　　　　　(D) 資訊不平等　　　　　　(100 年原住民特考四等)

16. 關於政府資訊公開與開放資料，下列敘述何者正確？
(A) 政府資訊公開是為保障人民「用」的「權益」
(B) 政府開放資料滿足民眾「知」的「權利」
(C) 民眾可運用政府開放資料開發各種產品或應用服務
(D) 政府開放資料加值應用以經濟效益為主要目標

17. 下列哪一項工作和電子治理 (e-governance) 無關？
(A) 網路安全與隱私保護　　(B) 建立公共政策網路參與平台
(C) 跨組織資訊共享　　　　(D) 監控網路輿情

18. 下列有關「數位落差」因素的敘述，何者錯誤？
(A) 資訊近用權的不平等　　(B) 應用資訊能力的差別
(C) 政府網站上網人口的比例 (D) 獲得適合資訊機會的差別

19. 第五階段電子化政府計畫不包括下列那一項核心理念？
(A) 資料驅動　　　　　　(B) 多元服務
(C) 公私協力　　　　　　(D) 以民為本

註

[1] 行政院資訊發展推動小組 (1993)。**政府業務電腦化報告書**。臺北：行政院研究發展考核委員會。

[2] Marche, S., & McNiven, J. D. (2003). E-government and e-governance: The future isn't what it used to be. *Canadian Journal of Administrative Sciences-Revue Canadienne des Sciences de L'Administration, 20*(1), 74-86.

[3] 林嘉誠 (2004)。**電子化政府總論**。臺北：行政院研究發展考核委員會。

[4] 曾冠球 (2012)。臺灣電子化政府的發展。載於行政院研究發展考核委員會 (編)，**臺灣電子治理的過去現在與未來** (頁 69-89)。臺北：行政院研究發展考核委員會。

[5] 宋餘俠 (2007)。**電子化政府實踐與研究**。臺北：孫運璿基金會。

[6] 宋餘俠 (2007)。**電子化政府實踐與研究**。臺北：孫運璿基金會。

[7] 行政院研究發展考核委員會 (2007)。**優質網路政府計畫** (97 年度至 100 年度)。臺北：行政院研究發展考核委員會。

[8] 國家發展委員會 (2016)。**第五階段電子化政府計畫—數位政府** (106 年度至 109 年度)。臺北：國家發展委員會。

[9] Waseda University (2016). The 12th Waseda-IAC International e-Government Rankings Survey 2016 Report.

[10] 取自：http://index.okfn.org/place/taiwan/

[11] 財團法人台灣網路資訊中心 (2016)。2016 年台灣寬頻網路使用調查。

[12] 財團法人台灣網路資訊中心 (2016)。2016 年台灣無線網路使用調查。

[13] 財團法人台灣網路資訊中心 (2023)。2023 年《台灣網路報告》。取自：https://www.twnic.tw/doc/twrp/202308a.pdf

[14] Waseda University (2022). The 17th Waseda-IAC World Digital Government Ranking 2022. https://idg-waseda.jp/pdf/2022_Digital_Government_Ranking_Report.pdf

[15] Waseda University (2023). The 18th Waseda-IAC World Digital Government Ranking 2023. https://idg-waseda.jp/pdf/2023_Digital_Government_Ranking_Report.pdf

[16] Open Data Watch 網站，取自：https://odin.opendatawatch.com/Report/Reports

[17] Rhodes, R. A. W. (1996). The New Governance: Governing without government. *Political Studies, 44*, 652-667.

[18] Oakley, K. (2002). What Is E-Governance? E-Governance Workshop. Strasbourg.

[19] 黃朝盟、朱斌妤、黃東益 (2008)。**電子治理成效調查評估與分析報告** (編號：09640D002503)。臺北：行政院研究發展考核委員會。

[20] United Nations Public Administration Network (2016). United Nations E-Government Survey 2016.

[21] Friedland, C., & T. Gross (2010). Measuring the public value of e-government: Methodology of a South African case study. Paper presented at the Proceedings of the 1 st Africa 2010 Conference, IIMC International Information Management Corporation, Africa.

22 李仲彬、洪永泰、朱斌妤、黃東益、黃婉玲、曾憲立 (2016)。**數位國情總綱調查 (4)—因應行動服務及共享經濟 (資源) 發展之策略** (編號：NDC-MIS-105-001)。臺北：國家發展委員會。

23 考試院 (2014)。**考試院第 11 屆第 282 次會議考選部重要業務報告**。臺北：考試院。

24 項靖 (2003)。邁向資訊均富：我國數位落差現況之探討。**東吳政治學報**，**16**，127-180。

25 Botsman, R (2013). The sharing economy lacks A shared definition. retrieved March 10, 2017, from https://www.fastcoexist.com/3022028/the-sharing-economy-lacks-a-shared-definition

26 取自：https://thaubing.gcaa.org.tw/about

27 Fedorowicz, J., Gogan, J. L., & Williams, C. B. (2007). A collaborative network for first responders: Lessons from the CapWIN case. *Government Information Quarterly, 24*(4), 785-807.

28 參考自國家發展委員會網站，取自：https://www.ndc.gov.tw/nc_8456_33925

29 財團法人資訊工業策進會地方創生服務處 (2021)。數位轉型進化論：step by STEPS。臺北：財團法人資訊工業策進會。

30 行政院重要施政成果網站。取自：https://www.ey.gov.tw/achievement/5B6F7E717F7BADCE

31 行政院網站。取自：https://www.ey.gov.tw/Page/5A8A0CB5B41DA11E/99b1bd4e-c4e2-479f-abaf-81306bcd0a3d

32 Intel: The future of artificial intelligence (AI) in government. https://www.intel.com/content/www/us/en/government/artificial-intelligence.html

33 Madan, R. & Ashok, M. (2022). A public values perspective on the application of artificial intelligence in government practices: A Synthesis of Case Studies. In J. R. Saura & F. Debasa (Eds.), *Handbook of Research on Artificial Intelligence in Government Practices and Processes* (pp.162-189). Information Science Reference.

34 GOV.UK (2024). Guidance to civil servants on use of generative AI. https://www.gov.uk/government/publications/guidance-to-civil-servants-on-use-of-generative-ai/guidance-to-civil-servants-on-use-of-generative-ai

35 European Commission (2019). Ethics guidelines for trustworthy AI. https://op.europa.eu/en/publication-detail/-/publication/d3988569-0434-11ea-8c1f-01aa75ed71a1

36 The White House (2023). Executive order on the safe, secure, and trustworthy development and use of artificial intelligence. https://www.whitehouse.gov/briefing-room/presidential-actions/2023/10/30/executive-order-on-the-safe-secure-and-trustworthy-development-and-use-of-artificial-intelligence/

第十一章
領導效能

大異其趣的領導風格： 俄烏戰爭的關鍵人物——烏克蘭總統澤連斯基 (Volodymyr Zelenskyy)、俄羅斯總統普丁 (Vladimir Putin) 及美國總統拜登 (Joe Biden)，分別代表魅力、意識型態、實用主義三種不同的領導風格。澤連斯基展現出勇氣和決心，以光明未來、改變等話語抓住大眾情緒、吸引群眾，成功地團結人民起來反抗俄羅斯的攻擊，並在拒絕美國提出協助其與家人撤離時說：「戰鬥就在這裡。我需要彈藥，而不是搭車。」普丁是冷酷無情的獨裁領導人，想要恢復昔日蘇聯時期的輝煌，掌權後發動多次戰爭，說：「現代烏克蘭完全是由俄羅斯創造出來的」，以「非軍事化和去納粹化」為藉口對烏克蘭發動「特殊軍事行動」，並威脅要動用核武，對國內爆發的示威遊行則以各種方式鎮壓。拜登是務實的領導者，注重解決問題、理性、講求數據，顯得無趣、老式，在烏克蘭問題上採取謹慎作為、保持距離，優先保護美國利益。[1] 此外，當代中國領導人習近平主席取消任期限制，讓自己無限期地擔任主席，推動「老虎蒼蠅一起打」的反腐行動，展現強人形象，但也藉此打擊政敵。另外他也常說要和大家「一起幹、一塊苦、一同過」等暖心話語，努力展現親民的形象。[2]

大多數人提及「領導」時，往往會立刻聯想到歷史上許多知名的政治領袖，例如印度聖雄甘地、南非首位民選總統曼德拉、美國總統羅斯福、英國第一位女首相柴契爾夫人，二十一世紀的歐巴馬總統、川普總統、拜登總統、莫迪總理、普丁總統，以及習近平主席等。這些領袖有的極端，有的善於溝通，有的作風強硬，有的和藹親民，有的具群眾魅力，有的冷酷獨裁。不同的政治領導，呈現出截然不同的官僚文化及政策方向。不過，每一個組織，不論大小，都有領導者的存在。事實上，領導現象每天都出現在我們的生活當中。小至家庭，大到國家，包括學校、社團、社區、慈善團體、球隊，以及我們工作的公共部門或企業等，只要是人所組成的組織，就會有「領導」與「被領導」的情形，以達成某些非個人可以完成的目的。一本研究領導效能的近代名著甚至指出：「領導是世上最常見，但卻也是最令人不解的組織現象之一。」[3]

本章以公共行政者的領導概念為論述核心，共分為三個部分。第一部分是「何謂領導？」，針對領導的意涵，以及領導在行政組織中發揮的影響力進行深入的討論；第二部分為「領導理論的演化」，說明各主要領導理論模式發展的過程，並從中分析領導者所應發揮的不同功能；最後一部分為「如何當個成功的公部門領導者」，重點放在公部門的特殊政治環境，讓讀者瞭解如何透過本篇章內容的認識與運用，成為一位具有效能的公部門領導者。

第一節　何謂領導？

一、領導的意涵與特徵

「領導」一詞在不同的時代與場域常被賦予不同的意義，基本上，我們可以將「領導」一詞定義為：「一種互動行為和影響系統，乃是在特定情境中，影響個人或團體，使他們形成協同合作的行為，以達成共同目標之行動過程。」[4] 領導是一種行為，而做出此行為的人物就是「領導者」。領導者的角色是多元的，他是「決策者」(如圖 11-1 所示)，負責團體方針的制定，以及謀求組織問題的解決；也可能是「資源配置者」，涉及人、財、物、時間的安排和調度；更可能是「資訊加工者和傳播者」，蒐集有關組織生存和發展的資訊，以進行組織內的溝通活動，拓展組織對外的公共關係；最後，他應該也是

「人際關係協調者」，負責協調組織內的衝突，促進成員團結，並激勵員工士氣。[5]

二、領導與管理的差異

領導者跟管理者不一定是同一個人，雖然也可以由同一個人來擔任，但是兩者的功能確實存在著些許差異。簡單地說，通常管理者是透過組織層級的安排與承認，賦予命令指揮的權力；領導者則未必經過組織正式的權威安排，只要是真正對個人或團體的心態有所影響，使其形成協同合作的行為，來達成組織共同目標的人，就可被認定為領導者(如圖 11-2 所示)。

圖 11-1　領導者負責團體方針的指引

領導與管理的差異，如表 11-1 所示。[6] 許多成功的管理者也具備很好的領導能力與特質。換言之，領導並不是管理的替代品，而是管理的催化劑。所謂管理，就是用最有效率與效能的方法，運用規劃、組織、人事、技術與資源配置來達成組織的目標。領導與管理應該有效地整合，才能創造出組織持續性的競爭優勢。舉例來說，企業界中著名的領導者前台積電董事長張忠謀就是一位成功領導者的角色典範，他的一言一行影響台積電企業文化的建立，也影響高階主管帶領部屬的方式；同時，他也是一位成功的管理者，多年來經由流程創新、成本控制與目標管理，不斷將台積電的業績與財務表現推到歷史的新高點。

圖 11-2　近代世界重要領導者

📊 表 11-1　領導與管理的差異

面向	領導	管理
核心	變革和運動	秩序和一致性
目標	建立方向：創造願景、闡明大局面、設定策略	規劃和預算：建立議程、設定時間表、分配資源
任務	團結眾人：溝通目標、尋求承諾、建立團隊和聯盟	組織和人事：設定結構、安排工作、建立規則和程序
員工關係	激勵和鼓舞：激發動力、賦予部屬和同事權力、滿足所需	控制和問題解決：提供誘因、產生創意解決方案、確保正確行動

三、領導權力的來源

對於「領導」一詞，學者常常從權力與影響的角度來解讀領導的不同力量與作用，以下是學者史塔寧 (Grover Starling)[7] 研究公部門領導者所提出的八種個人權力來源，分別為：

1. **強制權力** (Coercive Power)：透過生理、心理、情感的威脅、懲罰或制裁強迫某人服從。
2. **關聯權力** (Connection Power)：領導者與組織內部或外部重要人物建立密切關係網絡而獲得權力。
3. **專家權力** (Expert Power)：透過對於特定領域的專門知識或特殊技能獲得權力。
4. **需求權力** (Dependence Power)：基於員工對領導者有所需求，不論是需要協助或保護。
5. **義務性權力** (Obligation Power)：來自於領導者的作為，其施政對人民有利，而受惠的人民覺得有義務回饋。
6. **合法性權力** (Legitimate Power)：伴隨著領導者的現有職位而來。
7. **參照的權力** (Referent Power)：來自於其他人對領導者性格、魅力和價值觀的欣賞與認同。
8. **獎勵權力** (Reward Power)：來自於領導者能讓追隨者相信，只要遵從領導

者的期望去努力，就會有獎勵 (如晉升)。(領導者能夠提供金錢、職位等有價值之物，讓追隨者相信只要符合領導者的期望努力表現，就能獲得獎勵。)

不同的權力來源有不同的作用方式，效果也會有所不同，成功的領導者能有效運用不同的權力發揮影響，進行管理。

第二節　領導理論的演化

領導的概念在不同歷史階段中反映各時代的社會規範與價值而產生各種相異的理論。大體上來說，領導的理論可分為特質理論、行為理論、權變理論三種基本途徑，以及持續出現的新的領導理論：

一、特質理論 (1920-1940 年代)

雖然古今中外的文獻有許多關於領導的學說，但比較有系統的科學化研究則始於二十世紀初的**特質理論** (Trait Theories)。所謂的特質，就是領導者有別於其他人的特徵，包括聰明、自信、誠實等人格特質，以及面相、身材等外貌特徵 (如圖 11-3 所示)。最早期的特質理論家相信有些人具備與生而來的偉人特徵，無法靠後天學習得到，因此就把研究的重點放在確認領導者的共同特徵，以及領導者與一般人的主要差別。這些研究發現有效領導者的特質相當多樣化，但是實際上這些領導者的特質與領導成敗之間的關係其實相當微弱，因為忽略特質會隨著不同的社會文化背景而異，例如西方世界偉大領袖的標準可能與華人世界偉大領袖的標準不同。

到了二次大戰期間，隨著心理學研究的發展，特質理論的研究者進一步運用性向與人格測驗工具來擴大檢視領導者的個人特質。除了人格特質與外貌特徵之外，這時期的研究還加入能力 (知識、口語能力等)、社交特質 (受歡迎

◈ 圖 11-3　領導者該有的特質？

性、社交偏好等)，以及工作相關特性 (成功的欲望、面對障礙的毅力等)。根據學者的歸納，這時期的研究發現某些個人特質與領導效能的確有一致性的相關性。多數成功領導者的共同特質包含智力、主動性、人際技巧、責任感，以及正直誠實等。[8] 特質理論的研究者同時也發現，以上這些領導特質的影響力會隨著一些重要的情境因素而有所差異，這些因素包括被領導者的地位、後天的學習，以及其他組織內、外環境的變數。

持平而論，特質理論直至今日仍被廣泛應用於相關的學術研究或管理實務當中。許多研究者仍然主張，當結合特定的情境時，某些特質對於領導者的效能是極其重要的。成功的領導者就是那些懂得配合環境的需要，而將重要的特質應用於發展個人領導技巧的人。

二、行為理論 (1940-1960 年代)

當特質理論受到批評，便開始有學者思考，如果天生領導者並不是一個適當的研究方向，那是否可以透過觀察及歸納領導者的領導行為模式和方法，探析領導行為與領導效能之間的關係。主要的研究成果有兩構面理論、領導行為連續構面理論，以及領導方陣理論。

(一) 兩構面理論 (Two-Dimensional Theory) (1945-1947 年)

到了 1945 年左右，美國俄亥俄州立大學的一群研究者，針對一千多位的領導者進行行為的觀察。研究的結果歸納出兩個最重要的構面 (如圖 11-4 所示)，一個是**關懷** (Consideration)，另一個則是**體制** (Initiating Structure)。前者是領導者比較注重部屬的感受，以及其想法，在意部屬的福利、地位及滿足感，盼能跟部屬之間建立信任的關係，並希望藉由幫助部屬解決問題，保持彼此間的親近。後者剛好相反，注重的是體制運作，這類的領導者期望在將任務清楚指派給部屬時，部屬可以達成工作目標，並能將工作於期限內完成。[9]

比俄亥俄州立大學稍晚一些發表領導理論的密西根大學，是由學者李克特 (Rensis Likert) 與其同仁，[10] 針對不同領域，包含企業、醫療及政府機關等的領導者進行研究調查，歸納出另一個兩構面理論。不可否認的，密西根大學與之前俄亥俄州立大學的研究確實有類似之處，但是密西根大學的理論更具有實證研究的精神，而且對於領導方式及工作績效之間的關係更能提出

◎ 圖 11-4　俄亥俄州立大學的兩構面理論

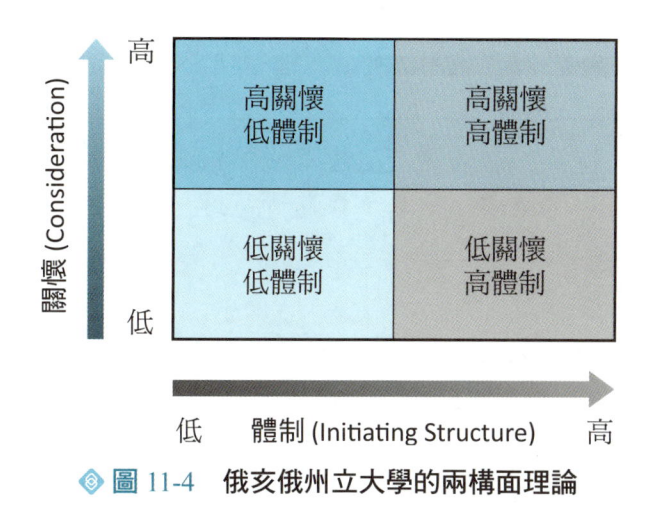

具體的關聯性。

同樣是提出領導行為的兩個構面，密西根大學的構面分別為**員工導向** (Employee-Oriented) 及**生產導向** (Production-Oriented)。前者指領導者強調人際關係，關心部屬的需要，並且認為成員之間有個體差異性存在；後者是指領導者強調工作的技術面與任務面，即對於群體任務的完成是其最重視的，且視群體成員為達成目的之工具。在上述兩構面中，密西根大學直接根據研究結論提出領導建言，強烈贊成採用員工導向的領導行為，因為研究發現，採員工導向的領導者，與高群體生產力及高工作滿足感有顯著的關聯性；而任務導向的領導者，則是跟低群體生產力及低工作滿足感有較大的關聯。

(二) 領導行為連續構面理論 (1958 年)

到了 1950 年代，行為理論的發展愈趨精細且完整，學者希望透過前人的研究及更多的研究對象，找出更適合的模式，以解釋領導的各種行為。1958 年，由學者譚仁邦 (Robert Tannenbaum) 與史密特 (Warren H. Schmidt) 所提出[11] 的「**領導行為連續構面理論**」(Leadership Behavior Continuum Theory)，不同於以往單純的只提出兩項構面來分析，而是認為領導者的行為應該是連續性的，應以程度做為分析的方式，而非單純的落入任何一種模式中。對領導者行為的解釋，應該是依據不同情境下的狀況做出說明，以及可以依據不同情境，歸納出領導者與部屬之間的關係。

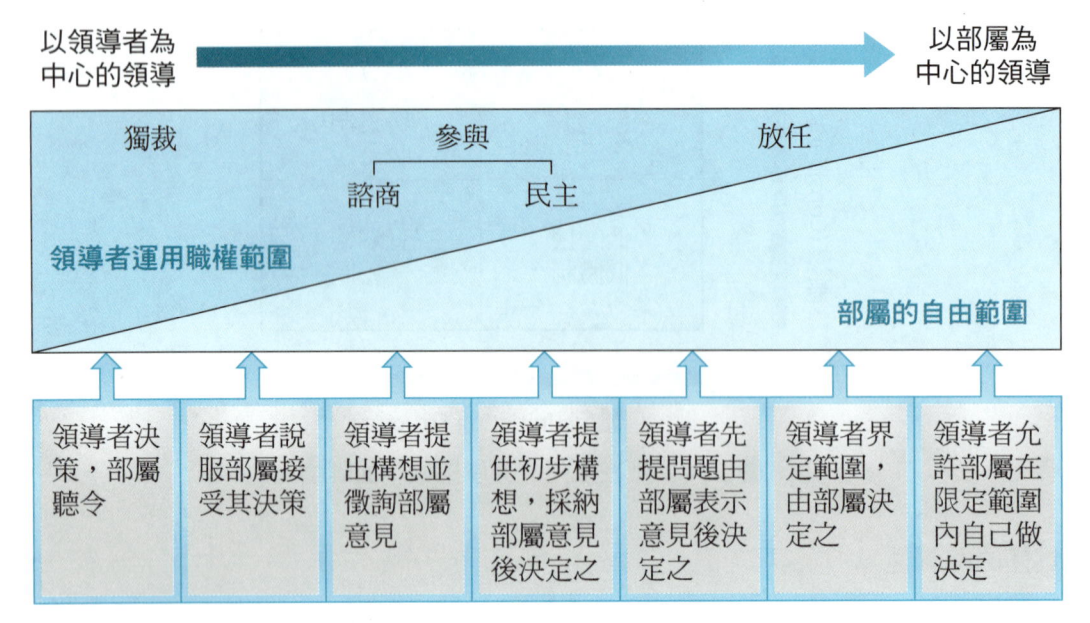

```
以領導者為中心的領導 ←――――――――――→ 以部屬為中心的領導

   獨裁          參與         放任
            諮商    民主

   領導者運用職權範圍
                              部屬的自由範圍
```

| 領導者決策，部屬聽令 | 領導者說服部屬接受其決策 | 領導者提出構想並徵詢部屬意見 | 領導者提供初步構想，採納部屬意見後決定之 | 領導者先提問題由部屬表示意見後決定之 | 領導者界定範圍，由部屬決定之 | 領導者允許部屬在限定範圍內自己做決定 |

資料來源：Tannenbaum & Schmidt (1973).

◈ 圖 11-5　領導行為連續構面

更具體來說，連續構面理論其實也是由兩種構面所組成，一個是以領導者為中心的運作模式，另一個則是以部屬為中心，然後以這兩構面各做為極端，再配合領導強度的不同，結合之前學者對於獨裁、民主及放任的領導分類，再細分出七種領導者跟部屬之間的關係（如圖 11-5 所示），從最左邊的領導者決策、部屬聽令，到中間的領導者提供初步構想，進而採納部屬意見，到最右邊的領導者允許部屬在限定範圍內自己做決定。

(三) 領導方陣理論

就行為理論而言，實務界最常用的是**領導方陣理論** (Leadership Grid)。此方陣是由美國學者布萊克 (Robert R. Blake) 與莫頓 (Jane S. Mouton) 於 1964 年提出。[12] 如同之前的研究，這個理論也以兩個構面為基礎來發展，一是「關心生產」，二是「關心同仁」。兩位學者根據關心程度的差異，分別將兩種關心構面劃分為九等份，然後相互交叉形成八十一格方格，每一個方格皆可以代表一種領導風格（如圖 11-6 所示）。其中，最具代表性的五種領導風格敘述如下：

1. **(1,1) 貧乏型管理**：即對於生產結果及員工皆不關心的領導方式。
2. **(9,1) 任務型管理**：此類領導者主要是關心生產結果，也就是較注重工作

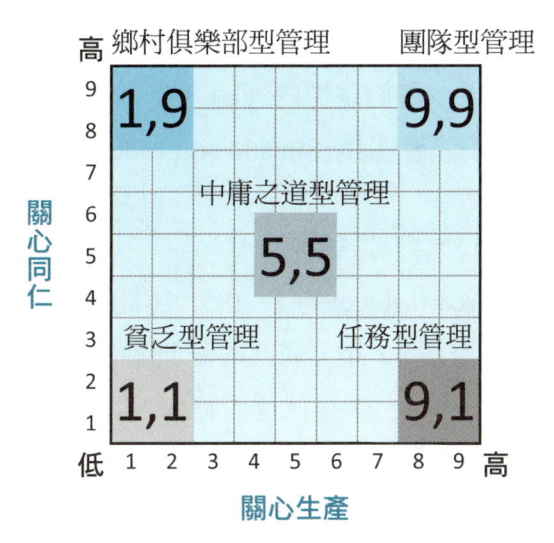

```
高 鄉村俱樂部型管理         團隊型管理
 9
 8    1,9              9,9
 7
關 6        中庸之道型管理
心 5           5,5
同 4
仁 3    貧乏型管理      任務型管理
 2
 1    1,1              9,1
低 1 2 3 4 5 6 7 8 9 高
        關心生產
```

◈ 圖 11-6　**管理方陣五種主要管理類型**

任務是否達成，對於員工的關心較少。

3. **(1,9) 鄉村俱樂部型管理**：即領導者認為組織最重要的是同仁的身心健康狀況，亦即無論做任何決定，都應該要獲得同仁的支持與體諒，認為唯有如此，組織的運作才能夠順利，任務也就可以一一完成。

4. **(5,5) 中庸之道型管理**：此類型的意涵剛好與中國傳統文化中的中庸之道相互呼應，講究平衡與妥協。管理者對人員與生產都給予適當的關切，試圖在組織目標與員工需求之間取得平衡。

5. **(9,9) 團隊型管理**：是最理想的領導方式，即領導者對於任務及員工都極為關心，努力達成組織最高績效。

上文所述的五種領導風格，是領導行為理論中，最具特色且清晰的分類方式，讓大家可以清楚的分辨出不同領導風格的特色。然而不可諱言地，單純用兩種構面進行分類，會忽略來自環境的影響或組織績效因果關係的內容等，對領導效能的認識仍未盡充分。

三、權變理論 (1960 年代以後)

由於不論是特質理論或行為理論都無法找到放諸四海皆準的答案，許多研究領導的人開始將研究的重心轉移到領導的情境。更明確地說，領導力是跟情境有關，在某些情境下很有效的領導行為，在不同的情境中可能是無效

的。組織高層管理者應該要將領導行為、風格與環境狀況進行適當的結合，才能產生優良的領導效果。這個途徑的理論主要有費德勒的權變模式 (Fiedler Contingency Model)、情境領導理論 (Situational Leadership Theory)。

(一) 費德勒的權變模式 (1967 年)

美國學者費德勒 (Fred E. Fiedler) 自 1951 年開始進行研究，[13] 針對超過 1,200 個群體進行分析，歷經 15 年，成為權變理論的先鋒，雖然該理論的內容仍有許多複雜或不足之處，卻已讓當代學者瞭解，除了人格特質及透過領導行為分類之外，還能以更精細且彈性的變數，來解析領導行為與績效的關係，試圖提供領導者及研究者更廣闊的方向與思維。

費德勒的理論雖然難以簡單說明，但他所建構的模式基本上可分為領導風格與領導情境兩個主要的部分，圖 11-7 用上下兩個圖表示兩個部分各自的內容與之間的關係。

圖 11-7 的上半部是關於領導者的風格傾向，分別為「**任務導向**」或是「**關係導向**」，使用**最不喜歡的工作夥伴** (Least Preferred Co-Worker, LPC) 問卷 (如表 11-2 所示) 予以確定，測量方式是對最不喜歡共事的人打分數，假若一位領導者 X 對最不喜歡共事的人給予的評價仍然是偏向正面讚許的，則 X 就是一個

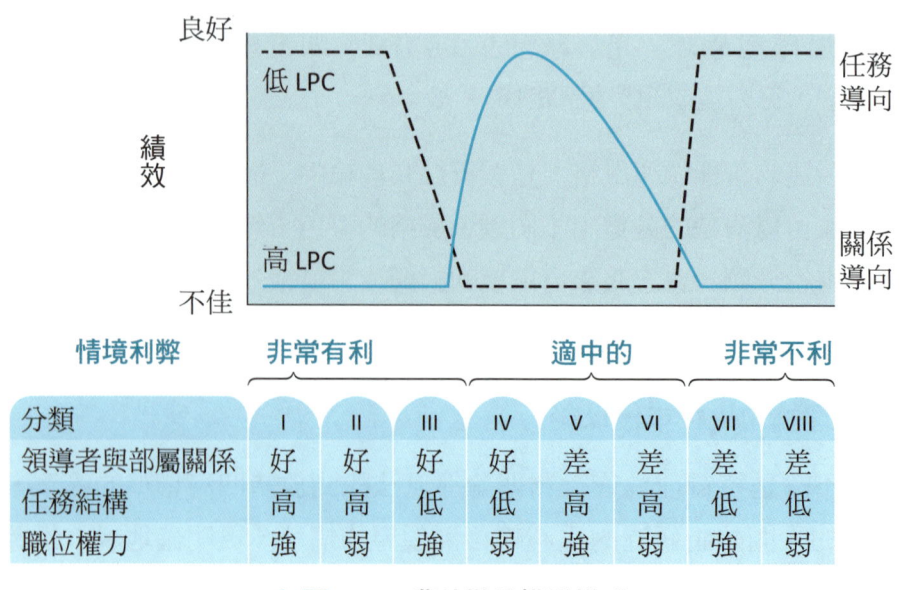

情境利弊	非常有利			適中的			非常不利	
分類	I	II	III	IV	V	VI	VII	VIII
領導者與部屬關係	好	好	好	好	差	差	差	差
任務結構	高	高	低	低	高	高	低	低
職位權力	強	弱	強	弱	強	弱	強	弱

◈ 圖 11-7　**費德勒的權變模式**

表 11-2　費德勒的 LPC 問卷

費德勒的 LPC 問卷		
快樂	8 7 6 5 4 3 2 1	不快樂
友善	8 7 6 5 4 3 2 1	不友善
拒絕	1 2 3 4 5 6 7 8	接納
有益	8 7 6 5 4 3 2 1	無益
不熱情	1 2 3 4 5 6 7 8	熱情
緊張	1 2 3 4 5 6 7 8	輕鬆
疏遠	1 2 3 4 5 6 7 8	親密
冷漠	1 2 3 4 5 6 7 8	熱心
合作	8 7 6 5 4 3 2 1	不合作
助人	8 7 6 5 4 3 2 1	敵意
無聊	1 2 3 4 5 6 7 8	有趣
好爭	1 2 3 4 5 6 7 8	融洽
自信	8 7 6 5 4 3 2 1	猶豫
高效	8 7 6 5 4 3 2 1	低效
鬱悶	1 2 3 4 5 6 7 8	開朗
開放	8 7 6 5 4 3 2 1	防備

注重以關係為導向，反之則是偏向以任務為導向。位置的高低表示「績效表現」情形，不同領導風格隨著不同的情境而在績效方面有所變化。

　　圖 11-7 的下半部顯示不同的「領導情境」。費德勒以三個因素來決定不同的領導情境，由團隊成員來回答和評分：第一個是「領導者與部屬的關係」，分為好與差兩種，指的是部屬對於領導者信任、信心及尊敬的程度；第二個是「任務結構」，可以說是指工作難易與否；第三個是「職位權力」，分為強或弱兩種，就是領導者對於部屬僱用、訓練及加薪等的影響程度。三個因素構成 I 到 VIII 八種不同的情境，不同的情境從左邊到右邊又可分為對領導者有利或不利的情境。

　　將圖 11-7 上半部與下半部共同來看：

1. 在有利及不利的情境下，採用「任務導向」的領導者，會有比較好的績效表現，採用「關係導向」的領導者則績效表現不佳。換句話說，在具有良好的領導者與部屬關係、任務結構高，無論職位權力弱或強的 I 與 II 情境下，任務導向者會有較好績效；在領導者與部屬關係差、任務結構低，職位權力有強有弱的 VII 與 VIII 情境下，也會有好的績效。
2. 「關係導向」的領導者則在適中情境下績效表現比較好。

(二) 情境領導理論 (原稱作領導生命週期模式) (1982 年)

1982 年，學者赫爾雪 (Paul Hersey) 與布朗查 (Ken Blanchard)[14] 結合管理行為與學者阿吉里斯 (Cris Argyris) 的理論，將「**員工的成熟度**」(Maturity) 做為一個重要的情境變數，與領導風格相互結合，領導者可以更靈活地根據情境調整領導行為，形成當代最普遍使用的領導權變理論之一。

情境領導基於領導者和追隨者 (被領導者) 之間的關係。根據該理論的主張，領導者應該要先釐清一個關鍵的問題：「我的部屬有多成熟？」所謂的成熟，分兩方面評斷，一是他有沒有能力完成工作？二是他有沒有意願完成工作？

當釐清部屬的成熟度之後，領導者便可以依據部屬的情形，採取不同的領導風格。不同的領導風格由領導者的關係行為 (又稱支持型行為) 以及任務行為 (又稱指導型行為) 兩個面向構成，沒有哪一個領導風格最佳，成功的領導者能夠根據部屬的成熟度來調整自己的風格。根據情境領導理論所提出的領導風格，有下列四種型態 (如圖 11-8 所示)：

1. **命令型** (Telling)：當部屬成熟度低，既無足夠工作能力也無意願時，則領導者最佳的方式就是直接使用命令，明確下達任務內容，密切監控執行情況。如此的領導風格，也就是所謂的高任務行為及低關係行為，讓部屬完成工作內容為主要目標。
2. **說服型** (Selling)：若部屬其實是有意願完成工作，但是工作能力不足，此時領導者不僅關心部屬心理方面的感受，讓部屬保有對工作的熱情，也透過雙向溝通解釋說明決策、聽取部屬的意見，加強其工作能力完成任務。
3. **參與型** (Participating)：若部屬有能力完成工作，但是沒有足夠意願去完

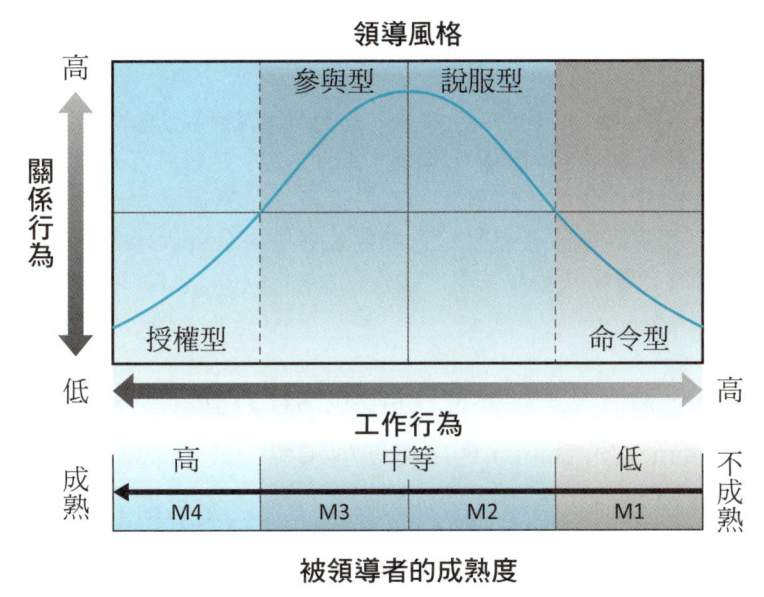

圖 11-8　赫爾雪與布朗查的情境領導模式

成，在這種情況下，領導者就必須多注意及聆聽部屬的意見，以雙向溝通的方式支持部屬的工作構想，並且透過讓部屬參與決策的過程，增加其對任務的接受度。

4. **授權型** (Delegating)：能擁有高工作能力及高工作意願的部屬，相信是眾多領導者的期盼。在如此的情況下，領導者最佳的方式就是將權力下放給部屬，自己則擔任監督的角色。

四、新的領導途徑 (1980 年代以後)

在權變模式、情境領導理論之後，出現更複雜的領導效能研究，例如**路徑—目標理論**、**認知資源理論**等，幾乎已達極限後，一些新的領導途徑出現，

路徑—目標理論

路徑—目標理論是領導權變理論的一種，由組織行為學教授豪斯 (Robert House) 最先提出，之後米切爾 (Terence R. Mitchell) 教授共同參與理論的完善和補充。該理論認為領導者的工作是利用結構、支持和報酬，建立有助於員工實現組織目標的工作路徑，協助部屬剷除路徑上的一些障礙和陷阱。不同領導行為加上權變因素，即可能產生不同的部屬行為。前者包括獨裁型、支援型、生產導向型、參與型四種，須依環境之不同而靈活運用。

> **認知資源理論**
>
> 由費德勒與葛西亞 (Joe Garcia) 於 1987 年提出，是對費德勒權變理論的擴展和重新界定。該理論闡述壓力和認知資源 (如經驗、獎勵、智力活動) 對領導有效性的重要影響。壓力可能是阻礙領導者高效工作的一項因素，不同情境下，不同認知水平的領導者會產生不同的領導績效。有智慧的領導者能制定更有效的計畫、決策和活動策略，並且能夠透過指導行為傳達他們的計畫、決策和策略。

重視願景、動機、價值等意義層次，主要包括魅力型領導與轉換型領導兩種類型。[15] 伯恩斯 (James M. Burns) 提出轉換型領導的最初架構，並且將轉換型領導和交易型領導視為兩個極端類型加以探討。[16] 之後貝斯 (Bernard Bass) 對伯恩斯的學說充分發展，認為轉換型領導和交易型領導兩者相互補充，因此提出**全方位領導**概念，[17] 魅力是轉換型領導者的特質之一。

> **全方位領導**
>
> 貝斯與阿沃里奧 (Bruce Avolio) 在 1980-1990 年代建構了全方位領導模型，之後一直受到廣泛研究與論證。此模型將領導行為分為轉換型、交易型及放任型三種，包含九個因素，與追隨者的加倍努力、領導者的行為效能、追隨者的滿意度三種結果尺度，並以「多因素領導問卷」為評估工具。該模型由兩個軸線構成：活動程度和效能程度，區分出一系列不同的領導風格或行為。

(一) 魅力型領導

魅力型領導 (Charismatic Leader) 一詞是源自於韋伯的權威理論，[18] 韋伯將權威區分為傳統權威、魅力權威，以及合法—理性權威。傳統權威 (Traditional Authority) 是指權威來自於社會共同接受的原則，或習以為常的風俗、慣例，舉例來說，日本皇室與英國皇室都是代代世襲，皇室在日本有神一般的地位，英國皇室同樣是由世襲產生。相對而言，合法—理性權威 (Legal-Rational Authority) 立基在一系列非個人取向的法規，例如憲法、選舉等，經由合法程序而取得的權威具有正當性，例如我國的總統、縣市長等領袖皆是經由合法程序而取得治理權威的。

魅力權威 (Charismatic Authority) 是指，權威來自於個人所具備的天賦、超世俗的人格特質，透過個人的意志與遠見，使跟隨者衷心信服。舉例來說，

美國前總統歐巴馬善於演說、鼓舞人心,其競選口號 "Yes, We Can!" 更成了當今最熱門、甚至改變許多人生命的一句話。具有魅力權威的領導者,能夠對其追隨者產生深遠的影響,並且有能力使追隨者更出色的完成工作任務。更有甚者,這種領導者能夠擘畫出「理想化憧憬」,善於運用非常規的手段改變現有秩序、能強烈而清晰的表達目標,以及擁有能夠帶領及改變他人進行組織變革、提升效能的能耐。

現代學者歸納出魅力權威領導者的八項特質,分別是擁有強烈的權力欲望、自信十足、對成員影響甚深、英明形象的營造、歸結組織目標的能力、創造領導者與部屬間共享的價值、觀念和精神。總之,有魅力權威的領導者就像是一位有遠見且值得信賴的老船長,可以帶領水手們度過難關。[19]

(二) 交易型領導

相對於魅力型領導強調領導者的個人特質對於追隨者的吸引,**交易型領導** (Transactional Leadership) 則是強調領導者與被領導者之間的一種工作上的交換關係,交換關係構成兩者間的互動。[20] 領導者瞭解部屬的需求,設定績效目標,然後給予適當的誘因和報酬換得部屬實現協議和完成任務,對於沒有實現目標者給予懲罰。

交易型領導的正面效能實現有兩個基本要素:**例外管理** (Management-by-Exception) 和**權變獎酬** (Contingent Reward):

1. **例外管理**:領導者能夠即時發現部屬在工作過程中的錯誤,並給予指導,修正其行動,又稱為積極的例外管理。或是等到工作結束時,若不符績效預期則給予指正,希望未來有所改善,讓員工在工作時較為自主,又稱為消極的例外管理。
2. **權變獎酬**:領導者根據績效給予部屬報酬,換得部屬的努力付出的交換過程,包括權變獎酬和權變懲罰的運用,通常被比喻成胡蘿蔔和棍子。當設定的目標按時或提前完成,或讓部屬在不同時間保持良好工作,就給予權變報酬 (如表揚)。適時獎賞部屬的努力,肯定其績效表現,使其提高生產力和完成任務。

> **伯恩斯**
>
> 伯恩斯出生於 1918 年，是美國歷史學家和政治學家、總統傳記作家及領導研究權威。1978 年出版《領導力》(Leadership) 一書，讓領導力成為新興的研究領域，在社會科學、商業和政府中得到運用。他把領導研究的重點從偉人的特質和行動轉變到領導者與其選民之間互惠互利合作的互動。他最為人所知的貢獻是對交易、轉換、期望和願景的領導理論。

伯恩斯認為交易型領導的互動以有價值事物的交換為目的，價值事物可以是經濟、政治或心理的，例如候選人和公民之間選票的交換。然而交易型領導著重在維持現狀，管理業務的日常運作，不注重組織的目標界定，也不注重如何讓部屬將生產力和組織的目標一致來增加組織的獲利。

(三) 轉換型領導

轉換型領導一詞，乃是由伯恩斯於 1978 年提出。[21] 伯恩斯認為**轉換型領導** (Transformational Leadership) 的一種情境是「當一個人或多個人與其他人之間，以按照領導者與追隨者彼此提升到更高動機和道德層次的方式，來互相保證與合作。」[22] 為何會使用「轉換」一詞？原因就在於伯恩斯認為最理想的領導者，是可以透過領導，來「轉變」組織原有的價值觀念、人際關係、組織文化及行為模式，以確實改變組織的內涵與提升組織績效，也就是希望透過領導者這個角色，來改造整個組織氛圍，提升組織能力。舉例來說，著名的蘋果公司前總裁賈伯斯 (Steve Jobs) 在擔任執行長期間貫徹其所謂的「海盜哲學」。他認為偉大的計畫必須使用團隊合作模式來實現，因此賦予團隊成員十足自由發揮的空間，並透過不斷傳達願景，使團隊對於自己開發的產品保持旺盛的熱情與深度的認同感。這種觀念之所以稱作「海盜哲學」是因為他認為自己與這個團隊就像是對未知的未來抱著期待的海盜。若首領能適度的激勵同船的船員，海盜也能達成連海軍都無法完成的偉大成就。蘋果公司在賈伯斯擔任領導的時代，就是透過這種風格打造出世人共同讚嘆的蘋果王國。

伯恩斯認為採用轉換型的政治領導者能夠帶領個人成長，長期努力帶來社會、價值和政治結構的全面性轉變，達到集體的目標。雖然和魅力型領導相近，但他認為魅力型領導無法充分表達此概念的內涵，因此提出轉換型領導的新論述，並由**貝斯**和其同事充實與擴展。

> **貝斯**
>
> 貝斯出生於 1925 年,以工業和組織心理學研究著名。1970 年代後期,他閱讀和回顧伯恩斯的《領導力》一書後,將書中介紹的轉換型領導概念與自己的經驗融合,並以更實質的方式和科學鑑定的學術方法展開轉換型領導研究與推動;伯恩斯關注領導能力的道德層面,貝斯則較著重功效方面。1985 年出版《超越期望的領導力與績效》(*Leadership and Performance Beyond Expectations*),隨後又出版一系列有關領導力的書籍。其中《領導:理論、研究和管理應用》第四版 (是他 2007 年去世前不久完成的) 被廣泛認為是最具權威性的領導力資源。1987 在賓漢普敦大學 (Binghampton University) 成立領導力研究中心。

貝斯認為領導者可以既是轉換型領導,也是交易型領導。轉換型領導者透過共同願景建立信任,關係的營造,轉變個人的價值來支持組織的願景和目標,他和同事建立的轉換型領導模式,有以下四項行為構成要素:[23]

1. **個別關懷**:轉換型領導者必須先瞭解個別同仁的特質,發揮其專長,進而導向人格的成長,才是真正建立組織的正能量。

2. **動機啟發與精神感召**:員工工作表現的好與壞,絕對跟其動機有關,此種概念即是前述交易型領導的內涵;而轉換型領導者是要讓同仁自內心深處感受到,自己所做的工作是有價值、有意義的。此外,更應該注意精神層面的共同信仰與共同目標,藉由信任與分享,強化同仁對工作的認同感。

3. **才智的激發**:在轉換型領導者眼中,讓同仁間透過意見交換、腦力激盪、培養多元思考,創造一個大家彼此信任且可以充分表達自我意見的組織環境,才是組織成功運作的關鍵。

4. **相互的影響關係**:轉換型領導者認為,成員的能力高低決定組織能量強弱,因此為了要讓成員能夠充分的發展自我能力,與同仁間能否建立信任及緊密的關係即是關鍵。讓同仁認同自己的角色,才可以順利完成自我訓練與提升組織能量。[24]

自轉換型領導理論出現後,許多學者進行相關研究並予以補充或修正,從特質觀點來看,轉換型領導者有哪些主要的特質,研究者的看法雖不完全相同,但較常被引用的六項特質,[25] 分別說明如下:

1. **創造前瞻願景**：身為轉換型領導者，創造一個適合成員追尋的目標，是讓組織活起來的關鍵，也就是要讓成員知道，「我到底是為了什麼要努力工作？」
2. **啟發自覺意識**：轉換型領導者不同於強勢領導的命令指揮，而是需要努力地認識及剖析自己的部屬，並且使用適當方式啟發每位同仁工作的潛力。
3. **掌握人性需求**：交易型領導的特徵之一是要能理解部屬的需求；而身為轉換型領導者，則要能夠認清此現象並透過需求層級理論，逐步滿足、提升部屬的需求層級，直到達成自我實現層次。
4. **鼓舞學習動機**：人員的停滯不前，習於保持現狀而原地踏步是造成組織績效不彰的重要因素。轉換型領導者要創造出活絡的組織文化，讓同仁可以在工作過程中獲得學習的成就與樂趣，組織才能保持生命力與創造力，績效也才能維持。
5. **樹立個人價值**：領導者以身作則乃是最基本的要求。領導者必須樹立誠實、正義及公平等價值，讓部屬願意追隨其所建立的願景。
6. **樂在工作**：轉換型領導者對於工作要有高度熱誠，讓同仁感受到，無論工作多困難，大家都會一起面對，並會在滿足與歡樂中完成工作。

面對組織中的同仁和外部的利害關係人，如何實現成功轉換，有哪些策略可運用，不同研究者提出的看法如表 11-3 所示：[26]

表 11-3　轉換型領導的策略和特徵

Bennis & Nanus (1985)	Bass (1985)	Kouzes & Posner (1987)
發展眾人關注的願景	魅力感召	挑戰現狀
透過溝通建立共識	激勵鼓舞	喚起共同願景
利用職位建立信任	才智激發	賦予權能
自我發展	個別關懷	以身作則
		鼓舞人心

(四) 包容性領導

包容性領導 (Inclusive Leadership) 的領導風格重視並欣賞員工的貢獻，認識和接受團隊或組織內部的多樣化，尊重個別差異，提供公平公正的環境，讓大家都能受到公平對待，產生歸屬感，發揮工作團隊的最大績效。包容性領導關注部屬的需求和期望，雙方之間的關係建立在「共同做事，不是指示別人做事」(Doing things with people, not to people) 的原則上，彼此尊重、認可、回應和負責，共同完成任務，實現組織目標。[27] 領導者與部屬互動時，言行上如果能夠激勵和肯定部屬，保持開放的態度，傾聽不同意見和想法，提供參與機會，可以創造一個讓部屬感到安心、能全心投入的工作環境，展現個人的才華，發揮創意，讓團隊成功 (Nembhard & Edmondson, 2006)。[28]

包容性領導可從開放性 (Openness)、有效性 (Availability)、易接近性 (Accessibility) 三個面向的 9 個項目來評估。[29]

1. **開放性**：領導者樂於傾聽新的想法。領導者注意新的機會來改善工作流程。領導者開放討論目標和達成目標的方式。
2. **有效性**：領導者能夠就問題進行諮詢。領導者持續在這個團隊中是一個隨時發揮作用的人。領導者能回應部屬問他的專業問題。領導者已經準備好聽部屬的訴求。
3. **易接近性**：領導者鼓勵彼此討論新出現的問題。領導者可以輕鬆討論新出現的問題。

(五) 參與型領導

參與型領導 (Participative Leadership) 不僅包容性別、族群或信仰等差異，還讓不同的群體參與決策過程，透過共同討論和意見整合，產出決策，又稱之為民主領導。參與型領導風格介於獨裁型和放任型之間，領導者和群體的成員共同討論，過程中鼓勵大家踴躍表達意見，達到集思廣益和協力創造的功效。[30]

領導者讓部屬參與決策，共同解決問題，可以激發部屬內在動機，培養自主性、獨立性和創造性，提高對工作的滿意度，增加部屬之間相互的信任。參與型領導者扮演六種角色：[31]

1. **內控養塑者**：對於容易受外部影響、質疑內部的員工，提供交流平台，促進不同意見、科技、人員與觀念的組合，激勵員工思考、務實解決問題，以培養部屬的內在控制能力，能夠面對內外的各種壓力。
2. **提供互動者**：採行互動管理，建立強而有力的任務編組執行多元計畫，營造開誠布公的氛圍，面對組織的方向與問題溝通交流，創造組織優勢。
3. **共同領導者**：領導者提供部屬共同參與的機會，理性傾聽部屬的論述和看法，鼓勵部屬貢獻專業才華，滿足部屬自我實現的需求。
4. **化解危機者**：領導者能夠帶領部屬創造組織績效，依進度完成使命，也能面對突發事件。因應外在環境變化，能夠調整目標。透過有效互動，不斷革新。
5. **情緒管理者**：領導者傾聽各方聲音，避免陷入主觀判斷，以真誠取得同仁的信任，去除以自我為中心的想法，接納不同觀點，善用自己的優勢、改進劣勢，以高度的情緒智商和員工協力與共享。
6. **能力鑑賞者**：領導者能知人善任，網羅多元專業、優秀人才組成團隊，發揮合超效應。

懷特 (Sarah C. White) 認為參與有四種不同形式，每一種都有不同的功能：[32]

1. **名義上的參與**：通常由一些有權力的領導者用來獲得計畫的合法性，權力較小的人出於包容而參與其中，表面上做做樣子，沒有實質改變。
2. **工具性的參與**：參與不是基於個人理念或價值，而是為了獲得某種利益或實現特定目標，通常是在計畫實施中讓群體成員投入其技能和知識。
3. **代表性的參與**：讓那些在計畫或政策的決策和實施過程中利益受到影響的人員，能夠有機會表達意見。對於權力較大者，代表性的參與讓他們能夠持續地干預；對於實力較弱者，或許有發揮作用的機會。
4. **變革性參與**：賦予參與者權力，能夠改變不合理的、不公平的結構和制度。

(六) 危機領導

無預期的天災人禍常引發社會動盪失序，例如 911 恐怖攻擊、福島核災、卡崔娜颶風、西非伊波拉疫情、2008 年全球金融危機和 COVID-19 大流行等事

件，考驗公部門領導者能否發揮作用，帶領群體迅速果斷採取一系列有效行動減少危機的衝擊，保障民眾生命和福祉。

危機領導 (Crisis Leadership) 理論認為，領導者的心態、個人特質與行動都會在危機期間影響組織和內部、外部的利害關係人。[33] 面對不確定和充滿時間壓力的情境，沒有一體適用的領導風格，可以依不同危機情況選擇不同領導風格，例如轉換型、交易型或魅力型等，有效處理危機。面對危機挑戰和面對制度變革不一樣，危機領導在於最大限度地減少損害、減輕痛苦、恢復秩序，重申現有的價值觀和結構，重拾大家對現有政策和機關效能的信心。[34]

從個人特質來看，成功的危機領導者表現出如下特徵：具有內在動力、持續學習、與追隨者共同承擔風險、和追隨者一同進退一同生活而不擺架子、能力強並且讓人信任和忠誠。[35] 魅力型、英雄式的個人容易獲得群眾擁戴，寄予期望，但是公共行政已經更重視協作、集體、共享或分布式領導，因此各層級的民選官員、政務官或事務官，都有可能在危機時期承擔領導責任和義務。

領導者在任務活動、人際關係、組織與環境三個領域的行為，影響危機領導效能。[36] 危機領導在危機管理的不同階段執行一系列關鍵任務，包括 (1) 意義建構 (Sense Making)：快速看清問題事實，評估威脅，認清危機根源；(2) 決策：進行各種權衡來解決問題；(3) 意義創造 (Meaning Making)：面對利害關係人，對事情來龍去脈和應對措施提供權威的說明，讓其他人接受並且更能夠應對危機；(4) 終止：盡快結束危機，回歸常態；(5) 學習：從危機經驗中學習，辦理培訓。[37]

領導職能 (Leadership Competencies) 影響個人執行領導任務，建立在個人價值觀、知識、技能、才智和經驗之上。在各種的公共行政或管理的領導能力中，有學者指出 12 項能力是危機領導的關鍵，包括果斷、靈活性、溝通、解決問題、管理創新與創造力、人力安排、激勵、建立與管理團隊、決策、網絡與合作、環境掃描，與策略規劃。[38] 危機領導的核心能力可以整併成五大關鍵 (如表 11-4 所示)，包括意義建構、決策、溝通、協調團隊合作，與促進學習。[39]

表 11-4　危機領導的關鍵能力

能力	說明
意義建構	在危機中，領導者需要快速確定正在發生什麼事、有什麼意義，以及需要做什麼。因為危機出乎意外和不確定，因此領導者要能夠以不同的觀點認識和思考問題，並且隨時意識到意義建構的過程涉及行動和決策，會對危機的發展造成影響，意義建構也涉及共同理解和共同意義的創造，這對促進集體行動至關重要。
決策	危機時期的決策風險高，通常要迅速決定。這需要累積準確的資訊，考慮不同的觀點、採取合理的思維模式，及培養審慎的態度，以便在正確的時間、正確的理由下做出正確的決定。
溝通	溝通影響危機處理時的集體行動。溝通應該是開放的、清晰的、真誠的、頻繁的、情緒適當的、多面向的。需要瞭解利害關係人正在發生的事情、他們的需要，以及該採取哪些措施來給予支持或保護。利害關係人也需要感到被傾聽和放心。
協調團隊合作	領導者不僅負責應對危機，也應協調各方的努力。在危機中，需要徵求不同的觀點和專業知識，鼓勵建設性衝突，並審慎分配資源與權力，在監督和授權他人之間取得平衡。
促進學習	危機讓缺點和脆弱曝光，但也可讓優勢顯現和促進更佳的運作新方式。無論是在危機後或整個危機期間，領導者都應該積極尋找有助於組織復原和增進的經驗教訓。

第三節　如何當個成功的公部門領導者

　　私部門與公部門的領導有許多的共同點，但身為公部門領導者必須要考慮到許多與私部門不同的政治因素。民主國家中的政府高層領袖都是經由選舉(或隨選舉而來的政治任命)所產生。為了贏得選舉，候選人必須提出具差異性的政見，以有別於現任者，而一旦當選，則必須在短期內做出一些可見的成果以維繫選民的信任。更具體地說，新任政治領袖多傾向將可用的資源轉至其承諾的新方案，而較無心關注既有施政計畫的持續推動。這樣的政治過程使得新、舊政權間的政府方案與計畫往往難以整合，也因此讓常任公務人員守舊官僚的形象更加揮之不去，因而可能減低行政機關的長期效能，也對公務人員的士氣造成負面的影響。

面對公共組織的特殊管理環境,使得政府文官體系的領導效能更顯重要。一項在 2008 年到 2010 年間針對臺灣高階文官所做的研究指出,公部門領導者所應具有的能力及思維應包括以下項目 (如圖 11-9 所示):[40]

(一) 願景建立與溝通

身為行政領導者,在執行工作前,要先規劃組織的目標、建立願景,讓成員知道該往哪一個方向前進。新、舊政權間如果缺乏持續性與整合性,會造成許多公務人員漸漸不清楚應該追求什麼工作目標,而當愈來愈多人不清楚目標為何時,公共組織就會把工作重點逐漸轉移到日常的作業及明文的法規,而非長期的施政成效。因此,在面對政府所在的政治環境與多種利害關係人,行政主管有責任對單位的使命與願景進行說明與詮釋。此外,願景溝通也是面對不同的政治意識型態時,能讓價值差異縮小的關鍵因素。

(二) 政治與管理能力

身為公共組織的領導者,時時面對的就是影響政府體制運作的各項政治因素,包括意識型態不同的黨派、企圖影響政策的利益團體,以及受到直接或間接影響的民眾等。要成為成功的公部門領導者就要能夠由意識型態主導的政治

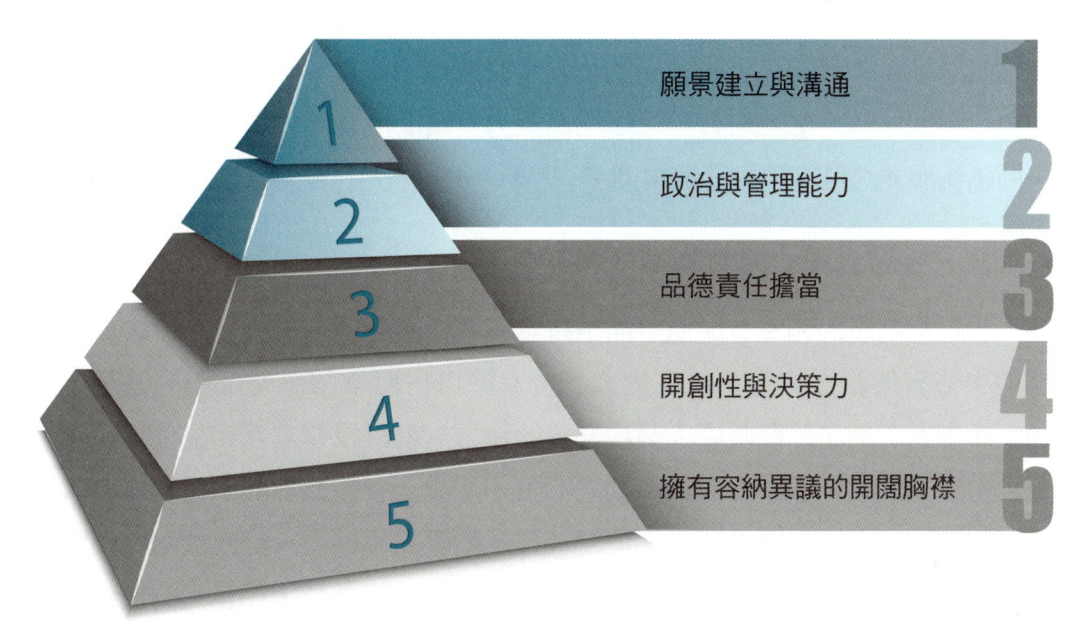

圖 11-9　**公部門領導者的能力與思維**

1. 願景建立與溝通
2. 政治與管理能力
3. 品德責任擔當
4. 開創性與決策力
5. 擁有容納異議的開闊胸襟

環境中,取得必要的資源與支持,並透過溝通及組織管理的能力,讓願景得以具體實現。不同於私部門是由經濟獲利為主導,公部門中的領導者在面對多元、衝突與模糊的政治環境中,既要能夠處理組織對外的關係,也要有效管理組織內部的運作,兩者缺一不可。

(三) 品德責任擔當

比起企業的領導者,公部門領導者的品德操守更時時受到人民與大眾傳播媒體的關注。由於公共政策及各種方案所需的人力、時間與經費皆是全國人民共有的寶貴資源,公共組織領導者自然要保持廉潔,並以最有效率與效能的方式行使職權,才能獲得組織同仁的信服與愛戴。另外,在政治紛擾的公務組織環境中,公務人員大多希望自己的主管具備「擔當」與「膽識」等重要的領導特質,領導者若為保全自己而凡事卸責、優柔寡斷,當然無法有效地領導公共組織。

(四) 開創性與決策力

缺乏創新是公部門最讓人詬病的問題。在依法行政的框架下,所有政策的執行,都要有法律的依據,然而修法的腳步總是趕不上時代變遷。因此,政務領導者在規劃願景時,除了顧及制度層面的因素,更重要的就是要保有創新及彈性的思維,才可能滿足政務領袖及民眾的期待。此外,行政機關的領導者在面對政策問題時,應該培養出果斷的決策力,幫助所屬的人員將注意力放在解決問題,而非應付繁瑣的官僚規則。

(五) 擁有容納異議的開闊胸襟

政府愈高層的領導者,愈可能是特定領域中萬中選一的佼佼者。由於政府部門中慣有的服從文化,位高權重者會過於自信而常常忽略部屬的建議。然而,領導者若無法聆聽基層人員或部屬的建言,就難以建立互相信任的組織文化。一言堂的組織氛圍將使組織缺乏活力,造成上下彼此算計,而難以有效推動新的政策或方案。要成為一個值得信服及追隨的領導者,行政機關的領導者應該要擁有容納異議的胸襟與充分溝通的能力,才能真正調和多元的價值,帶來組織長期的成功。

Case 11：COVID-19 疫情期間的政府領導力探索

2019 年 12 月，中國武漢爆出不明原因肺炎病例，一個全新的冠狀病毒出現，並迅速擴散，成為規模最大的一場全球隔離行動。我國疾病管制署注意到網路正在討論武漢疫情的貼文，於是向中國疾病預防控制中心及世界衛生組織確認訊息。2020 年 1 月 2 日，疾管署成立應變工作小組；1 月 20 日，由於對臺灣的威脅增加，行政院同意正式成立三級中央流行疫情指揮中心；1 月 21 日，指揮中心宣布非中國大陸籍確診首例境外移入臺灣個案；1 月 28 日，臺灣出現首宗本土病例家戶感染個案；1 月 30 日，世界衛生組織宣布疫情構成「國際關注的突發公共衛生事件」，臺灣則是出現第 10 例病例確診，此時全球確診病例已破萬。這場嚴重特殊傳染性肺炎 (COVID-19) 疫情，自 2020 年 1 月 21 日到 2023 年 3 月 20 日止，臺灣累計確診病例 10,236,886 例，確診率為 44.15%，累計死亡病例 18,803 例 (包括境外移入案例)，致死率 0.18%。

在疫情爆發期間，社會經濟活動停滯，對全球經濟的打擊更甚於 2008 年金融海嘯。大家不確定疫情會嚴重到什麼程度、何時會結束，由於擔心民生物資缺乏，許多地方出現搶購與囤貨潮，鎖國、封城與居家隔離政策更讓社會大眾心理恐慌，人際關係也日漸疏離。由於人們大多待在家中居家防疫，減少外出，也因此讓影音串流平台、線上遊戲、通訊軟體等新科技興起，網購、直播也快速成長，然而許多假訊息、假新聞也在網路上流傳，美國總統拜登甚至痛批，社群媒體上關於 COVID-19 的假訊息「正在殺人」。

COVID-19 考驗各單位領導者和國家的危機管理能力，疫情期間，世界各國在應對疫情流行、疫情監測、疫情防治、維持就業和經濟活動等介入措施有不同表現，民眾對政府部門既有許多期待，也有許多不滿與批評。雖然政府的防疫表現優良，備受各界的稱許，但疫情在臺灣也引發許多相關爭議，包括：[41]

1. 名稱爭議：稱之為嚴重特殊傳染性肺炎、COVID-19，或武漢肺炎、新冠肺炎、中國肺炎，各方主張不同。
2. 防疫政策爭議：管制口罩出口與實名制、大型宗教活動是否如期舉行、以手機定位追蹤居家隔離者可能侵犯人權、觀光局主管公器私用、是否進行普篩意見不一、醫護過勞但中央僅提供少量的獎勵金、彰化縣衛生局主動篩檢但不符合指揮中心篩檢作業程式而被下令遭政風處調查、醫療量能緊繃影響急診急重症就醫權益。
3. 邊境管制爭議：境外生無法入境、隔離地點是否公布、陸配子女無法入境、境外移入獵巫、白牌車司機是境外移入或境內感染、部分職業禁止出境、違反居家檢疫規定、檢體錯置事件、紐西蘭機師咳嗽不戴口罩、英國班機確診爭議、協調放寬機師檢疫 3 + 11 日、屏東枋山疫調爭議、強制隔離爭議、送錯確診者爭議、病房監視器爭議、公布確診者位址爭議。
4. 爭議言論：中央防疫中心指揮官所表示的不用戴口罩、年輕人防疫鬆懈、自主應變

等言論。

5. 疫苗爭議：是否強制打疫苗、民眾能否自選疫苗廠牌、國產疫苗效力與採購價格、施打疫苗順序、混打不同廠牌疫苗、劑量錯誤、廠牌錯誤、阻擋疫苗採購。
6. 快篩爭議：指揮中心撤銷離島快篩令、快篩實名制造成民眾排隊搶購快篩、快篩一個 30 元真假爭議、快篩廠商引發外界圖利揣測。
7. 假訊息及部分錯誤言論。

媒體與學者關注國家領導人在疫情期間的領導力，有研究指出美國總統川普針對 COVID-19 的態度是矛盾的，甚至一開始說是一場騙局，還堅稱病毒會消失，導致危機加深且頗具爭議，甚至威脅要削減 WHO 的資金；新加坡總理李顯龍透過嚴格的制度、政策的精心調整和透明、果斷行動，抗疫有成；法國總統馬克宏秉持自由主義意識型態，淡化病毒風險，導致大眾對安全產生錯誤的看法，因此國內染疫率非常嚴重，被輿論指責其無能導致病例和死亡人數增加。中國領導人習近平主席雖然獨裁但未能採取嚴厲措施控制病毒，也沒有提醒其他國家注意風險，因而引發 COVID-19 危機，甚至採取掩蓋與鎮壓行為，後來利用其指揮控制結構、透過嚴格封鎖將病毒控制住。

由於疫苗發揮效果，2021 年春季全球疫情大幅緩和，各國陸續放寬管制或解封，邁向復甦之路。2023 年 5 月 1 日起，我國將 COVID-19 從第五類傳染疾病降級到第四類，實名制快篩退場，中央疫情指揮中心解編。然而新冠病毒持續變異，疫情仍在全球流行，加上流感、腺病毒，中央與地方各機關領導者仍有必要關注疫情的動態，持續為民眾的生命與健康把關。

問題討論

1. 從 COVID-19 事件來看，我國為何能夠及早發現病毒的威脅？在疫情危機的前期、中期與後期，中央政府在哪些事情上面臨領導上的重大挑戰？和地方政府之間有哪些事情不一致？哪些事情影響民眾對政府的信任和信心？
2. 從事後來看，你認為政府在領導能力的實際表現上有哪些地方可以做得更好？你認為應該怎麼做？
3. 為維護公共健康執行各種隔離管控措施，但也引發一些輿論批評討論政府的某些做法可能不當運用公權力、違反人權，你對這個問題有什麼看法？如果你是國家領導人，如何解決這個兩難問題？

本章習題

申論題

1. 領導的影響力能否發揮，有其權力基礎，請說明影響領導的權力有那些？

(107 年高考三級)

2. 試以費德勒 (Fred E. Fiedler) 的領導理論為基礎，說明影響領導情境的幾項重要因素，並闡述這些因素與領導型態的關係。　　　　(104 年外交行政四等)

3. 何謂「轉換型領導」(Transformation Leadership)？其特質有那些？並說明其與魅力領導 (Charismatic Leadership) 及交易領導 (Transactional Leadership) 的關係。

(103 年警察特考三等)

4. 公部門的領導者要考量哪些不同於私部門的政治因素？我國公部門領導者應具有哪些能力及思維？試申論之。

選擇題

1. 關於「轉換型領導」的敘述，下列何者錯誤？
   (A) 伯恩斯 (J. M. Burns) 為最早使用轉換型領導一詞的學者
   (B) 轉換型領導強調掌握人性需求的重要性
   (C) 轉換型領導者必須樹立個人價值
   (D) 轉換型領導強調部屬應完全服從上級的指揮命令　　(113 年關務特考三等)

2. 一切決策權皆集中於領導者的手中，用威脅手段推動工作，部屬完全處於被動地位，屬於那一種行政領導方式？
   (A) 民主式領導　　　　　　(B) 放任式領導
   (C) 專斷式領導　　　　　　(D) 權變式領導　　(112 年地特四等)

3. 下列何者為領導者所憑藉參照權力的意涵？
   (A) 領導者擁有他人所不及的專業
   (B) 領導者的能力處事皆堪為表率
   (C) 領導者擁有獎懲部屬的手段
   (D) 領導者可取得具有價值的資訊　　(112 年地特四等)

4. 甲是政府機關的主管，他能夠放下身段去服務他人，展現犧牲奉獻的精神，並從部屬、民眾的角度去了解他們的需要，傾聽他們的聲音，甲的行為最接近何種領導理論？
   (A) 轉換型領導 (transformational leadership)

(B) 交易型領導 (transactional leadership)

(C) 僕人式領導 (servant leadership)

(D) 誠正領導 (authentic leadership) (112 年高考三級)

5. 以領導者對於領導方式的區分，可以分為民主式領導、獨裁式領導以及放任式領導。關於其領導特色，下列敘述何者錯誤？
    (A) 在民主式領導中，領導者賦予部屬較大的自由空間
    (B) 獨裁式領導方式下常會出現怠工現象
    (C) 放任式領導很少主動給予部屬指導，除非部屬前來請示，否則不表示任何意見
    (D) 獨裁式領導是效果最差的一種領導方式 (112 年普考)

6. 下列何者非屬轉換型領導者的領導方式？
    (A) 提供追隨者願景與方向，注入自信
    (B) 監督部屬，有任何偏離標準的行為時予以糾正，並貫徹執行規定
    (C) 肯定每位追隨者的個別差異，並鼓勵他們發展各自的潛能
    (D) 激發追隨者以創新的方式來解決問題，讓追隨者受到智力上的啟迪
    (111 年普考)

7. 轉換型領導理論強調領導者應展現的關鍵行為，不包括下列何者？
    (A) 關懷與指導同仁
    (B) 強調運用獎金的激勵技巧
    (C) 引導團隊成員積極對話激盪創新
    (D) 激發團隊成員的奉獻動機 (110 年高考三級)

8. 某位主管剛到任時，發現該單位沒有願景，員工士氣低落。該主管上任後積極與員工溝通，關心員工，並給予員工適當的工作指導及生活協助，幫助他們重新找回工作動機和目標，讓組織文化煥然一新。從以上陳述可知，這位主管採取的領導方式，較符合下列那一種理論？
    (A) 參與式領導　　　　　　(B) 民主式領導
    (C) 轉換型領導　　　　　　(D) 權變領導 (108 年普考)

9. 根據「以領導者為中心」和「以部屬為中心」所構成的領導連續構面理論，下列何者不屬於其中類型之一？
    (A) 獨裁　　　　　　　　　(B) 參與
    (C) 獎勵　　　　　　　　　(D) 放任 (108 年普考)

10. 關於權變領導理論之敘述，下列何者錯誤？
    (A) 主張公民參與是最佳領導方式

(B) 強調領導者必須先審時度勢、因地制宜
(C) 領導權變因子包括長官部屬關係、任務結構、職位權力、外在情勢
(D) 認為民主式領導不一定是最好的領導方式　　　　　　　　　(108 年普考)

11. 運用個人魅力、影響、鼓勵、激發智慧、願景來引導追隨者，屬於那一類型之行政領導？
    (A) 教導型領導　　　　　　　(B) 情境型領導
    (C) 整合型領導　　　　　　　(D) 轉換型領導　　　　　　　(107 年高考三級)

12. 下列各領域領導者和其主要權力基礎的組合，何者最為適當？
    (A) 北韓領導者金正恩/關聯權力
    (B) 棒球選手大谷翔平/義務性權力
    (C) 諾貝爾和平獎得主馬拉拉 (Malala Yousafzai)/獎勵權力
    (D) 德國總理梅克爾 (Angela Merkel)/合法權力　　　　　　　(107 年普考)

13. 以探究領導者的「能力、成就、責任」為重點的領導研究途徑，下列敘述何者正確？
    (A) 情境研究途徑　　　　　　(B) 特質研究途徑
    (C) 權變研究途徑　　　　　　(D) 權威研究途徑　　　　　　(107 年普考)

14. 一般人所謂的「xxx 情節」，領導者所說所做的無論對錯，總是不變的效忠他，這是源於何種權威的基礎？
    (A) 魅力型權威　　　　　　　(B) 正式的權威
    (C) 功能的權威　　　　　　　(D) 傳統的權威　　　　　　　(103 年高考三級)

15. 管理格道理論 (managerial grid theory) 是以那兩個構面來界定領導方式？
    (A) 控制幅度、對部屬關心程度
    (B) 關心工作、關心人員
    (C) 工作結構化、領導者與部屬關係
    (D) 工作結構化、領導者職位權力　　　　　　　　　　　　　(103 年高考三級)

16. 下列何者不是伯恩斯 (James M. Burns) 所提轉換型領導者應具有的特質？
    (A) 創造前瞻願景　　　　　　(B) 建立領導地位
    (C) 掌握人性需求　　　　　　(D) 鼓舞學習動機

17. 下列何者不是領導方陣理論 (grid theory) 中的領導風格？
    (A) 貧乏型管理　　　　　　　(B) 中庸之道型管理
    (C) 參與型管理　　　　　　　(D) 團隊型管理

18. 根據密西根大學由李克特 (Rensis Likert) 與其同仁所做的研究，領導者的行為，有

哪兩個重要構面？
(A) 關懷、體制
(B) 報酬、激勵
(C) 員工導向、生產導向
(D) 職位、權力

19. 根據是巴納德 (C. I. Barnard) 的「貢獻與滿足平衡理論」，有關領導者影響力來源的敘述，下列何者正確？
    (A) 讓部屬相信貢獻和報酬是公平合理的
    (B) 跟部屬之間建立情感上的依賴與互信
    (C) 部屬有能力執行命令
    (D) 確保員工個人自尊與滿足其自我實現的需求

20. 有關領導理論途徑的敘述，下列何者錯誤？
    (A) 領導行為連續構面理論各以領導者為中心和以部屬為中心兩個構面做為極端
    (B) 伯恩斯 (James M. Burns) 認為最理想領導者，乃是可以透過領導，來「轉變」組織原有的價值觀念、人際關係、組織文化及行為模式
    (C) 費德勒 (Fred E. Fiedler) 研究領導情境，提出領導者與部屬的關係、任務結構二個情境構面
    (D) 赫爾雪 (Paul Hersey) 與布朗查 (Kenneth Blanchard) 的情境領導理論將「員工的成熟度」(maturity) 作為一個重要的情境變數

註

[1] Dora Mekouar (2022). Key players in Ukraine conflict embody distinct lLeadership styles. VOA, https://www.voanews.com/a/key-players-in-ukraine-conflict-embody-distinct-leadership-styles-/6495871.html

[2] 微微 (2016)。中國 30 萬貪官跑不掉，習近平：老虎蒼蠅一起打。取自：https://dq.yam.com/post.php?id=5653

[3] Bennis, W., & Nanus, B. (1985). *Leaders: The Strategies for Taking Charge*. N. Y.: Harper & Row.

[4] 陳德禹 (1993)。**行政管理**。臺北：三民書局股份有限公司。

[5] 徐仁輝 (2004)。**公共組織行為**。臺北：智勝文化事業有限公司。

[6] Northouse, Peter G. (2007). *Leadership: Theory and Practice*. N.Y.: Free Press.

[7] Starling, G. (2010). *Managing the Public Sector*. Boston: Cengage Learning.

[8] Stogdill, R. M. (1948). Personal factors Associated with Leadership: A Survey of the Literature. *Journal of Psychology, 25*, 35-71.

[9] Hemphill, J. K., & Coons, A. E. (1957). Development of the leader behavior description questionnaire. In R. M. Stogdill & A. E. Coons (Eds.), *Leader behavior: Its description and measurement*. Columbus, Ohio: Bureau of Business Research, Ohio State University, 6-38.

[10] Likert, R. (1961). *New Patterns of Management*. N. Y.: McGraw-Hill.

[11] Tannenbaum, R., & Schmidt, W. (1958), How to Choose a Leadership Pattern. *Harvard Business Review*, March-April.

[12] Newstorm, J. W., & Davis, K. (2007). *Organizational Behavior* (10th ed.). N. Y.: McGraw-Hill.

[13] Fiedler, F. E. (1968). Adapted from A Thoery of Leadership Effectivness. *Administrative Science Quarterly, 13*(2), 344-348.

[14] Hersey, P., & Blanchard K. H. (1997). *Management of Organazation Bahavior* (3th ed.). Englewood, N. J.: Prentice Hall.

[15] Denis, J. L., Langley, A., & Rouleau, L. (2005). Rethinking Leadership in Public Organizations. In E. Ferlie, L. Lynn & C. Pollitt (Eds.), *The Oxford Handbook of Public Management* (pp. 446-467). Oxford: Oxford University Press.

[16] Goethals, G. R., Sorenson, G. J., & Burns, J. M. (2004). *Encyclopedia of Leadership, 4*. CA: Sage Publications.

[17] Avolio, B. J., & Bass, B. M. (1991). The Full Range Leadership Development Programs: Basic and Advanced Manuals. Binghamton, N. Y.: Bass, Avolio Associates.

[18] Weber, M. (1958). The three types of legitimate rule. Berkeley Publications in *Society and Institutions, 4*(1), 1-11.

[19] 吳定、張潤書、陳德禹、賴維堯、許立一 (2007)。**行政學** (上)。臺北：國立空中大學。

[20] Burns, J. M. (1978). *Leadership*. N. Y.: Harper & Row.

[21] Burns, J. M. (2003). *Transforming Leadership: A New Pursuit of Happiness*. N. Y.: Atlantic Monthly Press.

[22] Bass, B. M. (1990). From transactional to transformational leadership: Learning to share the vision. *Organizational Dynamics* (Winter), 19-31.

[23] Bass, B. M., & Avolio, B. J. (1994). *Improving Organizational Effectiveness through Transformational Leadership*. Thousand Oaks, CA: Sage Publications.

[24] 吳定、張潤書、陳德禹、賴維堯、許立一 (2007)。**行政學** (上)。臺北：國立空中大學。

[25] 林鍾沂 (2005)。**行政學**。臺北：三民書局股份有限公司。

[26] Hersey, P., Blanchard, K., & Johnson, D. E. (1996). *Management of Organizational Behavior: Utilizing Human Resources*. Prentice Hall, Englewood Cliffs, NJ.

[27] Hollander, E. (2012). *Inclusive Leadership: The Essential Leader-Follower Relationship*. New York, N. Y.: Routledge.

[28] Nembhard, I. M., & Edmondson, A. C. (2006). Making it safe: the effects of leader inclusiveness and professional status on psychological safety and improvement efforts in health care teams. *Journal of Organizational Behavior, 27*(7), 941-966.

[29] Carmeli, A., Reiter-Palmon, R., & Ziv, E. (2010). Inclusive leadership and employee involvement in creative tasks in the workplace: The mediating role of psychological safety. *Creativity Research Journal, 22*(3), 250-260.

[30] Lewin, K., Lippit, R., & White, R. K. (1939). Patterns of aggressive behavior in experimentally created

social climates. *Journal of Social Psychology, 10*, 271-301.

31. 林水波 (2008)。參與式領導。**人事月刊**，**47**(4)，2-14。

32. White, S. C. (1996). Depoliticising development: The uses and abuses of participation. *Development in Practice, 6*(1), 6-15.

33. Wu, Y. L., Shao, B., Newman, A., & Schwarz, G. (2021). Crisis leadership: A review and future research agenda. *The Leadership Quarterly, 32*(6), 101518.

34. Boin, A. & Hart, P. (2003). Public leadership in times of crisis: Mission impossible? *Public Administration Review, 63*(5), 544-553.

35. Kolditz, T. A. (2007). *In Extremis Leadership: Leading as if Your Life Depended on It*. San Francisco: Jossey-Bass.

36. Van Wart, M. (2011). *Dynamics of Leadership in Public Service: Theory and Practice (2nd)*. N. Y.: Routledge.

37. Boin, A., Hart, P., & Stern, E. (2005). *The Politics of Crisis Management: Public Leadership Under Pressure*. Cambridge: Cambridge University Press.

38. Kapucu, N., & Van Wart, M. (2008). Making matters worse: An anatomy of leadership failures in managing catastrophic events. *Administration and Society, 40*(7), 711-740.

39. Riggio R. E. & Newstead, T. (2023). Crisis leadership. *Annual Review of Organizational Psychology & Organizational Behavior, 10*(1), 201-224.

40. 黃東益 (2013)。**從價值差異到夥伴關係—政務官事務官的互動管理**。臺北：五南圖書股份有限公司。

41. 參考自維基百科網站；嚴重特殊傳染性肺炎臺灣疫情相關爭議。取自：https://zh.wikipedia.org/zh-tw/2019冠狀病毒病臺灣疫情相關爭議

第十二章
激勵

人與生俱來，很自然地就會在成長與發展的過程中尋求滿足一系列的需求。滿足自身需求的動力，也往往會激勵人積極做出最好的表現。

　　早期的公共行政學講究科學管理的原則，這些管理學者如泰勒或費堯認為，鼓勵員工盡力達成組織要求的最主要方法就是給付員工更多的薪酬。隨著時代的演進，這種想法在日益複雜的組織中顯得過於簡化。組織的管理階層雖然可以規定人員的上、下班時間、工作時數，以及行政程序，卻很難規定人員投入工作的心力。在真實世界的工作環境中，每個人都可以選擇要多認真工作、要用什麼態度面對同事與顧客，以及是否想積極達成組織的目標，而「激勵感」就是影響人做出以上這些選擇的前提。

激勵工作人員努力表現的可能因素很多，例如有的人是想得到更多的薪水或福利，也有人是為了避免受到懲；有些人是為了獲得工作的成就感，也有些人是被工作的責任與挑戰性所吸引。人的激勵感可簡單地區分為「外在激勵」與「內在激勵」兩種 (如圖 12-1 所示)。「外在激勵型」的員工之所以會渴望在工作上有所表現，主要是因為這會幫助他們獲得工作之外的物質報酬或社會認可；相對而言，屬於「內在激勵型」的人主要是因為工作本身，他們在乎工作的意義、挑戰性、自主性、趣味，以及在工作過程中所得的學習與成長而努力。

不同的激勵因素之間彼此並不互斥。舉例而言，很多公務人員是因為覺得為大眾服務很有意義而擔任公職，但在同時也可能是公職提供的穩定薪資與良好的社會地位吸引他們。由於每一種內在、外在激勵是否重要，對每個人都不盡相同，因此組織與其主管人員必須維持各種激勵機制的最佳平衡，才能夠持續保持具有高度激勵感的工作團隊。本章的目的在於介紹不同的激勵理論，以及管理者可運用的獎懲與強化機制。

整體來看，工作激勵感的理論可分為三類：第一類是以需求為本的理論，主要關注某些會激發 (或抑制) 人特定行為的內在**需求內容**。這類理論認為管理者應掌握與運用影響這些需求的因素，才能促使員工在工作上積極表現。第二類激勵理論著眼於激勵的**動態過程**。這類研究者主張人之所以會被激勵是經過有意識地思考與認知而後採取或改變的對應行為。管理者應該引導人員的思考與認知，使得人員在工作時保持高激勵的狀態。第三類理論稱為**強化 (或制約)**

外在激勵
- 薪資
- 社會階級
- 福利
- 讚賞

內在激勵
- 挑戰
- 學習
- 工作豐富性
- 自主性

◈ 圖 12-1　個人外在激勵與內在激勵的因素

理論，關注的焦點是行為的學習，主張人的特定行為未必是既有的心理需求或具有目的性的行動，而是因為過去行為引發的回饋或後果在無意中形塑 (或制約) 產生的。

第一節　內容的觀點

大多數人都知道當一個人受到激勵，且能從執行自己的職責中滿足自身的需求時，才會積極做出最好的表現。不過實際上，人類一直到 1920 年代以後，心理學家如梅堯 (Elton Mayo) 與馬斯洛 (Abraham Maslow) 等人才開始正視組織中人員心理需求的內容。梅堯在「西方電力公司」的霍桑實驗中證明了組織中的工作者不只有經濟上的需求，其他社交及團體的考慮甚至會超越個人自利的動機；[1] 馬斯洛進一步地發展出心理需求的階層理論來說明人性的本質。[2] 從此，整合組織目標與個人需求的想法成為組織管理學者的重要思考方向。以下將介紹三個廣為人知的需求內容模式，包括需求階層、兩因理論，以及後天習得需求理論。

一、需求階層

馬斯洛是身處二次大戰時代的猶太人，他對人的心理感受特別敏銳。馬斯洛指出，人有一種與生俱來的傾向，很自然地會在成長與發展的過程中，漸次尋求滿足一系列的生理與心理需求以達到自我感覺完美的境界。根據馬斯洛的需求階層理論，人有五種基本的需求：生理需求、安全需求、愛 (人際關係) 的需求、尊榮感的需求，以及自我實現的需求。生理及安全屬於較低層次的需求，通常是藉外在激勵才能滿足；相對而言，人際關係、尊榮感，以及自我實現等較高層次需求的滿足則大多是依賴內在的激勵 (如圖 12-2 所示)。

(一) 生理的需求

生理的需求是人維持自身生存的直覺需求，包括對食物、水、空氣，以及遮風避雨的住所等的需求。馬斯洛認為，人只有獲得基本需求的滿足後，其他較高層次的需求才能成為新的激勵因素。慣用這類需求來激勵員工的管理者，大多假設員工是好逸惡勞的，而且只是為了賺錢而工作。

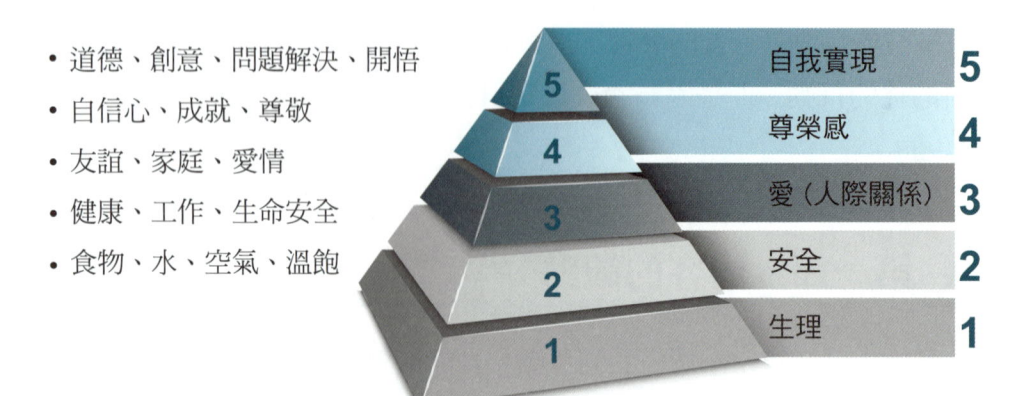

- 道德、創意、問題解決、開悟
- 自信心、成就、尊敬
- 友誼、家庭、愛情
- 健康、工作、生命安全
- 食物、水、空氣、溫飽

5 自我實現 5
4 尊榮感 4
3 愛（人際關係）3
2 安全 2
1 生理 1

圖 12-2　馬斯洛的需求層級及滿足的因素

(二) 安全的需求

人在滿足生理需求的同時，往往會同時想到如何確保目前的滿足得以延續。安全需求是指人在身體與心理上都會尋求感到安全的環境，包括人身安全、居家安全，以及職業和財產的安全等。馬斯洛認為，動物的心理本來就是一種追求安全的機制，不需經過學習就會反射性地趨利避害。因此，若安全需求無法得到滿足，人就會忽視其他較高層次的需求。舉例來說，人因為從小就偏好不受干擾的固定生活節奏，所以父母對小孩的公平性、一致性恰可建立這種有秩序而可預期的世界。此外，許多人在選擇職業時，也傾向放棄個人的興趣、性向或較高的薪資機會，而優先考慮就業保障較高的工作，這些都是為了**滿足安全需求的心理因素**。

> **滿足安全需求的心理因素**
>
> 例如，桃園市升格後於 2016 年首度公開招考 180 名清潔隊員。這項考試雖然只要求設籍桃園市四個月以上、國小畢業，給薪也不高，但報名者中竟有 32 位碩士，且近半都具有大學以上學歷。(資料來源：謝武雄 (2016 年 1 月 7 日)。桃園首次清潔隊員招考，有 32 個碩士報名。自由時報。)

(三) 愛 (人際關係) 的需求

當生理需求和安全需求得到滿足後，對愛、感情，以及歸屬關係的需求就會成為人的主要激勵感。愛的需求會使人渴求朋友、情侶、家庭等情感上的關係，也就是想要成為群體中被需要的人，與他人相互關心與照顧。因此，工作場所中同事社交往來的機會、組織舉辦的體育競賽，以及餐會活動，或是管理者對下屬的讚許、支持等都是可以滿足人員社交需求的有效激勵方法。

(四) 尊榮感的需求

大部分的人都需要穩定而堅固的自我認可，進而獲得他人對自己的高評價與尊重。這樣的需求又可分為內部與外部兩類。內部尊榮感的需求是指一個人希望自己有能力、有信心、能勝任工作，並且獨立自主；外部尊榮感的需求就是希望有好的名譽、受到他人的注意、尊重、信賴與欣賞。馬斯洛認為，尊榮感需求得到滿足的人會對自己充滿信心，並且體驗到自己的能力以及對世界的價值。因此，注意到員工尊榮感需求的管理者應致力於提高工作榮譽感，並善用公開的獎勵與認可來激勵組織的人員。

(五) 自我實現的需求

在生理、安全、愛，以及尊榮感的需求獲得基本的滿足後，自我實現的心理需求就會逐漸浮現。自我實現的需求處於馬斯洛需求階層中的高層需求，其是指人希望實際達成自己潛能所及的目標，也就是逐漸提升自己，並成為理想中的人。馬斯洛指出，滿足這種需求的可能途徑是因人而異的。有的人希望成為稱職的父母，有的人想要成為體育健將，也有人會在藝術或科學發明等方面尋求自我實現。從組織管理的例子來說，管理者鼓勵員工參與設計自己的工作內容、指派員工負責需要其特殊才能的職務，甚至允許員工進行內部創業 (如圖 12-3) 等方法，都可以滿足一定程度的自我實現需求。

◈ 圖 12-3　跳槽的人太多，谷歌啟動內部創業計畫

2016 年 4 月 25 日，Google 執行長皮蔡 (Sundar Pichai) 宣布在 Google 內部建立創業公司孵化器——"Area 120"，啟動這個計畫的主要原因是為了保持創業氛圍，從而留住人才，減少員工跳槽創業公司。

對大多數的人來說，某一層次的需求相對滿足了，就會往更高的層次發展，這就成為驅使行為的動力；相反地，已獲得基本滿足的需求就不再是明顯的激勵力量。需求階層的認定對行政管理的內涵意義深遠，因為這表示傳統上，官僚組織只用金錢報酬或工作保障來激勵人的做法，實際上是將人員的發展限縮在低階的心理層次。管理學者很快就注意到組織可以經由工作內容及人際互動方式的調整，創造出滿足員工個人成長需求的情境。舉例來說，組織心理學家，包括麥克利蘭、赫茲伯格等人的研究都顯示，經由組織結構、領導風格，以及工作任務的計畫性改變，工作職位可以更豐富化與激勵人心，使得人員滿足較高層次的心理需求，並發揮出更大的工作能量。

二、兩因模式 (保健—激勵模式)

兩因模式的激勵理論是由美國管理學教授赫茲伯格[3]所提出。赫茲伯格認為工作中的激勵因素有兩大類，其中造成工作不滿足的因素 (保健因子) 與促成工作激勵感的因素 (激勵因子) 是截然不同的 (如圖 12-4 所示)。一般組織常用的激勵做法都是針對保健因子，包括加薪、休假、績效獎金以及福利措施等，實際上都只能降低人員「不滿足」的感覺。

更明確地說，保健因子 (Hygiene Factors) 來自於動物本能的需求，也就是與生俱來逃避痛苦的驅力，以及後天習得的滿足生理需求的傾向。舉例而言，人天生就會避免飢餓，因此習得賺錢以避免生理需求受到威脅，進而使得賺錢

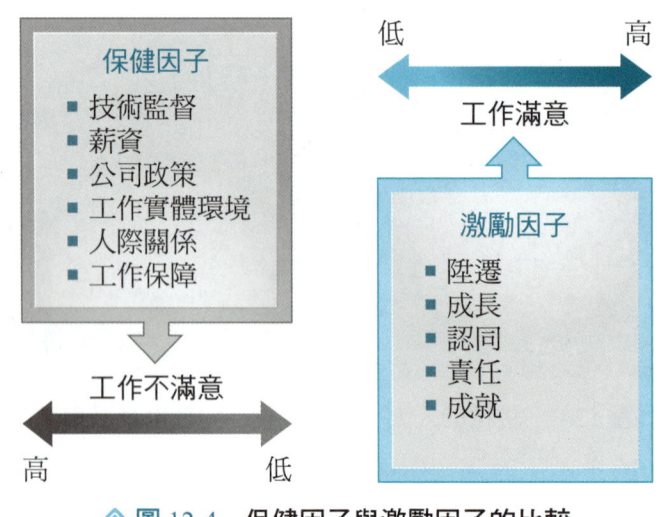

保健因子
- 技術監督
- 薪資
- 公司政策
- 工作實體環境
- 人際關係
- 工作保障

工作不滿意　高　低

工作滿意　低　高

激勵因子
- 陞遷
- 成長
- 認同
- 責任
- 成就

圖 12-4　**保健因子與激勵因子的比較**

成為多數人出自本能的行為。**激勵因子** (Motivator Factors) 則是人類獨特的心理成分，也就是成就事情的能力，以及透過成就而感受到心靈成長的體驗。

在現代的組織中，保健因子是與工作的外在環境相關的因素，包括組織的行政流程與管理政策、主管的風格、工作實體環境、薪資多寡、工作保障等。不斷追求滿足保健因子只會降低人對環境的不滿足，但無法真正引發人員內在的激勵感。激勵的因子是內建於工作本身，也就是人在工作中實際進行的事情，這些事情讓人對於工作產生正面的感受，包括工作內容、工作成就、績效、工作責任或心靈成長等都是所謂的激勵因子。

兩因模式對行政主管的啟示之一，是激勵工作人員的第一步要先消除造成對工作不滿足的因素。管理者應該檢視薪資、工作環境，以及公司政策等議題，以維持保健因子的適當性；其次，行政主管應該致力於使工作本身有更佳的激勵因子組合，包括責任、成就、工作的意義，以及能力發展的機會等。不令人意外地，兩因模式後來間接造成一項廣為人知的管理創新概念──「工作豐富化」的發展 (如圖 12-5 所示)，簡單來說也就是將工作設計成賦予員工更多的責任、自主權和控制權，以激發人員的工作積極性。

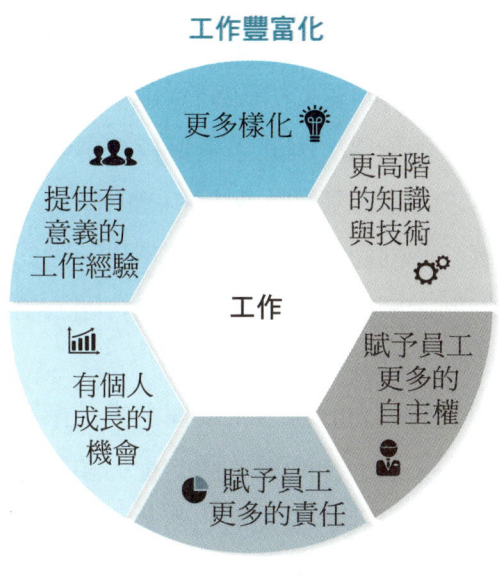

◈ 圖 12-5　**工作豐富化的元素**

三、後天習得需求理論

哈佛大學心理學教授麥克利蘭 (David McClelland) 的 後天習得需求 (Acquired Needs) 理論 [4] 也是需求觀點的激勵模式代表之一。麥克利蘭主張人的心理需求並非與生俱來，而是與所處的經濟、文化、社會，以及政府的發展程度有關，是經由經驗或培養而習得。大多數人的需求可以歸類為以下三者之一：

1. 成就 (Achievement)。
2. 親和關係 (Affiliation)。
3. 權力 (Power)。

根據麥克利蘭的理論，在以上這三者當中，個人會有一種強度比較高的需求，這種感覺會激勵人去採取可以滿足該需求的行動。更詳細地說：[5]

1. 成就需求指的是設定、達成，以及超越目標的心理欲望。具有強烈成就需求的人渴望提高工作效率，獲得更大的成功。他們追求在努力的過程中克服困難的樂趣及成就感。高成就需求者傾向設立具有適度挑戰性的目標，不願意做很容易而沒有成就感的工作，也不願意接受太困難、只能憑運氣才有可能達成的任務。在大部分的情況下，高成就需求者喜歡自主性高的工作環境，偏好不依賴他人就達到目標的快感。

2. 親和關係的需求與馬斯洛的愛 (人際關係) 的需求基本上相同，就是尋求被他人喜愛和接納的一種願望，因此也是保持社會交往和人際關係和諧的重要條件。高親和需求者喜歡與他人保持和諧的關係，偏好服從規範而不喜歡表現突出，希望被認同而不追求表現被認可。因此，有時親和需求也表現為對人際衝突的迴避。換言之，他們往往會因為講究人際關係而忽視工作原則，因而犧牲組織的績效。

3. 此模式中最後一個是對權力的需求，這種需求是指影響和控制別人的一種欲望或驅動力，通常又以追求兩種不同的權力顯現於外：個人化的權力或影響社會的權力。顧名思義，個人化的權力需求會使人傾向關心自己的地位，企圖在人際關係中支配他人，並總是找機會擴大自己的控制範圍；相反地，影響社會的權力需求是指希望能創造改變，進而對他人產生影響的企圖。這種人與前者最大的不同是，他們不追求在別人之上的地位，而是用引導他人或與他人合作的方式來達成目標改變的，因此也傾向重視團隊

的建立與共同的願景。高權力需求的人不像高成就需求者追求個人的成就感，他們要的是對他人的控制力，或對群體福祉的影響力，他們不在意他人的讚賞或認可，而是他人的接受與服從。

麥克利蘭相信一個人早年的生活經驗會決定他或她何時習得以上的需求、經由什麼途徑習得，以及如何排列優先順序。大多數的人都有以上這三種需求，只是每個人的優先順序不同。從行政管理的角度來看，成就需求高的主管往往相信自己的能力超越下屬，而又很在乎事情的成敗，因此大多不願意授權且會插手許多微不足道的細節。這類型主管習慣用命令與控制的方式來領導，他們很重視上級提供的意見與回饋，但同時又沒有耐心為下屬做出同樣的回饋，因此比較不利於需要團隊合作的工作環境。不過，高成就需求的主管往往很適合創業或創新的情境，因為此時負責的主管是否具有強烈的個人驅動力是很重要的。

相對而言，親和關係需求高的主管傾向基於人情或同理心來做決策，管理焦點重視的是順利地平息問題，而非解決問題。這類型主管往往因為不願意造成下屬的過度辛勞而不授權。為了避免人際間的衝突，親和關係需求高的主管經常允許「例外」而不強力貫徹組織的政策或規則，也因此降低成員的團隊凝聚力與工作滿意感。雖然有以上缺點，但這類型的管理者在某些高壓力的工作情境中可以減少組織衝突，也特別適合強調服務精神的管理工作。

管理者傾聽下屬的緊張壓力，有助於人員恢復生產力。

最後，追求影響社會權力的主管往往能扮演很好的教練角色，也傾向經由他人發揮影響力，因此比較願意授權。在大型而複雜的組織，如政府部門或跨國企業中，這類型主管往往因為有較高的政治敏銳度與合縱連橫的技巧，而比較容易成功。當然，如果過度追求權力而用不道德的方式來滿足，也會造成組織管理的負面問題。

四、公共服務動機

公共服務動機 (Public Service Motivation, PSM) 一詞起源 1970 年代美國社會對公共服務倫理的討論，主張立志從事公共服務的人除了一般人的心理需求外，還具備特別高的利他性或親社會性的動機，而此一動機對其工作態度與行為影響很大。美國教授裴利 (James Perry)[6] 等人將公共服務動機定義為：「一種回應特定的公共制度及組織管理問題之個人傾向或動機。」強調這種個人行動的動機只有公共事務才能滿足；也有其他人將公共服務動機定義為：「一種服務於團體、地方、國家或全人類的一般性與利他性動機。」[7] 總之，相較於與其相似的「利他主義」與「親社會動機」而言，公共服務動機專指個人透過政府或其他公共部門，實現為民眾提供「公共服務」的願望。

詳細來看，公共服務動機是由 24 項指標所組成，總共包含四大面向，包括「對公共政策制定的興趣」、「對公共利益的承諾」、「同情心」，以及「自我犧牲」等構面 (如表 12-1 所示)。儘管公共服務動機的概念至今仍未有統一的定義，但總體而言，公共服務動機的三個基本特徵已得到學界的公認。首先，公共服務動機深受文化和制度的影響，因為動機是在個人社會化的過程中逐漸形成的；其次，公共服務動機是個人從事公共服務的動機，它是一種內建於心中的服務取向，也並非只有進入公共部門才能從事公共服務；第三，公共服務動機是一種內在的誘因或激勵感，此動機較高的人追求的是內在報酬，而非外在的利益誘因。

第二節　過程的觀點

內容觀點的模式主要都在解釋激勵人心的生理、社會與心理面向的深層需求，以及管理階層滿足這些需求的方法。本節關於過程觀點的三個理論轉而把

表 12-1　公共服務動機構面測量與及問卷題項

構面	題目
對公共政策制定的興趣	1.「政治」對我來說是個骯髒的詞彙。 2. 我對參與公共政策的制定並不感興趣。 3. 我不關心政治人物的一舉一動。
對公共利益的承諾	1. 對我而言，積極投入社區服務是困難的事。 2. 我能無私的為社會付出貢獻。 3. 從事公共服務對我來說是非常重要的。 4. 即便會損害我的利益，我仍樂於看到政府執行對社會有利的事。 5. 從事公共服務是身為一個公民的責任。
同情心	1. 我不太在意弱勢族群的困境。 2. 大多數的社會福利方案都是不可或缺的。 3. 當我看到人們的悲慘或痛苦時，我會感到難過。 4. 對我而言，「愛國」包含為他人福利設想。 5. 對於不熟悉的人，我很少關心他們的福利。 6. 我在日常生活中，經常看見人們是非常依賴彼此的。 7. 對於那些不願意跨出第一步來幫助自己的人，我是一點也不會同情的。 8. 很少有社會福利方案是我會傾全力支持的。
自我犧牲	1. 對我而言，改變社會的意義是勝過於個人成就。 2. 我會把工作職責擺在個人利益之前。 3. 對我而言，賺錢比行善來得更重要。 4. 大部分我做的事情，都是比個人意義更大的目標。 5. 即使是完全沒有物質報酬，為民服務仍可以為我帶來快樂。 6. 我認為人應該多為這個社會付出心力，而不是從社會中汲取利益。 7. 我是少數願意犧牲自身利益去幫助別人的人。 8. 我願意隨時犧牲自己來維繫社會的整體利益。

資料來源：Perry, J. L. (1996). Measuring public service motivation: An assessment of construct reliability and validity. *Journal of Public Administration Research and Theory, 6*(l), 5-22.

焦點放在人被激勵的過程 (Process)，也就是人在工作中是如何決定採取什麼行動，以及決定要付出多少努力的思考過程。

一、期望理論

期望理論 (Expectancy Theory) 的激勵模式結合人的需求、能力、實際表現與組織獎勵，主張組織中人的行為大多是有目的性的。換言之，個人決定採取什麼行為往往是基於對某個目標的渴望程度，以及達成該目標的可能性判斷，更詳細來看也就是根據以下三個基本的個人期望 (如圖 12-6 所示)。

1. **努力→績效期望值**：如果付出努力，成功的可能性如何？當一個人相信自己的努力很可能會產生好的表現時，就會趨向產生高期望值。
2. **績效→獎勵期望值**：或稱為**工具值** (Instrumentality)。如果績效良好，獲得獎勵的可能性高嗎？舉例而言，當員工相信自己的績效良好就會獲得加薪或陞遷，對於工作就會產生高期望值。
3. **「獎勵」對當事人的價值**：組織提供的獎勵是我很想要的嗎？不同的人重視不同的獎勵，例如表現良好的人可能會獲得更高的職位，但另一方面也同時必須承受更大的工作壓力及同儕的排擠。以上這些結果對於每個人都有不同的正、負面**價值** (Valence)，自然也會影響個人的行為抉擇。

簡單地說，在有選擇的情況下，不管是選擇學校就讀，或是安排工作的優先順序，大多數的人都會傾向最有可能獲得最高價值獎勵的選項。一個人對於自己一定程度的努力達到預期績效的機率或期望值是受到目標難易度、個人能力、可用資源，以及自信心所影響；而個人績效換來上級獎勵的機率稱為工具值，是受到組織獎懲制度設計的影響；最後，一個人是否重視組織給予的獎勵，當然就要視個人心中的需求或價值而定。

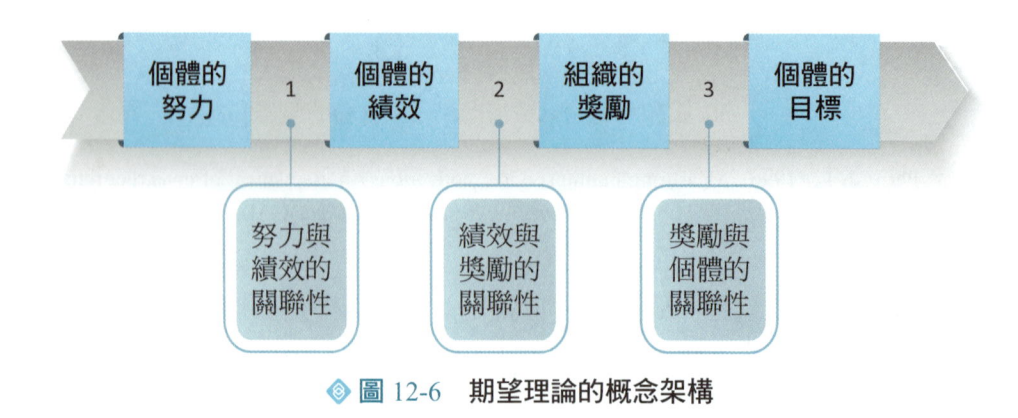

個體的努力 → 1 (努力與績效的關聯性) → 個體的績效 → 2 (績效與獎勵的關聯性) → 組織的獎勵 → 3 (獎勵與個體的關聯性) → 個體的目標

◎ 圖 12-6　期望理論的概念架構

從期望理論的激勵模式中可知,行政管理者可以用幾種方式促進人員的表現。首先,在提高期望值方面,管理階層應該:

1. 選用符合資格且能力強的人員。
2. 培訓及發展人員的知識與能力。
3. 提供組織人員所需的資源,包括經費、設備,以及行政協調等。
4. 訂定或釐清人員的工作目標。

其次,管理者應該在組織獎勵制度的設計方面,積極強化工作表現與獲得獎勵之間的連結性,並引導員工瞭解個人績效與獎勵之間的關係;最後,獎勵必須符合個人的心理價值才能發揮激勵的作用。因此,管理者應該深入瞭解個別員工的心理需求(例如有的人追求高薪,有的人喜歡舒適的工作環境),並盡可能使組織獎勵的設計符合這些需求。

二、目標設定理論

目標設定理論 (Goal-Setting Theory) 是美國學者洛克 (Edwin Locke) 研究得出的激勵理論模型,[8] 主張工作目標的設定本身就是一個很重要的激勵因素。對很多人來說,追求一個明確目標的興奮感與其中付出的努力會直接影響到其對工作的感受,且其重要性往往不亞於實質的獎勵。

圖 12-7 是目標設定理論的基本激勵過程,[9] 此過程開始於個人追求的價值。每個人都有其重視的不同價值,例如有的人追求金錢,有的人追求權力。這些不同的價值會驅使人員產生完成某些事情的欲望,因而願意費力去追求特

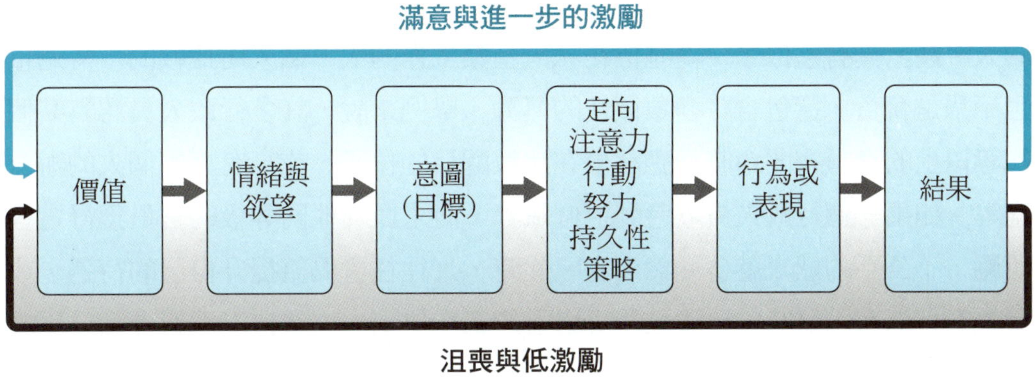

滿意與進一步的激勵

價值 → 情緒與欲望 → 意圖(目標) → 定向 注意力 行動 努力 持久性 策略 → 行為或表現 → 結果

沮喪與低激勵

◆ 圖 12-7　情緒與行動的關聯性

定的目標。因此，目標對人員的心理作用就在於導引注意力與行動。更重要的是，具有挑戰性的目標會激發鬥志，並增加個人的毅力，使得人員願意付出更大的努力。此外，目標也會激勵人員去思考更有效的策略，以滿足達成目標的欲望。最後，人員所採取的行動若真達成目標，這樣的成功就會產生滿足感及更高的激勵感；相反地，若失敗，也會對個人產生負面的刺激，例如可能會覺得付出的努力不值得，或甚至懷疑自己原先抱持的價值。

不論在政府部門或企業中，行政主管不可能終日監督員工的表現或隨時注意每個人的激勵感。目標的功能就是做為人員自我規範的機制，使其產生方向感，並可自行調整行動與優先順序。既然目標的作用如此重要，行政主管自然應學習如何正確地設定目標，使其發揮正向的功能。洛克的研究指出，當設定的目標愈是明確、具有一定挑戰性、員工願意接受，且執行中能獲得充分的回饋時，個人受目標的激勵效果就愈明顯。

三、公平理論

公平理論 (Equity Theory) 的激勵模式指出，決定組織成員激勵感的主要因素之一是個人感受到的組織公平性，而所謂的公平性完全決定於個人比較：(1) 自己的工作投入與所獲得回報的比例關係；(2) 他人的工作投入與所獲得回報的比例關係。在職場中，員工投入個人的努力、忠誠、專業知識與經驗等，相對則獲得薪資、福利、認可與成就感等回報。大多數的人都會參考他人的工作投入與獲得的回報，來檢視自己的待遇是否公平。

每個人比較的參考對象隨其所處的社會網絡而有所差異，例如行政人員比較的對象可能包括同單位的同事、同機關中其他單位的人、其他機關同等職位的人，甚至具有類似學、經歷但在私人企業工作的人。個人所比較的「待遇」也不只是薪資，還包含許多象徵性的獎勵。舉例來說，許多行政人員認為某個職等以上的官員在開會時就應該坐在比較醒目的位子，或享有專屬個人的辦公室等。如果一個行政人員陞遷到這個職等，而未像其他同等級的官員獲得這些獎勵，不公平的感覺就會油然而生。此時，人往往會渴望提升自己的待遇，或當提升待遇有困難時，會隨之減少自己的工作付出，來讓自己重新得到公平的感覺 (如圖 12-8 所示)。

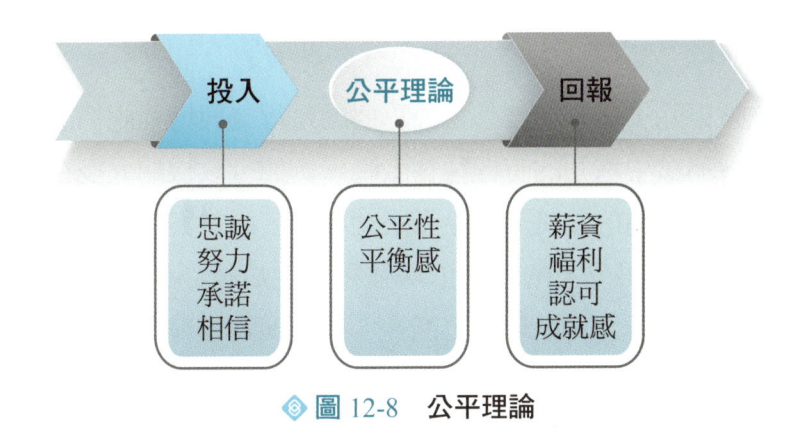

```
投入 → 公平理論 → 回報

忠誠       公平性      薪資
努力       平衡感      福利
承諾                  認可
相信                  成就感
```

圖 12-8　公平理論

總之，人員不只是期望自己的努力可以得到回報，還必須感受到自己得到了應有的待遇，才會產生高度的工作激勵感。這種比較完全取決於個人主觀的感受，並沒有客觀的標準。研究顯示，大部分的人在與他人進行比較時，都有高估自己能力或表現的傾向，也因此往往會產生誇大的懷才不遇的不公平感。擔任行政主管的人應該預期這種正常的心理反應，進而運用管理制度或資訊系統幫助員工客觀地衡量自己對組織的實質貢獻，並能公平地比較自己與同事的表現，如此才能有效激勵組織中的人員完全投入工作。

第三節　增強的觀點

增強觀點的激勵模式與前述各種模式最大的不同，在於主張人的行為傾向乃是由行為的結果所形塑，也就是所謂的**增強物** (Reinforcer)，而非心理需求或有意的選擇。[10] 舉例來說，有些老師會引導同學當有人上台講話後就大聲鼓掌，讓原本害羞的小朋友變得喜歡上台報告或表演；此外，臉書上得到許多人按讚者也會更樂於上網分享自己的事。

增強式激勵並非是運用一般組織常見的「獎勵」或「懲罰」的制度。換言之，這種激勵模式不在於樹立獎勵的標準，讓人因為渴望滿足某種需求而學會「應該」或「理當」如何作為，也不是在有人犯錯後施予處罰而希望他或她學到「教訓」；相反地，增強式激勵是利用增強物進行**行為矯正** (Behavior Modification) 或**操作制約** (Operant Conditioning)，讓他人不需獎勵或懲罰也能做出正確的事。

一、增強的途徑

達成增強效果除了增強物之外,最重要的是行為與增強兩個事件在時間上必須有關聯性。組織中增強的時機往往太晚,例如行政機關大多在定期的人評會上,才針對很久以前的優良表現給予記功嘉獎,這就與當下及時讚美的效果有所差別。依照行為科學家的研究,增強物發生於行為期間或行為完成的當下,特別會明顯影響行為再出現的可能性。行政機關管理者對下屬增強的方法可分為四類:

(一) 正增強

增強物是某種伴隨行為出現,用以增加該行為發生頻率的事物,這種事物又可以分為「正增強物」與「負增強物」兩種。「正增強物」是被管理者希望獲得的事物,如讚美或禮物;「負增強物」則是被管理者企圖避免的事物,如公文遭退回或受到同事排擠。只要是原本會自然出現的行為都可以用正增強 (Positive Reinforcement) 的方法來加強,例如下屬回報工作進度時,若主管給予言詞肯定,定期回報的行為往往就會被強化而增加頻率。此外,增強物必須是被管理者想要的東西,例如有的人希望得到長官關愛的眼神,也有人希望得到眾人的讚美。

(二) 負增強

前面已經提及,增強物的作用是在增加期望行為發生的頻率,有的時候避免不喜歡的事物也可能有增強的作用。負增強就是以移除被管理者不想要的事物,或所謂厭惡刺激 (Aversive Stimulus) 來增加某些理想行為發生的頻率。舉例來說,為了避免主管的不斷嘮叨,下屬會學到在主管面前表現認真的樣子。此外,多數人在工作時都希望保有隱私,不用擔心隨時被監看。當在一個緊密監控的環境中,管理者若針對工作表現特優者解除或大幅減低監控的程度,往往就會強化良好的表現行為。值得注意的是,負增強 (Negative Reinforcement) 雖然很有效,但每次使用時也要先運用負面的情境,這很可能導致被管理者,甚至管理者本身的負面情緒 (如憤怒、反抗或怨恨),長久下來更不利於必要的學習行為。

(三) 處罰

處罰 (Punishment) 是官僚組織最常使用的強化方式。當發現行為偏差時，行政主管會直覺地想到處罰，包括申誡、記過或調職等，可惜事實上處罰的強化效用多半不大。首先，與負面強化不同的是，處罰是在行為過後一段時間才發生，被處罰者不一定會在受處罰時聯想到自己的過錯。舉例而言，行政機關年底時，如果對表現不佳者給予很低的考績評分，往往只會招來怨恨與猜忌，而難以促進員工的學習或成長；其次，即使行政主管及時處罰錯誤的行為，被處罰者也只會停止當下的行動，而難以學會正確的行為。舉例來說，當下屬向主管報告一項錯誤或民眾的抱怨時，主管如果容易情緒失控，多數員工日後就會對主管隱藏錯誤或問題，而不會致力於改善問題；處罰除了效用不佳外，即使處罰確實有效停止某種行為時，這種過程對於施行處罰的主管還會產生很大的增強作用，而使得處罰的運用更變本加厲。學校中慣於體罰學生的老師、軍隊中跋扈的軍士官，以及企業或政府部門中崇尚威權的主管大多是如此養成的，而這樣的上級與創新學習文化所需的領導恰恰背道而馳。

(四) 消弱

消弱 (Extinction) 是心理學的專有名詞，意指取消增強物，使得行為由於缺乏增強而逐漸消失。某項行為如果是因為受到關注而增強，忽略它就會產生消弱的作用。舉例來說，一個工作績效很高的職員如果持續被長官忽視，他的優良表現就會逐漸減少。根據研究，最有效的消弱應用之一就是用來處理口頭行為，包括抱怨、責罵、訴苦、咄咄逼人等。這些行為若屢屢未獲得反應，往往會逐漸消失。

我們常在不經意間增強本來想要避免的行為。舉例來說，示威遊行的群眾會因為警方的鎮壓而更激動；民眾到政府機關抱怨時，若相關人員保持愉悅的表情，並不因為抱怨而有不同反應，民眾的負面情緒得不到增強，很快就會捨棄這些無用的行為；相反地，若被抱怨的單位冷若冰霜不發一語，或立刻加速服務，或激動反擊，這些都可能導致增強的作用。

二、增強時程

增強時程就是預訂哪些行為或什麼時間要提供增強物的計畫。除了以上介紹的各種增強途徑，管理者選擇何時增強也同樣重要，[11] 因為增強的時機對於期望行為出現的頻率及強度有很大的影響。增強的時程有幾種不同的基本設計，各自適合不同的情境，有時候也會在行為學習的不同階段交叉使用。

(一) 持續性增強

所謂的**持續性增強** (Continuous Reinforcement) 是指每一次人員做出預期的行為，管理者就立刻提供增強物。例如每次上課中有學生舉手發言，老師就立刻大大稱讚。這種增強時程會使人很快就發現某些行為與增強之間的關係，因此在剛開始學習新行為的階段特別有效。然而，持續性增強也會隨著時間造成行為者的感受饜足，增強物的效果便會快速減低。例如在課堂中不管什麼樣的發言都獲得老師的讚美，一段時間後讚美就不再有激勵的效果，此時老師就必須增加誘因，如加分或送禮物，才能再刺激同學發言。一旦老師不再加碼鼓勵，踴躍舉手發言的行為就會很快消失。

(二) 部分增強

部分增強 (Partial Reinforcement) 是指管理者僅針對部分期望行為予以增強。用前面課堂的例子，老師對學生僅選擇性地針對部分有建設性的發言讚美。部分增強的時程下，人員學到新行為的時間相對於持續性增強會比較長，但所學到的新行為也會保持比較久。部分增強的時程計畫可分為四種：

1. **固定間隔時程**：這種增強時程是不論行為發生的次數或強弱，每隔一段固定的時間就提供行為人增強物。這類增強在行政機關最常見的例子就是不論工作表現如何，幾乎所有的公務人員都是在月初領薪水，也在年底領考績獎金。這種增強的時程會讓人在接近給予增強物 (如薪水) 的時間展現積極的行為，但在得到增強物之後也會立即減低行動的欲望。

2. **變動間隔時程**：此時程是不論行為發生的次數或強弱，每隔一段時間就對行為予以增強，唯一不同的是間隔時間是不固定的。例如，為了確保核能安全，行政院核能安全委員會不定期地對核能電廠執行不預警視察，以

確保電廠人員針對核能管制、輻射防護、放射性物料管理等重大安全議題能做出正確的緊急應變。這種增強方式促成的學習行為雖然不會特別積極，但卻能持續在一段時間內保持穩定。

3. **固定比率時間表**：與前面的間隔時程不同的，固定比率時程是不管間隔的時間，而是等到人員做出一定數量的期望行為後才給予增強。這種增強時程可激勵出持續而積極的行為表現，只有在個人獲得增強物之後會有短時間的怠惰。舉例來說，我國勞動部為了鼓勵檢舉非法僱用逃逸移工的僱主，宣布民眾若檢舉非法移工僱主而查獲行蹤不明者，一人發給 1 萬元，超過十人以上還提高發給 7 萬元，結果民國 101 年到 104 年近三年就有 2,470 件民眾檢舉並發給獎金，因此查獲近 5,000 名非法移工，可見這種激勵方式的效果。

4. **變動比率時間表**：同樣也是不管間隔的時間，而是等到人員做出一定數量的期望行為後才給予增強。不同的是，行為者要做多少正確的行為才會獲得增強是不一定的，而且增強物的多寡也是變動的。這種增強時程類似賭博或樂透彩，往往最能使行為者積極表現，而且可維持最長的時間。舉例來說，一般賭場中常見的吃角子老虎機或稱拉霸機 (Slot Machine) (如圖 12-9 所示) 的給獎方式是以隨機亂數出現在每次下注或按鈕之後，而拉出鉅額大獎的機率極其渺茫，但根據美國博弈協會的統計資料顯示，各賭場大多就是以吃角子老虎機的收入最高，占總營業額高達七成以上。難怪進入任何一家賭場，放眼望去都是吃角子老虎機。

◎ 圖 12-9　賭場上的吃角子老虎機

第四節　政府部門中的激勵挑戰

不同於大多數的企業組織，政府部門的人事系統具有兩項特色：一致化的薪資福利制度，以及高度的職位保護。[12] 換言之，每個人的職位都受到法律保障，而相等職位的個人，不論其教育背景或個人才能，所獲得的薪資福利更是大致相同。在這樣的環境中，激勵公務人員對管理者而言自然是很大的挑戰。

根據目前我國考績制度的規定，政府可視公務人員的表現給予年度考績，並提供差別性的考績獎金。若個人考績列甲等者除了獲得年終獎金外，可加領一個月獎金，乙等者可加領半個月，丙等以下則沒有考績獎金。這樣的獎金除了差異不大，難以產生強烈的激勵作用外，更因為主管普遍不願得罪員工而產生很多副作用。

舉例而言，我國公務人員的考績自民國 76 年新人事制度實施後，考列甲等人數比例就逐年攀升，迨至民國 89 年考列甲等人數比例平均已接近九成 (平均高達 87%)，不少機關甚至高達 100%。為了解決考列甲等人數偏高之問題，銓敘部與行政院人事行政局 (現為行政院人事行政總處) 乃於民國 90 年 9 月共同就公務人員考績考列甲等人數比例設限，亦即用首長用人考核權的方式，限定每年考列甲等人數比例最高不超過 75%。此後，每年獲得甲等的公務人員比例就維持在七成五左右，其他未得到甲等者也幾乎都列入乙等，至於因為績效不彰而受到淘汰的例子則是前所未聞。

比起私人企業，政府部門中的主管本來就較缺少可用以激勵人員的工具 (如高額的獎金、股票或快速陞遷的管道)。不僅如此，公務人員目前僅有的少數激勵措施不但無法有效鼓勵傑出的人才，管理階層也難以懲處怠惰或失敗的表現，這些狀況進一步等於獎勵保守中庸的人員，也促使其他人養成負面或消極工作態度。擔任行政主管者應該知道，除了金錢報酬之外，考績結果更是人員陞遷、表揚與培訓發展的重要參考，因此對有志於公務生涯發展者而言，關係重大。本章討論的各種激勵理論值得我國政府部門的人事主管機關深思並納入考慮，才可能建立更有效的人員激勵管理制度。

Case 12：文官的士氣

對於政治進行客觀的研究有時是危險的……

總統大選在 2024 年落幕，你是新政府上台後才調陞的人事行政總處的培訓處處長。在過去幾年，為了因應外界環境的挑戰，人事行政總處愈來愈以首長的命令至上，同時日益降低一般人事機關的中立性。這個理念的轉變大概是從民進黨第一次執政開始，發展至今也有十多年了。現今的人事行政總處，最高層有兩位政務官，而最主要的功能為指揮全國的人事體系，並負責確保文官的績效。人事行政總處很大的管理決策權取決於人事長，而你的職位是人事長以下的一級單位主管。

當你 2024 年接下這個職位時，你很快知道你負責的主要工作之一是人事相關業務的調查與研究，其中最主要的是定期衡量中高階文官的工作態度、一般組織的工作環境，以及政府人事行政績效的各個面向。過去的調查都是專業導向的，往往委託外界的學者專家進行，其調查的層面包括新進員工的培訓成效、平等就業機會、組織改造、人力資源發展等議題。

由於上一次的大型調查是五年前完成的，所以最近你與人事長討論重新調查的可能。除了希望提供新政府一個全面性的文官態度調查，更希望能夠測量新政府執政以後的人員績效改善幅度，以跟過去的調查結果相比較。人事長很贊成你的提議，部門預算也足夠支付研究的花費。你們都認為這項研究的發現也許能夠幫助增加新內閣的聲望，於是人事長賦予你全權去執行這項研究並撰寫結案報告。

你經由公開徵求研究計畫並招標，從國立大學及著名的企管顧問公司中招募了一批專家，組成了一個顧問團隊，並決定要在全國抽樣調查 3,300 位國家文官。

在執行這項調查之前，雖然你們很努力想宣傳人事行政總處這個重要的研究，但卻沒什麼媒體記者有興趣發稿，但不論如何，你跟相關主管們還是根據研究進度，定期發表相關訊息，以及人事行政總處在人事相關工作的改革進度。你很客觀地認為，一旦這項調查研究得到最後的結果時，相關改革措施就可以更有依據來推動。

不久之後，隨著問卷慢慢回收並輸入資料庫後，你注意到資料顯示一些受訪者針對工作環境發出的不滿聲音。當資料開始統計並製成圖表後，你這個憂慮也慢慢被驗證：新政府上台之後，政府文官的觀感實際上是明顯退步，而非如原來預期的進步。四分之一的文官認為人事管理與人事政策方向很需要重新調整；45% 的人計畫在可能的情況下盡快退休；40% 的基層人員希望找尋其他私部門，或政府國營事業單位的工作；超過 60% 的受訪者回答，他們不會推薦小孩從事公職。

於是你向人事長報告，他得知後並沒有表現出太大的關注。他告訴你：「你應該知道如何撰寫報告，好讓整件事情看起來是對的。」你雖然懂他的意思，但仍然相當關注這件事情，便要求顧問團隊盡可能對於這些調查結果進行各種模型分析。然而，不論怎麼跑資料，分析出來的圖像是黯淡的，顯示過去一年多來所做的努力，儘管花了許多時間和經費，卻並未對行政部門做出什麼貢獻。你決定製作一個調查結果的重點摘要，強調人事行政總處一年來的努力對於文官訓練還是造成一些正面的影

響,並將專家調查到的問題與指出的未來建議都整合後交給人事長。

三天後,早報上的第一頁夾帶了一列文字,它的標題是「國家文官高度不滿新政府的管理與政策,士氣大幅降低」。一些記者自行摘要調查報告的重點,並強調負面的部分。那天下午人事長打電話給你,說他與一些部長共同出席一個府院黨的核心委員會,大家都非常不開心並希望能有一些快速的應變方式。人事長希望你可以做一些事情「讓事情變得正確」。他的建議是刪除資料庫、消除電腦的結果(同時保證要完全銷毀問卷),或僱用其他顧問去重新調查,或設法詆毀過去團隊所做出的這份調查結果。

你向他要求給你一些時間考慮。你對這件事情用什麼觀點來分析?你會傾向於採取何種替代方案?

本章習題

申論題

1. 試請分別從管理方式、工作條件及工作設計等三方面,析論組織推動有效激勵的方法。 (103年特考)

2. 請說明何茲伯格 (F. Herzberg) 激勵保健理論的內容,並舉例分析政府部門可以如何運用此理論的內容。 (104年上校轉任)

3. 「需要層級理論」、「激勵保健理論」為行政激勵重要的理論基礎,試述這兩個理論的主要論點,並說明能否適用於我國公務人員之激勵措施。

(105年身心障礙特考)

選擇題

1. 過去研究多指出「內在任務動機」(intrinsic task motivation) 能提升員工績效,此敘述該如何解釋?
   (A) 員工認為該任務是有意義、可提高成就感,因而更願意投入
   (B) 員工內心衡量與上位者的權力距離,而接受工作
   (C) 員工期待能獲得獎酬,因而努力工作
   (D) 員工害怕考績受不利影響,因而接受工作 (112年地特三等)

2. 關於何茲柏格 (F. Herzberg)「保健激勵」兩因理論,下列敘述何者錯誤?
   (A) 保健因子多與工作的外在環境相關,如組織政策、人際關係、薪資等
   (B) 運用保健因子來刺激員工,可提升其工作滿足感
   (C) 意謂主管激勵員工的第一步,要先消除對工作不滿足的因素
   (D) 主管可透過工作豐富化,創造激勵因子的最佳組合 (112年地特四等)

3. 下列何種管理措施最不易產生激勵效果?
   (A) 改善工作環境與設備　　(B) 鼓勵部屬進修與培訓
   (C) 採取工作單一化措施　　(D) 實施彈性工作時間制 (112年地特四等)

4. 下列何種理論係運用制約原理安排各種情境,並透過獎懲對成員進行定向控制,以激發、維持或停止成員的某些行為?
   (A) 公共選擇理論　　(B) 增強理論
   (C) 公平理論　　(D) ERG理論 (112年公務、關務人員升官等)

5. 根據馬斯洛 (A. Maslow) 的需求層級理論,下列那種方式恐怕無法激勵機關人員的生理生存需要?
   (A) 提高員工薪資

(B) 改善辦公室硬體與環境
(C) 給予員工一個工作願景與目標
(D) 提供員工通勤加給 (111年地特三等)

6. 下列何者不是「霍桑實驗」(Hawthorne Experiment) 的重要發現？
   (A) 人格尊重是增進生產力的主要原因
   (B) 參與及情緒發洩可提高工作士氣
   (C) 非正式組織會對成員產生約束力
   (D) 權威視受命者同意程度而定 (104年高考三級)

7. 下列何者不是兩因子激勵理論中的保健因子？
   (A) 人際關係　　　　　(B) 上司監督
   (C) 工作環境　　　　　(D) 陞遷與發展 (104年普考)

8. 有關激勵在管理上的運用，下列何者最不易產生激勵效果？
   (A) 在改善管理方式方面，可採轉換型領導模式
   (B) 在改善工作條件方面，可改善工作環境與設備
   (C) 在改善管理方式方面，可採集中領導模式
   (D) 在改善工作條件方面，可建立良好的績效評估制度 (104年地特三等)

9. 激勵理論中的期望理論，其期望值 (valence) 是指：
   (A) 個人所感受到的績效
   (B) 個人對所期望的特定結果的價值觀
   (C) 特定報酬與付出成本之差距
   (D) 個人對其努力會導致績效的認知機率 (104年地特四等)

10. 下列何者屬於何茲柏格 (F. Herzberg) 研究所稱的「激勵的因素」？
    (A) 上司的監督　　　　(B) 薪資報酬
    (C) 人際關係　　　　　(D) 陞遷與發展 (103年普考)

11. 何茲柏格 (F. Herzberg) 的二元因素理論的「保健因素」意指：
    (A) 可以維持身心靈健全之因素
    (B) 可以維持原有工作水準的因素
    (C) 包括了成就、賞識、責任等具體內容
    (D) 是一種可以充分導致組織成員積極發揮潛能的因素 (103年普考)

12. 有關馬斯婁 (A. H. Maslow) 需要層次理論的敘述，下列何者錯誤？
    (A) 人類的基本需要呈層級排列
    (B) 低層次需要須完全滿足後，才會追求高一層次的需要

(C) 特定需要獲得滿足後，該需要對個體行為的激勵作用就不再那麼強烈
(D) 尊榮與自我實現同屬「心理的需要」 (103 年普考)

註

[1] Mayo, E. (1945), Hawthorne and the Western Electric Company. *The Social Problems of an Industrial Civilization* (pp. 69-84). Boston: Division of Research, Harvard Business School.

[2] Maslow, A. H. (1943). A Theory of Human Motivations. *Psychological Review, 50*, 370-396.

[3] Herzberg, F. (January-February, 1964). The Motivation-Hygiene Concept and Problems of Manpower. *Personnel Administrator*, (27), 3-7.

[4] McClelland, D. C. (1961). *The Achieving Society*. N. Y.: Free Press.

[5] McClelland, D. C., & Burnham, D. H. (1976). Power is the great motivator. *Harvard Business Review, 54*(2), 100-110.

[6] Perry, J. L., & Wise, L. R. (1990). The motivational bases of public service. *Public Administration Review, 50*(3), 367-373.

[7] Rainey, H. G., & Steinbauer, P. (1999). Galloping elephants: Developing elements of a theory of effective government organizations. *Journal of Public Administration Research and Theory, 9*(1), 1-32.

[8] Locke, E. A., & Latham, G. P. (1990). A theory of goal setting and task performance. *Upper Saddle River*, N. J.: Prentice Hall.

[9] Lunenburg, F. C. (2011). Goal-Setting Theory of Motivation. *International Joural of Management, Business, and Administration, 15*.

[10] Ferster, C. B., & Skinner, B. F. (1957). *Schedules of Reinforcement*. N. Y.: Appleton-Century-Crofts.

[11] Kettl, D. F., & Dilulio, J. J. (1994). *Reinventing Government? Appraising the National Performance Review*. Washington, D. C.: Brookings.

[12] Nigro, L. G. (1990). Personnel for and Personnel by Public Administrators: Bridging the Gap. Naomi B. Lynn & Aaron Wildavsky (eds.) *Public Administration: the State of the Discipline*. Chatham, N. J.: Chatham House Publishers.

第十三章
行政溝通

「溝通的效果不是決定於我們說話的技巧,而是我們的意思被瞭解了多少。」
——葛洛夫 (Andrew Grove),Intel 創辦人

　　不論在行政機關、軍隊、企業或非營利組織中,「溝通」都是領導者的核心工作之一。組織管理者想要做好決策、規劃、激勵、團隊建立,以及跨單位協調等工作就必須發揮溝通的能力。從公部門的運作來看,行政者必須經常性地探討政策的目標、傾聽來自上司、同事、民意代表,以及服務對象的意見、討論公共方案的選項、協調必要的預算與人力資源,還必須激勵所屬人員共同合作以達成訂定的目標。一般來說,行政人員一天中平均有八成的上班時間

◎ 圖 13-1　前美國總統歐巴馬是一位善用肢體語言的政治人物

用來與人溝通。行政者大部分的工作時間都在開會、講電話、寫 e-mail，或跟同事非正式地交換意見。由此可知，溝通是行政者非常重要的責任，是否能清晰、正確並且有效地進行溝通，對行政者的整體績效表現有著深遠的影響 (如圖 13-1 所示)。

第一節　溝通的過程

「溝通」是指一個發送者 (Sender) 將訊息傳送到特定接收者 (Receiver) 的過程，而良好的溝通則是指接收者獲得的訊息與發送者希望傳達的訊息始終保持一致。圖 13-2 所顯示的是簡化過的溝通模型，整個溝通過程包含訊息的編碼、發送的動作、訊息傳送的管道，以及接收者的接收、解碼與回饋。

溝通是一個雙向的過程，因此在進行溝通時把話講得清楚 (甚至精彩、有趣) 是不夠的，還必須確定這些內容確實被聽到而且正確被理解。除了傳送訊息之外，同樣重要的是傾聽彼此傳來的訊息，並做出適當的回饋，如此才算真正完成溝通的過程。[1]

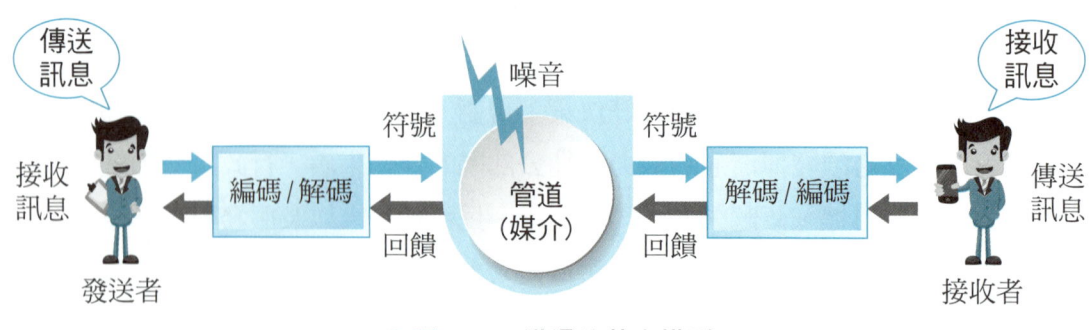

◎ 圖 13-2　溝通的基本模型

因此，訊息傳遞前，溝通者一定要根據溝通的目標而進行有計畫的編碼 (Encoding)。人之所以要發送訊息，必然是想讓某些人獲取特定的意思表達。例如，課堂中老師的談話主要是為了幫助同學瞭解課程的意義。同樣的訊息可以用不同的方式 (如選擇不同的字詞或語氣) 來編碼，接收者就會根據這些編碼來理解訊息的意義。因此，發送者如果能事先預期接收者對訊息的觀點、感受或理解程度而謹慎地編碼，接收者正確解碼 (Decoding) 的機率自然也會隨之提升。一項企業界的研究顯示，雖然大多數的管理者都同意溝通是最重要的管理技能之一，然而卻只有不到半數的管理者會把要傳送的訊息內容根據員工、供應商，或顧客之間的不同而編製。[2]

編碼及解碼的過程是很容易導致溝通錯誤的階段。發送者可能誤用字詞、誤植數字的單位，或提供錯誤的資訊等；接收者也可能未認真傾聽而忽視重點。更重要的是，參與溝通者之間在人格特質、知識、價值、態度，以及生活背景等方面都有所差異。每個人都會不自覺地用自己偏好的方式過濾訊息的內容，因而造成訊息未被充分傳遞，或本意被「噪音」污染的錯誤。以下的故事就是一個常見的溝通錯誤：

一位高中導師為了幫助學生認識酒精的危害，上課時刻意帶來一瓶烈酒以及一瓶礦泉水。老師在裝清水和烈酒的瓶子中各放入一條蚯蚓，同學們都驚訝得瞪大了眼睛，不清楚老師為什麼要這麼做。

幾分鐘之後，清水裡的蚯蚓依然活躍，烈酒裡的蚯蚓卻逐漸死去。此時老師問學生：「同學們，誰能告訴我這個實驗對你們有什麼啟示？」課堂頓時一片沉默。

幾分鐘後，終於有一位同學開口了：「如果多喝酒，肚子裡就不會長蟲了。」

類似的錯誤詮釋常常發生在夫妻、主管與下屬、父母與子女，以及老師與學生等具有密切關係的人之間，因此要靠溝通過程中彼此的回饋 (Feedback) 來確認溝通的效果，並進行必要的調整。提供回饋的方式包括：

1. 積極傾聽並適時詢問不清楚的地方。
2. 說出自己所理解的對方感受，如「聽起來很重要」或「我感覺到你十分看

重此事」等。

3. 邀請對方表達:「能不能請您多說明一點有關……」、「我想聽聽你對這件事的看法」。
4. 綜合歸納所接收到的重點內容,確定自己瞭解的的確是對方想表達的意思。

有效的溝通是包含資訊的傳送及相互的理解,兩者缺一不可。溝通中若欠缺回饋等於未完成溝通的過程。

第二節　人際溝通

行政者在政府機關中或對外界的溝通可以運用多種不同的**溝通管道** (Communication Channels),也就是將發送者編碼後的訊息傳送到接收者的媒介。常見的溝通管道包括會議、電話、即時通訊軟體 (如 LINE 及微信)、電子郵件、公文、新聞稿,以及機關網站等。

一、溝通管道的豐富度

不同溝通管道所能承載的資訊量及種類可稱為溝通管道的**豐富度** (Richness),而豐富度的高低決定於該管道的三種特性:[3]

1. 同時處理多種感官 (視覺、聽覺、觸覺等) 訊息的能力,例如面對面的談話產生作用的會包括視覺、聽覺與嗅覺等,而電話溝通就只有聽覺的接收。
2. 輔助即時雙向回饋的能力,例如電子郵件無法產生立即的回饋,而電話就可立即雙向回饋。
3. 在溝通中建立個人焦點,亦即針對明確對象溝通的能力。例如臉書的貼文是同時分享給自己許多臉友,而私訊則是傳送給特定對象,此兩者的個人焦點就有相當程度的差別。

溝通管道的選擇對於溝通的效果有絕對的影響。舉例來說,要祝賀某人生日快樂,可以選擇親自送禮、手寫卡片,或在臉書上留言給對方,接收者的感受程度都是不同的。行政者在進行溝通工作時應審慎選擇適當的管道,才能有效地將訊息用正確的方式傳送給正確的對象。

二、口語溝通

面對面的口語溝通是所有的溝通管道當中豐富度最高的，因為這種方式允許溝通者之間直接的經驗接觸，讓視覺、聽覺、觸覺 (如握手或談話中的碰觸)、嗅覺 (如有人可能擦了香水) 等多種感官的資訊同時傳送。在人際直接的互動中，談話者雙方較容易探知彼此的心理或情緒反應，可提供立即的回饋，且談話中誰對誰 (個人焦點) 傳遞了什麼訊息都甚為明確。然而，很多人都有在進行面對面的溝通時，因為做出未經審慎思考的發言而後悔莫及的經驗。因此，良好的口語溝通能力實際上是需要靠練習與經驗培養出來的。

不論是在正式會議場合向大會報告，對委員會或任務團隊的口頭簡報，或只是向個別民眾或同事解釋一件公務，任何行政者都可能碰到必須運用口語溝通能力的情境。

以下是提高口語溝通成功率的幾個重要事項：

1. **確定溝通的目標**：做好溝通的第一件事就是要清楚地確定目標。溝通者應該自問：「這個報告最重要目的是什麼？是為了傳遞什麼訊息？還是要改變聽者的想法？」
2. **分析溝通的對象 (聽眾)**：不同的人對於同樣的訊息可能都有不同的接受度與解讀的方式，而成功的溝通是基於接收與解讀的效果而定，因此要把焦點放在聽眾的需要，並用聽眾的語言，甚至在情感上與聽眾的心情同步，才能達到有效的溝通。
3. **診斷溝通的環境條件**：溝通者應該仔細瞭解即將進行口頭溝通的環境，並根據溝通的場地、可用的設備，以及溝通的時間點 (如上、下午或晚上的聽眾耐性可能都不同) 調整溝通的訊息內容。
4. **組織報告的內容**：在組織報告的內容時，必須基於溝通目標以及對象的特性，將注意力集中於核心訊息的傳送。
5. **運用視聽輔助內容**：視聽內容有助於提高聽眾的興趣。溝通者使用投影片時，原則上是字體要盡量放大，而內容要盡量精簡。[4]

三、書面溝通

行政機關常用的公文、書信、備忘錄、書面報告、政策說帖，以及電子郵件等都是用來傳播資訊的書面溝通管道。書面溝通的優點包括：

1. 溝通者在發送前可進行多次的修改。
2. 溝通的內容可永久完整保存。
3. 經過多人傳送後，仍可維持一致的訊息內容。
4. 接收者有比較多的時間可仔細分析訊息的涵義。

相對而言，應用書面來進行溝通也有不利之處。首先，訊息發送者難以預知接收者會在什麼時間與地點閱讀其內容，因此無法將溝通的環境納入考慮，且由於溝通者之間無法進行即時的回饋，因此也比口語溝通更容易導致滿足結果的誤差。

其次，近年來因手機、電腦的廣泛應用，人們動筆寫字的機會愈來愈少，書面溝通的能力也日漸低落。針對臺灣企業的一項調查[5]顯示，近半數 (49%) 的受訪企業人事主管對大學生的中文程度不滿意。雇主不滿意的原因中，接近六成認為大學生的寫作「文句不通或太口語化」；47% 的受訪者認為大學生的「錯字太多」，另有接近三分之一的受訪者則指出大學生的「注音文太多」。

最後，公部門之中的書面溝通還往往造成另一個特殊的現象——八股公文氾濫。由於公部門的文書可能影響某些人的重大權益，而白紙黑字又會成為日後處理紛爭的有力證據，所以許多公務人員便習慣使用模糊的文字讓公文文辭體面，不得罪任何人，同時也避免被找到錯誤的可能性。舉例來說，2011 年新北市法制局在回答其他局處詢問相關法律問題的公文上竟只回應「請該局依法辦理」，令當時的市長斥為「超級官僚」；同年臺中市也發現有民眾反映希望能將公園內溜滑梯改為塑膠材質，結果承辦人員不告知對方是否可行，竟然只是回答：「將審慎評估並依地方需求辦理。」這樣的書面溝通不但無法增進彼此的互動，反而會導致民眾的誤會，甚至增加一般人對行政機關的不滿 (如圖 13-3 所示)。

四、非語言文字的溝通

知名管理學大師彼得‧杜拉克 (Peter Drucker) 曾經說：「一個人在進行溝通時，最重要的就是聽到未說出口的話。」只要是在人際的環境中，人就不可

讓人詬病的公文類型

毛病	範例	胡志強評語
用詞八股	民間團體詢問遴選委員問題：市府答覆「迴不相俟」（應為迴）	文言文寫得好，怎麼念呢？我都看不懂。
內容官僚	民眾投訴路面不平，市府回函「尚稱平整」	有沒有找投訴人會勘？回覆能被接受嗎？
敷衍推託	民眾建議不鏽鋼溜滑梯換成塑膠材質；市府回函「將視需求辦理」	到底換或不換？沒說清楚。

資料來源：臺中市政府、逢甲大學中文系、洪敬浤，聯合報，2011 年 4 月 19 日。

圖 13-3　前臺中市長胡志強 2011 年於市政會議指出市府許多公文相當八股，失去與市民溝通的作用

能不處於溝通中。[6] 我們講的語言、音調或動作都具有溝通的意義，即使是完全靜默或靜止不動，甚至在不自覺的情況下，溝通的功能仍然沒有中斷。

大部分人往往沒注意到自己的外表、肢體語言、手勢、面部表情、與人保持的距離、姿勢，以及動作都會有意無意地揭露人心裡面的想法。在人與人的溝通中，文字或語言的影響其實只占一小部分，超過三分之二的訊息是經由非語言的溝通方式傳遞，[7] 因此當某人在談話時，若其口說的訊息與其表情或肢體語言的表現不符時，人們通常會選擇相信非語言的部分。

舉例來說，在學校的課堂中，如果很多人上課玩手機或閱讀書報雜誌，任課教師立刻就會接收到學生對上課內容興趣缺缺的訊息，而不需要用語言說出來。在新進人員的面試中，有經驗的主考官也會觀察應徵者的肢體語言來評斷其工作態度、興趣、性向，以及潛力等人格特質，其次才會注意到應徵者回答的語言內容。

圖 13-4 顯示非語言文字溝通的各種管道。行政者要提升個人的溝通能力，除了要注意到自己在這些方面的表達是否傳遞出正確的訊息，同樣重要的是正確地解讀他人肢體語言傳播的訊息。舉例來說，資深行政主管可能會覺得年輕公務員較休閒的穿著是工作態度輕率的象徵，卻不會想到這可能只是不同世代

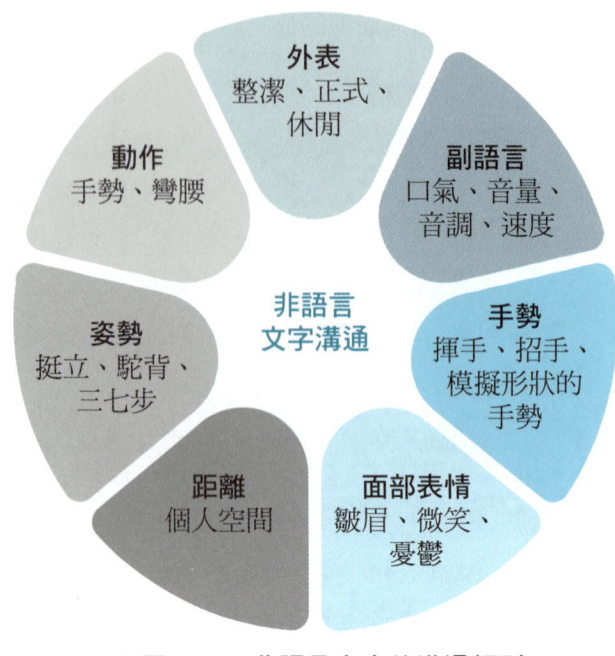

```
          外表
        整潔、正式、
           休閒
  動作                  副語言
手勢、彎腰             口氣、音量、
                      音調、速度
           非語言
          文字溝通
  姿勢                  手勢
挺立、駝背、          揮手、招手、
  三七步              模擬形狀的
                        手勢
   距離                面部表情
 個人空間             皺眉、微笑、
                        憂鬱
```

◆ 圖 13-4　非語言文字的溝通類型

或不同文化之間的穿著習慣差異而已。我們要認知到自己的看法也是由個人的價值、信仰或文化所形成，因此要盡力減少自己的偏見，才能保持在溝通中的客觀性，提升自己看清楚事實的能力。

第三節　組織溝通

　　除了人際溝通之外，民主社會中的公共行政者依法還必須維護及促進民眾知的權利。行政機關對社會溝通的管道除了前文已經介紹的書面溝通 (如機關發出的新聞稿、活動年報、預算書等) 及口語溝通 (如答覆民意代表質詢、召開記者會等) 之外，常見的還有正式會議，以及最新的電子資訊傳播科技。

一、正式會議

　　在處理跨部門協調或具爭議性的政策議題上，公共組織最常利用面對面的會議 (如公聽會或討論會) 來進行溝通。研究發現，大多數行政主管一天當中平均有四分之一到一半的上班時間是在開會。[8] 不過，雖然大多數的行政者平常都必須參加或主辦許多會議，成功的會議卻不是件容易達到的目標。有一位管理專家曾經這樣描述典型的行政會議：

「從一些不清楚狀況的人當中選擇一組不情願參加的人來開會。會議的過程大多是由不適任的人來主持，討論一些不必要的事情，之後還有人被迫去寫一篇不重要的報告。」[9]

不論參與的對象是公務人員、特殊利益團體或是一般民眾，公共組織舉行會議的根本目的是為了提供特定公共議題的資訊，並在決策過程中增進各方的參與。這樣的場合如果能事先經過審慎的準備與規劃，對於召開會議的機關及受邀參與的團體都是有益的溝通機會 (如圖 13-5)：

1. 行政者本身對於將討論的主題一定要有充分的瞭解，並事先準備好輔助報告資料 (如投影片、錄影，或錄音等)。
2. 重視會議現場的規劃。場地、設備、座位、空調、聲光效果，以及與媒體的聯繫等小細節都可能對會議的成敗產生很大的影響。
3. 事先蒐集與會者對會議主題的立場或看法，思考會議中可能出現哪些爭議並模擬回應的方式。

公共組織的許多會議都是因為法規明訂須邀請特定代表而召開的會議，例如學校的校務會議、課程會議、考績委員會等。不少行政者在辦理這類會議時只重視形式上的合法性，而很少關注實質上是否經由溝通得到更好的決策。[10] 參與者參加這種會議時常常覺得自己的意見不受重視，或感覺決議的過程被少

◈ 圖 13-5　美國卡利斯 (Calais) 市政府以正式會議的方式，與當地居民共同決定社區建設提案

數人把持，所以不但不會因為這種「溝通」而凝聚共識，反而會增加部分與會者的敵意或導致激烈的抗爭。[11]

外界的團體代表或民眾參與政府機關的會議時，最在乎的是自己的意見是否能被聽到，以及決策的過程是否公平。行政者在籌備會議時，應該盡量使會議能以公開、公平以及大家願意接受的程序進行。此外，會議主席或主辦單位應事先解釋未來將如何把會議的決議、意見納入最後的決策，並負責任地解釋可能必須平衡思考的適法性、公共安全或財政資源等考慮。最後，負責的會議主辦單位也該向與會者說明，如果議題無法在會議上達成共識，會後會如何進行後續的處理。

二、電子溝通

電子傳播科技包括電子郵件、即時訊息、網路視訊會議、社群網站等，可說是人類社會中成長速度最快的溝通管道。不論公共的網路資源、組織建置的資訊系統或個人使用的科技產品等都正在重新定義人與人之間溝通的方式，公部門也不例外。不論是公告訊息、徵求意見，或提供公共服務，電子科技的地位都日益重要。舉例來說，警政署建構的「e化勤務指揮管制系統」不但可受理民眾報案，同時結合警員的任務派遣系統、地理資訊系統、治安犯罪應用分析等子系統，使平均每案受理、派遣時間節省了三分之一。[12] 此外，即時通訊軟體(如Skype及LINE等)不僅在一般企業組織或社群中愈來愈受到歡迎，也成為政府機關提升公務聯繫效率的新工具。

若運用得當，電子溝通的豐富度僅次於面對面的直接溝通。電子溝通如網路視訊會議，不但可同時傳送多種感官的訊息、溝通者之間也能彼此提供快速的回饋，又能在溝通中聚焦於特定的個人。此外，資訊科技的發達使得溝通不再受限於距離或時區，甚至因為語音辨識與翻譯科技的大幅進步，而有效降低不同語言、文化之間的障礙。

然而，利用電子科技來進行溝通也是有利有弊的。研究顯示，過度依賴電子科技進行溝通會產生以下的負面影響：

1. 在爭議性高的公共議題上，宜採用審議民主的方式，進行當面對話與辯論，而電子科技的引進，往往會減少其他類型的人際溝通進行的比率。

2. 網路科技不可避免地會讓機關的機密或個人的隱私暴露在風險之中。
3. 即時訊息科技如 LINE 群組的發展，讓許多承辦業務的公務人員壓力增加，連下班時間都擔心漏掉長官的交辦事項。在隨時連線的網路世界中，現代工作者幾乎無法區分個人生活與公務生活。

三、媒體溝通

大眾傳播媒體如電視、廣播、串流媒體、網路新聞平台等都是公共行政者與大眾溝通的管道。很多行政者都對媒體抱持敬而遠之的態度，但完全沒報導對公共服務的行銷不見得是好事。外界的利害關係人，包括上級、民意代表、社區意見領袖、企業人士，以及一般社會大眾，大多都必須經由傳播媒體才能瞭解特定公共行政者的作風與表現。公共行政者要取得必要的政治支持與資源就必須懂得如何與媒體溝通，以及如何經由媒體來進行公共溝通。

沒有人會希望在媒體上看到有關自己的負面報導，可惜媒體卻往往對負面消息比較有興趣。正因如此，行政者更應該採用積極與開放的態度與媒體互動，如此不但可能在媒體上獲得較多版面的報導，促使社會注意到行政者本身或所屬機關的重要性，也比較有機會以有利於本身的立場形塑公共議題，增加被正面報導的機率。更明確地說，行政者應該採用的策略包括：

1. **與相關採訪業務及常駐記者保持密切合作的關係**：記者與公共行政者等專業人士相同，都有時間壓力、績效目標、上級要求，以及社會大眾的課責，兩者也都要透過彼此的合作才能達成各自的目標。因此，行政者若能尊重記者的專業責任，盡可能預先想到記者的需求並在對方要求前就提供充分且正確的資訊，雙方就能建立良性關係的基礎。

   其次，媒體對多數的重大議題都會有多元的消息來源，記者聯繫機關大多只是為了查證或確認而已，因此公共組織對媒體應該以誠實為溝通的原則，以免失去媒體的信任而難以修補彼此的關係。此外，行政者絕不可因為意識型態或個人的因素而刻意排除特定記者或媒體，保持行政的專業性與中立性永遠是最好的策略。

2. **以適合媒體運用的形式編寫訊息**：大眾傳播媒體針對的顧客是社會大眾，其中大多並非專家或利害關係人。因此，媒體在報導一件公共議題

時，必須簡化許多細節而將內容濃縮成簡單版的故事，尤其電視新聞更是只能用簡短的標題來吸引人們注意。在這種情況下，很多錯誤的訊息或溝通者之間的誤解便很容易發生。

為了避免以上的問題，行政者在提供訊息給媒體時應盡可能以大眾傳播需要的形式來組織內容。一份文字流暢、內容簡潔，且資訊完整的新聞稿被媒體採用的可能性當然會比較高。除了事實的描述之外，新聞稿中還應該提供正確的日期、時間、事件地點，以及後續媒體可索取細節資訊的機關聯絡人。

3. **瞭解媒體的工作程序與時間安排**：要在媒體上傳播特定資訊，行政者必須掌握媒體選擇與排定新聞的例行程序，例如，新聞的選擇是經過什麼程序？每天幾點前送到的新聞稿才可能在當天播出？各家電台、電視，以及網站都有自己選擇新聞的方式，以及各自設定的截稿時間。公共行政者要清楚瞭解各家媒體的程序與時間，才能讓新聞符合媒體的需要而成功地傳播出去。

4. **因應媒體的需要，盡量提供充足的資訊與受訪時間給記者**：政府部門的運作是各種大眾傳播媒體共同關注的焦點，其原因主要是行政部門的活動往往會影響許多民眾的利害關係及鉅額的公共經費。由於社會大眾通常會關心自己的權益是否會受影響，以及公共經費是否受到適當的管理，媒體自然也要關注政府部門的這些議題才能獲得閱聽市場的認同。此外，傳統媒體與新聞媒體的數量快速增加，使得新聞量的需求也快速上升。有些記者甚至被迫製造新聞，才能達到上級的績效要求。因此，行政者若願意提供必要的協助，包括充足的資訊與受訪時間，對記者而言，無疑是順利完成工作的莫大助益，因此在撰寫報導時也會降低敵意，進而改善所傳播訊息的論調。

5. **充分掌握相關議題的資訊**：遇到重大或複雜的公共議題時，面對媒體的行政者必須積極洽詢相關主題的專家，並針對外界可能的問題模擬回應的方式。尤其對於自己負責的方案，行政者應該要知道所有可能的缺點或負面的影響，並且預先思考事情發生時的辯護之道。做好以上的準備讓行政者可以快速回答新聞媒體的質疑，縮短新聞媒體自行挖掘真相而炒熱相關話題的天數。此外，新聞記者對該議題的複雜性知道得愈多，就愈有可能

接受相關行政者在環境不佳的情況下，已經盡力將傷害降到最低的說法。

6. **釋出重大訊息時應採策略性的思考**：行政者雖然不應刻意排除特定媒體，但在首度揭露重大資訊時，可慎選媒體發布獨家新聞。這樣的好處是，行政者能有計畫地形塑相關消息給民眾的第一印象，同時能確保媒體用比較好的角度來呈現同樣的故事。

7. **從接收者的角度預期各方的反應與因應之道**：除了行政者本身，包括上級單位、立法機關、利益團體，以及社會大眾都可能關心公共組織的重大訊息。行政者在擬定訊息的內容與呈現方式 (編碼) 時，應對各方的可能反應預做沙盤推演，進而設計訊息的內容，並選擇適當的語言與文字來表達。此外，發布訊息者的非語言溝通技巧也是影響大眾感受 (解碼) 的關鍵因素，媒體上的猶豫、閃躲、眼神等肢體語言都可能使接收者認定溝通者不值得信任，而忽視訊息內容。

第四節　危機溝通

處於危機中進行對外溝通一直以來都是公部門領導者的重要工作之一。近年來，網路科技與全球化的發展，使得世界各地的人、事、物更緊密連結，但同時也發生許多過去無法想像的問題，包括恐怖主義、重大傳染疾病、食品安全、金融風暴等，使得公共行政者的危機溝通能力日益重要。

危機就是「危及重要利害關係人的期待，且會嚴重影響組織表現，並帶來負面影響的未預期事件」。[13] 近年來，臺灣社會曾經發生的重大危機，包括地震、風災、重大交通意外 (如飛機失事、捷運殺人)、流行病 (如 COVID-19、SARS、登革熱)、食品安全 (如食用油違法加工)、勞工權益、外交事件等，可以說公部門的管理階層幾乎每天都要面對各種程度不一的危機。公共行政者遭遇危機時，必須適當蒐集、處理，以及向外界傳播適當的資訊，以保護個人或組織的聲譽，此即為所謂的危機溝通。

根據歸因理論，[14] 當不可預期的 (尤其是負面的) 重大事件發生時，人很直覺地就會開始找尋事件的原因或應該歸咎的對象。此外，利害關係人怎麼看待一件事決定了這件事是正面、負面，還是無關緊要的，並非事情本身的客觀影

響。更明確地說，危機溝通的焦點不是在描述或解釋危機的事實緣由，而是經由對危機訊息的形塑，讓重要利害關係人對溝通者個人或組織產生較正面的感受。舉例來說，民國 105 年臺南強震，當時的市長賴清德的民調不降反升，民眾滿意度甚至升高到前所未有的 90% 以上，許多人評論這是因為賴清德的危機溝通處置得宜 (如圖 13-6)。另一個例子是 1995 年到 1996 年間，在兩岸關係持續緊張的情況下，中共解放軍向臺灣外海試射飛彈並舉行作戰演習，企圖恐嚇影響當時臺灣的第一次總統直選。在這空前危機之下，前總統李登輝呼籲選民不必害怕，因為「大陸演習導彈所發的都是空彈」，最後原本民調未過半的李登輝反而以壓倒性的極高票數贏得總統選舉。

圖 13-6 臺南地震導致維冠金龍大樓倒塌，當時的市長賴清德的民調不降反升，民眾滿意度升高到前所未有的 90% 以上，許多人評論這是因為賴清德的危機溝通處置得宜

一般來說，危機溝通的過程可分為三個階段：[15]

1. **危機發生前**：第一個階段是平時未發生危機時，也就是危機溝通的準備階段，焦點在於預防危機的發生。
   (1) 針對組織可能的危機狀況進行研究與資訊蒐集的工作。
   (2) 制定危機管理計畫，預先決定各項工作的分工。
   (3) 定期舉行演習以測試危機反應計畫的效果，並進行必要的調整。
   (4) 編寫危機發生時的新聞稿示範樣本，讓負責聯繫新聞媒體的公關部門視狀況改寫應用。
   (5) 制定危機狀況中，組織成員對外發布資訊的指揮命令體系。
   (6) 建立危機溝通的快速反應團隊，並定期訓練所有可能參與危機溝通工作的組織成員。

2. **危機發生時**：此為針對實際發生的危機具體回應的階段。危機中的溝通包括以下幾件工作：
   (1) 危機管理團隊確認事件的性質與嚴重性。
   (2) 蒐集並組織相關的資訊，提供給危機管理團隊進行決策。
   (3) 經由適當的管道，將危機的訊息傳播給組織內部及外部的利害關係人。
3. **危機過後**：危機解除後，行政者必須致力瞭解危機發生的原因，並從中學習到未來處理類似情況的要領。
   (1) 審視與分析危機管理團隊的成敗，以針對其組織、成員、功能與程序進行必要的調整。
   (2) 在最短的時間內，傳送承諾的資訊給各利害關係人。
   (3) 隨時讓所有利害關係人瞭解復原工作的進度，包括所有改正性的做法，以及相關調查工作的進行狀況等。
   (4) 關注網路上針對危機的討論，以及舉辦的危機後相關紀念活動。
   (5) 聯繫被害人或家屬，並決定組織在日後相關活動中應該扮演的角色。

傳播學者建議，領導者在危機發生時，要特別注意以下四個溝通的技巧：

1. **保持冷靜，注意傾聽**：降低民眾的恐懼與不確定感是領導者在危機中的責任之一。領導者的情緒反應對於社會大眾有很大的渲染力，因此必須比一般人更保持冷靜與專注。在傳遞危機事實的同時，也要讓訊息顯現出希望與樂觀，以安撫人心。
2. **維持高能見度**：在危機發生時，領導者雖然會很自然地傾向躲避媒體或社會的質疑，或是拖延時間以釐清事實真相，但其實最重要的是要讓社會知道相關單位已經對狀況有充分的掌握。因此，行政主管應該在事件發生後的最短時間內，主動與大眾溝通並回答相關的問題。此外，領導者對事件關切的角度，以及行政機關將採取的處理方式都是危機溝通的重點。
3. **誠實以對**：誠實是危機中進行謠言控制的最佳方法。危機發生之際，領導者應該盡量蒐集各方的資訊，並在經過查證後，以最快的速度將事實告知社會大眾。愈是在模糊與不確定的環境中，小道消息及不實的謠言就愈容易快速傳播。
4. **溝通未來願景**：大多數人在危機過後，心理上都需要某種值得期待的目

標。領導者在這種時機之下應該致力於擬定溝通未來建設的願景，將大眾情緒及改善現狀的渴望化為正面的力量，加速復原工作的進行。[16]

第五節　行政溝通與價值衝突

類似其他公共行政的面向，行政溝通也是一個充滿價值衝突的複雜過程。行政溝通的主要目的是在形塑與保持良好的公眾形象，輔助行政者與其他機關、非營利組織、企業，以及人民團體之間的資訊交流與互助合作。然而，大多數的行政機關都圍繞者多元的利害關係人團體，各利害關係人都希望影響行政機關，以獲得自己希望的公共服務，或接受其特定的政策觀點；特殊的團體也希望行政機關注意到他們的特定需求或主張，或優先解決他們的問題。一般來說，公共行政者除了社會大眾，最重要的溝通對象包括民意代表、上級監督機關，以及相關的利益團體。

首先，除了直屬上司，民意機關(立法院或縣市議會)的相關委員會，以及上級監督機關是對行政者具有最大影響力的兩大利害關係人團體。民意機關不但有權監督行政機關的運作、決定預算與人事規模，甚至可直接立法規範行政機關的工作內容；而上級監督機關，包括計畫、主計與人事等幕僚功能，也會對行政機關的運作產生重大影響。這些機關直接控制行政者可用的資源，甚至規範行政機關運作的重要程序，如人員聘用或工程採購等，因此是行政者不可忽視的溝通對象。

至於利益團體則處於政府體制之外，代表個別政策議題、產業經濟、公民團體，或專業組織的公共利益。利益團體對於行政者而言可說是兩面刃。利益團體不但可帶給行政機關創新的政策想法，還可能影響社會菁英階層的感受，甚至提供行政機關獲取資源所需的政治支持。然而，當利益團體反對特定政策或公共服務時，也能產生很大的影響力，讓公共行政者窮於應付。

行政機關擁有政策領域的專業知識，同時具備各種資源以提供社會需要的服務，所以不管哪一種利害關係人都很樂意助行政機關一臂之力，因為唯有如此才能達成自己的目的。舉例來說，民意機關最重視行政機關的回應性(Responsiveness)。假如某位民意代表能藉由行政者推動的公共方案而讓選民認

同或注意到他，他就會更樂意瞭解相關的方案內容，甚至幫助行政機關爭取更多的資源。相對來說，上級監督機關比較關心的是行政機關運作的經濟與效率。換言之，主計、人事等監督機關較不關心實質工作內容，而是將焦點放在如何節省機關日常運作的成本或提高產出，因此若行政者在這些方面表現積極，自然容易獲得這些單位的推崇。最後，利益團體是這些利害關係人中最容易應付，但也可能是最難溝通的對象。行政機關如果與利益團體保持良好的合作關係，就能更瞭解服務對象需要的公平性，同時避免這些團體訴諸媒體或走上街頭為自己發聲的必要性。

Case 13：非我族類，不歡迎？

個案A

三峽北大特區位於新北市首府板橋市15公里外，不僅是一個單純的住宅區，提供給市區上班族居住的地方，更大的特色是緊鄰國立臺北大學。國立臺北大學擁有數萬名的各科系教職員、學生，吸引許多高科技的業者，以及各種流行的餐飲與服飾的產業進駐。本區的特色就是居民的收入多為中上階層的水準，平時頗為關心當地社區發展有關的議題，跟大多數區域不同的是，這地方的居民願意支持適量地提高水、電、垃圾處理等費用，以維持高水準的公共生活水平。長年下年，北大特區居民甚至針對各種議題，已經成立了上百個社團或公益團體，包括老人福利、幼兒教育，以及家庭價值促進中心。

王小明是剛從外地來就任的新北市政府城鄉發展局住宅發展科科長，一上任就很驚訝地發現北大特區居民對於公共福利的冷漠，因為他們竟然集體對一個立意良善的公共住宅案不加思索地提出強烈反對。王科長發現北大特區居民的這種態度其來有自。五年前，新北市政府曾在北大特區的東區蓋了一個五十幾戶的集合式住宅。三年之後，新北市政府又想在東區蓋一個四十幾戶的公寓，即遭到居民的抗議。大約二十幾個居民跑到新北市政府城鄉發展局，以及都市計畫委員會去拉白布條，要求市政府不得再把公共住宅區劃進東區。抗議者要求，應該讓有錢人比較多的西區也分擔一下這種住宅。這次抗議後來並沒有達成目的，四十幾戶的公寓還是蓋在東區，但新北市政府的官員之後在選擇老人住宅時就很小心地選了一個比較靠西面的地點。

由於東區的人很氣憤長期被市府視為較落後的地區，住宅發展科因此決定把一個花費3億元左右的低收入戶住宅大樓放在西區。然而，合適的位址並不容易尋找。住宅發展科的第一個選擇是位於西區大賣場旁的一個兩英畝的市有地，但這個選項很快就被議員及居民駁回，因為這樣會使當地原本就很擁擠的交通更難以預料。王科長只好退回第二個選項，也就是北大特區最東北區的一塊地。這地方也不是

非常理想，因為離市區很遠，而且原本都市計畫中是屬於農業區的土地。

這個選擇立刻引起很大的反彈。這個新選擇的地點離「北大哈佛園」社區大約五百公尺遠，居民聽到後簡直快要氣瘋了。北大哈佛園立刻成立自救會，召集社區居民一起參加抗議，會中並決議要廣發傳單，請求大家連署陳情書，要求新北市議會以大會決議退回此案。王科長注意到傳單上的內容是在告訴北大特區的居民，這個新的住宅大樓將會引進許多素質不佳的住戶，尤其是很多失業的遊民，或在新北市市區沒地方安置的所謂「新移民」。王科長向司法調查單位檢舉，要求撤回這些不當情緒性及歧視的字眼，但司法調查單位的反應是除非有人因為歧視，而無法得到公平居住的權利，否則無權介入，因為雖然不當，也是言論自由。

新北市議會只好針對這個居民的訴求進行討論，這個討論成為近年來噪音最大、衝突場面最激烈的會議之一。會議中滿滿都是從北大特區東、西區來的個人與團體代表、律師、街頭運動領袖、相關機關代表，以及看熱鬧的市民。

會議中，蘇小惠議員指出，陳情連署人已經超過 5,000 位，市議會應該對這個問題進行決議，但在投票之前，她建議應該多聽聽大眾的看法。來自北大特區西區的市議員汪東華則說：「我認為這個陳情告訴我們，市議會必須做出表決了，北大特區的居民有權力決定是否應該繼續在這個區域內繼續興建公有住宅。」其他還有兩個議員立刻附議，但有另外三位議員贊成正反雙方的意見都陳述完之後再做決定。

主張盡速投票的居民法律代表張惠東律師主張，議會的表決也許在法律上不能完全拘束城鄉發展局的行政決策，但是市政府應該對市議會的決議充分尊重，也就是應該對特區居民抵制的事情讓步。

人權律師李玉女代表低收入的人民團體發言，指出這個議會的討論是不恰當的，因為陳情書所使用的煽動語言，以及歧視的內容會誤導民眾的視聽。她指出「今天議會的這個場面根本就是企圖不當干擾公共住宅的政策，我代表的人民也很重要，我不會呆坐在這裡看著公共住宅的經費被你們刪除，他們的力量很小，但他們的權利一樣很重要。」

新北市女權協會會長黃麗麗最後發言，認為市議會不該急著介入這件事：「我們新北市民的社區精神不應該是『如果你很窮，我們就不歡迎你搬進來』。」

個案 B

新生南路的巷子裡，臺灣大學旁，一棟三層樓高的建築，大門口有個招牌寫著「友誼之家」。旁邊老社區的居民們路過，似乎也都不會注意到這房子有什麼特別。這房子最初是做為一群女大學生的姊妹會宿舍，近年來屋主多次易手，輾轉變成學生為主的出租套房。

不久，居民開始注意到有一些陌生人會到老社區附近的社區中新、草坪上，或大樹旁閒逛，這些人就是「友誼之家」的新居民。令人驚訝的是，這些居民不再是他們習慣的、吵鬧的臺灣大學學生，而都是曾經罹患不同程度精神疾病的人。

當居民開始向「友誼之家」交涉與抱怨時，「友誼之家」的負責人陳小芬很不解，

「為什麼人們可以接受大學生的吵鬧，卻不能接受一些已經快康復的，正在努力建立自信，想要重返主流社會的人？」她覺得人們只是聽到「精神病」，就無來由地自己嚇自己。

為了讓居民放心以解決問題，陳小芬特別在「友誼之家」辦了一場說明會，並進行「友誼之家」現場內部的導覽介紹。她解釋「友誼之家」是一個心理健康重建的專業機構，其中有九位合格的照護人員、七位全職人員，以及至少兩位隨傳隨到的護理人員。目前「友誼之家」有35位居住者，但其最大的容量可達70位。「友誼之家」是一個民營的機構，是經由簽約取得一年100萬元補助的方式，接受臺北市政府衛生局的委託來提供相關的教育與醫療服務。不過，病人的家屬所付的月費才是「友誼之家」主要的經費來源。

事後，陳小芬發現老社區居民的反對不減反增。居民開始組織起來，發動請願連署，要請求市政府關閉「友誼之家」。老社區的代表邱老虎受訪時說：「他們說自己是中途之家，但是我看這根本是一個關瘋子的大牢房。這棟建築的功能根本不足以應付他們所聲稱的……。」邱老虎控訴，友誼之家的病人不分日夜的在社區的街道上，隨便敲人家的門或隨機按居民的電鈴，有時候聚在街道旁聊幾個小時，隨意丟棄飲料罐在草地上，或是一直想逗鄰居的小孩讓大家不勝其擾。他們甚至曾經對戶外烤肉的聚會咆嘯、罵髒話，使得大家提早收拾散會。邱老虎承認，「目前的確還沒有人被他們傷害過，但是大家都嚇壞了，以前這是多麼完美的一個社區呀。」邱老虎將一個好幾十個人簽名的請願書送交衛生局沈家年局長。沈局長解釋，雖然衛生局有權監督友誼之家及其他類似中途之家的機構，但友誼之家是衛生福利部認可並發給執照的機構。沈局長最後答應居民，他會確保市長知道這整件事及居民的反應。

問題討論

1. 你對故事中的北大特區居民有何看法？他們為什麼那麼激動？
2. 以上的兩個故事有什麼不同？你認為如果是換成剛出獄者的中途之家會如何？
3. 針對社區可能反對的建設計畫，你會採取哪些步驟來提升居民的接受可能性？
4. 你覺得人性是光明的？最後都會做出正確的決定嗎？
5. 臺北市衛生局長應該怎麼做？在你看來，這個請願是合情合理？衛生局該介入調查嗎？

本章習題

申論題

1. 在政府運作過程中，行政人員常需要獲得來自政務人員或民意機關的支持。請論述行政人員可透過那些方法，以增進與政務人員、民意代表之間的關係？
(111 年外交特考四等)

2. 政府在政策推行過程中，採以鼓勵機關成員參與決策，亦必須加強與民眾溝通，爰請分別論述政府重視參與管理之前提條件為何？並析論政府與民眾溝通的功用及具體作法又為何？
(105 年高考一級暨二級)

3. 近日，寶可夢手遊盛行，北投公園因出現稀有神奇寶貝，吸引眾多玩家聚集，而成為抓寶聖地。然而，尋寶可能成為一項治安危機。針對此一現象，請先說明「危機管理」與「危機處理」的意義及其異同為何？行政機關建構危機管理體制的三大活動為何？以及有效處理危機的方法又為何？
(105 年高考一級暨二級)

4. 何謂「政策行銷」(policy marketing)？其理由為何？請試舉一個案例，說明政策行銷的重要性。
(104 年簡任升官等)

選擇題

1. 民眾參與的途徑具有多種不同的形式，下列何者是展現人民主權最具體、直接的方式？
    (A) 接受民意調查　　(B) 出席公聽會
    (C) 參與聽證　　　　(D) 參與公民投票
(112 年地特三等)

2. 參與式預算常利用「住民大會」形式進行資訊提供、討論與決策，下列何種公民參與途徑和住民大會的性質最接近？
    (A) 1999 專線　　　(B) 公聽會
    (C) 公民會議　　　　(D) 國民參審制
(112 年地特四等)

3. 職場中部屬對上司經常出現「報喜不報憂」的情形，是屬於那一種溝通上的障礙？
    (A) 地位上的障礙　　(B) 地理上的障礙
    (C) 語言上的障礙　　(D) 文字上的障礙
(111 年地特三等)

4. 語言與文字是溝通主要媒介，有關克服語言與文字溝通障礙的技巧性作法之敘述，何者正確？
    (A) 避免引用專業資料
    (B) 使用長句以代替短句

(C) 儘量利用圖表與舉例方式表達

(D) 儘量多使用專門術語 (104 年高考三級)

5. 下列何者屬於直接的民意表達方式？
   (A) 透過意見領袖表達　　　(B) 透過民意代表表達
   (C) 透過村里長表達　　　　(D) 透過選舉表達 (104 年普考)

6. 機關組織層級過多，較容易造成那一類型的溝通障礙？
   (A) 資訊超載　　　　　　　(B) 資訊複雜
   (C) 過濾作用　　　　　　　(D) 沈澱作用 (104 年普考)

7. 「依據機關組織結構的層級節制體系所建立的溝通系統」意指下列何種溝通類別？
   (A) 平行溝通　　　　　　　(B) 非正式溝通
   (C) 斜行溝通　　　　　　　(D) 正式溝通 (104 年地特四等)

8. 就行政機關而言，政策行銷中的「內部行銷」對象是指下列何者？
   (A) 一般民眾　　　　　　　(B) 利益團體
   (C) 立法委員　　　　　　　(D) 執行人員 (104 年地特四等)

9. 下列何者不是傳播媒體所扮演的角色？
   (A) 民意表達者　　　　　　(B) 政府施政監督者
   (C) 公共政策的執行者　　　(D) 民意的形塑者 (103 年高考三級)

10. 一般言之，溝通的主要障礙不包括下列何者？
    (A) 語意上的障礙　　　　　(B) 心理上的障礙
    (C) 年齡與性別上的障礙　　(D) 地位上的障礙 (103 年普考)

註

[1] Cooper, L. O. (Dec. 1997). Listening Competency in the Workplace: A Model for Training. *Business and Professional Communication Quarterly, 60*, 475-84.

[2] Berkman, E. (Mar. 2002). Skills. *CIO*, 78-82.

[3] Lengel, R. H., & Daft, R. L. (Aug. 1988). The Selection of Communication Media as an Executive Skill. *Academy of Management Executive 2*, 225-232.

[4] Fandt, P. M. (Dec. 1993). *Management Skills: Learning Through Practice and Experience* (1st ed.). Dame Publishing.

[5] 中時電子報，2005 年 5 月 13 日。

[6] Watzlawick, P., BeavinBavelas, J., & Jackson, D. D. (Apr. 2011). *Pragmatics of Human Communication: A Study of Interactional Patterns, Pathologies and Paradoxes* (1st ed.). W. W. Norton & Company.

[7] Hogan, K., & Stubbs, R. (2003). *Can't Get Through: 8 Barriers to Communication*. Grenta, LA: Pelican Publishing Company.

[8] Doyle, M., & Straus, D. (1982). *How to Make Meeting Work: the New Interaction Method*. New York, NY: Jove Books. Monge, P. R., McSween, C., & Wyer, J. (1989). *A Profile of Meetings in Corporate America: Results of the 3M Meeting Effectiveness Study*, Annenberg school of communications, University of Southern California, Los Angeles, CA. Mosvick, R., & Nelson, R. (1987). *We've Got to Start Meeting Like This: a Guide to Successful Business Meeting Management*. Glenview, IL: Scott, Foresman.

[9] Kayser, T. A. (1990). *Mining Group Gold: How to Cash in on the Collaborative Brain Power of a Group* (1st ed.). El Segundo, CA: Serif Publishing.

[10] King, C. S., Feltey, K. M., & Susel, B. O. (1988). The Question of Participation: Towards Authentic Public Participation in Public Administration. *PAR, 58*(4), 317-326.

[11] Cohen, S., Eimicke, W., & Heikkila, T. (2013). *The Effective Public Manager: Achieving Success in Government Organizations* (5th ed.). San Francisco, CA: Jossey-Bass.

[12] 警政署，運用警政資訊科技強化治安作為，取自：http://www.dgbas.gov.tw/public/Data/7103115595171.pdf

[13] Schwarz, A. (2012). Stakeholder attributions in crises: the effects of covariation information and attributional inferences on organizational reputation. *International Journal of Strategic Communication, 6*(2).

[14] Gordon, L. M., & Graham, S. (2006). Attribution theory. *The Encyclopedia of Human Development 1* (pp. 142-144). Thousand Oaks: Sage Publications.

[15] Coombs, W. T., & Holladay, S. J. (1996). Communication and attributions in a crisis: An experimental study of crisis communication. *Journal of Public Relations Research* (pp. 279-295), *8*(4); Coombs, W. Timothy (1995). "Choosing the right words the development of guidelines for the selection of the appropriate crisis-response strategies." *Management Communication Quarterly*, 447-476.

[16] 取自：https://en.wikipedia.org/wiki/Crisis_communication

第十四章
行政控制

誰來控制？政府施政強調政府績效的展現，績效管理、政府審計與平衡計分卡是常見的行政控制機制。

　　為求政府展現績效，落實對民眾課責，發揮民主政治，行政控制相形重要。由政府投入、過程與產出各面向關注績效是行政控制的核心。自1990年代起，各國政府再造運動風行草偃，包含美國「全國績效評鑑」(National Performance Review, NPR) 的設置，英國「續階計畫」(Next-Step Program)、公民憲章 (Citizen Charter) 與服務品質競賽 (Service Quality Competition) 的推動，加拿大的「行政改革白皮書」(White Paper on Administrative Reform) 與澳洲、紐西蘭的「行政文化重塑運動」(Reshaping Administrative Culture)、美國「全國績效評鑑」的改革經驗與「政府績效與成果法」(Government Performance and Result Act, GPRA) 之理念等，無一不在行政控制上強調績效管理與績效評估。

就我國經驗而言，國家發展委員會正積極推動中長程個案計畫「全生命週期績效管理機制」，鏈結自計畫立案 (編審作業)、規劃 (前置作業)、執行 (計畫執行)、屆期 (計畫結束) 至事後營運各階段之績效評估[1]。各國對於績效管理制度的實際成效從事許多研究與檢驗，本章將先整理績效管理制度之內容。就財務控制面而言，政府預算至決算為財務審計關切重點，近來績效審計重視計畫績效與成本效益，本章也將加以介紹。第三節則說明平衡計分卡所展現之策略地圖，以及組織願景、目標與績效所形成之計分卡架構。

第一節　績效管理

首先，就績效的定義而言，意指有效率地運用資源，以提供有效益的服務或產品，一般所稱績效包含效率、效能與滿意度，效率強調經濟效率、回應效率及生產效率；效能指產出的品質是否良好；而滿意度指工作者對其工作之感覺或情感性反應。簡單來說，效率強調**以對的方法做事** (do things right)，效能指**做對的事** (do the right things)，而績效結合兩者，**以對的方法做對的事** (do the right things right)。

一、績效管理內涵

而績效管理強調組織管理以績效與成果為依歸，哈翠伊 (Hatry, 2002) 於《公部門績效與管理評論》(*Public Performance and Management Review*) 中界定「績效管理是使用績效資訊影響計畫、政策或組織行動以追求公共服務最大化利益」。

具體而言，績效管理制度的重點包含：[2]

1. 建立誘因機制以確保績效資訊的取得與應用。
2. 授權公務人員以最有效方式達成任務。
3. 建立**可衡量的目標** (Measurable Objectives) 及**績效指標** (Performance Indicators) 以為機關主管課責之基礎。
4. 以「**結果**」(Result) 及「**任務**」(Mission) 為導向，而非以「**投入**」(Input) 或「**過程**」(Process) 為導向。

整理國內外文獻，歸納績效管理之做法與步驟主要有下列七項：

(一) 建立願景 (Vision)

共同願景是任何組織永續發展的關鍵，關切機關的未來發展願景為何？機關之基本任務為何？所謂共同願景是組織成員大家心中共同願望的景象，企圖形成令人深受感召的內心力量，組織成員願意為這個理想而努力付出，藉此，願景可以凝聚組織共識，激發組織成員無限的創造力。

(二) 策略規劃 (Strategic Planning)

策略規劃通常指中、長程規劃，採 SWOT 分析，包含機關內部能力的**優勢** (Strength, S) 與**劣勢** (Weakness, W) 分析與機關外部環境的**機會** (Opportunity, O) 與**威脅** (Threat, T) 分析。就前者而言，機關內部優勢代表機關本身所具備執行某項特定任務的「長處」、「優點」或「籌碼」；劣勢則指機關本身無法執行某項特定任務的「障礙」、「弱點」或「問題癥結點」，機關的優勢與劣勢可能來自於組織成員的動機、組織文化、組織資源或組織能力等。

就機關外部的機會與威脅分析而言，主要是外在政治、經濟、社會、文化環境給機關帶來的機會與威脅，政府機關面對外在環境的機會，應積極開發利用；然面臨威脅時，也應儘可能克服或設法加以轉換。[3]

(三) 目標管理 (Management by Objective, MBO)

當組織設立願景與策略後，則據以訂定目標，就時間層次而言，依序有長、中、短程目標與年度目標；就組織層次而言，則依序包含組織目標、單位目標、個人目標等，構成目標體系，做為管理依據，即為目標管理之意義。

(四) 績效標竿學習 (Benchmark Learning)

而在組織設定目標的同時，組織往往也會嘗試找出績效卓越的廠商、公司或政府機關，定為標竿，學習其卓越的理由，以提高機關績效。

(五) 設定績效指標 (Setting Performance Indicators)

一般而言，績效指標分成兩大類：量化績效指標與質化績效指標。量化績效指標通常指能以統計數據加以表示的指標，如單位成本、產出比例、投入產

出比等都是；質化績效指標則往往涉及價值評斷的指標，僅能以主觀感受加以表示，如抱怨分析、滿意水準、個案評鑑、例外報告。績效指標的設定應兼顧兩者，而非現行績效評估作業較重視量化績效指標，而忽略質化指標的重要性。

(六) 績效評估與報告 (Performance Evaluation and Report)

由上述績效指標，可據以評估個人、單位、組織績效，以瞭解組織是否達成既定目標，此系統化評估過程即為績效評估。績效評估後，為求績效資訊公開，應作成績效報告，也為符合課責要求。

(七) 獎酬制度 (Reward System)

績效評估的結果除了做為課責依據外，也應以獎酬制度結合，以達激勵作用，促使績效好者可繼續維持，績效不佳者可改善。現行政府機關採行績效獎金制度，即是希望達成績效與獎酬結合。績效評估與激勵制度的關係可由三個激勵理論簡要敘述，由**目標設定理論** (Goal-Setting Theory) 而言，設定愈明確且愈困難的目標，可使員工有較高的績效；就**加強理論** (Reinforcement Theory) 來看，一旦機關績效良好並受到獎賞時，可使其機關接續的表現更好；反之，若表現不好且無受到懲罰，則表現愈差；以**期望理論** (Expectancy Theory) 而言，員工與機關的績效將視其是否會得到獎勵及獎勵對其的吸引力而定；換言之，若機關人員預期會得到獎勵且他們看重獎勵對他們的吸引力的話，他們就會盡量提升機關的績效。綜言之，機關的績效評估是獎酬制度的依據，而獎酬制度可提供回饋，提升機關績效。

二、績效管理面臨的問題

有關績效管理制度的問題，國內外學者多有探究，提出績效管理的迷思如下：[4]

1. 績效管理不過是「新瓶裝舊酒」的管理遊戲，是領導者為了創造個人績效，企圖以工作成效管理部屬的工具。以往對組織績效評估已有考成辦法，也有對個人績效的考評辦法，因而認為績效管理不過是新瓶裝舊酒。
2. 績效管理的核心是績效指標的衡量，其他的部分都是次要的；績效指標不

過就是各機關的統計年報而已。有些人認為績效管理僅著重績效指標的建立與蒐集相關數據佐證績效顯著與否，而這些數據與各機關之統計年報差異不大。

3. 許多政府機關的業務是無法量化的，無法研擬量化績效指標。績效管理為容易量化的業務創造「機會」，卻為那些無法量化的業務製造「威脅」。因而政府機關間業務單位較容易呈現績效，而幕僚單位的業務多半依賴心智活動，較難呈現績效。此外，也能出現**挑軟柿子吃** (Creaming) 的行為，注重容易呈現績效的活動或業務，而不執行勞心費時之工作。

4. 現行績效獎金制度推動，追求績效的結果容易造成機關間、組織成員間的惡性競爭，以致容易表現績效的機關成為領導者的寵兒，不容易表現績效的機關則不受領導者重視。

此外，績效管理也運用於政府預算的編製、執行與評估，表 14-1 歸納美國各州研究所得有關執行績效管理與績效預算的好處與影響。[5]

同時，研究也發現執行績效管理產生下列幾項問題，依問題嚴重性排列如下：

表 14-1　執行績效管理與績效預算的好處與影響

執行績效管理與績效預算之好處	執行績效管理與績效預算之影響
1. 提升機關計畫之效能	1. 增加工作量
2. 提升政府決策	2. 更瞭解政府運作
3. 促使成本節約	3. 促進行政與立法部門溝通
4. 減少重複服務	4. 與績效撥款有部分相關
5. 促進行政與立法部門之協調	5. 有做總比沒做好 (Better than Doing Nothing)
6. 改變撥款程度	6. 整體來說變得更好
7. 取悅大眾	

資料來源：Melkers, J., & Willoughby, K. G. (2001). "Budgeters' View of State Performance-Budgeting Systems: Distinctions across Branches," *Public Administration Review, 61*(1), 54-64.

1. 難以建立適當的績效指標。
2. 難以界定績效的涵義。
3. 結果難與績效撥款結合。
4. 立法部門對績效資訊缺乏興趣。
5. 缺乏一致性的立法領導能力。
6. 缺乏足夠時間。
7. 缺乏電腦資訊系統處理績效管理資料。
8. 缺乏組織承諾。
9. 缺乏人力資源。
10. 缺乏一致性的行政領導能力。
11. 缺乏財務資源。

三、績效管理成功之道

針對上述績效管理之問題，分就績效管理實務與整體組織提出建議。首先，就績效管理之實務而言，可加強下列幾項：

1. **重點管理**：針對組織核心重點工作做為績效管理之標的對象，而非所有工作廣泛推行，過多業務則重心分散，過多指標衡量績效則看不出主要績效所在。
2. **參與管理**：績效管理整體實務應強化由下而上之參與模式，由組織成員參與設定績效指標、目標或願景，以凝聚組織成員的共識。
3. **兼顧量化與質化指標**：量化與質化指標各有特色，應兼顧而不偏廢。
4. **兼顧共同與個別指標**：共同指標做為組織間相互評比；而個別指標則因應特殊個人、單位或組織所需，各自羅列。
5. **360度評估方式**：即是以個人、單位或組織為中心，繞在其四周之人皆可做為評估者，包含自評與他評的各項管道，期能融入多元觀點的意見。
6. **結合獎酬制度**：使績效結果與獎酬制度與訓練相結合，績效好者應給予獎酬；績效差者則可給予訓練機會，加強績效結果與獎酬制度的結合。

就整體組織而言，可朝下列三方向著手：

1. **領導能力**：組織主管的領導能力、風格與是否重視績效管理，皆會對機關

績效管理之實質意義有舉足輕重之影響。
2. **組織文化**：包含價值、信仰、行為、規範與期望等，組織中個人接受改革並有意願去改變他們思考與行為方式；換言之，若組織成員可將績效管理落實視為組織重要價值與行為規範，則績效管理較容易有績效。
3. **學習型組織**：組織有能力去吸收並制度化新的過程與制度，績效管理有許多新概念不斷出現，唯有透過學習型組織建立，組織學習才可能提升。

第二節　審計

審計的目的在於，查核預算的執行是否有違法情事、財務支出是否經濟、政策或組織目標是否達成。在我國，因採行五權分立，審計權歸於監察院，依法將審計結果送立法院審議。

一、決算審核

政府決算之審核分為行政查核、監察審核及立法審議三種，[6] 分別說明如下：

(一) 行政查核

《決算法》第 20 條規定，各主管機關及行政院主計總處於彙編決算時，如發現其中有不當或錯誤，應修正彙編之。

(二) 監察審核

審計人員審查各機關或各基金決算時，依《決算法》第 23 條及《審計法》第 67 條之規定應對下列事項注意審查：

1. 有無違法失職或不當的情事。
2. 是否超過預算或有剩餘。
3. 施政計畫、事業計畫或營業計畫已達成與未達成的程度。
4. 使用經費經濟與不經濟的程度。
5. 施政效能或營業效能的程度，及與同類機關或基金的比較。

(三) 立法審議

審計長於中央政府總決算送達後三個月內完成其審核，編造最終審定數額表，並提出審核報告給立法院(《決算法》第 26 條)。《決算法》第 27 條規定審計長向立法院提出審核報告時，立法院就上項報告中有關預算的執行、政策的實施與特別事件的審核救濟等事項予以審議，在審議進行中，審計長有答覆質詢並提供資料的義務。對原編造決算的機關，如有必要，亦得通知其列席備詢或提供資料。《決算法》第 28 條規定「總決算最終審定數額表，由立法院審議通過後，送交監察院，由監察院咨請總統公告」。

二、審計職權

依據《審計法》第 2 條規定，審計機關之職權包括監督預算之執行、核定收支命令、審核財務收支、審定決算、稽察財務上之違失、考核財務效能、核定財務責任等，主要功能有下列四項：

1. **審核政府財務收支，提高政府財務報表之公信力**：審計工作，目的在審核政府預算執行結果及財務狀況，提高財務報表之公信力，其功能主要是對立法部門提供服務。
2. **考核財務效能，提供財務管理顧問之服務**：審計機關考核各機關之績效並於政府編擬年度概算前，提供審核以前年度預算執行之有關資料及財務上增進效能及減少不經濟支出之建議意見；換言之，是向行政部門提供管理顧問服務之功能。
3. **稽察機關人員財務上之違失，匡正財務紀律**：此一工作具有政府財務警察之性質，也是審計機關對監察部門及司法檢察部門提供之服務。
4. **審核機關經管財物之損失、核定財務賠償責任**：此為審計法授予之準司法權，一般亦稱為政府財務司法。

由審計業務處理簡圖可看出政府審計主要分為普通公務審計、特種公務審計、公有營(事)業審計及財物審計四部分，兼重財務審計、績效審計與專案審計，要求所有審計業務具備適正性、合規性與效能性，此三種特性的內涵與審計結果處理如圖 14-1 所示。

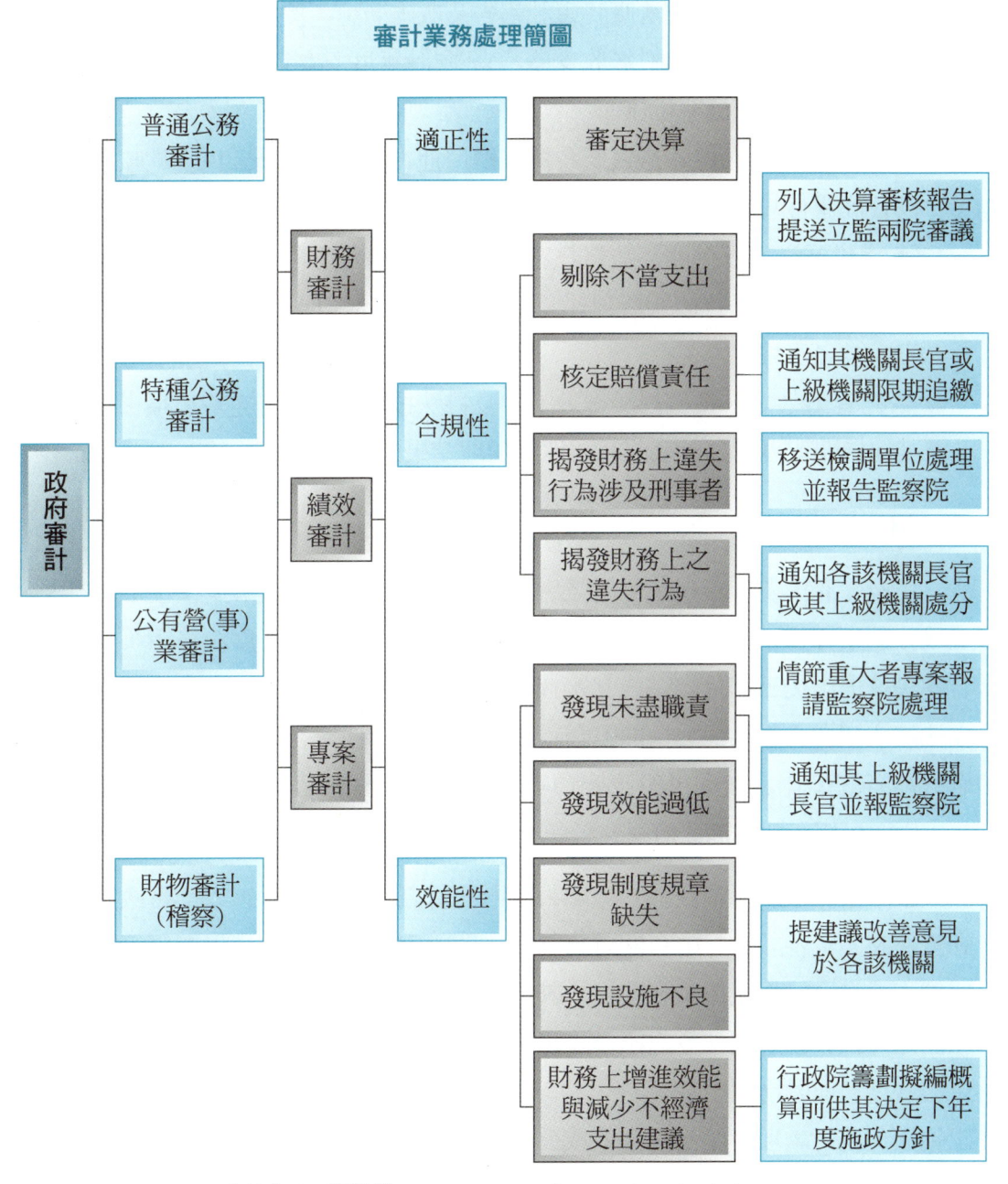

審計業務處理簡圖

政府審計
- 普通公務審計
- 特種公務審計
- 公有營(事)業審計
- 財物審計(稽察)

- 財務審計
  - 適正性 → 審定決算 → 列入決算審核報告提送立監兩院審議
  - 合規性
    - 剔除不當支出
    - 核定賠償責任 → 通知其機關長官或上級機關限期追繳
    - 揭發財務上違失行為涉及刑事者 → 移送檢調單位處理並報告監察院
    - 揭發財務上之違失行為 → 通知各該機關長官或其上級機關處分
- 績效審計
  - 效能性
    - 發現未盡職責 → 情節重大者專案報請監察院處理
    - 發現效能過低 → 通知其上級機關長官並報監察院
    - 發現制度規章缺失 → 提建議改善意見於各該機關
    - 發現設施不良
    - 財務上增進效能與減少不經濟支出建議 → 行政院籌劃擬編概算前供其決定下年度施政方針
- 專案審計

資料來源：審計部，https://www.audit.gov.tw/Intro/Default.aspx

◎ 圖 14-1　審計業務處理簡圖

三、審計方式

　　審計之方式分為書面審計、就地審計、隨時稽察，以及委託審計等四種。

1. **書面審計**：各機關依法應將會計報告及收支憑證，按月送由審計機關審核(經審計機關同意者免附送收支憑證)，會計年度 (曆年制) 結束後決算報告亦應依限送審計機關審核。
2. **就地審計**：審計機關派員至各機關辦理抽查或專案審計，以實地瞭解及評核各機關有關財務收支及計畫之執行。
3. **隨時稽察**：審計機關為監督政府各項重大採購計畫之作業及其執行績效，得隨時派員稽察各機關辦理採購案件之規劃、設計、招標、履約、驗收暨完成後之效益等。
4. **委託審計**：審計機關對於審計上涉及特殊技術及監視鑑定等事項，得諮詢其他機關或專門人員或委託辦理，辦理結果由審計機關決定之。

四、財務審計

我國《審計法》、《決算法》及相關法規關於財務審計之規範，主要包括：查核分配預算、審核財務收支、隨時稽察採購案件、審定年度決算等，並於政府總決算提出後三個月內完成其審核，編造最終審定數額表，提出審核報告於立法院或議會，以為民意機關監督行政機關善盡責任與否之依據。審計機關透過財務審計工作之辦理，對政府預算執行結果及財務狀況進行獨立驗證及確信，因而可以有效提高政府財務資訊公信力及促進透明度。

審計機關被賦予審查決定機關人員財務行為應負之責任，以落實政府財務課責機制。《審計法》中有關財務課責相關規定包括：審核各機關經管現金、票據、證券、財物之遺失、毀損或其他資產之損失，並決定損失責任；決定各機關違背預算或有關法令之不當支出之剔除、繳還、賠償責任；對於主管人員未盡善良管理財務 (物) 之責任、會計人員簽證支出有故意或過失或記錄不實、出納人員誤付款項等，而使公款或公有財物受到損失者，審計機關查明決定剔除、繳還、賠償責任後，各該機關長官應限期追繳，並通知公庫、公有營業或公有事業主管機關；逾期，該負責機關長官應即移送執行機關強制執行。

審計機關發現有影響各機關前瞻功能是指行政部門之關鍵趨勢與新興挑戰變成危機前，審計機關能及時辨識並提出預警性意見。審計機關發現有影響各機關施政或營 (事) 業效能之潛在風險事項，得提出預警性意見於各該機關或有關機關，妥為因應。隨著政府公共服務的範疇及型態複雜且多樣化，審計機關

藉由導入「風險導向審計」或採取新的查核技術，協助各機關辨認未來趨勢，提醒機關留意即將發生的挑戰，對行政部門提出預警性意見。審計機關之前瞻者角色，可及時提出宏觀的預警性意見，協助行政機關建立完備之風險管理制度，發揮政府審計積極功能。

五、績效審計

近代政府審計功能已由傳統偏重防弊面之事前審計或財務面之財務審計，演進至強調經濟、效率、效益之**績效審計**。《審計法》訂有「考核財務效能」專章，具體規定績效審計內涵，審計機關審核決算時，應注意：施政計畫、事業計畫或營業計畫已成與未成之程度，經濟與不經濟之程度，施政效能、事業效能或營業效能之程度等。其中審計機關考核各機關之績效，如認為有制度規章缺失、設施不良、有可提升效能或增進公共利益者，應提出建議意見於各該機關或有關機關。此外，於政府編擬年度概算前，審計機關應提供審核以前年度預算執行之有關資料及財務上增進效能與減少不經濟支出之建議意見。其功能在於藉由評估計畫政策達成與否、分享標竿性資訊，及各政府層級之橫向與縱向比較，提出對行政管理之改善建議，並提供持續性回饋資訊，使及時調整政策。

績效審計乃針對機關施政計畫目標之績效及管理情形，經由客觀、有系統

績效審計

近代政府審計功能已由傳統偏重防弊面之事前審計或財務面之財務審計，演進至強調經濟、效率、效益之績效審計。「新公共管理」的思潮下，審計部持續導入新思維及新做法，強化績效審計作為，民國 99 年公布修正《審計部組織法》並推動高考增設「績效審計組」，厚植審計人力結構，擴大人才進用範疇。依據《審計法》第 2 條第 5 款規定，考核財務效能為審計職權之一。又《審計法》第五章考核財務效能之內涵，包括公務機關的各項計畫實施進度、收支預算執行經過及其績效、財產運用有效程度；考核公有營業及事業機關的重大建設事業之興建效能，及其經營效能；各機關或各基金決算的施政計畫、事業計畫或營業計畫已成與未成之程度，經濟與不經濟之程度；施政效能、事業效能、或營業效能之程度及與同類機關或基金之比較等均屬績效審計的範疇。績效審計的目的在於可促進政府提升施政績效，增進民眾生活福祉；強化政府透民度，滿足民眾知的權利；落實公共課責，促進良善治理。

(資料來源：審計部，https://www.audit.gov.tw/files/11-1000-170.php)

之檢核相關證據後，進行超然獨立之評估，同時，提供機關未來在運作上，應注意的焦點、最佳實例或將跨部會議題予以整合分析。績效審計可提供施政計畫作業改進之相關資料，以供決策機關監督或研擬改善措施，增進公共責任。

績效審計之目的包含：

1. 評估計畫之經濟、效率、效能與成果。
2. 評估內部控制執行之良窳。
3. 評核相關法規之遵循情形。
4. 評估可行之替代方案等。

政府績效審計之程序與方法，概述如下：[7]

1. **查核項目之選擇及查核目標之確認**：選擇查核項目及確認查核目標，為辦理績效審計之規劃作業階段，而績效審計規劃作業，攸關績效審計工作成功與否。選擇查核項目時，需就平時蒐集各機關施政計畫執行的有關資料，持續觀察追蹤，擬定中長期查核方案，包括查核之動機背景，計畫研究之範圍與查核方向，計畫採用之方法、工具與查核技術，查核所需之人力、時間、經費，陳請核定後，再依據中長期查核方案分配當年度計畫，研擬當年度之個別查核計畫，包括受查機關或施政計畫之背景資料，進行查核之原因、問題、範圍，所需資訊之種類、來源及擬運用之查核方法，查核計畫可能之結論、建議及影響，擬配置之審計資源。

2. **建立績效衡量之指標**：所謂績效衡量指標是指用以判定計畫是否達成或超過預期之標準。評估人員在選用衡量指標時，應採用合理、可行且與評估事項攸關之指標，不同計畫其衡量之指標亦有所不同，一般政府施政績效衡量之指標舉例如：法令規章或管理當局所訂之績效指標、法定預算數、預計達成之目標、私人機構績效指標、以前年度績效指標、財經及統計主管單位或大眾傳播媒體所常用之數據指標、專家之意見等。

3. **蒐集相關證據**：證據之蒐集必須注意其足夠與適切性。證據的足夠著重於所獲得證據的數量，證據之適切則著重於證據的可靠性及相關性。足夠與適切兩者具有相互關聯性，亦即證據之可靠性及相關性較高時，所需證據之數量較少；否則所需證據之數量較多。蒐集證據的方法包括檢查、觀察、查詢及函證、計算、分析及比較等，例如，審計機關為評估施政計畫

執行完成後之績效，運用橫向與縱向比較分析。橫向比較係不同機關執行相同計畫執行績效之比較；縱向比較係繼續性計畫自不同時段執行成效之比較，可瞭解計畫執行成效之盛衰趨勢。

4. **評估查核結果及其影響**：當查核人員蒐集完成相關證據後，應瞭解及評估將造成之影響，以決定對於相關問題所應採取之建議改善方案。政府施政績效之評估，是綜合現代各種分析、檢定之理論、模式與方法，予以適切地運用於評估整個施政過程，常用之技術與方法如：指標法、成本效益分析法、迴歸分析法、問卷調查法、效果追蹤法、實驗法、多目標社會科學整合模式等。此外，評估人員在執行施政績效評估作業時，亦可協調受評估機關或其主管機關之專業人員會同辦理，除可提高作業效率外，並能增加受評估機關對評估結果之信賴。

5. **分析缺失造成之原因**：評估查核結果所造成的影響後，應詳予分析研判缺失造成之原因，以提出具說服力與建設性之改進意見。

6. **研提建議改善意見**：績效審計報告具備之基本內容包括：查核目標及範圍、查核事項、查核過程、查核結果、結論與建議改善事項。

國際最高審計機關組織 (INTOSAI) 頒布之最高審計機關國際準則 ISSAI 12 指出，最高審計機關價值與效益係來自於對人民生活產生正面之影響，加強政府與公部門之課責、透明度及廉正，對民眾、國會及其他利害關係人展現持續之攸關性，以身作則成為典範機關，我國審計機關同時強化財務與績效審計，朝此目標精進。

第三節　平衡計分卡

績效管理重視組織願景、策略、目標與指標的確認與澄清，政府財務面控制重視審計功能的發揮，平衡計分卡重視財務構面外，組織其他績效，本節加以說明。平衡計分卡 (Balanced Scorecard, BSC) 是在 1992 年由哈佛大學商學院名師卡普蘭 (Robert Kaplan) 及諾蘭諾頓學院 (Nolan Norton Institute) 所長諾頓 (David Norton) 提出，原始用意在於解決傳統的績效評估制度過於偏重財務構面的問題，實際運用後，發現平衡計分卡需與組織的營運策略相互結合，才能發揮績效評估的真正效益與目的。平衡計分卡被《哈佛商業評論》評為 75 年來最

具影響力的管理工具之一，提出後，在美國和歐洲許多國家引起理論與實務界的濃厚興趣與迴響，目前廣泛地應用於企業、非營利組織，以及政府部門，我國行政院的「中程施政計畫」制度特別載明要求各機關在規劃時秉持平衡計分卡的原則辦理。

一、平衡計分卡的構面

實際上，平衡計分卡方法打破了傳統的只注重財務指標的管理方法，傳統的財務會計模式僅能衡量過去發生的事情 (落後的結果因素)，但無法評估組織前瞻性的投資 (領先的驅動因素)，因而平衡計分卡在財務構面加上未來驅動因素，包含顧客、內部流程、學習與成長三構面，兼納落後與領先因素，以組織共同願景與策略為核心，將公司的願景與策略轉化為**財務** (Financial)、**顧客** (Customer)、**內部流程** (Internal Process)、**學習與創新** (Learning and Innovation) 等四個面向，如圖 14-2 所示。

(一) 財務

1. 應該採用哪一種付費模式？使用者付費？政府完全補貼？
2. 有多少預算可以使用？單位成本效益如何？
3. 要如何增加收益，或控制成本？

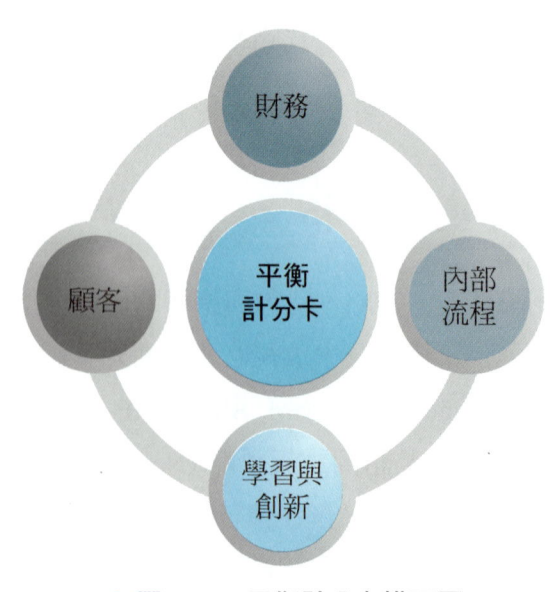

◎ 圖 14-2　平衡計分卡構面圖

(二) 顧客

1. 我們的服務對象有哪些人？
2. 我們的服務對象真正要的是什麼？
3. 其他社會大眾怎麼看？我們應該告訴外界什麼？議會或外界的支持程度如何？

(三) 內部流程

1. 要改變或創造什麼流程才能達到預期的效果？
2. 什麼樣的流程對服務對象/利害關係人最有利？
3. 可以增加自動服務的選項嗎？需要引進新科技嗎？
4. 如何提高服務的可近性？

(四) 學習與創新

1. 員工必須改進哪些地方？
2. 我們要如何維持最佳的專業水準？
3. 要進行哪些訓練才能讓新工作流程順利上軌道？

平衡計分卡中的各面向目標乃是基於策略地圖而設定，如圖 14-3 所示，策略地圖顯示出組織各面向的目標與手段之間的邏輯關係，有效地將組織的戰略轉化為組織各層次的績效指標和行動，使整個組織行動邁向策略目標，有助於各級員工對組織目標和戰略的溝通和理解。策略地圖中每一個層次目標的達成，都是為了促成更高一層的目標。例如，人員學習與成長目標中的「人事單位參與招募」，有助於達成內部流程層次中的「發展各單位的多元性指標」，進而可幫助達成財務層次的「減少弱勢族群人員轉換成本」，以及服務對象層次中的建設「歡迎身心障礙者的環境」目標。

如圖 14-4 所示，BSC 以「策略」為設計之前提；[8] 亦即，BSC 實施之先決條件是先要明確訂定「策略」，當策略形成後再實施，則容易促進組織願景之具體達成，進而增進組織長期之效益。其含括：(1) 策略性議題；(2) 策略性目標；(3) 策略性衡量指標；(4) 策略性衡量指標之目標值；(5) 策略性行動方案；(6) 策略性預算；(7) 策略性獎酬七大要素，以解決組織執行策略的障礙。七大要素

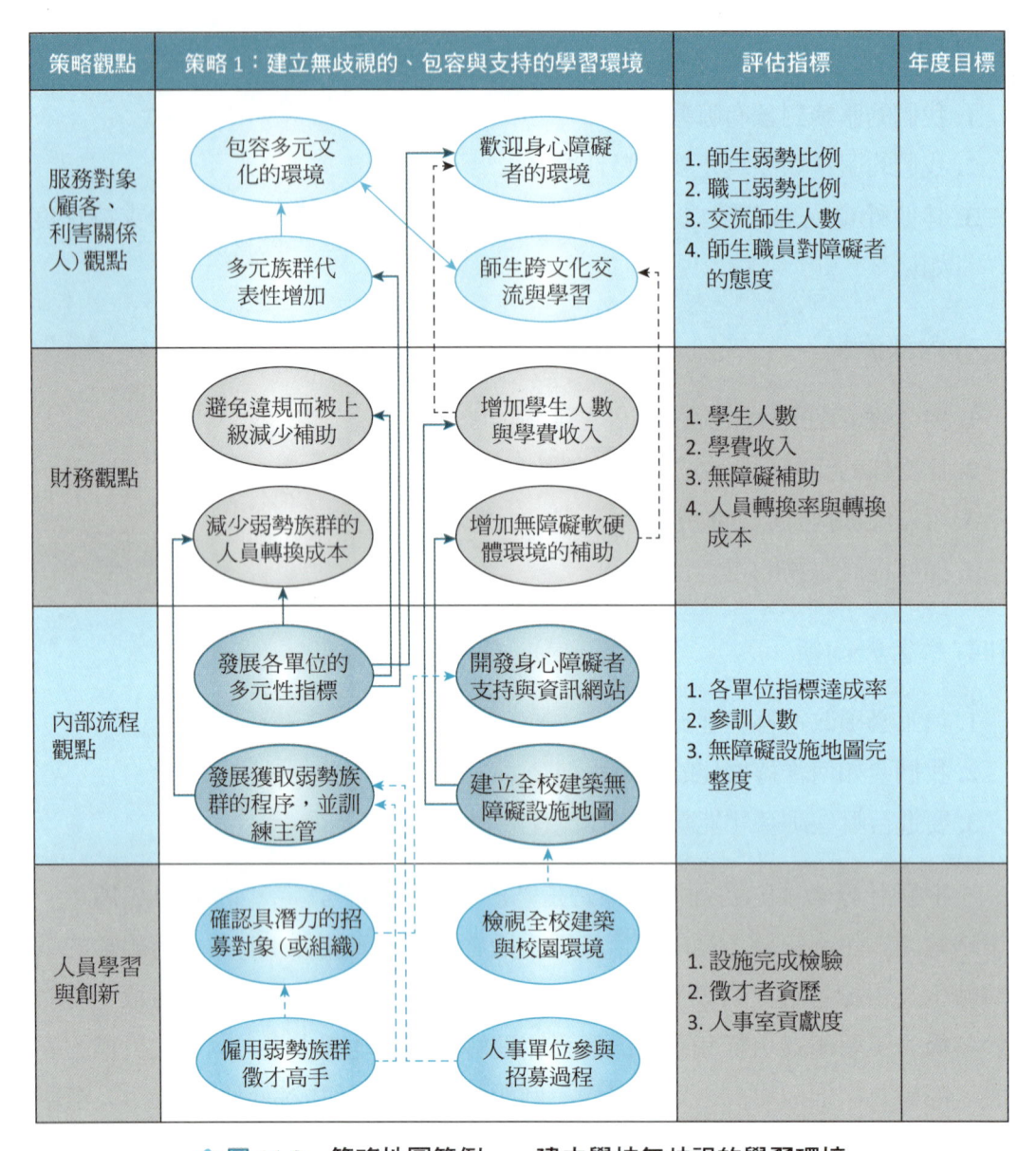

策略觀點	策略1：建立無歧視的、包容與支持的學習環境	評估指標	年度目標
服務對象（顧客、利害關係人）觀點	包容多元文化的環境　歡迎身心障礙者的環境 多元族群代表性增加　師生跨文化交流與學習	1. 師生弱勢比例 2. 職工弱勢比例 3. 交流師生人數 4. 師生職員對障礙者的態度	
財務觀點	避免違規而被上級減少補助　增加學生人數與學費收入 減少弱勢族群的人員轉換成本　增加無障礙軟硬體環境的補助	1. 學生人數 2. 學費收入 3. 無障礙補助 4. 人員轉換率與轉換成本	
內部流程觀點	發展各單位的多元性指標　開發身心障礙者支持與資訊網站 發展獲取弱勢族群的程序，並訓練主管　建立全校建築無障礙設施地圖	1. 各單位指標達成率 2. 參訓人數 3. 無障礙設施地圖完整度	
人員學習與創新	確認具潛力的招募對象(或組織)　檢視全校建築與校園環境 僱用弱勢族群徵才高手　人事單位參與招募過程	1. 設施完成檢驗 2. 徵才者資歷 3. 人事室貢獻度	

◎ 圖 14-3　策略地圖範例──建立學校無歧視的學習環境

之間亦具有環環相扣之因果關係，亦即策略性議題會影響策略性目標，進而影響策略性衡量指標。再配合四大子系統：(1) **策略描述系統**：包括策略性議題及策略性目標；(2) **衡量系統**：包括策略性衡量指標及策略性衡量指標之目標值；(3) **執行系統**：包括策略性行動方案、策略性預算、及策略性獎酬等內容；(4) **溝通系統**：BSC 中七大要素間之因果關係，皆得透過組織內之持續溝通形成。使得 BSC 具有結合目的及手段之功能，以有效解決組織在執行策略上的障礙。

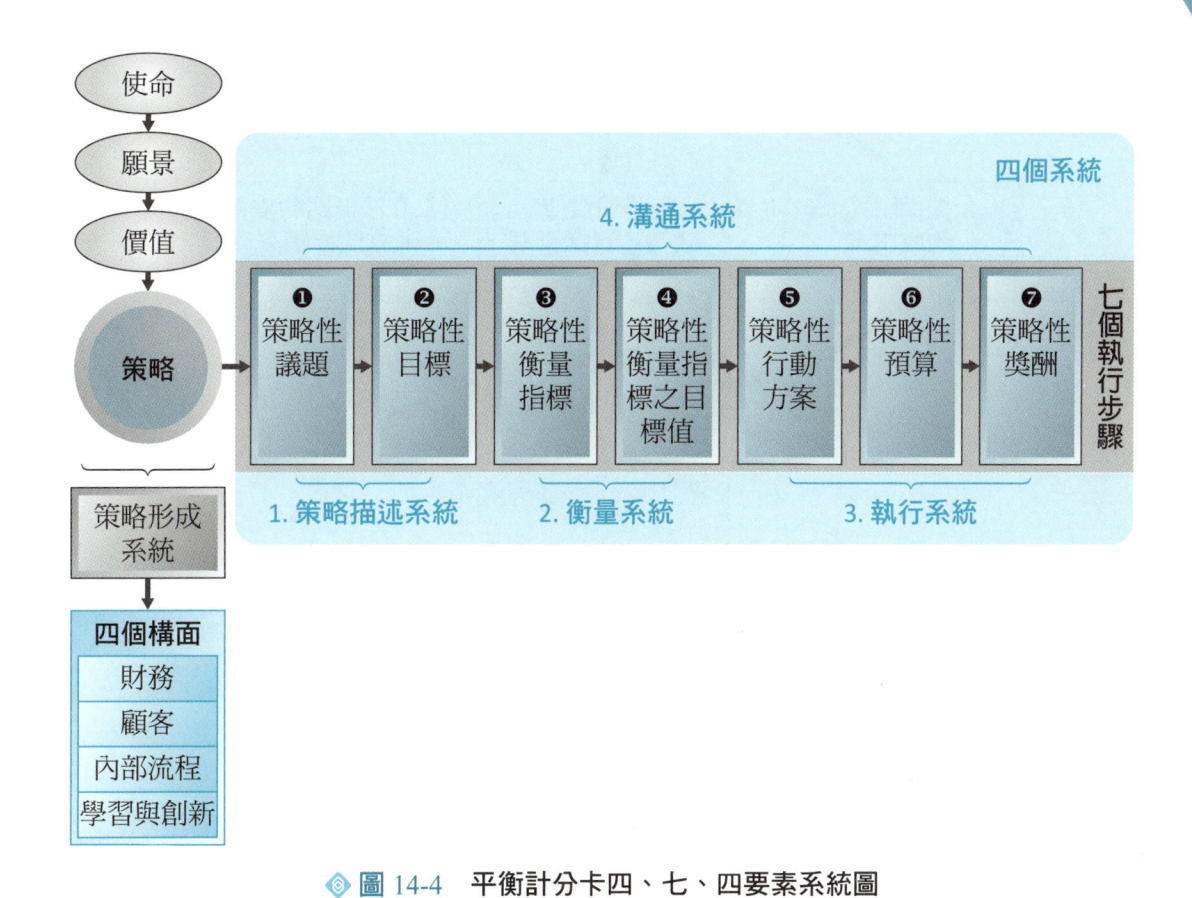

◆ 圖 14-4　平衡計分卡四、七、四要素系統圖

吳安妮 (2003) 修改平衡計分卡，認為政府機關運用平衡計分卡如圖 14-5 所示，簡要說明如下：

(一) 機構使命

此即為前述所提之願景與策略，政府機關應將其長期性的使命置於計分卡的頂端，以做為最高指導原則，並衡量其成功與否，如此才有助於組織長期使命的達成及落實。

(二) 四個構面

1. **顧客構面**：對於政府機關而言，服務之對象為百姓，因此政府機構必須致力地達成百姓的期望，為百姓創造最高之價值及福祉。
2. **財務構面**：對於政府機構而言，經費之提供者為納稅義務人 (包括企業及個人)，為了維持及確保經費之持續投入，政府機構應重視納稅義務人的

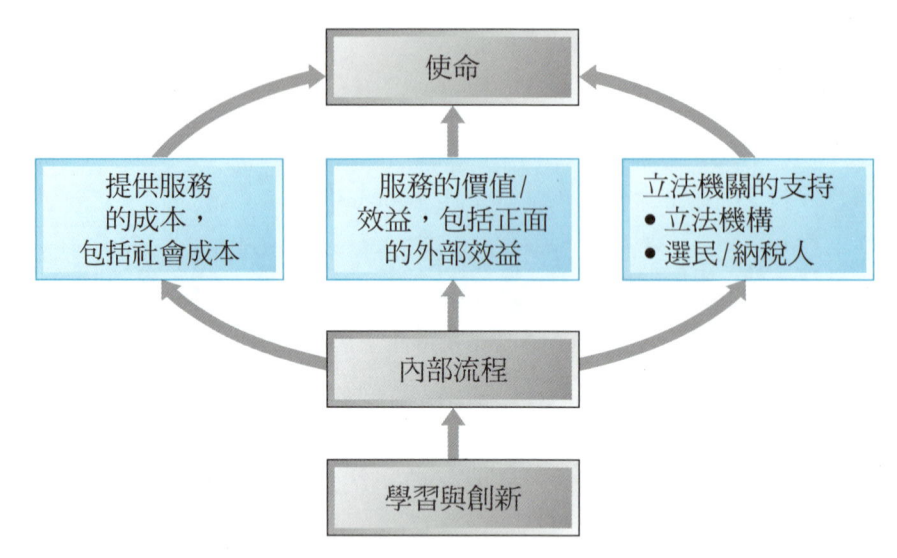

```
                         ┌─────────┐
                    ┌───→│  使命   │←───┐
                    │    └─────────┘    │
                    │         ↑         │
    ┌──────────┐    │    ┌─────────┐    │   ┌──────────┐
    │提供服務  │    │    │服務的價值/│   │   │立法機關的支持│
    │的成本，  │    └────│效益，包括正面│──┘   │• 立法機構│
    │包括社會成本│        │的外部效益 │       │• 選民/納稅人│
    └──────────┘         └─────────┘        └──────────┘
         ↑                    ↑                   ↑
         │              ┌─────────┐               │
         └──────────────│ 內部流程 │───────────────┘
                        └─────────┘
                             ↑
                        ┌─────────┐
                        │學習與創新│
                        └─────────┘
```

資料來源：Kaplan, R., & Norton, D. (2000). *The Strategy Focused Organization*. Boston, MA: Harvard Business School Press. p. 136. 轉引自吳安妮，2003。

圖 14-5　政府部門平衡計分卡構面圖

權利。

3. **內部流程構面**：為滿足顧客面以及財務責任面的目標，政府機關必須在業務運作流程上加以簡化，以便民為主要考量，例如，強化服務品質、效率、時間及彈性等。

4. **學習與創新構面**：學習與創新構面為其他三個構面的目標，提供了基礎架構，是驅使前面三個構面獲致卓越成果的動力。又員工能力及資訊系統的強化及組織氣候之建立等，皆為學習與創新構面之主要內容。

二、平衡計分卡執行步驟

　　平衡計分卡是系統性的策略管理體系，對組織總體發展策略與願景達成共識，就財務、顧客、內部流程、學習與創新四構面的目標、衡量指標、目標值以及行動方案有效結合。主要目的是組織願景與策略轉化為具體的行動，設計適切的績效衡量指標加以評估，為組織提供系統性、可量化、可評估的績效衡量方式，促進組織策略與願景的達成，以創造組織的競爭優勢。執行步驟如圖 14-6 所示：

1. 組織的願景與策略的建立與倡導。組織首先要建立願景與策略，先澄清及轉化組織之願景與策略，宜先向組織成員說明執行平衡計分卡的理由，建

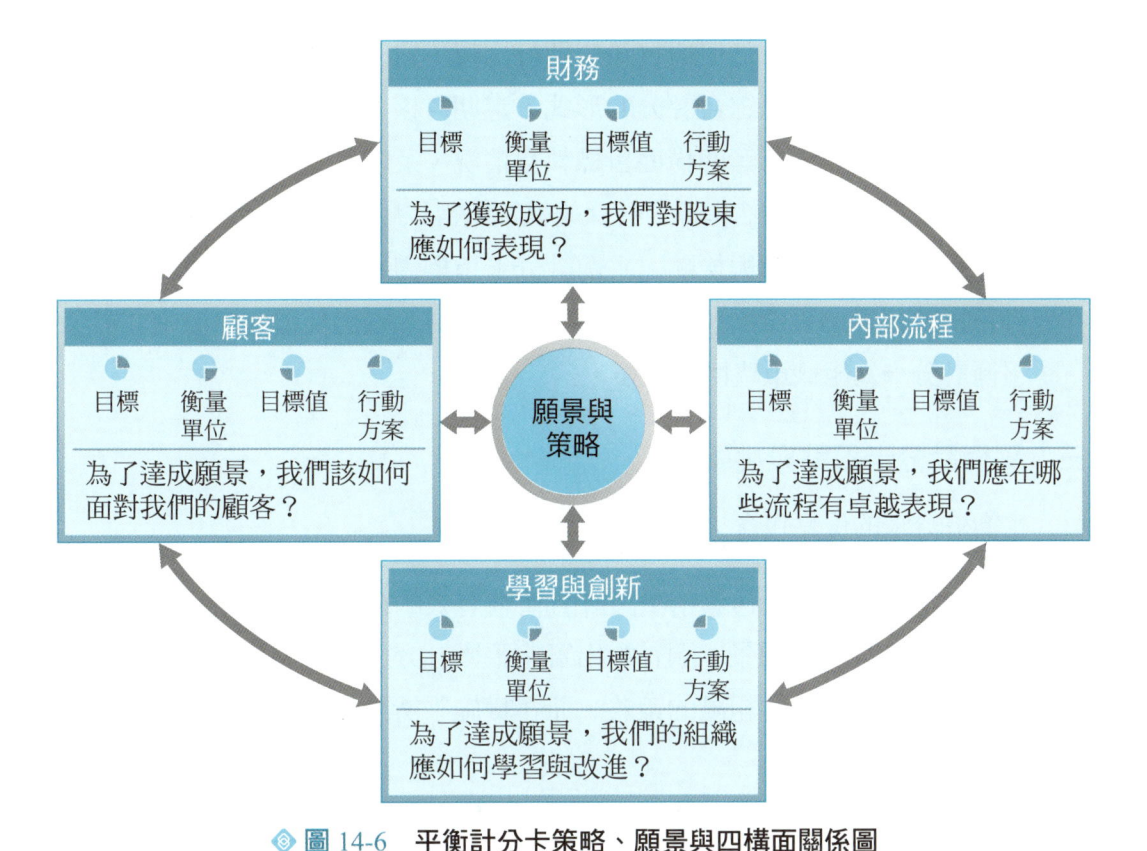

◎ 圖 14-6　平衡計分卡策略、願景與四構面關係圖

立共識、凝聚焦點、發展領導能力、策略溝通及協調、建立回饋機制等，使每個部門可以採用績效衡量指標達成組織的願景與策略。

2. **績效指標體系的設計與建立**。依據組織的策略目標，結合長短期發展的需要，找出最具意義的績效衡量指標。各部門於財務、顧客、內部流程、學習與創新等四構面，列出量化且可具體操作的目標，設立對應的績效評估指標，這些指標不僅與組織策略目標高度相關，而且是以<u>領先</u> (Leading) 與<u>落後</u> (Lagging) 兩種形式，同時兼顧長期和短期目標、內部與外部效益，綜合反映組織財務與非財務面向。指標設計同時重視成員參與，從內部到外部進行交流，徵詢各方面的意見，吸收各方面、各層次的建議。

3. **加強組織內部溝通與教育**。利用各種不同溝通管道，定期與不定期利用刊物、信件、公告欄、標語、會議等讓所有成員知道組織的願景、策略、目標與績效衡量指標。

4. 確定每年、每季、每月的績效衡量指標的具體數字，並與組織的計畫和預算相結合。由各主管部門與負責部門共同討論各項指標具體評分規則，一

般是將各項指標的預估值與實際值進行比較，對應不同範圍的差異率，設定不同的評分值。以綜合評分的形式，定期考核各部門在財務、顧客、內部流程、學習與創新等四構面目標執行情況，及時反饋，適時調整偏差，或修正原定目標和評估指標，確保組織策略得以順利與正確執行。

5. 績效指標體系的回饋與檢驗。平衡計分卡指標體系設計是否科學，是否能真正反映組織的實際現況，是否有不合理之處，透過反覆認真改進才能使平衡計分卡為組織策略目標服務。

三、平衡計分卡優點與挑戰

平衡計分卡的優點包含：

1. **可做為溝通工具**：透過精緻設計且清晰有效的績效指標，組織成員可清楚描述組織策略與願景，調查指出實施平衡計分卡之前，不到五成的成員表達他們知道並理解組織的策略，而在實施平衡計分卡一年之後，該比例超過八成。
2. **系統性績效評估**：平衡計分卡反映財務與非財務構面的平衡，長期目標與短期目標之間的平衡，外部和內部的平衡，結果和過程平衡，反映組織綜合績效，使績效評估趨於平衡和完善，利於組織長期發展。

然而，執行平衡計分卡也有其挑戰：

1. 指標建立與量化。財務指標設立與量化相對比較容易，其他三構面指標需要組織管理階層根據策略、願景與外部環境加以斟酌。有些指標資料不易蒐集，可能需要較長時間的觀察與衡量；有些指標重要卻很難量化，如組織成員激勵效果，往往需要蒐集大量資訊，並且經過詳細分析才可凸顯價值，資訊傳遞和反饋系統增加執行難度。
2. 平衡計分卡要確定結果與驅動因素間的關係，然而，多數情況結果與驅動因素間的關係並不明顯或不容易量化，組織需要耗時費力尋找並確認績效結果與驅動因素間的關係。
3. 平衡計分卡要求組織從財務、顧客、內部流程、學習與創新四個構面考慮策略目標和評估指標，除管理階層投入，也需要組織全體成員參加，使每

個部門、每個人都有各自的平衡計分卡，組織需要付出較大參與及溝通成本。

第四節　價值討論：效率、效能、公平、回應

績效管理強調「績效」，重質也重量，同時包含「效率」與「效能」，重視政府施政成果，考量政府投入人力、物力、財力與時間的效率性，同時也在乎政府解決問題並達成預定目標的程度。然而，魚與熊掌往往難以兼得，希望快速控制流感疫情，政府預算可以提供流感疫苗卻有限；希望快速進行年金改革，卻無法凝聚利害關係人共識，有時甚至「欲速則不達」。

政府審計是政府財務與績效的審核機制，不僅關切政府施政的適正性、合規性與效能性，近幾年所強調之績效審計，尤重政府施政計畫的經濟、效率、效能與成果，評估內部控制執行之良窳並評核相關法規之遵循情形，財務審計之外，把關政府各項計畫之績效，此良善美意，固然可增加政府課責，回應民眾監督政府施政績效與財務，惟審計部對於行政機關的制衡，往往隔層紗，如何落實對政府財務與施政計畫經濟、效率、效能與成果的行政控制，有賴政府各部門共同提升績效管理制度。

平衡計分卡除財務構面外，強調內部流程簡化，提升「效率」與「效能」，重視外部顧客對組織的評價，也關注內部顧客的學習、成長與創新，是「回應」顧客的表現，「公平」看待內、外部顧客，「公平」關注長期、短期目標，也「公平」兼顧領先與落後指標，平衡計分卡之應用不啻為行政控制的友善概念與架構。行政控制機制確保政府有效管理財務與計畫績效，希望績效管理的推動過程，兼顧「效率」、「效能」、「公平」與「回應」各項價值，並取得合理的平衡。

Case 14：退撫基金

《公務人員退休資遣撫卹法》有關公務人員年金改革法案已於民國 106 年 6 月 27 日立法院三讀通過，於 107 年 7 月 1 日施行。開源策略包含：提高提撥率、節省費用挹注與提高收益率；節流策略包含：延後支領年齡、調降退休所得替代率、檢討不合宜機制等，希望可達成財務永續性與退休所得適足性。

問題討論

1. 就績效管理而言，財務永續性與退休所得適足性需顧及哪些關鍵績效指標？
2. 公務人員退撫基金的財務審計與績效審計需注意哪些面向？
3. 以平衡計分卡來看，年金改革財務、顧客、內部流程，以及學習與創新成長要考量哪些目標與指標？

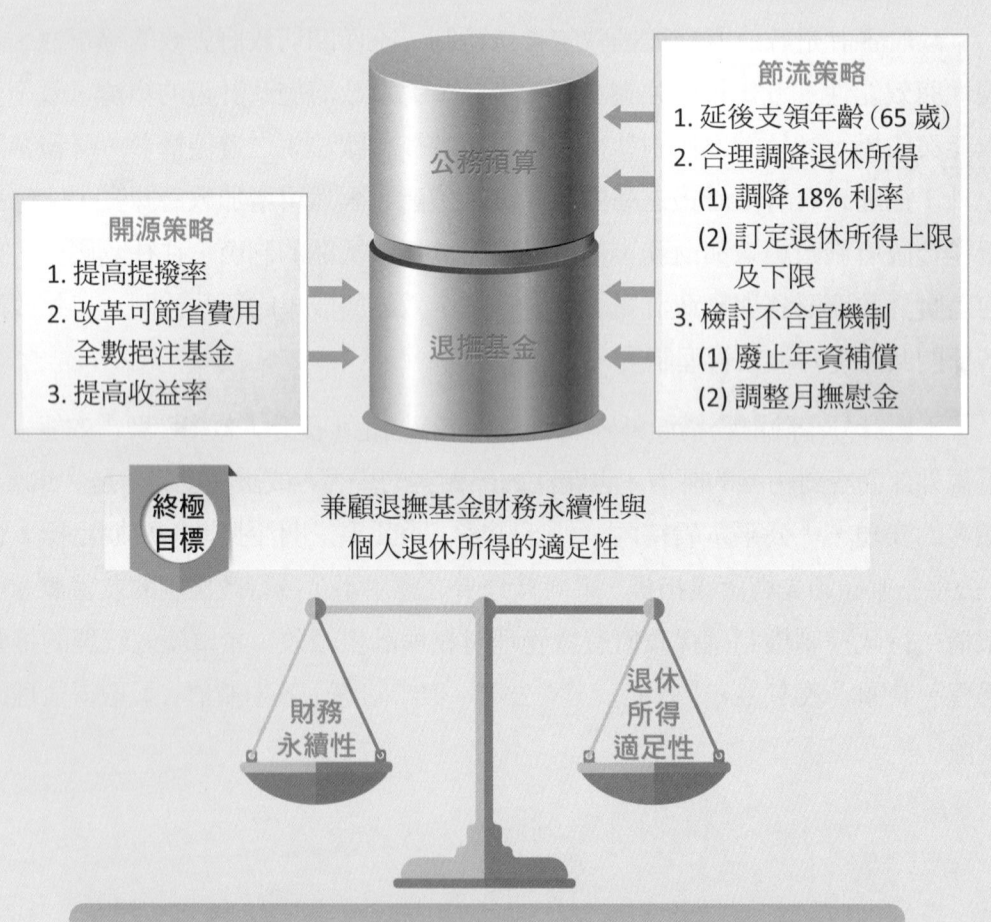

開源策略
1. 提高提撥率
2. 改革可節省費用全數挹注基金
3. 提高收益率

節流策略
1. 延後支領年齡（65 歲）
2. 合理調降退休所得
   (1) 調降 18% 利率
   (2) 訂定退休所得上限及下限
3. 檢討不合宜機制
   (1) 廢止年資補償
   (2) 調整月撫慰金

公務預算　退撫基金

終極目標：兼顧退撫基金財務永續性與個人退休所得的適足性

財務永續性　退休所得適足性

過去許多國家年金改革均以維持財務永續性為首要目標，並進行各項限縮措施且多已體認年金制度應有多層次保障，以提供兼具退休所得適足性與財務永續性的老年經濟安全制度。本次年金改革係本此原則，審慎規劃並以此為最終目標。

資料來源：銓敘部全球資訊網，http://www.mocs.gov.tw/pages/detail.aspx?Node=1194&Page=5360&Index=2

本章習題

申論題

1. 何謂「績效管理」(performance management)？績效管理中常用的 4E 指標分別所指為何？並請分析績效管理運用在公部門所可能產生的問題。　　(104 年簡任升官等)

2. 推動績效評估的主要目的為何？在公部門推動績效評估時，最常碰到的障礙和困難有那些？試說明之。　　(104 年少將轉任)

3. 當代政府體制對於行政責任的確保有各種不同的途徑，試以我國中央政府體制為例，分類並說明各種不同確保行政責任的途徑與機制。　　(103 年地特三等)

4. 如何施以有效的課責 (accountability) 乃是當代民主國家確保政府忠實履行職責之重要環節，學者吉伯特 (Charles E. Gilbert) 從課責來源 (內部／外部) 及性質 (正式／非正式) 兩個構面，提出四種確保行政責任之途徑。請敘述其內涵並說明各途徑下之課責方式為何。　　(103 年原住民特考)

5. 績效管理是當代政府所重視的行政改革策略之一，就你的觀察，對於民主國家而言，政府採行績效管理的目標為何？晚近英美政府所強調的績效指標基本類型包括：經濟 (economy)、效率 (efficiency)、效果 (effectiveness)、公平 (equity) 等，試說明上述四類指標之內涵。　　(103 年高考一級暨二級)

選擇題

1. 對於績效管理工具中的目標管理 (management by objectives)、平衡計分卡 (balanced scorecard)、六標準差 (six sigma) 之敘述，下列何者正確？
   (A) 都是對政策執行過程的評估
   (B) 都偏重財務與產出之間的關聯
   (C) 都屬事先即擬訂評估指標的「事前定向」績效管理
   (D) 都跳脫績效指標過於量化的窠臼　　(112 年高考三級)

2. 下列何者非屬績效衡量中的 4E 指標？
   (A) 公平 (equity)　　(B) 效率 (efficiency)
   (C) 效能 (effectiveness)　　(D) 努力 (effort)　　(112 年薦任升官等)

3. 下列何者不是目標管理的要件？
   (A) 目標的確定　　(B) 各階層人員的參與
   (C) 明確的預算執行程序　　(D) 定期回饋執行情形　　(112 年薦任升官等)

4. 關於公共管理者的課責問題，下列敘述何者錯誤？
   (A) 傳統公共行政途徑的課責標準重視效率性與經濟性

(B) 政治途徑的課責型態重視的是內控機制

(C) 新公共管理途徑的課責來源為顧客

(D) 新公共行政途徑的課責標準重視公平與正義 (112年地特四等)

5. 根據唐恩 (W. Dunn) 的看法，有關政策評估積極目的之敘述，下列何者錯誤？
   (A) 提供有關政策績效的可靠資訊
   (B) 包裝表象讓該項政策看似不錯
   (C) 有助於政策目標與其價值之澄清
   (D) 有助於政策問題的建構與方案推薦 (104年高考三級)

6. 有關利用市場機制代替直接管制，是屬於美國前副總統高爾 (A. Gore) 在「國家績效評估報告」(National Performance Review) 中揭示政府再造的那一項原則？
   (A) 組織民主，簡化程序
   (B) 顧客至上，民眾優先
   (C) 分配公平，實現正義
   (D) 集中權威，提高效能 (104年地特四等)

7. 在政府會計應用的基礎中，應收未收或應付未付都需記帳，此種方式稱為：
   (A) 現金基礎 (cash basis)
   (B) 期間基礎 (term basis)
   (C) 契約責任基礎 (obligation basis)
   (D) 應計基礎 (accrual basis) (104年地特四等)

8. 進行國有財產之出賣或租賃價格是否過於低廉之查核，係屬下列何種審計事項？
   (A) 法規上審計　　　　　(B) 經濟上審計
   (C) 簿據上審計　　　　　(D) 預算上審計 (104年地特四等)

9. 關於審計職權行使的方式，下列何者錯誤？
   (A) 委託審計　　　　　　(B) 就地審計
   (C) 送請審計　　　　　　(D) 自行審計 (104年地特四等)

註

[1] 國家發展委員會，2024，取自：https://www.ndc.gov.tw/Content_List.aspx?n=74228D11C418AACD

[2] 郭昱瑩 (2008)。政府績效管理與執行力建構。**研考雙月刊**，(270)，30-47。
Melkers, J., & Willoughby, K. G. (2001). Budgeters' View of State Performance-Budgeting Systems: Distinctions across Branches. *Public Administration Review, 61*(1), 54-64.

[3] 李允傑、丘昌泰 (2003)。**政策執行與評估**。臺北：元照出版有限公司。

[4] 郭昱瑩 (2006)。施政績效評估制度探討。**公務人員月刊**，(116)，32-50。
李允傑、丘昌泰 (2003)。**政策執行與評估**。臺北：元照出版有限公司。

[5] Melkers & Willoughby (2001) 曾對美國 50 州預算人員進行實證研究，探討其對各州執行績效管理與績效預算的看法。

[6] 林華德、李顯峰、徐仁輝 (1997)。**財務行政**。臺北：國立空中大學。

[7] 審計部教育農林審計處 (2000)。**普通公務績效審計實務作法之探討**。89 年度研究報告彙編，第伍篇。臺北：審計部。

[8] 吳安妮 (2003)。平衡計分卡在公務機關實施之探討。**研考雙月刊**，(237)，45-61。

第十五章
行政倫理

「人類如果是天使,那就沒有成立政府的必要。如果天使統治人類,就沒必要對政府有外部的控制。政府的設立,乃是由平凡的人管理平凡的人,因此最大的困難就在於,首先必須先讓政府有足夠的能力管理人民,接著是要求政府能控制自己。毫無疑問的政府需要依賴人來控制政府,但除此之外,仍要有輔助的預防措施。」

以上是美國總統麥迪遜 (James Madison) 在第 51 號聯邦文獻的一段話,指出政府由人來管理的本質,以及對於政府權力控制的必要性。除了三權分立的制衡機制,「行政倫理」即是麥迪遜所提到另一個重要的「輔助的預防措施」。在代議民主體制下,人民將權力託付給行政部門,公務員在民眾賦予權力的基礎下,擁有了制定及執行政策的權力,政策的推動對人民的權利造成影響。因

此，公共行政者是否秉持原則，除了不違法、不濫權、不辜負民眾託付的前提下，制定具有遠見的政策並有效執行，是公共行政不可忽視的重要課題。

行政倫理是抽象的規範性理念，對於一般社會大眾而言可能較為陌生，但每當政府部門有弊案發生時，便會引起各界對於行政倫理概念的反思。最耳熟能詳的例子，像是 1972 年美國總統尼克森涉入的水門案，尼克森總統被質疑派人潛入對手民主黨陣營在華盛頓的總部水門辦公室安裝竊聽器，最終導致尼克森總統辭職下臺，為美國第一位、也是目前為止唯一一位辭職下臺的總統。

在水門案之後，對於政府倫理標準的要求也愈來愈高，然而，政府部門違背倫理行為卻未能因此而根絕。從古到今，政府違背倫理的問題仍然是世界各國必須面對的艱難問題，如 2015 年 1 月 23 日，泰國前總理盈拉 (Yinglak Chinnawat) 因被控大米瀆職案遭國家立法議會彈劾；[1] 2016 年 8 月 31 日，巴西前總統羅塞夫 (Dilman Rousseff) 因被控非法操縱預算案遭參議院彈劾；[2] 2017 年 3 月 10 日，南韓總統朴槿惠因縱容親信干政遭到憲法法院彈劾；在我國，2008 年 11 月 12 日前總統陳水扁也因涉及國務機要費案等多起貪污弊案淪為階下囚；[3] 2012 年 10 月 26 日，前行政院秘書長林益世因涉嫌向爐渣業者收賄案遭起訴，並被判刑。[4] 這些案例牽扯的複雜因素並非本章探討的重點，但從這些例子可以發現，政府部門的倫理問題與貪污、貪腐問題密不可分，但如果將行政倫理議題直接化約為貪污、貪腐議題，可能又無法對於行政倫理概念有通盤性的理解。因此，本章將從行政倫理的意涵、行政倫理的價值與規範、臺灣行政倫理的核心議題等不同面向切入，以讓讀者對於行政倫理有更清楚的認識。

第一節　行政倫理的內涵與發展

一、行政倫理的層次

在政府體制中，公共行政者往往需面對不同層次的倫理議題，在不同層次的倫理規範下，便需承載不同的責任與義務：第一個層次為「個人倫理」，公共行政者植基於其個人過去的成長背景、宗教信仰、社會文化經驗等，以其個人觀點對於「好」或「壞」所進行的價值判斷；第二個層次為「專業倫理」，公共行政者在其專業責任的規範下，做出符合專業要求的倫理行為；第三個層

次為「組織倫理」，在政府部門組織下，公共行政者必須做出符合組織環境、組織文化中各種正式及非正式規範的倫理行為；第四個層次為「社會倫理」，公共行政者必須做出符合整體社會期待、符合社會良知價值的倫理行為。[5] 然而，由於不同倫理層次的規範基礎不同，個人、專業、組織與社會對於倫理的要求可能不盡相同，甚至可能出現衝突，因此，要如何在不同層次間取得平衡，便是公共行政者所需面對的重大考驗。

二、何謂行政倫理？

行政倫理在臺灣或稱為公務倫理，實務界對於行政倫理有許多的解釋，早期有人將行政倫理視為「論資排輩」、「不違背長官命令」、「部屬尊重長官」等在公部門中長久運作的潛規則或組織文化。也有人將行政倫理界定為較為消極的「戒規」，也就是「擔任政府官員不能做的事」。在學界對於行政倫理的界定也眾說紛紜，簡單來說，行政倫理就是要求公共行政者的相關作為，必須承擔適當的行政責任，亦即，公共行政者在進行決策的時候，必須在正確的「**價值判斷**」(Value Judgement) 下，確保政府施政效能及公共利益，展現負責任的道德操守，以回應民眾所託付的任務。而這些價值判斷，隨著不同時期會有不同的展現，例如，在中國古代，「清、慎、勤」是最常被提及的為官之道，我國考試院則舉出「廉政、忠誠、專業、效能、關懷」為公務員的五大核心價值。[6]

> **價值判斷**
>
> 價值判斷是對於人類各種追求的事物是否良善、適當、正確、正義、公平、有價值等做出判斷。公共行政在規範下運作，涉及道德、價值與價值判斷的問題。在政策過程中，問題的選擇與界定、政策備選方案的設計與評估、政策的選擇與執行，所有活動皆面對價值判斷與政治考量。

更具體來說，行政倫理是公務人員行事的指針 (如圖 15-1)，是確保政府治理品質的重要關鍵，也是提升公民對政府信任的重要基石，因此，政府部門應全力落實行政倫理理念及規範，以達到良善治理的目標。行政倫理要求的不只是公共行政者應避免違反倫理的行為，更應確保其所作所為沒有辜負民眾的期待，並在民眾賦予的權力基礎下，做出「好的」決定；也就是公共行政者應同時從積極面與消極面的角度，落實行政倫理的規範。而要達成這樣的目標，除了可以透過管制、檢核等方式加以確保外，更重要的是，必須讓公共行政者對於行政倫理概念有正確的理解，並內化為工

圖 15-1　倫理的指針

作生活的內涵，自然而然地營造出具有倫理內涵的組織文化。[7]

而行政倫理的適用範圍，不僅侷限在常任的公務員，也包含民選官員及政務人員，對於掌握關鍵決策及資源分配權力的高階領導者，更應要求其落實最高標準的倫理行為，以確保政府的整體運行符合民主價值。除了公共行政者的自我要求，我國有許多法令規範公共行政者的行為，例如，《公務人員財產申報法》要求包含立法委員、民選官員，以及一定層級以上的高階文官據實申報財產；《公務員服務法》確立公務員不得經營商業或其他投資事業、不得兼差，以及其他在公部門運作的行事準則；《國家廉政建設行動方案》以落實聯合國反貪腐公約要求為主軸，訂定具體策略促進各級政府機關清廉執政；《貪污治罪條例》是為了嚴懲貪污，澄清吏治所制定，主要在消極地嚇阻公務員的違法濫權及貪污；《公務人員行政中立法》則是因應我國民主化時代來臨，為了確保文官超然於政治競爭之外所制定；《遊說法》使遊說程序公開、透明，防止不當利益輸送。

三、行政倫理的發展

(一) 新公共行政時期

行政倫理概念的發展背景，受到1960年代新公共行政思潮相當的影響，新公共行政對於公共行政領域規範性價值的重視，便是蘊含著期待政府可以落實行政倫理的價值。新公共行政學派認為公共行政相關研究與實務，不應站在價值中立的角度，而應重視公共利益、公平正義等重要價值，而這些價值正是行

政倫理對於公共行政者的要求。

(二) 新公共管理時期

行政倫理受到重視並開始累積廣泛的系統性研究，要到 1970 年代中期才較為顯著，尤其在新公共管理思潮的興起以後，行政倫理更是成為公共行政領域的核心議題，各國對於行政倫理研究的深度及廣度也才日漸提升。1980 年代以來的新公共管理思潮，對於效率與企業化精神相當重視，卻忽略了其中可能衍生的倫理議題，一方面，為了提升政府效率，新公共管理希望可以鬆綁相關管制作為，賦予公共行政者更多的自主裁量與彈性空間，但是，這樣的空間同時可能成為產生違反倫理行為的操弄空間；另一方面，政府開始將部分工作委由民間辦理，當民間扮演的角色愈來愈重，政府扮演的角色偏向弱化，公私部門間的分際漸趨模糊、互動漸趨頻繁，也有衍生圖利私人等不倫理的問題。因此，在新公共管理思潮盛行後，使得公共行政領域必須對於行政倫理在政府部門的價值進行更深度地反思。[8]

(三) 環境永續時期

在 1980 年代之後，隨著環保議題的興起及生物科技的發達，許多生物倫理及代間正義的問題因應而生。在這種發展趨勢之下，論者主張要跳脫傳統行政倫理聚焦在對於個人行為的限制，將行政倫理的範圍從「行為倫理」擴展到「政策倫理」。[9] 這種觀點主要立基於整個世界因為空間及時間之間連結以及關係更為緊密，因此公共行政者應該放開視野，在制定政策時要考量到政策對於環境永續及未來世代的影響。並進而提出三個政策倫理的準則：首先是對於**未來的任務** (Duties to the Future)，具體來說，在推動政策的過程中，應該要確保人類持續的存在及未來世代的生活品質；其次是**守護者或僕人的精神** (Stewardship)，公共行政者受託於人民來護衛屬於大眾的自然環境，應該要透過具備效能的管理方式保護及強化公共資源；最後則是**世代間公平** (Intergenerational Equity)，基於環境改變，世代間互賴關係愈加緊密，因此在制定老年政策、廢料政策，以及財稅政策皆要考量到對於未來世代的責任及倫理。

第二節　行政倫理的價值衝突與倫理困境

一、行政倫理的多元價值

從上述行政倫理基本意涵的討論中可知，行政倫理期待的是公共行政者的行為，可以符合「好的」規範性價值。然而，何謂「好的」價值其實很難給予清楚的定義，每個人對於「倫理」行為的想像都不相同，很難取得一致性的共識，對於行政倫理的價值有以下各種不同的論述：(1) 行政倫理必須符合憲政體制的價值，因為憲政體制是整個國家治國理念與核心價值的展現，故公共行政者的倫理行為當然不能違背憲政體制的要求；(2) 行政倫理必須符合公民權利的價值，因為公共行政者所擁有的權力，都是由公民所賦予的，故公共行政者必須經由公民參與等方式，確保可以有效保障公民權利的倫理行為；(3) 行政倫理必須符合社會公平的價值，也就是公共行政者必須落實可以平等保障所有公民的正義理念；(4) 行政倫理必須符合美德的價值，認為應確保公共行政者具備民主素養等重要的人格特質，才可以確保其行為符合倫理規範；(5) 行政倫理必須符合公共利益的價值，要求公共行政者的行為必須以普羅大眾的利益為基礎，而非僅考量特定利益，方能符合倫理規範。[10]

其實憲政體制、公民權利、社會公平、美德、公共利益等價值觀念，彼此間並不相違背，而是有相輔相成的可能，不過這些價值觀念的討論，其實比較偏向倫理規範性基礎的討論，如要更為具體探究倫理的內涵，一般多會從倫理的不同價值來進行討論，包含責任、課責、回應性、公平、彈性、誠實等倫理價值的討論。

1. 「**責任**」(Responsibility) 要求的是公共行政者必須擁有專業能力，為公民推動好的政策，因為公民給予公共行政者管理政府的權力，因此，公共行政者應運用其專業負起應負擔的義務。
2. 「**課責**」(Accountability) 要求的是公共行政者必須聽從權力來源——公民的命令，而在代議民主體制下，民選官員代表的是民眾的聲音，故公共行政者除了需直接聽從公民的命令以外，也需聽從民選官員的命令。
3. 「**回應性**」(Responsiveness) 要求的是公共行政者必須回應公民的偏好及需

求，且公共行政者除了「被動」針對公民反映的意見加以回應外，更需「主動」瞭解公民的需求積極回應。

4. 「**公平**」(Fairness) 要求的便是每個公民都可以享有被平等對待的機會，一方面應確保程序正義，尤其是對於民眾權利會產生不利影響的政策措施，都應經由正當法律程序方能決定；另一方面，也應確保決策結果的實質公平，避免行政**裁量權** (Discretion) 的濫用，積極保障民眾的權利。

> **裁量權**
>
> 行政裁量指公務人員在法律、機關政策、計畫目標，以及自己良知、良能等範圍內選擇行為之能力。公務人員感受到其作獨立判斷權威的程度，稱為裁量範圍或獨立判斷範圍。行政機關依法有裁量權。負責、有效、道德的裁量權運用，成為倫理政策和制度設計的焦點。

5. 「**彈性**」(Flexibility) 要求的是公共行政者應針對會影響政策目標達成的各種因素，予以彈性考量，比如應因應地理環境的差異、年齡、性別及種族的差異等，訂定及推動不同的政策方案，而非採取僵化的一致性策略，以利政策目標的落實。

6. 「**誠實**」(Honesty) 要求的是公共行政者應以正直、不欺騙的態度面對公民，以累積公民對政府的信任，進而有利於政府功能的運作順遂。[11]

二、公共行政者的倫理困境

公共行政者面對行政倫理所要求的多元價值，很容易陷入倫理的困境 (如圖 15-2 所示)，因為這些多元的價值彼此間，並不見得要求相同，甚至可能出現衝突的問題，因此，解決倫理困境已經成為公共行政者經常需要面對的問題。如以「責任」、「課責」及「回應性」三個不同價值來看，公共行政者擁有落實其專業責任的裁量權，但是其對於專業的詮釋，卻未必能回應民眾的需求，也未必能與代表民眾的民選官員期待相符。在代議民主的體制下，政府組織的運作事實上難以「直接」回應民意，一方面在官僚層級節制的規範下，公共行政者必須聽從上級長官的指揮監督，同時公共行政者也須聽從民眾的代言人—民選官員的命令，但是這樣「間接」的回應方式，受限於資訊不對稱等因素，導致公共行政者所推動的各項政策措施與公民實際所需之間，可能有所落差。因此，面對行政倫理多元價值導致的倫理困境，公共行政者必須審慎取得

◎ 圖 15-2　公共行政者的倫理困境

平衡，確實聆聽公民的聲音，站在同理的角度瞭解公民的需求，以解決多元價值間潛在的矛盾問題。[12]

在實務上，要解決倫理困境，可以透過倫理的分析。在各種倫理的分析中，以下三種途徑值得做為參考：

1. 邊沁 (Jeremy Bentham) 的「功利主義原則」，也就是以政策作為的結果是否能創造「最大多數人的最大幸福」做為衡量優劣的準則。
2. 康德 (Immanuel Kant) 提出的「形式原則」，具體而言，在面對倫理困境時，所有的決定都應該建立在一個形式原則之上，也就是要考量到這個做法最終是否成為對於每一個人有拘束力的通則。
3. 權利倫理的概念，在面對倫理困境時，須考量到哪些事項是屬於人民不可剝奪的自然權利，而政策作為應該要避免侵害這些自然權利。[13]

以上的三種途徑各有優缺點，並無絕對優劣可言，在遇到倫理困境時，可以整合三種不同的觀點，並依實際狀況進行分析後做決定。

第三節　行政倫理確保機制與規範

一、行政倫理的確保機制

為了確保公共行政者能落實行政倫理價值，必須建立一定的「控制」機制。一般對於「控制」機制討論，大多會從 1940 年代范納 (Herman Finer) 與弗里德

表 15-1　行政倫理控制機制

	外部	內部
正式	司法 監察 立法	機關首長/檢察總長 弊端揭發人制度
非正式	公民參與 利益團體代表 媒體	專業規範 代表性官僚 公共利益考量 倫理分析

利希 (Carl J. Friedrich) 對於外部控制及內部控制的觀點來討論。學者將此概念延伸，並以正式及非正式兩個面向將機制分為四類 (如表 15-1 所示)。在正式機制中，外部機制包括司法、監察，以及立法等控制機制；內部控制機制包括機關首長或主管及檢察總長、弊端揭發人等制度。在非正式的確保機制中，外部的有公民參與、利益團體代表，以及媒體的監督等；內部的機制則有專業規範、**代表性官僚** (Representative Bureaucracy)、公共利益，以及倫理分析等。[14] 以我國而言，機關裡面設立的政風單位也屬於內部的正式控制機制。

范納認為，公共行政者的品德不見得可以達到一定的標準，因此，如果要有效「控制」公共行政者，必須透過外部的監督，尤其是政治監督，才可以確保公共行政者落實責任，因為民選人物是由公民所選，可以反映公民的偏好，所以應由政治監督等外部控制機制來確保公共行政者負責。但弗里德利希認為，公共行政者是以公共利益為志業，並具備反映公民偏好及做出正確決策的

代表性官僚

代表性官僚係指公部門的人力組成結構應該具備社會人口的組合特性。將種族、族群、性別等各部門的代表性，落實在文官體制的人口組成中，有助於確保公共管理者在決策過程中考慮到所有群體的利益與價值，保障少數、弱勢與非主流團體，以實現民主政治的核心價值。Mosher (1968) 區分兩種代表性官僚制：「消極」的人口代表性，指公部門人力的社會組成反映他們所服務與代表的人口之社會或人口組成；「積極」的政策/行政代表性，指根據政策偏好或為實現某些政策結果而採取的行動，而考量個人 (如族群、性別或種族等) 特徵。

專業能力,故應透過內部控制的方式,確保公共行政者運用其專業負起應負的責任,如以政治監督的方式來控制公共行政者,很容易使公共行政者淪為政治附庸。[15]

綜上所述,外部控制及內部控制各有其限制所在,故行政倫理除需透過相關管控規範落實外部控制外,同時也須強化公共行政者的行政倫理概念以達內部控制的效果。因此,本節將先從行政倫理的多元價值出發,從內部控制角度瞭解倫理行為的要求,進而從外部控制角度,切入行政倫理的具體規範,以對行政倫理的落實有更全面性地理解。

二、國際組織的行政倫理規範

在瞭解行政倫理涉及的多元價值議題以後,便可進一步討論行政倫理在實務層面的實踐。雖然行政倫理的概念相當抽象,但為了有效確保公共行政者的倫理行為,在實務上也試圖從相關倫理規範的建立,來檢視並促進公共行政者的倫理行為。國際上有關行政倫理的實務規範,多半會從**經濟合作暨發展組織** (Organisation for Economic Cooperation and Development, OECD)、**美國公共行政學會** (American Society for Public Administration, ASPA)、**國際透明組織** (Transparency International, TI) 所建立的標準來討論。

OECD 認為行政倫理是促進社會經濟發展及確保政府善治的關鍵,因此,在 1998 年 4 月的部長級會議中,提出改善公共服務倫理的建議,包含定期檢視公共服務倫理行為的政策、程序、實務及機構,確保公部門高品質及反貪腐的行為等,同時也提出了公共服務倫理的 12 項原則,包含:

1. 公共服務倫理的標準必須清楚。
2. 倫理標準必須反映在整體法律架構中。
3. 倫理的指導原則必須可供公共行政者實際運用。
4. 公共行政者必須知道面對不倫理行為其具備的權利與義務。
5. 政務領導必須加強公共行政者倫理行為的落實。
6. 決策的過程必須公開與透明。
7. 公私部門間的互動必須有明確的規範。
8. 領導者必須力行並促進倫理行為。

9. 管理的政策、程序與實務必須可以促進倫理的行為。
10. 公共服務的工作條件和人力資源的管理必須有助於倫理行為的產生。
11. 公共服務的提供必須有適當的課責機制。
12. 針對不倫理的行為必須有適當的懲處或處理程序等。[16]

ASPA 同樣認為，行政倫理對於公共治理而言相當重要，因此，在 1984 年也建立了倫理規範 (如圖 15-3)，包含：

1. 應促進公共利益。
2. 應落實憲法與法律規範。
3. 應促進民主參與。
4. 應強化社會公平。
5. 應提供充分的資訊與建議。
6. 應展現個人的正直操守。
7. 應確保組織符合倫理標準。
8. 應提升專業能力等。[17]

◎ 圖 15-3　行政倫理規範

TI 則是以提升政府課責性、廉潔度，以及透明度為目標，並特別以打擊貪腐為重點，致力於推動相關倡議活動及調查研究，包含**清廉印象指數** (Corruption Perception Index, CPI) 及**全球貪腐趨勢指數** (Global Corruption Barometer, GCB) 之跨國評比等。CPI 主要是為了瞭解外商人士、專家學者及民眾等，對於公務人員和政治人物貪腐程度的主觀評價；GCB 則是為了瞭解民眾對於政府部門貪腐情況的看法及相關的行賄經驗等。TI 透過國際評比的方式，持續督促各國改進貪腐的問題與狀況。[18] 2012 年我國 CPI 排名僅第 37，隨後逐漸上升，2019 年、2020 年同樣第 28，2021 年、2022 年皆達至第 25，2023 年回到第 28。[19]

三、不同國家的行政倫理規範

除了上述國際性的非營利組織對於行政倫理的長期關注外，有關各國政府行政倫理的實務性規範，最常被討論的往往是以美國為例。美國政府其實早在 1860 年代便開始有行政倫理的相關規範，尤其在二次大戰以後，因為杜魯門

圖 15-4　美國第 37 任總統尼克森

(Harry Truman) 總統的親信涉入貪污弊案。行政倫理規範的改革更是日漸受到重視，1958 年國會首度通過的聯邦公務人員倫理守則決議案，便明文羅列出公共行政者必須遵守的倫理行為。不過最重要的里程碑，應該是 1978 年通過的《政府倫理法》(Ethics in Goverment Act)，由於 1972 年尼克森總統 (如圖 15-4 所示) 涉入水門案，導致各界要求政府進行行政倫理改革的呼聲大幅提高，因此，進一步促生了 1978 年的《政府倫理法》，成為美國第一部完整的行政倫理規範。美國政府對於公共行政者的行政倫理規範，包含要求公共行政者應展現對國家的忠誠，並對公共行政者政治活動的參與加以限制，同時透過弊端揭發人機制，強化政府部門的內部監控。此外，美國政府也相當重視利益迴避的落實，如禁止貪污收賄、離職後工作限制等。[20]

　　2012 年的《禁止國會知識交易法》(Stop Trading on Congressional Knowledge Act) 旨在打擊內幕交易，禁止國會議員和其他政府員工利用非公開資訊謀取私人利益。[21]

　　另如以英國為例，可發現英國雖然沒有行政倫理的專法，但是可從相關規範中觀察該國對於公共行政者倫理行為的要求，如「文官守則」即就內閣閣員及一般公務人員面對上級不當命令時的處理程序加以規範。而在 1994 年，因內閣閣員的醜聞案導致公民對於公共行政者倫理行為的高度不信任，促使當時的首相成立「公共服務標準委員會」(Committee on Standards in Public Life)，希望可以強化對公共行政者倫理行為的規範，該委員會後來在 1995 年便提出了七項公共服務原則，包含：無私原則 (應按照公共利益決策)、正直原則 (應公正執行職務，避免受財物等不當影響)、客觀原則 (應按照功績標準行事)、課責原則 (應向民眾負責)、公開原則 (應確保決策之公開透明)、誠實原則 (應申報與職務相關之個人利益)、領導原則 (應以身作則落實倫理規範)；另針對高階領導者並

有「部長行為守則」，針對政府各部門部長進一步訂定相關倫理規範，包含其與議會間的關係、其與部會間的關係、其與常任文官間的關係、其所涉及的政黨和個人利益相關規範等。[22] 2023 年該委員會發布「實踐中的引導」(Leading in Practice) 報告，鼓勵將公共服務原則融入政策與實務運作中成為組織文化，並以 20 個問題幫助公部門管理者討論和反思如何採取更有效措施，這些問題涵蓋：價值觀宣導及以身作則，鼓勵暢所欲言的文化，訓練、討論與決策，治理，招募與績效管理等領域。[23]

第四節 臺灣行政倫理的核心議題

一、公共服務倫理議題

行政倫理在臺灣的發展脈絡下，與西方國家不同的是，「人」的影響占了很重要的角色。一方面，臺灣是相當重視「人情」的國家，因此，公共行政者的行為很容易受到人情壓力的影響，成為影響倫理行為的可能因素；另一方面，傳統家長主義思維也是影響倫理行為的可能要素，由於我國傳統文化對於階級關係的重視，導致對於行政倫理概念的理解，容易侷限在「聽從上級指示」的狹義觀點，忽略了行政倫理蘊含的多元價值，使得公共行政者對於「上級」的服從，反而掩蓋了民主體制的核心基礎──「公民」的需求與期待。[24]

因此，近年來在臺灣的公共行政領域，也對於可能會偏向「由上而下」思維的「行政倫理」概念進行反思與檢討，認為從「公共服務倫理」的概念出發，應更能釐清對公共行政者倫理行為的要求。「公共服務倫理」概念強調公共行政者在提供公共服務的時候，必須展現一定的績效，確保其決策與行為符合公民的要求與期待，以落實「以民為主」的民主價值。而如欲落實這樣的願景，必須建構完整的公共服務倫理標準，並輔以有效的管理機制。[25]

在實務上，臺灣目前並無公共服務倫理的專法，行政倫理的相關法制規範係散見於《公務員服務法》、《公務人員行政中立法》、《公務員廉政倫理規範》、《公職人員財產申報法》、《公職人員利益衝突迴避法》、《國家廉政建設行動方案》、《遊說法》等不同法令當中。

《公務員服務法》主要是針對受有俸給的文武職公務員，及其他公營事業機關服務人員應盡的義務進行規範。該法除正面表列公務員應履行的忠實義務、服從義務、保密義務等義務外，也以負面表列方式明文禁止公務員濫權、經商、關說或收受餽贈等，同時對於公務員兼職、離職後之兼職等行為加以限制。在罰則設計上，則是視情節輕重予以懲處，如有違反刑事法令者並依各該法令處罰；另針對違反離職後兼職行為規範者，並處以罰金。2022年6月22日部分條文修正生效，明定一般公務員工時，放寬公務員兼職規定，以及為保障公務員私人言論自由，刪除公務員以私人名義發表與職務有關之談話應經許可之規定。

《公務人員行政中立法》顧名思義是為了確保公務人員行政中立而訂的規範，並以法定機關依法任用、派用的有給專任人員及公立學校依法任用的職員為規範對象。該法的重點在於，確保公務人員落實依法行政原則、保持政治中立立場，故對於公務人員參與政治活動等行為訂有相關規範，如不得兼任政黨或政治團體職務、不得利用職務上的權力介入政黨活動、限制公務人員參與政治活動的時間等，另針對選舉活動，也有禁止利用職權妨害投票、選舉期間辦公處所禁止競選活動，以及公務人員如登記為公職候選人的請假規範等條款。在罰則設計上，則是按情節輕重，依《公務員懲戒法》、《公務人員考績法》或其他相關法規予以懲戒或懲處，如有涉及其他法律責任者，則依有關法律處理。

二、廉政倫理規範

目前行政院也訂有《公務員廉政倫理規範》，以使行政院所屬機關的公務員在執行職務時，可以達到廉潔自持、公正無私及依法行政的目標。該規範除對於公務員受贈財物、飲宴應酬、請託關說等行為加以限制外，也針對公務員前述行為訂定相關的處理程序規定，另重申《公務員服務法》禁止公務員兼職行為的原則，並對於公務員參與演講等活動，支領鐘點費或稿費的標準、限制及程序予以明文規範。在罰則設計上，是回歸既有法令規範，如《公務人員考績法》、《陸海空軍懲罰法》等，如涉及刑事責任者，則移送司法機關辦理。

而《公職人員財產申報法》課予特定申報人公開財產資料之義務，要求總統、副總統、行政、立法、司法、考試、監察各院院長、副院長、政務人員、

各級政府機關首長、副首長及簡任第十職等以上職務的主管、各級公立學校的校長、副校長、選舉產生的鄉(鎮、市)級以上政府機關首長、民意代表等人員，應定期申報財產，並由受理申報機關(構)審核相關申報資料，及彙整列冊供外界查閱，以確保公職人員的清廉。在罰則設計上則是針對違反者處以罰鍰。2022年6月22日修正部分條文，主要增列直轄市議員、縣(市)議員及其候選人之財產申報應上網公告。

《公職人員利益衝突迴避法》則是針對上述公職人員財產申報法所規範的對象，訂定利益衝突迴避的相關規範，以防杜可能的不當利益輸送問題，包含在知道有利益衝突問題時應自行迴避，如公職人員未自行迴避也可以由利害關係人向管轄機關申請，要求其迴避，也明文禁止一切不當利益(如假借職權、經由關說請託、或不當交易行為圖利等)。在罰則設計上，也是針對違反者處以罰鍰，另如有涉及其他法律責任者，則依有關法律處理。2018年5月22日通過修正案，重點包括擴大公職人員及關係人之範圍，將較具有利益輸送之虞，及與公職人員具有財產上及身分上利害關係者之職務納入規範、修正迴避規定、明確公職人員之關係人請託關說之禁止規範、增訂公職人員或其關係人與公職人員服務之機關或受其監督機關為補助或交易行為禁止之例外規定、增列受調查機關之配合義務及明訂非財產上利益之定義，以資明確適用等。其中民代助理亦被納入利益關係人規範，以及公職人員或關係人與被監督機關之間，若依「政府採購法」交易，例外不受處罰，但是應事前揭露身分。

《國家廉政建設行動方案》兼顧公私部門廉潔及倫理規範，以不願貪、不必貪、不能貪、不敢貪為目標，制定具體策略和具體作為。自立法後至2023年8月18日，數次修正具體作為各項條文。方案鼓勵各級政府機關強化肅貪防貪機制、落實公務倫理、提升效能透明、貫徹採購公開、實踐公平參政等。

《遊說法》規範遊說行為必須依規定申請登記、申報財務收支，揭露遊說者、遊說對象、內容、花費等資訊，使合法的遊說在公開、透明程序下進行，防止不當利益輸送，落實陽光政治，確保民主政治的參與。公務員依法執行職務之行為，例如行政機關為推動法案拜會立法委員，不適用此法；《公務員服務法》規定公務員不得經營商業或兼職，因此不得接受委託進行遊說。若有違法遊說行為，由被遊說者的所屬機關移送裁罰機關處罰。

三、未來展望

　　從上述討論可知，臺灣目前對於公共行政者倫理行為的要求，大多是從防弊的角度出發，且這些相關法制規範的規範重點及規範對象存在若干差異。在規範重點部分，《公務員服務法》及《公務員廉政倫理規範》較屬對公共行政者整體倫理行為的規範，以防止公共行政者因兼職、關說、收受餽贈等行為，而獲取不正當的利益；《公務人員行政中立法》較屬對公共行政者政治行為的規範，防止公共行政者因介入政治活動等行為，而影響其應具備的政治中立立場；《國家廉政建設行動方案》指引公共行政者採取具體的措施推動廉政工作；《公職人員財產申報法》及《公職人員利益衝突迴避法》則較屬對公共行政者利益取得的規範，透過資訊公開及利益迴避管制方式，防止公共行政者利用職權獲取不該獲取的財物及非財物利益；《遊說法》讓公共行政者免於在法令、政策或議案的過程中受到不當壓力，或是獲取不正利益。

　　在規範對象上，《公務員服務法》是針對受有俸給的文武職公務員及其他公營事業機關服務人員；《公務人員行政中立法》是針對法定機關依法任用、派用的有給專任人員及公立學校依法任用的職員；《公務員廉政倫理規範》是針對行政院所屬機關的公務員；《國家廉政建設行動方案》涉及各級政府機關；《公職人員財產申報法》、《公職人員利益衝突迴避法》及《遊說法》則是針對民選人員、政務人員及高階官員。

　　然而，公共行政者倫理行為的確保，有賴完整的倫理規範及配套的管理機制，在臺灣尚無公共服務倫理專法的情況下，各項規範散見於不同法規中，且各個法規的規範對象不同，尚欠缺通盤的規範架構。因此，相關研究也提出我國應制定「公務員服務倫理法」的建議，以在整合性的單一法制中，清楚建立公共服務倫理的規範體系，除可明文將常任文官、民選及政務人員都納入公共服務倫理的規範對象外，並可對於各種型態的利益迴避、離職後工作上的禁止行為、政治活動的參與、贈禮收受行為等倫理行為，有更完整性、全面性的規範，同時也可針對不倫理行為的處理，規劃採用免職、減俸、降等、記過、申誡等懲罰性人事處分，以加強公共服務倫理理念的落實。至於是否需建立專責中立的主管機關，亦是未來必須持續審慎研究的重要議題。[26]

第五節　價值討論

除了建立完整的規範體系，也要從行為面去確保公務人員遵守倫理準則。隨著環境的變遷，主流價值也不斷地演進，公部門如何在政策過程及管理中反映這些價值，也是行政倫理的重要環節。如前所述，政府在制定政策時，如何考慮到永續的價值、代間的公平、扮演好守護者的角色，而非只是被動地遵守約制個人行為的規範，也就是前述超越管理的倫理，而能夠實踐「政策」倫理，更積極地在政策中實踐當前的主流價值，將是公共行政教育者及實務界面對的重要課題。

上述有關公共服務倫理法制建構的期待及從行為倫理進化到政策倫理，並非一朝一夕可以完成的工作，因此，在短期策略上，除應在既有的法制規範上，加強落實倫理行為的外部控制機制外，也應重視公共行政者公共服務倫理概念的強化，如透過相關培育訓練的辦理，讓公共行政者對於公共服務倫理理念有正確的認識，以利提升內部控制機制，使政府整體運作可以充分展現民主體制的規範性價值。

Case 15：防疫作戰期間的倫理挑戰

個案研究

傳染病大流行是全世界共同面對的巨大挑戰。原本只會在人類身上引發感冒症狀的冠狀病毒，演化成致命的「嚴重急性呼吸道症候群」(Severe Acute Respiratory Syndrome, SARS)，在2002年到2003年間肆虐全球，臺灣也受到嚴重波及，造成73人死亡。2019年11月，中國湖北省武漢市爆發多起病毒性肺炎，並向其他國家擴散，短短2個多月確診病例破萬。2020年1月12日世界衛生組織將此病毒命名為「2019新型冠狀病毒」(2019-Novel Coronavirus)，並且將疫情列為「國際公共衛生緊急事件」，隨後將其引起的疾病稱為"COVID-19"。COVID-19在全球蔓延演化，對世界各地公衛系統和政府帶來巨大挑戰，造成7億多感染病例，6百多萬人死亡，至2024年2月，多數人已有免疫力，但病毒仍持續流行。在疫情大流行期間，各國先後採取不同的防疫策略阻止疫情蔓延，降低民眾死亡率。

根據WHO的研究，在對抗疫情的作戰期間，許多倫理問題浮現，從資源分配與優先事項設定、身體距離、公共衛生監測、醫護人員到進行臨床試驗的權利和義務，加上各國的公衛系統不同，以及獨特的文化和社會經濟背景，問題變得更加複雜。各方熱烈討論的倫理

議題包括：重症監護病床的分配、關閉學校、數位追蹤應用程式、科技的使用、疫苗的分發、檢傷分類、人體挑戰實驗研究、檢疫、封鎖、疫苗接種護照等。[27] 政府面臨疫苗優先順序、福利和公共健康的「權衡」、政策影響的不平等、對資料使用和隱私的擔憂，以及科學專業知識的合法性的挑戰等。[28]

根據 OECD 研究，COVID-19 防疫期間可能出現將個人防護器材合約授予可疑公司、關鍵藥品和醫療保健器材哄抬價格、醫生為朋友和家人儲備治療藥物，或各種類型的線上詐騙等詐欺與貪腐問題。隨著疫情減緩，政府開始致力於經濟復甦，誠信違規行為可能會繼續增加，並破壞復甦努力。最應關注的三個問題是：公共採購中的清廉挑戰，經濟復甦計畫的課責、控制和監督，公家機關中行為違反清廉的風險增加。[29]

臺灣在疫情嚴峻時，對醫療倫理造成許多衝擊，染疫人數遽增導致醫療資源嚴重匱乏，呼吸器、維生器材、防護衣和人力不足，讓第一線醫護人員面臨許多倫理抉擇的兩難。政府面對防疫醫療口罩初期的分配、國產疫苗研發或對外採購、疫苗注射的分配順序等問題，以及 COVID-19 接觸者及確診者管制措施、強制戴口罩，進入營業場所及公共場域 (含交通運輸) 需量體溫與實名制等種種規定，考驗各級政府的責任、義務與倫理表現。

病毒仍在全球傳播，流行病學家認為，未來新的疫情還會出現，歷經 COVID-19 的威脅之後，全球應做好防疫準備和應變策略，預防下一波疫情的衝擊。

問題討論

1. 在你的印象中，我國在 COVID-19 防疫期間，政府的哪一項措施面臨較大的倫理爭議？為什麼？
2. 根據 OECD 的研究，公部門的官員在疫情流行期間和後期推動經濟復甦計畫期間，可能違反那些行政倫理？政府可以採取哪些措施來避免貪腐和違反誠信的行為？
3. 從 COVID-19 事件來看，政府在面對重大疫情流行等災難時，應該持守哪些核心的倫理價值，在處理程序上應該掌握哪些倫理原則？

本章習題

申論題

1. 行政倫理有哪些價值要求？不同價值之間可能出現哪些衝突？如何解決價值衝突的倫理困境？
2. 試說明行政倫理的意涵？為確保公共管理者能落實行政倫理價值，可建立哪些「控制」機制？
3. 民主國家為何推動「行政倫理」？我國目前與行政倫理相關的法制規範有哪些？這些相關法制規範的重點及對象之差異為何？

選擇題

1. 公務員甲認為所有公務資源來自民脂民膏不應浪費，紙張必定雙面使用並力行資源回收，甲行為最符合下列何種概念？
   (A) 三權分立　　　　　　(B) 繁文縟節
   (C) 公開透明　　　　　　(D) 公務倫理　　　　　　　(112 年地特四等)

2. 有關湯普森 (D. F. Thompson)「行政倫理的可能性」分析，下列敘述何者錯誤？
   (A) 強調行政人員的獨立道德判斷是行政倫理重要的基礎
   (B) 組織會有「髒手」現象，驅使行政人員作出不是光明正大的「必要之惡」
   (C)「中立倫理」可能會壓抑個人的獨立道德判斷
   (D)「結構倫理」會強化個人在組織生活中的道德主動性　　(112 年高考三等)

3. 關於「行政倫理」之敘述，下列何者錯誤？
   (A) 我國目前對於公共行政者倫理行為的要求，企圖兼顧防弊與興利
   (B) 公務員服務法屬於對公務人員之政治行為的規範
   (C) 我國目前尚無公共服務倫理的專法，各項規範散見於不同法規中
   (D) 公務人員行政中立法的規範對象是法定機關依法任用、派用的有給專任人員及公立學校依法任用的職員　　　　　　　　　　　(112 年普考)

4. 下列何者偏向消極性行政倫理作為？
   (A) 善盡忠實義務　　　　(B) 主動檢舉機關內部不法
   (C) 非依法不得兼職　　　(D) 超越個人政治理念公正執法　　(111 年高考)

5. 行政倫理的確保機制，可以用 2×2 的矩陣圖來做區分；美國監察使 (Ombudsman) 的設置屬於：
   (A) 外部的正式控制機制　　(B) 內部的正式控制機制
   (C) 外部的非正式控制機制　(D) 內部的非正式控制機制　　(111 年高考)

6. 近代行政倫理觀將「行為倫理」擴展到「政策倫理」，進而提出三個倫理準則，以期追求環境永續。下列何者不是這三個倫理準則？
   (A) 未來責任 (duties to the future)
   (B) 守護精神 (stewardship)
   (C) 代際公平 (intergenerational equity)
   (D) 企業誠信 (enterprise integrity)　　　　　　　　　　　　　　　　(111 年高考)

7. 根據公務員廉政倫理規範的規定，公務員因離職所受贈之財物，其市價不可以超過新臺幣多少元？
   (A) 2,000 元　　　　　　　(B) 3,000 元
   (C) 4,000 元　　　　　　　(D) 5,000 元　　　　　　　　　　　　(111 年普考)

8. 依據我國公務人員行政中立法規定，我國常任文官得以從事下列何種行為？
   (A) 擔任政治團體發言人　　　(B) 公開連署支持候選人
   (C) 捐款支持特定候選人　　　(D) 擔任競選辦事處幹部　　(110 年高考三級)

9. 服務機關知悉離職公務員違反公務員服務法第 14 條之 1 (旋轉門條款) 規定時，應如何處理？
   (A) 告知銓敘部暫停退休金　　(B) 通知僱用企業停止僱用
   (C) 向檢察官告發　　　　　　(D) 移送監察院糾正　　　　　(109 年普考)

10. 就應用的層次而言，討論行政倫理之焦點為何？
    (A) 職務行為所能產生之最大效益
    (B) 公務人員應負的法律責任
    (C) 應為或不應為之行為準則
    (D) 公務員違反法律的行為　　　　　　　　　　　　　　　　(109 年普考)

11. 有關我國公務員兼職與兼任規範之敘述，下列何者錯誤？
    (A) 依法令兼職者，不得兼領公費
    (B) 兼任非營利事業或團體之職務，不得受有報酬
    (C) 機關首長兼任教學之職務，應報請上級主管機關許可
    (D) 公務員有違法兼職行為，該管長官知情而不依法處置者，應受懲處
    　　　　　　　　　　　　　　　　　　　　　　　　　　　　(109 年普考)

12. 有關弊端揭發 (whistle-blowing) 的概念與實務的描述，下列何者錯誤？
    (A) 屬於「官僚的異議 (bureaucratic opposition)」的一種形式
    (B) 弊端揭發被視為合適，且為行政人員極高道德的表現
    (C) 有賴於行政人員個人批判反省意識 (critical reflexive consciousness) 的培養

(D) 在美國，民眾或公務人員對不當行政作為皆可以匿名的方式向國會預算局 (Congressional Budgeting Office) 投訴　　　　　　　　　　(108 年高考三級)

13. 貪腐是行政運作常見的弊端，有關貪腐概念的界定，下列何者錯誤？
    (A) 組織或成員使用不合理或不合法的手段，以圖組織或社會目標的實現
    (B) 從事直接或間接的權錢交易，藉以謀取自己或關係人的利益
    (C) 廣義言之，一個人或組織悖離了公共角色的正式職責與相關規範
    (D) 貪腐可區分為個人貪腐和系統貪腐　　　　　　　　　　(108 年高考三級)

14. 長官要求公務人員利用行政資源印製支持特定公職候選人的文書時，該公務人員得檢具事證向下列何者提出報告？
    (A) 銓敘部　　　　　　　　(B) 公務人員保障暨培訓委員會
    (C) 行政院人事行政總處　　(D) 該長官的上級長官　　　(108 年普考)

15. 公務員與其職務有利害關係者之互動規範，下列敘述何者錯誤？
    (A) 餽贈財物原則上應予拒絕或退還，並簽報長官及知會政風機構
    (B) 以配偶名義收受財物，推定為公務員接受餽贈
    (C) 即使為偶發且無影響特定權利義務之虞，亦不得接受長官之獎勵
    (D) 因民俗節慶公開舉辦之邀宴應酬活動，應簽報長官核准　　(108 年普考)

16. 下列何者非屬公務員廉政倫理規範所稱之「與其職務有利害關係」？
    (A) 文化部與補助之藝文團體　　(B) 報關行與海關
    (C) 縣市議員與縣市政府　　　　(D) 政府機關(構)間之參訪拜會　(108 年普考)

17. 有關公務人員的行為規範，下列行為何者符合法律的規範？
    (A) 在辦公桌上擺置朋友的競選小旗幟
    (B) 加入政黨
    (C) 主持政治團體的集會活動
    (D) 利用民眾洽談業務時要求投票給特定候選人　　　　　　(107 年普考)

18. 國際透明組織每年都會公布一項國際評比排名，旨在促進各國廉潔透明，稱之為：
    (A) 世界競爭力 (World Competitiveness)
    (B) 世界自由度 (Freedom in the World)
    (C) 清廉印象指數 (Corruption Perception Index)
    (D) 開放社會排名 (Open Society Ranking)　　　　　　　　(107 年普考)

19. 下列那一項概念不合乎我國「公務人員行政中立法」的立法本旨？
    (A) 確保公務人員依法行政　　(B) 確保公務人員忠實執行政策
    (C) 確保公務人員公正無偏　　(D) 確保公務人員廉潔自持　(105 年地特三等)

20. 下列何者有違公務人員行政中立法之規定？
    (A) 公務人員平時或公餘時間得兼任政黨組織之職務
    (B) 公務人員登記為公職候選人者，應依規定請事假或休假，且長官不得拒絕該公務人員之請假
    (C) 公務人員不得於大眾傳播媒體具銜或具名廣告，以對特定候選人表達支持
    (D) 公務人員不得於上班時間從事政黨之活動，但依執行職務之必要行為不在此限
    (105 年地特三等)

21. 在行政責任的確保途徑分析上，「公務人員揭發弊端」是屬於那種確保途徑？
    (A) 內部正式   (B) 外部正式
    (C) 外部非正式   (D) 內部非正式   (104 年普考)

22. 行政倫理主要是在建立適當和正確的行政行為，而行政倫理守則的基礎，在於：
    (A) 倫理的意涵   (B) 道德的價值
    (C) 行政的目標   (D) 政策的規劃   (103 年高考三級)

23. 下列何者不是美國公共行政學會所訂定之倫理法典的主要內容？
    (A) 實踐公共利益   (B) 尊重憲法法律
    (C) 展現個人廉潔   (D) 主張權威服從   (103 年高考三級)

24. 老王為區公所科長，選舉期間有候選人與其接洽，希望到區公所發放競選傳單，但老王皆以政府機關以及公務人員不宜涉入選舉活動予以婉拒。請問此一行為蘊含的倫理價值與下列那一項現代人事行政體制的發展趨勢無關？
    (A) 政黨分贓制的破除
    (B) 文官永業化的建立
    (C) 行政專家和通才的互補
    (D) 公務人員保障制度的完備化   (103 年地特三等)

25. 下列那一項關於我國行政倫理相關法律的敘述錯誤？
    (A) 「公務人員行政中立法」規定了公務人員參與政黨活動的適當行為標準
    (B) 「公務員懲戒法」規定公務員因案在公務員懲戒委員會審議中者，不得資遣或申請退休
    (C) 「公務人員保障法」規定部屬如認為長官監督範圍內所發之命令違法，應負報告之義務
    (D) 「公務員服務法」不適用於公營事業機關服務人員

註

[1] 取自：http://www.bbc.com/zhongwen/trad/world/2015/01/150123_former_thai-pm_yingluck_impeached

[2] 取自：http://www.bbc.com/zhongwen/trad/world/2016/08/160831_brazil_rousseff_impeached

[3] 取自：http://www.storm.mg/article/126544

[4] 取自：http://www.appledaily.com.tw/appledaily/article/headline/20121026/34599926/

[5] 施能傑 (2004)。公共服務倫理的理論架構與規範作法。**政治科學論叢**，**20**，106-109。
陳敦源、蔡秀涓 (2006)。國家發展的倫理基礎：反貪腐與公職人員倫理準則。**臺灣民主季刊**，**3**(3)，194-195。
蕭武桐 (1998)。**行政倫理** (修訂再版)。臺北：國立空中大學，12-13。

[6] Bowman, J. S., & Knox, C. C. (2008). Ethics in Government: No Matter How Long and Dark the Night. *Public Administration Review, 68*(4), 627-639.
OECD (2000). Trust in Government: Ethics Measures in OECD Countries. Retrieved September 22, 2016, from http://www.oecd.org/gov/ethics/48994450.pdf

[7] Cooper, T. L. (2004). Big Questions in Administrative Ethics: A Need for Focused, Collaborative Effort. *Public Administration Review, 64*(4), 395-407.
Stensöta, H. O. (2010). The Conditions of Care: Reframing the Debate about Public Sector Ethics. *Public Administration Review, 70*(2), 295-303.
施能傑 (2004)。公共服務倫理的理論架構與規範作法。**政治科學論叢**，**20**，103-139。
陳敦源、蔡秀涓 (2006)。國家發展的倫理基礎：反貪腐與公職人員倫理準則。**臺灣民主季刊**，**3**(3)，185-200。
蕭武桐 (1998)。**行政倫理** (修訂再版)。臺北：國立空中大學。

[8] Luke, J. S. (1991). New Leadership Requirement for Public Administrators: from Managerial to Policy Ethics. In James S. Bowman. Ed. *Ethical Frontiers in Public Management: Seeking New Strategies for Resolving Ethical Dilemmas* (pp. 158-182). San Francisco, CA: Jossey-Bass.

[9] Shafritz, J. M., Russell, E.W., & Christopher, P. B. (2012). *Introducing Public Administration* (5th ed.). N. Y.: Pearson Longman.

[10] Cooper, T. L. (2004). Big Questions in Administrative Ethics: A Need for Focused, Collaborative Effort. *Public Administration Review, 64*(4), 395-407.

[11] Daley, D. (1985). Administrative Responsibility and Control of the Bureaucracy: The Dog That Did Not Bite. *State & Local Government Review, 17*(2), 195-199.
Dunn, D. D., & Legge Jr., J. S. (2001). U. S. Local Government Managers and the Complexity of Responsibility and Accountability in Democratic Governance. *Journal of Public Administration Research and Theory, 11*(1), 73-88.
Hibbeln, K. H., & Shumavon, D. H. (1983). Methods for Structuring Administrative Discretion. *State & Local Government Review, 15*(3), 124-129.
Starling, G. (2008). *Managing the Public Sector* (8th ed.). CA: Thomson Wadsworth.
Stivers, C. (1994). The Listening Bureaucrat: Responsiveness in Public Administration. *Public Administration Review, 54*(4), 364-369.

陳敦源 (2009)。透明之下的課責：台灣民主治理中官民信任關係的重建基礎。**文官制度季刊**，**1**(2)，21-55。

陳敦源、黃東益、蕭乃沂、郭思禹 (2006)。官僚回應性與內部顧客關係管理：台北市政府市長信箱個案研究。**行政暨政策學報**，**42**，143-182。

[12] Daley, D. (1985). Administrative Responsibility and Control of the Bureaucracy: The Dog That Did Not Bite. *State & Local Government Review, 17*(2), 195-199.

Dunn, D. D., & Legge Jr., J. S. (2001). U. S. Local Government Managers and the Complexity of Responsibility and Accountability in Democratic Governance. *Journal of Public Administration Research and Theory, 11*(1), 73-88.

Hibbeln, K. H., & Shumavon, D. H. (1983). Methods for Structuring Administrative Discretion. *State & Local Government Review, 15*(3), 124-129.

Starling, G. (2008). *Managing the Public Sector* (8th ed.). CA: Thomson Wadsworth.

Stivers, C. (1994). The Listening Bureaucrat: Responsiveness in Public Administration. *Public Administration Review, 54*(4), 364-369.

陳敦源 (2009)。透明之下的課責：台灣民主治理中官民信任關係的重建基礎。**文官制度季刊**，**1**(2)，21-55。

陳敦源、黃東益、蕭乃沂、郭思禹 (2006)。官僚回應性與內部顧客關係管理：台北市政府市長信箱個案研究。**行政暨政策學報**，**42**，143-182。

[13] Starling, G. (2008). *Managing the Public Sector* (8th ed.). CA: Thomson Wadsworth.

[14] Starling, G. (2008). *Managing the Public Sector* (8th ed.). CA: Thomson Wadsworth.

[15] Daley, D. (1985). Administrative Responsibility and Control of the Bureaucracy: The Dog That Did Not Bite. *State & Local Government Review, 17*(2), 195-199.

Dunn, D. D., & Legge Jr., J. S. (2001). U.S. Local Government Managers and the Complexity of Responsibility and Accountability in Democratic Governance. *Journal of Public Administration Research and Theory, 11*(1), 73-88.

Stivers, C. (1994). The Listening Bureaucrat: Responsiveness in Public Administration. *Public Administration Review, 54*(4), 364-369.

陳敦源、蔡秀涓 (2006)。國家發展的倫理基礎：反貪腐與公職人員倫理準則。**臺灣民主季刊**，**3**(3)，185-200。

[16] OECD (2000). Trust in Government: Ethics Measures in OECD Countries. Retrieved September 22, 2016, from http://www.oecd.org/gov/ethics/48994450.pdf

[17] 參考 ASPA 網站，取自：http://www.aspanet.org/ASPA/Code-of-Ethics/ASPA/Code-of-Ethics/Code-of-Ethics.aspx?hkey=5b8f046b-dcbd-416d-87cd-0b8fcfacb5e7

[18] 參考 TI 網站，取自：http://www.transparency.org/

[19] 參考台灣透明組織協會網站，取自：https://www.tict.org.tw/anti-corruption/tools/cpi/

[20] 施能傑 (2004)。公共服務倫理的理論架構與規範作法。**政治科學論叢**，**20**，103-139。

[21] 參考 U. S. Office of Government Ethics 網站，取自：https://www.congress.gov/bill/112th-congress/senate-bill/2038

[22] 江明修 (2009)。行政倫理法制之全球趨勢。**哲學與文化**，**36**(1)，3-24。
施能傑 (2004)。公共服務倫理的理論架構與規範作法。**政治科學論叢**，**20**，103-139。

[23] Committee on Standards in Public Life (2023). Leading in Practice: report. https://www.gov.uk/government/publications/leading-in-practice

[24] 余一鳴 (2015)。關係與貪瀆：華人關係文化脈絡下的公務員倫理行為。**行政暨政策學報**，**60**，1-40。
陳敦源、蔡秀涓 (2006)。國家發展的倫理基礎：反貪腐與公職人員倫理準則。**臺灣民主季刊**，**3**(3)，185-200。

[25] 施能傑 (2004)。公共服務倫理的理論架構與規範作法。**政治科學論叢**，**20**，103-139。
陳敦源、蔡秀涓 (2006)。國家發展的倫理基礎：反貪腐與公職人員倫理準則。**臺灣民主季刊**，**3**(3)，185-200。

[26] 施能傑 (2004)。公共服務倫理的理論架構與規範作法。**政治科學論叢**，**20**，103-139。
陳敦源、蔡秀涓 (2006)。國家發展的倫理基礎：反貪腐與公職人員倫理準則。**臺灣民主季刊**，**3**(3)，185-200。
黃朝盟、陳坤發 (2002)。公務人員的行政倫理觀—台灣縣市政府行政菁英意見調查分析。**政治科學論叢**，**16**，119-136。

[27] Maeckelberghe, E. (2021). Ethical implications of COVID-19: Vulnerabilities in a global perspective. *European Journal of Public Health, 31*(4), iv50-iv53.

[28] Pykett, J., Ball, S., Dingwall, R., Lepenies, R., Sommer, T., Strassheim, H., & Wenzel, L. (2023). Ethical moments and institutional expertise in UK Government COVID-19 pandemic policy responses: Where, when and how is ethical advice sought? *Evidence & Policy, 19*(2), 236-255.

[29] OECD (2020). OECD policy responses to Coronavirus (COVID-19): Public integrity for an effective COVID-19 response and recovery. 取自：https://www.oecd.org/coronavirus/policy-responses/public-integrity-for-an-effective-covid-19-response-and-recovery-a5c35d8c/

選擇題習題答案

第一章
1.(B) 2.(B) 3.(D) 4.(C) 5.(C) 6.(B) 7.(A) 8.(A) 9.(D) 10.(D) 11.(D)
12.(B) 13.(D)

第二章
1.(D) 2.(C) 3.(C) 4.(B) 5.(B) 6.(B) 7.(B) 8.(C) 9.(B) 10.(A) 11.(D)
12.(C)

第三章
1.(B) 2.(B) 3.(B) 4.(C) 5.(D) 6.(C) 7.(B) 8.(A) 9.(D) 10.(C) 11.(B)
12.(B) 13.(D)

第四章
1.(C) 2.(A) 3.(B) 4.(D) 5.(C) 6.(B) 7.(D) 8.(D)

第五章
1.(D) 2.(B) 3.(D) 4.(B) 5.(B) 6.(B) 7.(D) 8.(C) 9.(D) 10.(A) 11.(D)

第六章
1.(B) 2.(A) 3.(B) 4.(D) 5.(C) 6.(C) 7.(C) 8.(B) 9.(D) 10.(B)

第七章
1.(B) 2.(B) 3.(B) 4.(D) 5.(D) 6.(D) 7.(B) 8.(C) 9.(D) 10.(A) 11.(A)
12.(C) 13.(D) 14.(D) 15.(D) 16.(C)

第八章
1.(A) 2.(B) 3.(B) 4.(B) 5.(D) 6.(C) 7.(C) 8.(B) 9.(D) 10.(B) 11.(D)
12.(D) 13.(D) 14.(B) 15.(D) 16.(C) 17.(D)

第九章

1.(A)　2.(B)　3.(D)　4.(C)　5.(D)　6.(C)　7.(A)　8.(C)　9.(A)　10.(D)　11.(C)
12.(D)　13.(D)　14.(D)　15.(C)

第十章

1.(B)　2.(A)　3.(A)　4.(A)　5.(C)　6.(B)　7.(D)　8.(A)　9.(B)　10.(D)　11.(A)
12.(B)　13.(C)　14.(D)　15.(D)　16.(C)　17.(D)　18.(C)　19.(B)

第十一章

1.(D)　2.(C)　3.(B)　4.(C)　5.(D)　6.(B)　7.(B)　8.(C)　9.(C)　10.(A)　11.(D)
12.(D)　13.(B)　14.(A)　15.(B)　16.(B)　17.(C)　18.(C)　19.(A)　20.(C)

第十二章

1.(A)　2.(B)　3.(C)　4.(B)　5.(C)　6.(D)　7.(D)　8.(C)　9.(B)　10.(D)　11.(B)
12.(B)

第十三章

1.(D)　2.(C)　3.(A)　4.(C)　5.(D)　6.(C)　7.(D)　8.(D)　9.(C)　10.(C)

第十四章

1.(C)　2.(D)　3.(C)　4.(B)　5.(B)　6.(B)　7.(D)　8.(B)　9.(D)

第十五章

1.(D)　2.(D)　3.(B)　4.(C)　5.(A)　6.(D)　7.(B)　8.(C)　9.(C)　10.(C)　11.(B)
12.(D)　13.(A)　14.(D)　15.(C)　16.(D)　17.(B)　18.(C)　19.(D)　20.(A)　21.(D)　22.(B)
23.(D)　24.(C)　25.(D)

參考文獻

第二章

吳瓊恩 (2002)。**行政學** (增訂二版)。臺北：三民書局股份有限公司。

林儀郡、余致力 (2011 年 5 月)。**從建國百年回顧臺灣公共行政學術發展歷程**。台灣公共行政與公共事務系所聯合會年會暨國際學術研討會，臺北。

張潤書 (2002)。**行政學** (修訂二版)。臺北：三民書局股份有限公司。

詹中原 (2005)。台灣公共行政發展史研究─理論演進與實務發展，2016 年 1 月 26 日，取自：http://old.npf.org.tw/PUBLICATION/CL/094/CL-R-094-018.htm

詹中原 (2007)。台灣公共行政實務發展之歷史回顧，2016 年 1 月 26 日，取自：http://www.npf.org.tw/2/3038

賴維堯、林鐘沂、施能傑、許立一 (2005)。**行政學入門**。臺北：國立空中大學。

Bowornwathana, B. (2010). Minnowbrook IV in 2028: From American Minnowbrook to Global Minnowbrook. *Public Administration Review, 70*(Supplement to Volume 70: The Future of Public Administration in 2020), S64-S68.

Meier, K. J. (2010). Governance, Structure, and Democracy: Luther Gulick and the Future of Public Administration. *Public Administration Review, 70*(Supplement to Volume 70: The Future of Public Administration in 2020), S284-S291.

Starling, G. (2008). *Managing the Public Sector* (8th ed.). CA: Thomson Wadsworth.

Stillman II, R. J. (1991). *Preface to Public Administration: A Search for Themes and Direction*. N. Y.: St. Martin's Press.

第三章

丘昌泰 (2013)。**公共政策─基礎篇** (第五版)。高雄：巨流圖書股份有限公司。

吳定 (2008)。**公共政策**。臺北：五南圖書出版股份有限公司。

李建良、陳愛娥、陳春生、林三欽、林合民、黃啟禎 (2004)。**行政法入門** (第二版)。臺北：元照出版有限公司。

邱訪義、李誌偉 (2016)。影響行政部門提案三讀通過之制度性因素─總統、官僚、與政黨。**臺灣民主季刊**，**13**(1)，39-84。

盛杏湲 (2003)。立法機關與行政機關在立法過程中的影響力：一致政府與分立政府的比較。**台灣政治學刊**，**7**(3)，51-105。

盛杏湲 (2008)。政黨的國會領導與凝聚力─2000 年政黨輪替前後的觀察。**臺灣民主季刊**，**5**(4)，1-46。

黃東益、陳敦源 (2012)。**陌生的政務領導者─台灣的政務官及民主治理的藝術**。行政院國家科學委員會專題研究計畫成果報告 (編號：NSC 97-2410-H-004-093-SS3)，未出版。

黃德福、廖益興 (2009)。我國立法委員為何選擇並立式混合選舉制度？2004 年選舉制度改革之觀察。**政治學報**，**47**，1-27。

廖達琪 (2010)。國會議員生涯類型變遷與民主體制的取向分析—以台灣第二到第七屆立法院為例。**東吳政治學報**，**28**(2)，49-96。

廖達琪、陳月卿、李承訓 (2013)。半總統制下的國會監督—從法制面比較臺灣與法國國會的監督能量。**問題與研究**，**52**(2)，51-97。

劉書彬 (2012)。從史托姆競爭性政黨行為理論探究梅克爾大聯合政府時期聯邦朝野政黨關係。**東吳政治學報**，**30**(4)，51-120。

蕭怡靖、黃紀 (2010)。單一選區兩票制下的一致與分裂投票—2008 年立法委員選舉的探討。**臺灣民主季刊**，**7**(3)，1-43。

蘇子喬 (2013)。兼容並蓄或拼裝上路？—從內閣制與總統制優劣辯論檢視半總統制的利弊。**臺灣民主季刊**，**10**(4)，1-48。

蘇子喬、王業立 (2014)。總統與國會選舉制度對半總統制憲政運作的影響—法國與台灣的比較。**政治科學論叢**，**62**，35-78。

Starling, G. (2008). *Managing the Public Sector* (8th ed.). CA: Thomson Wadsworth.

第四章

郭昱瑩 (2002)。中程預算收支推估與判斷預測之研究。**國立政治大學公共行政學報**，**7**，1-29。

陸以正 (2002.3)。**組織精簡不等於政府改造**。國家政策研究基金會評論 (國安 (評) 091-101 號)。

蘇彩足 (2002.6)。美國聯邦政府之中程計畫預算機制—PPBS、中程財政收支推估、預算強制法、GPRA：中程預算制度之重要環節。**主計月刊**，**558**，21-29。

Alliance for Nonprofit Management. FAQ's. Washington, D. C., 2001. http://www.allianceonline.org (轉引自 Steiss, 2003, p. 20)

Ansoff, H. I. *Corporation Strategy* (with an introduction by Sir John Harvey-Jones), Penguin, Harmondsworth, Middlesex, England, 1987 Revised Edition.

Axelrod, D. (1988). *Budgeting for Modern Government*. N. Y.: St. Martin's Press.

Bennis, W. (1982). Leadership Transforms Vision into Action. *Industry Week, 31*, May 1982, 54-56.

Crainer, S. (1996). *Key Management Ideas*. Pitman, London.

Crainer, S. (1998). *The Ultimate Business Guru Book*. Capstone, UK.

Denison, D. R. (1990). *Corporate Culture and Organizational Effectiveness*. N. Y.: John Wiley.

Evered, R. (1983). So What Is Strategy? *Long-Range Planning, 16*(3), 57-72.

Gluck, F. W., Kaufman, S. P., & Walleck, A. S. (1982). The Four Phases of Strategic Management. *Journal of Business Strategy* (Winter 1982), 9-21.

Kamarck, E. C. (2000). Globalization and Public Administration Reform. in Joseph S. Nye & John D. Donahue (eds.) *Governance in a Globalizing World*. Washington, D. C.: Brookings Institution Press.

McCaffery, J. L. (1989). Making the Most of Strategic Planning and Management. In Robert E. Cleary, Nicholas Henry and Associates. *Managing Public Programs: Balancing Politics, Administration and Public Needs*. San Francisco, CA: Jossey-Bass.

Mendell, J. S., & Gerjuoy, H. G. (1984). Anticipatory Management or Visionary Leadership: A Debate. *Managerial Planning, 33*, 28-31, 63.

Porter, M. E. (1980). *Competitive Strategy*. N. Y.: Free Press.

Steiss, A. W. (2003). *Strategic Management for Public and Nonprofit Organizations*. N. Y.: Marcel Dekker.

Westley, F., & Mintzberg, H. (1989). Visionary Leadership and Strategic Management. *Strategic Management Journal, 10*, 17-32.

第五章

郭昱瑩 (2002)。**公共政策：決策輔助模型個案分析**。臺北：智勝文化事業有限公司。

Morgan, G. (2006). *Images of Organization*. Thousand Oaks, CA: Sage Publications.

第十章

考試院 (2014)。**考試院第 11 屆第 282 次會議考選部重要業務報告**。臺北：考試院。

行政院研究發展考核委員會 (2007)。**優質網路政府計畫 (97 年度至 100 年度)**。臺北：行政院研究發展考核委員會。

行政院資訊發展推動小組 (1993)。**政府業務電腦化報告書**。臺北：行政院研究發展考核委員會。

宋餘俠 (2007)。**電子化政府實踐與研究**。臺北：孫運璿基金會。

李仲彬、洪永泰、朱斌妤、黃東益、黃婉玲、曾憲立 (2016)。**數位國情總綱調查 (4)─因應行動服務及共享經濟 (資源) 發展之策略** (編號：NDC-MIS-105-001)。臺北：國家發展委員會。

林嘉誠 (2004)。**電子化政府總論**。臺北：行政院研究發展考核委員會。

財團法人台灣網路資訊中心 (2016)。2016 年台灣寬頻網路使用調查。

財團法人台灣網路資訊中心 (2016)。2016 年台灣無線網路使用調查。

國家發展委員會 (2016)。**第五階段電子化政府計畫─數位政府** (106 年度至 109 年度)。臺北：國家發展委員會。

曾冠球 (2012)。臺灣電子化政府的發展。載於行政院研究發展考核委員會 (編)，**臺灣電子治理的過去現在與未來**，69-89。臺北：行政院研究發展考核委員會。

項靖 (2003)。邁向資訊均富：我國數位落差現況之探討。**東吳政治學報，16**，127-180。

黃朝盟、朱斌妤、黃東益 (2008)。**電子治理成效調查評估與分析報告** (編號：09640D002503)。臺北：行政院研究發展考核委員會。

Botsman, R. (2013). *The Sharing Economy Lacks A Shared Definition*. retrieved July 31, 2016, from http://www.fastcoexist.com/3022028/the-sharing-economy-lacks-a-shared-definition

Fedorowicz, J., Gogan, J. L., & Williams, C. B. (2007). A Collaborative Network for First Responders: Lessons from the CapWIN case. *Government Information Quarterly, 24*(4), 785-807.

Friedland, C., & Gross, T. (2010). Measuring the public value of e-government: Methodology of a South African case study. Paper presented at the Proceedings of the 1 st Africa 2010 Conference, IIMC International Information Management Corporation, Africa.

Marche, S., & McNiven, J. D. (2003). E-government and e-governance: The future isn't what it used to be. *Canadian

Journal of Administrative Sciences-Revue Canadienne Des Sciences De L Administration, 20(1), 74-86.

Oakley, K. (2002). *What Is E-Governance? E-Governance Workshop*. Strasbourg.

Plenert, G. (2001). *The eManager: Value Chain Management in an eCommerce World*. Los Angeles: Blackhall Publishing.

Rhodes, R. A. W. (1996). The New Governance: Governing without government. *Political Studies, 44*, 652-667.

United Nations Public Administration Network (2016). United Nations E-Government Survey 2016.

Waseda University (2016). The 12th Waseda - IAC International e-Government Rankings Survey 2016 Report.

第十一章

吳定、張潤書、陳德禹、賴維堯、許立一 (2007)。**行政學** (上)。臺北：國立空中大學。

徐仁輝 (2004)。**公共組織行為**。臺北：智勝文化事業有限公司。

郭武平 (2012)。普京：「給我二十年，還你一個強大的俄羅斯」。**展望與探南，6** (10)。

陳德禹 (1993)。**行政管理**。臺北：三民書局股份有限公司。

黃東益 (2013)。**從價值差異到夥伴關係—政務官事務官的互動管理**。臺北：五南圖書出版股份有限公司。

微微 (2016)。中國 30 萬貪官跑不掉，習近平：老虎蒼蠅一起打。取自：https://dq.yam.com/post.php?id=5653

胡老爹的部落客 (2012.02.01)。國家領導人的機智、風範與高度—歐巴馬的最佳示範。取自：http://blog.xuite.net/alibudahu/twblog/379126176

Bass, B. M. (1990). From Transactional to Transformational Leadership: Learning to Share the Vision. *Organizational Dynamics* (Winter), 19-31.

Burns, J. M. (2003). *Transforming Leadership: A New Pursuit of Happiness*. N. Y.: Atlantic Monthly Press.

Fred, E. F. (1968). Adapted from A Thoery of Leadership Effectiveness. *Administrative Science Quarterly, 13*(2), 344-348.

Hemphill, J. K., & Coons, A. E. (1957). Development of the leader behavior description questionnaire. In R. M. Stogdill & A. E. Coons (Eds.), *Leader Behavior: Its Description and Measurement*. Columbus, Ohio: Bureau of Business Research (pp. 6-38). Ohio State University.

Likert, R. (1961). *New Patterns of Management*. N. Y.: McGraw-Hill.

Newstrom, J. W., & Davis, K. (2007). *Organizational Behavior* (10th ed.). N. Y.: McGraw-Hill.

Paul H., & K. H. Blanchard (1997). *Management of Organizational Behavior* (3rd ed.). Englewood, NJ: Prentice Hall.

Starling, G. (2010). *Managing the Public Sector*. Boston: Cengage Learning.

Tannenbaum, R., & Schmidt, W. (1958). How to Choose a Leadership Pattern. *Harvard Business Review* (March-April).

Weber, M. (1958). The Three Types of Legitimate rule. *Berkeley Publications in Society and Institutions, 4*(1), 1-11.

第十四章

吳安妮 (2003)。平衡計分卡在公務機關實施之探討。收錄於行政院研究發展考核委員會，**政府績效評估**，第五章，115-135。

李允傑、丘昌泰 (2003)。**政策執行與評估**。臺北：元照出版有限公司。

林華德、李顯峰、徐仁輝 (1997)。**財務行政**。臺北：國立空中大學。

郭昱瑩 (2006)。施政績效評估制度探討。**公務人員月刊，116**，32-50。

郭昱瑩 (2008)。The Mechanism of Good Public Governance is Right Here: GPMnet. *2008 APEC Workshop on Government Performance and Results Management-Document*, 1-15.

郭昱瑩 (2008)。政府績效管理與執行力建構。**研考雙月刊，270**，30-47。

郭昱瑩、謝雨豆 (2012)。施政績效評估制度之前瞻與未來。**研考雙月刊，289**，29-42。

審計部教育農林審計處 (2000)。**普通公務績效審計實務作法之探討**。89 年度研究報告彙編，第伍篇，臺北：審計部。

Hatry, H. P. (2002). Performance Measurement: Fashion and Fallacies. *Public Performance and Management Review, 25*(4), 352-258.

Kaplan, R., & Norton, D. (2000). *The Strategy Focused Organization*. Boston, MA: Harvard Business School Press.

Melkers, J., & Willoughby, K. G. (2001). Budgeters' View of State Performance-Budgeting Systems: Distinctions across Branches. *Public Administration Review, 61*(1), 54-64.

Osborne, S., & Nutley, S. (1994). *The Public Sector Management Handbook*. N. Y.: Pearson Longman.

第十五章

江明修 (2009)。行政倫理法制之全球趨勢。**哲學與文化，36**(1)，3-24。

余一鳴 (2015)。關係與貪瀆：華人關係文化脈絡下的公務員倫理行為。**行政暨政策學報，60**，1-40。

施能傑 (2004)。公共服務倫理的理論架構與規範作法。**政治科學論叢，20**，103-139。

陳敦源 (2009)。透明之下的課責：台灣民主治理中官民信任關係的重建基礎。**文官制度季刊，1**(2)，21-55。

陳敦源、黃東益、蕭乃沂、郭思禹 (2006)。官僚回應性與內部顧客關係管理：台北市政府市長信箱個案研究。**行政暨政策學報，42**，143-182。

陳敦源、蔡秀涓 (2006)。國家發展的倫理基礎：反貪腐與公職人員倫理準則。**臺灣民主季刊，3**(3)，185-200。

黃朝盟、陳坤發 (2002)。公務人員的行政倫理觀—台灣縣市政府行政菁英意見調查分析。**政治科學論叢，16**，119-136。

蕭武桐 (1998)。**行政倫理** (修訂再版)。臺北：國立空中大學。

Bowman, J. S., & Knox, C. C. (2008). Ethics in Government: No Matter How Long and Dark the Night. *Public Administration Review, 68*(4), 627-639.

Cooper, T. L. (2004). Big Questions in Administrative Ethics: A Need for Focused, Collaborative Effort. *Public Administration Review, 64*(4), 395-407.

Daley, D. (1985). Administrative Responsibility and Control of the Bureaucracy: The Dog That Did Not Bite. *State & Local Government Review, 17*(2), 195-199.

Dunn, D. D., & Legge, Jr., J. S. (2001). U. S. Local Government Managers and the Complexity of Responsibility and Accountability in Democratic Governance. *Journal of Public Administration Research and Theory, 11*(1), 73-88.

Hibbeln, K. H., & Shumavon, D. H. (1983). Methods for Structuring Administrative Discretion. *State & Local Government Review, 15*(3), 124-129.

Luke, J. S. (1991). New Leadership Requirement for Public Administrators: from Managerial to Policy Ethics. In

James S. Bowman. Ed. Ethical Frontiers in *Public Management: Seeking New Strategies for Resolving Ethical Dilemmas* (pp. 158-182). San Francisco, CA: Jossey-Bass.

OECD (2000). Trust in Government: Ethics Measures in OECD Countries. Retrieved September 22, 2016, from http://www.oecd.org/gov/ethics/48994450.pdf

Shafritz, J. M., Russell, E. W., & Borick, C. P. (2012). *Introducing Public Administration* (5th ed.). N. Y.: Pearson Longman.

Starling, G. (2008). *Managing the Public Sector* (8th ed.). CA: Thomson Wadsworth.

Stensöta, H. O. (2010). The Conditions of Care: Reframing the Debate about Public Sector Ethics. *Public Administration Review, 70*(2), 295-303.

Stivers, C. (1994). The Listening Bureaucrat: Responsiveness in Public Administration. *Public Administration Review, 54*(4), 364-369.

圖片來源

封面照片：Shutterstock.com

第二章

章首：https://en.wikipedia.org/wiki/Woodrow_Wilson#/media/File:President_Woodrow_Wilson_by_Harris_%26_Ewing,_1914-crop2.jpg；圖 2-2、圖 2-3：Shutterstock.com

第三章

章首、圖 3-2、圖 3-4：Shutterstock.com；圖 3-1：https://zh.wikipedia.org/wiki/%E8%8B%B1%E5%9B%BD%E5%9B%BD%E4%BC%9A#/media/File:Westminster_palace.jpg

第四章

章首、圖 4-3：Shutterstock.com；
圖 4-1：https://zh.wikipedia.org/wiki/%E6%81%86%E6%98%A5%E6%A9%9F%E5%A0%B4#/media/File:Hengchun-Township_Taiwan_Hengchun-Airport-02.jpg

第五章

章首、圖 5-1：Shutterstock.com

第六章

章首：Shutterstock.com

第七章

章首：Shutterstock.com

第八章

章首：Shutterstock.com；
圖 8-4：https://zh.wikipedia.org/wiki/%E8%A1%8C%E6%94%BF%E9%99%A2%E5%8D%97%E9%83%A8%E8%81%AF%E5%90%88%E6%9C%8D%E5%8B%99%E4%B8%AD%E5%BF%83

第九章

章首、圖 9-4、圖 9-5：Shutterstock.com

第十章

章首、圖 10-1、圖 10-4、圖 10-5、圖 10-6：Shutterstock.com

第十一章

章首、圖 11-1、圖 11-2、圖 11-3：Shutterstock.com

第十二章

章首、圖 12-3、p. 277 照片、圖 12-9：Shutterstock.com

第十三章

章首、圖 13-1、p. 299 照片、圖 13-5：Shutterstock.com；圖 13-6：https://zh.wikipedia.org/wiki/%E8%B3%B4%E6%B8%85%E5%BE%B7#/media/File:20101010_laichingte.jpg

第十四章

章首：Shutterstock.com

第十五章

章首、圖 15-1、圖 15-2、圖 15-3、圖 15-4：Shutterstock.com

索引

BCG 矩陣　BCG Matrix　78
ChatGPT　Chat Generative Pre-Trained Transformer　227
e-公民參與　E-Participation　218
e-法制規範　E-Regulation　218
e-政府行政　E-Administration　218
e-政府服務　E-Service　218
e-基礎建設　E-Infrastructure　218
POSDCORB　26

一畫

一條鞭　183

二畫

人力資源　Human Capital Component　219
人力資源管理　Human Resource Management, HRM　182
人工智慧　Artificial Intelligence, AI　209
人事行政　Personnel Administration　182

三畫

大數據分析　Big Data Analysis　208
工具值　Instrumentality　280

四畫

不管部會首長　Minister without Portfolio　168
中階管理　Middle Line　161
互惠性　Reciprocity　99, 121
內涵式　Inclusive　90
內部流程　Internal Process　330
內閣制　44
公平　Fairness　349
公平理論　Equity Theory　282

公民陪審團　Citizens Jury　101
公民會議　Consensus Conference　100
公民憲章　Citizen Charter　317
公共服務動機　Public Service Motivation, PSM　278
公共服務標準委員會　Committee on Standards in Public Life　354
公共政策網路參與平臺　219
公共意志　Public Will　113
公共價值　Public Value　220
公共議程　Public Agenda　110
公私協力　Public-Private Collaboration　89
分立政府　46
友善性　Agreeableness　193
幻覺的關聯　Illusory Correlation　94
方案　Formula　111

五畫

世代間公平　Intergenerational Equity　347
代表性　Representativeness　94
代表性官僚　Representative Bureaucracy　351
代理政府　Proxy Government　89
功能預算制度　Functional Budgeting System　135
功績制　199
加強理論　Reinforcement Theory　320
包容性領導　Inclusive Leadership　255
半總統制　46
可取得性　Availability　94
可信賴 AI　Trustworthy AI　228
可衡量的目標　Measurable Objectives　140, 318
外向性　Extroversion　193
巨量資料　Big Data　214
平等　Equality　101
平衡計分卡　Balanced Scorecard, BSC　329
未來的任務　Duties to the Future　347
正式化　Formalization　163

379

正增強　Positive Reinforcement　284
生成式 AI　Generative AI　227
生產導向　Production-Oriented　243
由上而下　Top-Down　141
由下而上　Bottom-Up　140
目標設定理論　Goal-Setting Theory　281, 320
目標管理　Management by Objective, MBO　319

六畫

交易型領導　Transactional Leadership　251
交易處理系統　Transaction Processing System, TPS　210
任務　Mission　140, 318
任務導向　246
企業精神預算制度　Entrepreneurial Budgeting　139
全國績效評鑑　National Performance Review, NPR　317
全球貪腐趨勢指數　Global Corruption Barometer, GCB　353
共享經濟　Sharing Economic　223
劣勢　Weakness, W　319
危機領導　Crisis Leadership　257
合法性權力　Legitimate Power　240
同地辦公　Colocation　172
同意　Consent　114
向前推進　Forward Mapping　120
向後推進　Backward Mapping　120
回應性　Responsiveness　310, 348
回應性評估　124
回饋　Feedback　297
多元主義　Value-Pluralism　124
守護者/僕人的精神　Stewardship　347
自我轉化　Self-Transformation　100
行政人　Administrative Man　94
行政支援　Support Staff　162
行為取向　197
行為定錨評估量尺　Behavioral Anchored Rating Scales, BARS　197
行為矯正　Behavior Modification　283

七畫

伯恩斯　James M. Burns　252
技術結構　Technostructure　162
投入　Input　318
投資組合　Business Portfolio　78
決策支援系統　Decision Support System, DSS　211
決策制定　Decision Making　138
決策制定　E-Decision-Making　219
決策案　Decision Packages　138
決策單位　Decision Units　138
決策過程　Decision-Making Process　140
決算　Final Report　140
決算制度　132
貝斯　Bernard Bass　253
身分危機　Identity Crisis　28

八畫

例外管理　Management-by-Exception　251
供給面　Supply　216
兩構面理論　Two-Dimensional Theory　242
具名群體技術　Nominal Group Technique　97
協力治理　Collaborative Governance　89-90
協力夥伴　Collaborative Partnership　90
命令型　Telling　248
固定　Anchoring　93
委外　Outsourcing　169
官房學派　132
官僚組織　Bureaucracy　160
官僚體系　Bureaucracy　120
服務品質競賽　Service Quality Competition　317
治理　Governance　217
直覺啟發　Heuristics　94
社會性價值　Social Values　220
社會科學引文索引　Social Science Citation Index, SSCI　35
近用　Access to　222
近視　Myopia　73

九畫

保健因子　Hygiene Factors　274
威脅　Threat, T　319
後天習得需求　Acquired Needs　276
後理性模式　Post-Rationalistic Model　120
後端辦公室　Back Office　215
持續性增強　Continuous Reinforcement　286
政治、行政二分　4, 23
政治性價值　Political Values　220
政務人員　200
政策議程　110
柏瑞圖效率　Pareto Efficiency　91
柏瑞圖效率改進　Pareto Efficiency Improvement　91
美國公共行政學會　American Society for Public Administration, ASPA　352
美國胡佛委員會　Hoover Commission　33
英國統一基金法案　131
計畫　Plan　111
計畫小組　Planning Cell　101
計畫預算　Program Budgeting　136
計畫與績效預算制度　Program and Performance Budgeting System　135
負增強　Negative Reinforcement　284
迫切性　Emergent　93
重大轉向　Deliberative Turn　98
首長資訊系統　Executive Support System, ESS　211

十畫

個人資料　My Data　214
個人需求　Personal Needs　93
原始資料　Raw Data　216
員工的成熟度　Maturity　248
員工導向　Employee-Oriented　243
時間限制　Time-Based　72
核心價值　Core Values　220
泰勒　Frederick W. Taylor　24-25
消弱　Extinction　285
特別預算　148
特質理論　Trait Theories　241
脈絡　Contextual　163
財務　Financial　330
財務行政　Public Financial Administration　131
財務審計　312
財團法人台灣網路資訊中心　Taiwan Network Information Center, TWNIC　214
配置　Configuration　161
高效能主管　Effective Executive　29

十一畫

偏見　Biases　94
參照的權力　Referent Power　240
參與式預算　150
參與型　Participating　248
參與型領導　Participative Leadership　255
唯一最佳方法　One Best Way　25
問題系絡　Contextual　93
國內生產毛額　GDP　152
國會預算暨截留控制法　Congressional Budget and Impoundment Control Act　123
國際透明組織　Transparency International, TI　352
執行　Implementation　140
執行失敗　Implementation Failure　118
專家權力　Expert Power　240
專精化　Specialization　163
強制權力　Coercive Power　240
情感　Emotional　93
情緒波動性/神經質　Neuroticism　193
授權型　Delegating　249
接收者　Receiver　296
混合掃描模型　96
清廉印象指數　Corruption Perception Index, CPI　353
理性決策模型　94
理性無知　Rational Ignorance　101
理想言談情境　Ideal Speech Situation　99
第一代評估　122
第二代評估　122
第三代評估　123
組織　Organizational　93
組織功能　Organizing Function　159
處罰　Punishment　285
規劃　Formulation　111

規劃　Planning　111
設計計畫預算制度　Planning Programming Budgeting System, PPBS　136
責任　Responsibility　348
部分增強　Partial Reinforcement　286
部門化　Departmentalization　163

十二畫

傑弗遜研究中心　Jefferson Center　101
善治　Good Governance　220
媒體議程　Media Agenda　110
智慧城市　Smart City　224
智識危機　Intellectual Crisis　28
最不喜歡的工作夥伴　Least Preferred Co-Worker, LPC　246
期望理論　Expectancy Theory　280, 320
焦點群體　Focus Groups　98
發展　Development　183
發送者　Sender　296
策略高層　Strategic Apex　161
策略規劃　Strategic Planning　319
結果　Result　318
結構　Structural　163
費堯　Henri Fayol　24
進步主義　Progressivism　25
開放資料　Open Data　214
階層設計　Hierarchical Design　163
集權化　Centralization　163
間接政府　Indirect Government　89
項目預算　Line-Item Budgeting　134

十三畫

奧斯壯　Vincent Ostrom　28
意見諮詢　E-Consultation　219
新人引導　Orientation　195
新公共行政　New Public Administration　30
新公共管理　New Public Management　30
新治理　New Governance　89
新績效預算制度　New Performance-Based Budgeting　139
會計制度　132

溝通管道　Communication Channels　298
經濟人　Economic Man　94
經濟合作暨發展組織　Organisation for Economic Cooperation and Development, OECD　352
經濟或環境的驅動力　Economic/Environment　93
經驗開放性　Openness　193
義務性權力　Obligation Power　240
腦力激盪術　Brainstorming　97
落後　Lagging　335
解碼　Decoding　297
誠實　Honesty　349
資料治理　Data Governance　208
資料探勘　Data Mining　211
資料集　Dataset　216
資訊不對稱　56
資訊長　Chief Information Officer, CIO　221
資訊透明　E-Information　219
資訊通信科技　Information and Communication Technologies, ICTs　208
資訊管理人才　E-Manager　221
過程　Process　279, 318
零基預算制度　Zero-Based Budgeting System, ZBBS　138
電子化政府　E-Government　208
電子化政府發展指標　E-Government Development Index, EGDI　218
電子化政府調查　E-Government Survey　218
電子治理　E-Governance　208, 217
電子參與指標　E-Participation Index, EPI　218
電子連署平台　E-Petition　219
電信基礎架構　Telecom Infrastructure Component　219
預算制度　132

十四畫

厭惡刺激　Aversive Stimulus　284
團體迷思　Groupthink　98
團體偏移　Groupshift　98
滿意決策模型　94
漸進決策模型　94
管理主義　Managerialism　124

管理資訊系統　Management Information System　210
臺灣社會科學引文索引　Taiwan Social Science Citation Index, TSSCI　35
認知限制　Cognitive Constraints　96
認知資源理論　250
誘因　Motivation　94
說服型　Selling　248
需求權力　Dependence Power　240
領先　Leading　335
領導方陣理論　Leadership Grid　244
領導行為連續構面理論　Leadership Behavior Continuum Theory　243
領導職能　Leadership Competencies　257

十五畫

價值　Valence　280
價值判斷　Value Judgement　345
增強物　Reinforcer　283
審計　Audit　140
審計制度　132
審議　Approval　140
審議　Deliberation　101
審議民主　Deliberative Democracy　57, 98
審議式民調　The Deliberative Poll　101
彈性　Flexibility　349
德菲法　Delphi Technique　98
數位治理　Digital Governance　209
數位經濟法規諮詢平台　vTaiwan　219
數位落差　Digital Divide　219, 222
獎酬制度　Reward System　320
獎勵權力　Reward Power　240
線上服務　Online Service Component　219
編碼　Encoding　297
課責　Accountability　348
調整與固定　Adjustment and Anchoring　94
魅力型領導　Charismatic Leader　250

十六畫

學力測驗　193
學習與創新　Learning and Innovation　330

戰術　Tactical　69
操作制約　Operant Conditioning　283
操作性價值　Operational Values　220
操作核心　Operative Core　161
機會　Opportunity, O　319
激勵因子　Motivator Factors　275
霍桑實驗　Hawthorne Studies　122

十七畫

優勢　Strength, S　319
獲取　Acquisition　183
總統制　45
總額預算　Lump Sum Budgeting　134
績效目標　Performance Objectives　139
績效指標　Performance Indicators　140, 318
績效測量　Performance Measures　139
績效管理　318
績效審計　327
聯絡人　Liaison　170

十八畫以上

職外訓練　Off-the-Job Training　196
職務分析問卷　Position Analysis Questionnaire, PAQ　189
豐富度　Richness　298
轉換型領導　Transformational Leadership　252
鏈結政府　Connected Government　215
關係導向　246
關聯權力　Connection Power　240
關鍵事件法　189
關懷　Consideration　242
願景　Vision　319
願景工作坊　Scenario Workshop　100
嚴正謹慎性　Conscientiousness　193
籌編　Preparation　140
續階計畫　Next-Step Program　317
鐵三角　Iron Triangle　56
顧客　Customer　330
權變獎酬　Contingent Reward　251
體制　Initiating Structure　242

Notes

Notes